JUAN PABLO II

PEREGRINO DE LA ESPERANZA

BUENOS AIRES • MADRID • MÉXICO

JUAN PABLO II
PEREGRINO DE LA ESPERANZA

Corporativo Reader's Digest México, S. de R.L. de C.V.

Departamento Editorial Libros

Editores: Arturo Ramos Pluma, Beatriz E. Ávalos Chávez

Título original de la obra: *Pielgrzym Nadziei, Jestem z wami* © 2001 Reader's Digest Przeglad, Varsovia, Polonia

Edición propiedad de Reader's Digest México, S.A. de C.V. preparada por:

Alquimia Ediciones, S. A. de C. V. con los siguientes colaboradores: Jerzy Jan Skoryna Lipski (traducción); Marta Ochman (revisión de la traducción); Martín Carlos Estrada Monroy (redacción); Ramón Manuel González (condensación de textos); Pilar Carril, Alejandro González y Patricia Elizabeth Wocker M. (corrección); Patricia Velázquez Jiménez (investigación iconográfica); Alma Velázquez L.-T. y Rosa María Vázquez (índices); Rafael Arenzana (diseño y supervisión de arte). Edición al cuidado de Berenice Flores e Irene Paiz. Gabriela Centeno (asistencia editorial).

Los créditos de la página 320 forman parte de esta página.

De los editores

Como ninguno de sus predecesores, Juan Pablo II se ha distinguido por la gran influencia ejercida en incontables naciones, por recorrer infatigablemente el mundo en su labor evangelizadora que ensalzan propios y extraños, y por acercarse espiritual y geográficamente a su grey en los cuatro puntos cardinales. Por ello, Reader's Digest ha creado esta magnífica biografía, que en su primera versión polaca se convirtió en un enorme éxito editorial.

Ahora ponemos este libro en manos del lector hispanohablante para que pueda valorar con toda justicia a este gran personaje de nuestros tiempos y para que se acerque aún más a la entrañable figura que ha conquistado corazones sin importar raza ni religión.

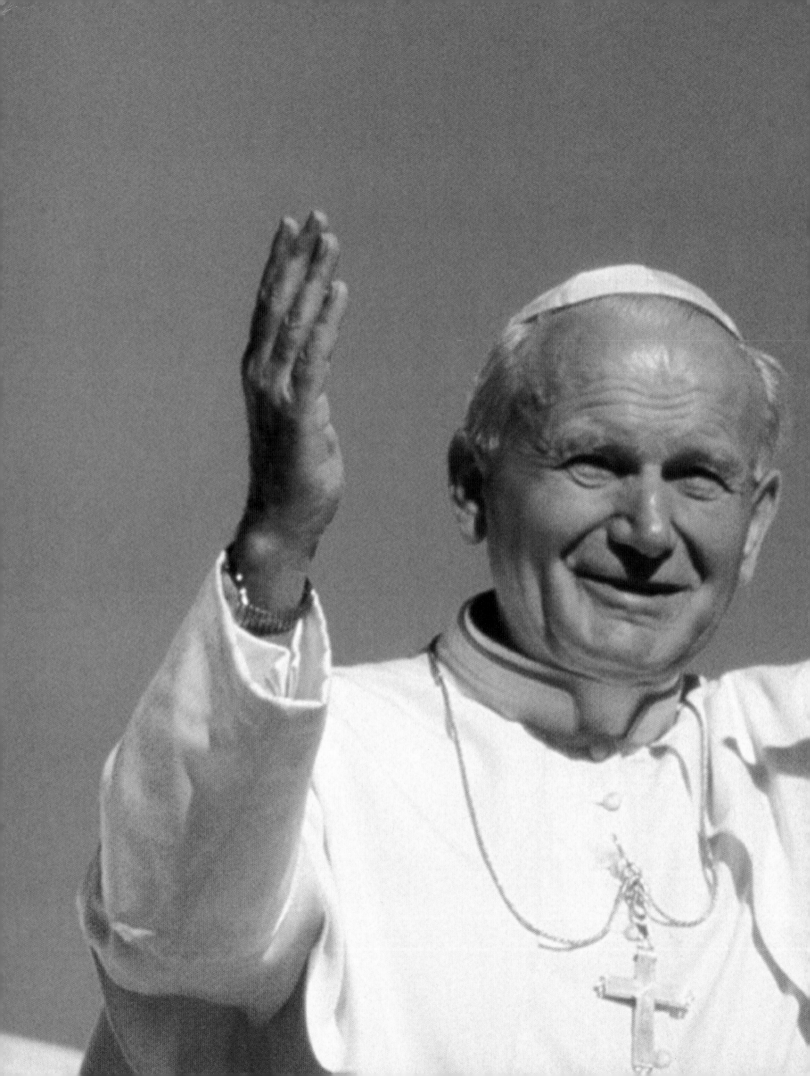

Índice general

LA VIDA DE LA IGLESIA, MISTERIO DE LA PRESENCIA Y ACCIÓN DE DIOS EN ESTE MUNDO, está marcada siempre y en referencia a Pedro, a su persona y misión que se continuarán a través de los siglos en cada uno de los Sucesores, es decir, de los Vicarios de Cristo, o, como lo refiere Santa Catalina de Siena, "El Dulce Cristo en la Tierra".

Es un hecho indiscutible la figura espiritual de Juan Pablo II, su influencia en el acontecer mundial no sólo de la Iglesia católica, sino de toda la comunidad humana. Su palabra valiente y clara ha dado voz a los reclamos de injusticia, de falta de solidaridad, y de abandono de millones de seres bajo las nuevas formas de opresión y esclavitud que vivimos en nuestro mundo.

Pero lo que más nos llama la atención en la vida de este gran Pontífice es su convicción sobrenatural de que el Señor lo constituyó Apóstol y Peregrino, testigo de la Resurrección de Cristo ante este mundo que vive en tinieblas y en sombras de muerte.

Los datos son contundentes: más de 120 países visitados, más de un millón de kilómetros recorridos con una sola convicción: Jesucristo está vivo y presente y ha venido a llamarnos a la verdadera libertad, la de los hijos de Dios; en una palabra: a la santidad.

Cada uno de los medios a su alcance han sido usados por Juan Pablo II; ha llenado del Espíritu Santo los canales tradicionales y modernos para comunicar y poner en contacto al hombre con su Creador y Salvador.

Nuestro Pueblo mexicano es testigo privilegiado; cinco viajes apostólicos han dejado su huella en el alma y en el compromiso de vivir con fidelidad el Evangelio recibido hace ya cinco siglos. Los recorridos del Santo Padre han llenado de luz a millones de hermanos nuestros, bajo la consigna de no tener miedo de manifestar la fe en Jesucristo y abrir nuestros corazones al único Salvador.

Las palabras de Jesús "Yo soy la luz del mundo, quien me sigue no camina en tinieblas" y su referencia a nuestra identidad personal: "Vosotros sois la luz del mundo" no son sino un llamado a ser santos. La Luz Divina, el Espíritu Santo que habita en la Iglesia, se comunica por las palabras y por el testimonio viviente de Juan Pablo II. La santidad está en ser llenados del Espíritu Santo; la crisis de nuestra sociedad y de nuestro tiempo es la falta de santos, de testigos que encarnen en su vida a la Palabra, que se conviertan en heraldos del Evangelio y que continúen el camino de la esperanza que hace veinte siglos se inició en ese pequeño grupo de pescadores encabezados por Pedro.

Este libro sobre Juan Pablo II es un elocuente testimonio de su amor al Señor y a la Iglesia hasta el extremo.

† Norberto Card. Rivera Carrera
Arzobispo Primado de México

El 18 de mayo de 1920 llegó a este mundo Karol Józef Wojtyla, hijo de Karol Wojtyla, militar de carrera, y de Emilia Kaczorowska. En el futuro Karol Józef sería papa, el primer papa polonés y uno de los más grandes líderes religiosos de nuestros tiempos.

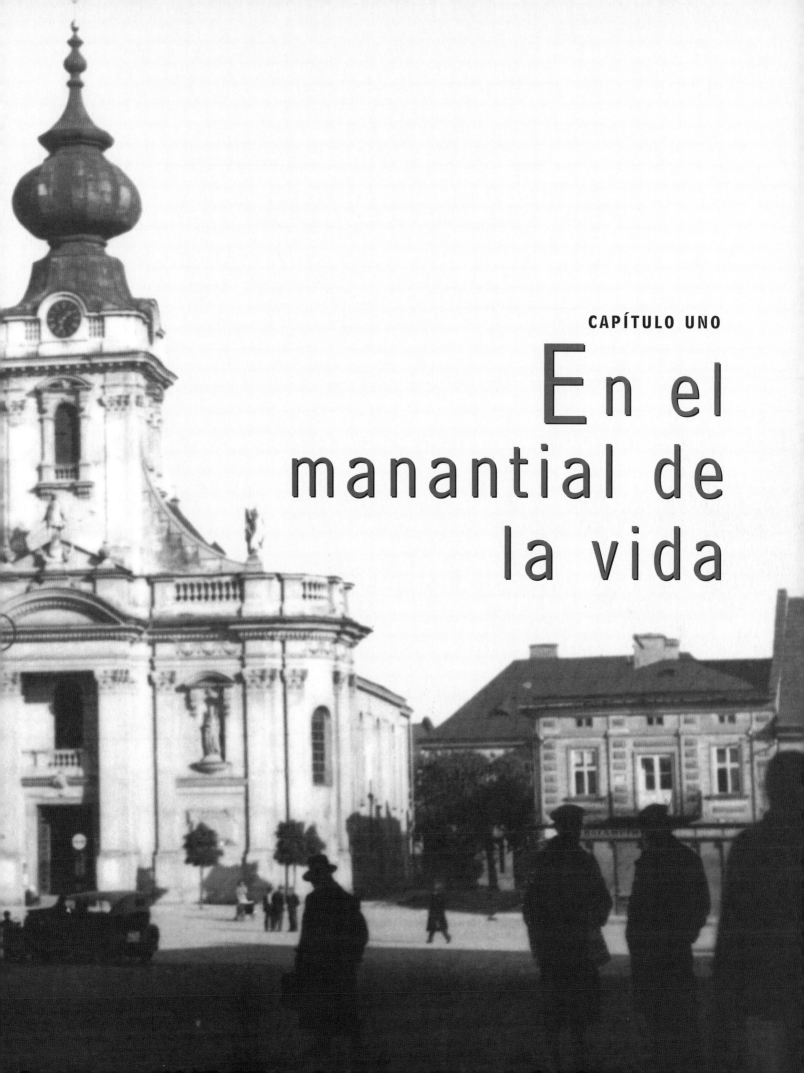

CAPÍTULO UNO

En el manantial de la vida

EN JULIO DE 1903 FALLECIÓ EL PAPA LEÓN XIII Y TODO INDICABA QUE LO SUCEDERÍA MARIANO RAMPOLLA, SECRETARIO DEL ESTADO VATICANO, QUIEN contaba con el apoyo de un influyente grupo de cardenales de Francia, Italia y España; y de seguro así habría sido si esto hubiera ocurrido unos años más tarde. Pero el siglo XX apenas estaba comenzando y todavía pesaba la tradición de los siglos anteriores en el funcionamiento del cónclave. Los reyes católicos influían abiertamente en la elección de la Cabeza de la Iglesia y el Papado necesitaba su apoyo, por lo que toleraba sus presiones. Por otra parte, tras la supresión del Estado Pontificio en 1870 y de la anexión de Roma a Italia, la condición del Vaticano no estaba legalmente definida y esto fue aprovechado por la monarquía vienesa, que era contraria a la candidatura de Rampolla, que estaba apoyada por París. Cuando la elección de Rampolla al Trono de San Pedro era muy probable, el cardenal Jan Puzyna, arzobispo de Cracovia, presentó el recurso de veto en nombre de Francisco José, emperador de Austria-Hungría.

Austria, una de las ciudades herederas del Sacro Imperio Romano, consideraba que tenía el sagrado privilegio de influir en la elección al Trono de San Pedro. A pesar de que el cónclave cuestionó la legalidad del veto presentado por el Arzobispo de Cracovia, éste logró su propósito y los cardenales dejaron de apoyar a Rampolla en las votaciones sucesivas.

Este último caso de la injerencia del poder civil en la elección de la Cabeza de la Iglesia católica cambió la suerte del Papado en el siglo XX, debido a que el nuevo papa prohibió dicha práctica, bajo la amenaza de excomunión. El cardenal Giuseppe Sarto, Patriarca de Venecia, fue el nuevo papa y adoptó el nombre de Pío X; hacía varios siglos que un sumo pontífice no descendía de familia aristocrática. Pío X nombró secretario de Estado al arzobispo Rafael Merry Del Vela, de 38 años, que había estado encargado de dirigir las votaciones en el cónclave. Poco tiempo después, Adam Stefan Sapieha, príncipe de sangre real, sacerdote polonés y descendiente de una ancestral familia lituana, fue elegido chambelán y secretario particular del Papa.

En la misma época, Karol Wojtyla, sargento del ejército austriaco, conoció a Emilia Kaczorowska (no se sabe dónde ni cuándo se encontraron por primera vez). Karol Wojtyla era hijo de Maciej, un agricultor de Lipniki, un poblado situado cerca de Wadowice. Su madre, Anna Przeczek, era hija del panadero local, y murió

cuando su único hijo todavía era niño; su padre se volvió a casar. Maciej Wojtyla poseía poca tierra y trabajaba como sastre para sustentar a su familia. También le enseñó este oficio a Karol hasta 1900, cuando éste tenía 20 años y se alistó en las filas del ejército.

La familia de Emilia vivía desde hacía varios años en Cracovia, pero procedía de Biala, un pueblo a orillas del río del mismo nombre. Su padre, Feliks Kaczorowski, era talabartero y tenía un taller. Su madre, María Scholz, era hija de un zapatero y murió en 1897, cuando Emilia, la última de cinco hijos, tenía ocho años y asistía a la escuela primaria de las Hermanas del Amor de Dios.

El noviazgo de Karol y Emilia duró a lo mucho un año, después del cual se unieron en matrimonio en la iglesia castrense de San Pedro y San Pablo. La fotografía de la boda siempre ha estado sobre el escritorio de Juan Pablo II, en el Vaticano. En este retrato, el padre del Papa viste el uniforme del ejército austriaco con distintivos de suboficial, el bigote elegantemente cortado y el pelo oscuro, liso y bien peinado, aunque se ve que el fotógrafo empleó un poco de hollín para disimular la temprana calvicie de Karol. El uniforme del sargento tiene prendida una flor del ramo de la novia, mujer de ojos grandes, oscuros y tristes, quien luce un vestido de novia abotonado hasta el cuello, con un largo velo blanco.

En 1906, poco tiempo después de la boda, Emilia dio a luz a Edmund. Pasaron cinco años y el papa Pío X, de 76 años, decidió elevar al rango de obispo a su chambelán de origen polaco, Adam Sapieha. En el año de 1912, los Wojtyla fueron testigos de su solemne ingreso a la catedral de Wawel, en Cracovia.

Todo esto acontecía mientras el viejo orden europeo estaba desmoronándose: ya se formaban nuevas alianzas, el mundo se encaminaba hacia la guerra y se acercaba el año de 1914. No obstante, desde la perspectiva de Wadowice, incluso de Cracovia, resultaba difícil percibir que estaba por escribirse un nuevo capítulo en la historia.

El terrorista Gavrilo Princip disparaba en Sarajevo, la capital de Bosnia, contra el archiduque Fernando, heredero al trono austrohúngaro; así se anunciaba al mundo el fin definitivo del siglo XIX.

Los Wojtyla también vivían su propio drama: como consecuencia de las complicaciones posparto perdieron a Olga, su hijita recién nacida. Aunque entre el drama de los Habsburgo, que se desarrollaba a la vista de todo el mundo, y el drama de los

Los padres de Karol Wojtyla se casaron en 1904. Emilia, su madre, terminó la instrucción básica de ocho años en la escuela de las Hermanas del Amor de Dios, en Cracovia. Su padre, Karol, fue capitán del ejército.

Wojtyla, vivido sólo por ellos, no había ninguna relación, los acontecimientos decisivos para la historia de la humanidad seguían entrelazándose de una forma extraña con la vida de la familia del suboficial de origen galitziano.

En el mismo año de 1914 murió Pío X, y Benedicto XV, el cardenal Giacomo, margrave Della Chiesa, fue elevado al Trono de San Pedro. En septiembre, cuando le colocaban la tiara, los ejércitos europeos marchaban hacia el enfrentamiento, y los ejércitos rusos se acercaban a Cracovia y Wadowice.

OCURRIÓ EN UNA PEQUEÑA CIUDAD DE GALITZIA

Polonia, localizada en el centro de Europa, fue desmembrada a finales del siglo XVIII por las potencias vecinas y, durante el siglo XIX, formó los confines de tres monarquías: la protestante Hohenzollern, de Prusia; la ortodoxa Romanov, de Rusia, y la católica Habsburgo, de Austria. A principios del siglo XX, en este cruce del mundo germano y eslavo, latino y bizantino, reformista y ortodoxo, la República de Polonia resucitó como nación independiente, liberándose al mismo tiempo de las tres ocupaciones. Esto fue posible gracias a que Rusia perdió la guerra con Alemania en el Este, cuando el ejército alemán del emperador Guillermo II capituló en favor de los Aliados. En forma similar se rindió el Imperio Austrohúngaro.

Por otro lado, la Rusia que firmaba la paz con Alemania no era la misma que había iniciado la guerra aliada con Francia y Gran Bretaña. En febrero de 1917 cayó el gobierno zarista. En octubre siguiente, como consecuencia del golpe de estado de la fracción dirigida por Lenin, cayeron la república parlamentaria y el gobierno de Aleksandr Kerenski, y se creó el Estado de la sangrienta dictadura, cuyo objetivo, entre otros, era realizar la utopía marxista-leninista de un mundo sin religión.

En Portugal, país europeo que se mantuvo al margen de la guerra, cerca de la aldea de Fátima, tres pastorcitos contaron que los días 13 de cada mes tenían una extraordinaria visión. Antes de esto, en 1916, se les había aparecido un ángel que los preparó para el futuro encuentro. El 13 de mayo de 1917

En esta pila bautismal de piedra, cubierta con un revestimiento dorado, bautizaron a Karol Wojtyla, en la iglesia de Wadowice. Después de más de 50 años, en ese lugar se colocó una placa que conmemora el acontecimiento.

vieron por primera vez a la Madre de Dios o Nuestra Señora, como la llamaban. Posteriormente tuvieron lugar cinco apariciones en las que la Santísima Virgen platicó con ellos, les recomendó rezar el rosario y les anunció acontecimientos futuros. Las predicciones estaban relacionadas con la lucha de los sistemas ateos en contra de la Iglesia y con el porvenir del Papado, que incluía un atentado al Santo Padre. Lucía, la mayor de los tres niños, describió así una de las visiones: "Y hemos visto en inmensa luz, que es Dios (...), a un obispo vestido de blanco. (...) El Santo Padre (...), arrodillado a los pies de una Cruz grande, fue acribillado por un grupo de soldados que varias veces le dispararon con armas de fuego." El 13 de octubre de 1917, poco antes de la revolución bolchevique en Rusia, cerca de 100,000 personas acompañaron a los tres niños y fueron testigos del inusitado "Milagro del Sol", que confirmó el carácter sobrenatural de las apariciones y la veracidad de las palabras de los pastorcitos. En 1925, Lucía ingresó a la orden de las carmelitas. En cambio, los otros niños fallecieron poco después de las revelaciones: Francisco en abril de 1919 y Jacinta en febrero de 1920.

En las tierras de la República de Polonia tuvieron lugar acontecimientos que influyeron en la historia de la humanidad en las últimas décadas del siglo XX. Estos acontecimientos se desarrollaban a la sombra de otros, grandes y sonoros, que formaban parte del nuevo orden del siglo XX. El 18 de mayo de 1920, Karol Wojtyla, de 41 años, contaba con el grado de teniente y era oficinista en la intendencia polaca del Regimiento de la Tierra de Wadowice. Los acontecimientos que él seguía con gran interés llegaban a su punto culminante.

En los cuarteles donde Karol Wojtyla servía desde tiempo atrás, no había ejército, ya que éste había salido meses antes a luchar contra los bolcheviques bajo las órdenes del mariscal Pilsudski. El teniente Wojtyla no pudo ir al frente porque trabajaba en las oficinas y a su edad ya no se permitía luchar. Además, su esposa estaba em-

Karol Wojtyla fue el menor de los hermanos, y su madre lo llamaba Lolek de cariño.

barazada por tercera vez y su ayuda era indispensable para ella. Wojtyla se enteraba de los progresos del ejército polaco por los periódicos de Cracovia, y así supo que el anterior comandante de las Legiones Polacas, formadas en la Galitzia austriaca durante la guerra, había obligado al Ejército Rojo a replegarse más allá del río Dniéper, y a la cabeza de la columna del ejército entró a Kiev. Corrían rumores de que el mariscal Pilsudski, jefe del Estado, se dirigía en un tren especial a Varsovia, después de la victoria en Kiev.

Karol Wojtyla sentía un aprecio especial por la monarquía de los Habsburgo y, cuando sirvió en el regimiento imperial de infantería, juró fidelidad al Emperador y cantó: "Polonia está unida al trono de los Habsburgo por los siglos." Más tarde, el ejército austriaco le facilitó su ascenso social y, en reconocimiento a su valentía y a su leal servicio, lo condecoró con la Cruz de Hierro de Mérito con Girlanda, en el año de 1915.

El regimiento de Wadowice, a pesar de ser austriaco, estaba integrado prácticamente por poloneses, quienes no imaginaban una patria que no estuviera unida de alguna forma a Viena. Cuando se crearon las Legiones Polacas, tuvieron la esperanza de que Polonia renaciera bajo el cetro de los Habsburgo. No obstante, la historia tomó un curso inesperado: las tres potencias ocupantes fueron derrotadas, Polonia renació como república y Pilsudski se convirtió en jefe de Estado. Karol Wojtyla, ferviente patriota polonés, fue ascendido al rango de teniente y se convirtió de inmediato en un fiel oficial del ejército polaco. Sin embargo, su aprecio por la monarquía austrohúngara, cuya ocupación fue la menos represiva de las tres que sufrió Polonia, permaneció durante largos años en su corazón, así como en los corazones de los habitantes de toda la antigua Galitzia.

Era mayo de 1920, muchos de los acontecimientos que conmovían a Varsovia pasaban inadvertidos en Wadowice, excepto aquellos en los que estaba involucrado Pilsudski, jefe del Ejército y del Estado. En ese tiempo no existían transmisiones directas de radio y en Cracovia se supo que Pilsudski había llegado un día antes a la estación de Varsovia a las cuatro de la tarde.

Cuando el tren que llevaba al jefe de Estado iba hacia Lublín, Emilia Wojtyla sintió los primeros dolores de parto; estaba ya en el noveno mes de embarazo, su hijo Edmund, de 14 años, se encontraba en la

Benedicto XV

GIACOMO DELLA CHIESA nació el 21 de noviembre de 1854, en el seno de una familia noble, originaria de Génova. Antes de ser elevado al rango de príncipe de la Iglesia en 1914, ostentaba el título de margrave. Se ordenó sacerdote a los 24 años, perteneció al servicio diplomático papal entre 1882 y 1907, y más tarde llegó a ser arzobispo de Bolonia. Fue electo papa el 3 de septiembre de 1914, después de la muerte de Pío X.

Durante su pontificado tuvieron lugar algunos acontecimientos que modificaron la historia de la Europa del siglo XX, y la del mundo entero: la Primera Guerra Mundial, la desintegración del orden de Versalles, la aparición del primer estado de la dictadura comunista y el nacimiento del fascismo italiano.

Benedicto XV fue, igual que sus tres predecesores, "prisionero del Vaticano". Mantener una estricta neutralidad de la Santa Sede implicó muchas dificultades y las notas que dirigió a los países en guerra nunca tuvieron eco.

En el año de 1917 promulgó un nuevo código canónico, que estuvo vigente hasta 1983. Murió el 22 de enero de 1922.

escuela, y su marido en el cuartel, por lo que una vecina se tuvo que encargar de buscar a la partera.

Después de algunos días de frío, se asomó el sol y llegó de nuevo el calor. El edificio en que vivían los Wojtyla estaba ubicado junto a la iglesia de la Presentación de la Santísima Virgen María, donde los fieles estaban reunidos para celebrar los oficios de mayo. Emilia era una mujer débil y enfermiza y tuvieron que pasar seis años, desde que murió la pequeña Olga, para que volviera a quedar encinta. Durante mucho tiempo la acompañó la tristeza, y ahora esperaba con miedo el siguiente alumbramiento, pues ya tenía 36 años; sin embargo, tenía la firme esperanza de que un nuevo hijo traería felicidad y alegría a su vida.

Cuando Emilia daba a luz, en la cercana iglesia rezaban la letanía a la Santísima Virgen María. Al oír el primer llanto del bebé, pidió a la partera que entreabriera la ventana para escuchar los cánticos marianos que terminaban los oficios. Deseaba que los primeros sonidos que oyera su hijo fueran los del himno de gloria a la Santísima Madre de Dios. La vecina que la acompañaba salió para informar al teniente que esperaba abajo: ¡Felicidades, tiene usted un varón!

Un mes más tarde, el niño recibió el bautismo en la iglesia vecina, ahí donde las letanías y cantos habían acompañado su nacimiento.

"Karol Józef, te bautizo...", pronunció el capellán castrense, bañando la cabecita del niño con agua bendita. Los padrinos fueron María Wiadrowska, hermana de Emilia, y Józef Luczmierczyk, su cuñado.

Cuando Karol Józef fue electo papa, 58 años más tarde, la gente quería saber por qué le habían puesto esos nombres. La historia se explica bellamente así: Karol, porque era el nombre de su padre, y Józef en honor al victorioso jefe del Estado. En cuanto al nombre del padre, le correspondía al primogénito, pero no lo llamaron así. Józef Pilsudski y su ejército se retiraba hacia el Occidente ante el empuje del Ejército Rojo, que llegaba desde el otro lado del río Dniéper, y su estrella ya no brillaba con toda su fuerza. Lo más probable es que el teniente Wojtyla haya elegido los nombres de su hijo en honor a los últimos Habsburgo en el trono: el viejo Francisco José (Józef) y su heredero Carlos I (Karol), que en 1918 perdió el imperio y, cuatro años después, la vida.

Pasó el mes de julio de 1920 y a mediados de agosto el Ejército Rojo llegó a las orillas del río Vístula. Hacía un año que los bolcheviques habían emprendido una marcha hacia el Occidente, para ayudar a los comunistas alemanes del grupo espartaquista, pero tuvieron que regresar debido a que el Ejército Polaco les bloqueó el camino. Ahora los papeles se habían invertido y la caballería roja había llegado al río Vístula; Berlín parecía estar al alcance de la mano. Monseñor Achille Ratti, nuncio apostólico en Varsovia (luego convertido en el papa Pío XI, tres años más tarde), informó con horror a Benedicto XV que la Iglesia no había estado en tal peligro desde los tiempos de Napoleón. El temor al comunismo que nació en aquel entonces nunca abandonó a monseñor Ratti.

El día en que los católicos festejaban la Asunción de la Virgen María, el Ejército Polaco contraatacó inesperadamente y penetró en la brecha entre los dos ejércitos bolcheviques y, el 15 de agosto de 1920, los poloneses derrotaron al Ejército Rojo. La Batalla de Varsovia, que cambió la suerte de la guerra y salvó a Europa del avance comunista, fue llamada el "Milagro a orillas del Vístula".

El imperio comunista, que acababa de surgir, se detuvo un cuarto de siglo en los confines de la República de Polonia. El futuro papa tenía apenas tres meses.

MI PEQUEÑO KAROL SERÁ UN GRAN HOMBRE

Karol llegó al mundo durante la tormenta de la guerra causada por el nacimiento de una nueva Polonia. Los Wojtyla se habían mudado a Wadowice en 1918 y ahí los esperaba una vida totalmente diferente. Edmund, de doce años, ya cursaba el bachillerato, Emilia era ama de casa y el teniente salía a trabajar día

Emilia Wojtyla con el pequeño Karol. Ella siempre le dedicó su tiempo y le enseñó a rezar. Este cuadro se encuentra en la iglesia de la Presentación de la Santísima Virgen María, en Wadowice.

con día. La familia ocupaba dos cuartos con cocina en el primer piso de un edificio que se localizaba cerca de la Plaza Mayor de Wadowice.

El pequeño Karol crecía en un ambiente sumamente religioso. Cerca de la puerta de entrada colgaba una pequeña pila con agua bendita en la que todos tenían que mojarse los dedos y santiguarse. En las paredes del departamento estaban colgados cuadros y recuerdos religiosos, así como retratos de familia. Los Wojtyla guardaban todas las fiestas religiosas, se confesaban cada primer viernes y ayunaban los días señalados por la Iglesia. Cada día de trabajo y estudio lo iniciaban con la misa matutina, en la cercana iglesia, y rezaban antes de las tres comidas diarias y de las tareas escolares. Por la noche, el padre leía las Sagradas Escrituras, lo cual era poco común incluso en la religiosa Galitzia. Uno de los recuerdos más tempranos del papa Juan Pablo II es la imagen de su padre arrodillado en el reclinatorio y con la cabeza hundida entre las manos, rezando antes de dormir.

Cuando Karol tenía cuatro años, su hermano Edmund terminó el bachillerato con excelentes notas y

un cine que proyectaba los estrenos de la época en blanco y negro, y que los estudiantes de bachillerato no podían ver. Cerca del edificio de Chaim Balamuth, se encontraba otra casa con departamentos de alquiler, propiedad del comerciante Iser Lauber. Sus vecinos eran el fotógrafo Franciszek Lopatecki y el encuadernador Adolf Zadora.

La comunidad judía constituía una quinta parte del total de los habitantes de Wadowice, que ascendía a unos diez mil. Los judíos empezaron a llegar a esta ciudad a partir de la segunda mitad del siglo XIX, cuando en el año de 1868 el emperador austrohúngaro Francisco José otorgó igualdad de derechos a todas las naciones de su monarquía. Anteriormente muchas ciudades, entre ellas Wadowice, eran inaccesibles a los judíos.

NO HABÍA MEJOR PORTERO

Los judíos y los poloneses católicos de Wadowice formaban una sociedad pacífica. El antisemitismo fue un fenómeno que se mantuvo al margen durante muchos años. En los años treinta era costumbre ver al párroco y canónigo Leonard Prochownik pasearse por la plaza mayor al lado de Anna Hupertow, una de las más ricas e influyentes judías, suegra del líder de la comunidad judía y dueña de once edificios en Wadowice. Conversaban en voz muy alta, porque ambos padecían sordera. Para todos los habitantes de la ciudad, tanto cristianos como judíos, estos paseos eran una muestra de que las relaciones entre las dos comunidades se desarrollaban sin problemas.

Los judíos tenían su sinagoga; los católicos tenían la iglesia de la Santísima Virgen María, la de los carmelitas descalzos, en Gorka, y la de los padres pallotinos, en Kopiec, así como capillas en la casa de las monjas nazarenas y una capilla de las monjas albertinas.

partió a Cracovia, para estudiar medicina en la Universidad Jaguelloniana. Desde entonces y durante varios años se vieron sólo los días feriados y las vacaciones.

Chaim Balamuth, el dueño del edificio donde vivían los Wojtyla, era comerciante y vivía con su familia en la planta baja junto a su tienda de vidrio, cristalería y cerámica. Sus vecinos eran los Beer, cuya hija era compañera de escuela de Karol, y los señores Szczepanski, un matrimonio sin hijos.

El edificio, como todo Wadowice, tenía servicio de electricidad, pero era necesario llevar agua del pozo que se encontraba en la plaza principal. Cuentan los habitantes del lugar que a Emilia le gustaba charlar con los vecinos junto a ese pozo, con el pequeño Karol en brazos, y que una de sus frases preferidas era: "Verán que mi pequeño Karol será un gran hombre."

Wadowice, situado en las laderas de los montes Beskides y en las orillas del río Skawa, era una ciudad de comerciantes, artesanos, militares, clérigos y burócratas, pero carecía de industria y de clase obrera. Las empresas más grandes eran la fábrica de alambre, las productoras de obleas, la planta eléctrica y la productora de papel. Había muchas tiendas y, por lo menos, dos restaurantes.

Los lugares más frecuentados eran la papelería, la tabaquería, la librería, la farmacia de los señores Homme, la tienda de abarrotes, la zapatería y la cafetería Hagenhuber, cuyos panecillos de crema pastelera se hicieron famosos gracias al Papa. También había

Muy pocos recuerdos se conservan del modesto departamento de los Wojtyla, ubicado en el primer piso.

Las fronteras entre lo que para cada una de las colectividades era sagrado, y para otras prohibido, no estaban bien establecidas. El joven Karol Wojtyla y su padre se asomaban a la sinagoga a escuchar al cantor, un destacado tenor que cumplía su servicio militar en Wadowice. De la misma manera, el hijo del líder de la comunidad judía se presentaba de vez en cuando en la iglesia para invitar a su amigo Karol a jugar futbol.

Los niños jugaban futbol en la calle, gracias a que era poco transitada, excepto los jueves que era día de mercado. En Wadowice había unos cuantos automóviles y sus dueños los usaban poco. También jugaban en

Al joven Wojtyla le gustaba mucho el deporte y jugaba futbol con sus compañeros (en esta foto está sosteniendo el balón).

los patios y praderas cercanos. La destreza del pequeño Karol en la portería nadie la igualaba, salvo el fornido Poldek Goldberg, quien era judío. Cuando los muchachos formaban sus equipos, surgía una división natural entre católicos y judíos; sin embargo, no siempre era así. De vez en cuando, durante la ausencia de Poldek Goldberg, Karol defendía la portería judía de los disparos cristianos. En general, como recuerda uno de sus compañeros de escuela, Karol no tenía mucho tiempo para el futbol, pues se la pasaba estudiando y orando.

Wadowice se comunicaba con otras ciudades por ferrocarril, el cual llegaba a Cracovia, Bielsk y Andrychow; este medio de transporte era usado por los estudiantes que vivían fuera de Wadowice.

La ciudad tenía dos escuelas de enseñanza media: el bachillerato estatal de Silesia para varones, de nombre Marcin Wadowita, y el bachillerato privado para mujeres, llamado Michalina Moscicka. Los planteles empleaban a maestros destacados para asegurarse de que los alumnos contaran con un alto nivel de estudios. Wadowice también era un importante centro cultural, sobre todo en el ámbito del teatro de aficionados, que llegaba a otras ciudades de la región.

¿POR QUÉ YO? ¿POR QUÉ AHORA?

Cuando Karol tenía seis años, sus padres lo enviaron a la escuela primaria de cuatro grados. La escuela estaba en la plaza principal, en el mismo edificio que el ayuntamiento, y las condiciones ahí eran muy difíciles, pues había muchos estudiantes y las aulas eran sumamente pequeñas.

El hijo de los Wojtyla era muy buen estudiante y no tenía problemas en cuanto a la disciplina; por el contrario, los maestros lo elogiaban por el espíritu de camaradería que tenía con sus compañeros, y por la cortesía que dispensaba a sus mayores.

El tiempo pasaba y Emilia Wojtyla empezó a sentirse muy débil. En 1927 estaba tan enferma que Karol, su esposo, decidió renunciar al servicio militar, para cuidar de ella y de su hijo de siete años; con esa renuncia adquirió la categoría de jubilado con el rango de capitán. A fin de ayudarse económicamente volvió a dedicarse a la sastrería, su oficio de juventud; Emilia, en tanto, tuvo que abandonar la costura.

Emilia le enseñó al pequeño Karol a persignarse, a rezar, a conocer el catecismo y también le inculcó la costumbre de ir a la iglesia. Parecía que el año de 1929 iba a ser un buen año para la familia Wojtyla, ya que el pequeño Karol recibiría la primera comunión y Edmund terminaría su carrera de médico. Pero Emilia no llegó a ver este momento. Un día de abril, cuando regresaba de la escuela, Karol no la encontró en la casa, y una vecina le dijo que la habían llevado al hospital, donde murió poco tiempo después. En el libro de decesos estaban registradas dos palabras: *Myocarditis Nephritis*, las cuales explicaban el padecimiento renal y cardiaco de Emilia Wojtyla.

El hijo menor recibió la primera comunión, y el mayor terminó la universidad. Al año siguiente, cuando Karol concluyó la primaria, Edmund defendió su tesis de doctorado.

Después de la muerte de su madre, su desolado padre llevó al pequeño Karol a la peregrinación a Kalwaria Zebrzydowska, un sitio que se localizaba a unos cuantos kilómetros de Wadowice. En las laderas del monte coronado por el monasterio de los bernardinos, fue construido el *Via Crucis* en el siglo XVII. Poco después

Karol con su padre, en una de las peregrinaciones a Kalwaria Zebrzydowska. El capitán llevó ahí al pequeño Karol después de la muerte de su madre.

19

fue erigido un segundo complejo, Los Caminitos de María, formado por un curioso laberinto de caminos con pequeñas capillas dedicadas a la Madre de Dios, que se cruza en algunos puntos con los senderos del *Via Crucis*. Tal parecía que este lugar se había construido pensando especialmente en los niños que necesitaban cuidados maternos. La intención del capitán Wojtyla parecía clara: "Ahora que te falta la madre terrenal, la Madre del Cielo será tu cariñosa protectora que te defenderá del mal de este mundo."

Aun cuando Karol era un niño de apenas nueve años y todavía no podría comprender esas palabras, sintió que la Virgen María se quedaría con él por siempre.

La unión entre Karol y la Virgen sería todavía más estrecha a partir del siguiente año, cuando Karol recibió de los carmelitas de Wadowice un escapulario con la imagen de la Madre de Dios. Karol Wojtyla conservó el escapulario y siempre lo lleva consigo.

A escasos dos meses de la muerte de Emilia Wojtyla, el 13 de junio de 1929, en el convento de las car-

melitas localizado en la ciudad española de Tuy, la hermana Lucía tuvo otra visión: la Virgen le transmitió una petición dirigida al Papa para que consagrara Rusia, y también le dio las directrices para hacerlo, pero no fue hasta el pontificado de Juan Pablo II que dicha solicitud se cumplió de manera correcta.

Después de obtener su doctorado, Edmund Wojtyla empezó a ejercer su profesión de médico en el hospital de Bielsk, una ciudad cercana a Wadowice y a Cracovia. Con frecuencia visitaba a su padre y a su hermano, con quien, a pesar de la diferencia de edades, se unió mucho a partir de la muerte de su madre. Quienes los conocían aseguraban que eran muy parecidos y que tenían caracteres idénticos. Edmund llevaba a Karol a escalar montañas y le enseñó a esquiar y a evadir al adversario cuando jugaban futbol.

A finales de 1932, Edmund se contagió de escarlatina y, dado que no existían los antibióticos, el joven médico de 26 años, que parecía tener el mundo por delante, murió el 5 de diciembre tras una agonía de

Aquí empezó todo

EL MUNDO CONOCIÓ WADOWICE, una pequeña ciudad provincial, por ser donde nació Juan Pablo II. Está ubicada a unos 40 km al suroeste de Cracovia, a orillas del río Skawa, y hoy cuenta con aproximadamente 20,000 habitantes. Desde el histórico cónclave de 1978, Wadowice se ha convertido en el destino de numerosas peregrinaciones.

Gracias a los esfuerzos del cardenal Macharski y del padre Zacher, y a pesar de los problemas legales, la reubicación de los locatarios y la remodelación, el edificio en la calle Koscielna 7 es el museo "La casa natal del Santo Padre Juan Pablo II", desde 1984. El cuidado de esta casa está a cargo de las hermanas nazarenas, que residen en Wadowice desde hace 100 años, y dirigen una casa hogar para niños discapacitados.

El monasterio de Gorka, cercano a la ciudad, pertenece a los carmelitas descalzos, los cuales se establecieron allí en 1892, provenientes de la comunidad carmelita de Czerna. Rafael Kaliowski, prior de la orden en aquel entonces, fue canonizado por el papa Juan Pablo II, en 1991.

En el *Collegium Marianum*, una iglesia también cerca de Wadowice, habitaron los padres pallotinos. Este centro editaba libros y revistas religiosos antes de la Segunda Guerra Mundial; actualmente es sede del noviciado.

El templo más antiguo de Wadowice es la iglesia de la Presentación de la Santísima Virgen María, en cuyo muro austral se encuentra un reloj de sol con una inscripción en latín: *Tempus fugit, aeternitas manet* (El tiempo corre, la eternidad espera).

Desde hace poco tiempo, los fieles de Wadowice cuentan con una segunda parroquia y una iglesia dedicada al apóstol San Pedro. La ciudad está orgullosa de su bachillerato, cuya tradición data del año 1866. Marcin Wadowita es el patrono de la escuela, nació en Wadowice en el siglo XVI, fue rector de la Academia Real en Cracovia, y fundador de la escuela y el hospital de su ciudad natal.

Se desconoce la fecha de fundación del poblado de Wadowice. Es mencionado por primera vez en un documento del 24 de febrero de 1327, cuando reinaba Ladislao I Lokietek.

cuatro días. Su superior recuerda que Edmund no comprendía el sentido de su sufrimiento ni el misterioso proceder de Dios, y antes de su muerte repetía: ¿Por qué yo? ¿Por qué ahora?

Para Karol, un niño de 12 años y estudiante de tercer año de bachillerato, este golpe fue todavía más duro que el fallecimiento de su madre, posiblemente porque estaba más consciente de la muerte que tres años y medio atrás. Uno de los objetos más queridos que el papa Juan Pablo II tiene en su escritorio del Vaticano es un estetoscopio de su hermano.

Karol Wojtyla terminó el primer grado de primaria en 1927. En el segundo semestre obtuvo las notas más altas en todas las materias.

En 1930, había llegado a Wadowice el padre Kazimierz Figlewicz para ayudar al catequista del bachillerato, quien se encontraba agobiado por una excesiva carga de trabajo. En el mismo año, cuando contaba con ocho años, Karol Wojtyla terminó la primaria y empezó sus estudios de bachillerato. El padre Figlewicz impartía la materia de religión y fue así como se convirtió en catequista del futuro papa.

Al maestro le simpatizó el muchacho, a quien describiría más tarde como "muy vivo, perspicaz, inteligente y muy buen estudiante". Los dos tuvieron una estrecha relación, no tanto por las clases de religión, sino por el altar y el confesionario. Una de las obligaciones del padre Figlewicz era dirigir a un grupo de acólitos y Karol, influido por él, decidió prepararse para serlo. El nuevo catequista se convirtió también en el primer confesor permanente del joven. Después de tres años, el padre Figlewicz fue trasladado a la catedral de Wawel; sin embargo, la cordial amistad con Karol Wojtyla perduró muchos años. Con cierta frecuencia, el sacerdote lo invitaba a Cracovia, a participar en algunos festejos, como los de la Semana Santa; cada visita representaba siempre una gran vivencia para el joven, acostumbrado a una vida tranquila en su aldea.

¡MANOS ARRIBA!

El padre Figlewicz fue sustituido por Edward Zacher. Ordenado sacerdote en 1927, educado en Roma y con un doctorado en teología, el padre Zacher desper-

tó en Karol el interés por las ciencias naturales. El bachillerato para varones de Wadowice era de perfil humanístico, por lo que las materias de las ciencias exactas pasaban a segundo término. Durante los primeros años se impartían las asignaturas de cálculo con geometría y ciencias naturales. En los años posteriores se añadía la de física y química, única materia en la cual Karol no sacó la nota más alta, y no por falta de aptitud o conocimiento, sino porque, según el maestro, nadie se la merecía. El programa de estudios abarcaba principalmente literatura, historia, latín y griego.

Por otro lado, el padre Edward Zacher, aunque era teólogo, sabía de física y astrofísica, y en las clases de religión encaminaba el pensamiento de los estudiantes hacia Dios, al mismo tiempo que atraía su atención hacia el cosmos, las galaxias y los soles desconocidos. Zbigniew Silkowski, un compañero de escuela de Karol Wojtyla, recuerda la atención con que Karol escuchaba las reflexiones del padre Zacher, quien enseñaba que una ciencia honesta y que busca la verdad nunca opaca a Dios; al contrario, enseñaba humildad frente a Él y la creación.

En el bachillerato de Wadowice impartían clases destacados pedagogos que influyeron mucho en los intereses y gustos de su alumno más sobresaliente. Uno de ellos era Kazimierz Forys, profesor de polonés, que despertó en Karol el interés por la literatura romántica y el teatro.

De igual forma, el maestro Zygmunt Damasiewicz cultivó en Wojtyla el gusto por el latín, lengua que llegó a dominar de manera extraordinaria. En las primeras elecciones para autogobierno de

Karol Wojtyla (a la izquierda del sacerdote) pertenecía al grupo de los acólitos de Wadowice, dirigido por el padre Kazimierz Figlewicz, vicario y catequista de la iglesia de Wadowice.

Príncipe inquebrantable

ADAM STEFAN SAPIEHA nació en 1867 en una familia de príncipes cuyo origen se remonta a la Lituania ancestral. Inició la carrera eclesiástica con una estadía en el Vaticano, de 1906 a 1911, y el papa Pío X lo hizo obispo. En marzo de 1912, llegó a Cracovia para su solemne ingreso y lo primero que hizo fue dirigirse a un albergue de gente pobre.

Cuando Polonia recuperó su independencia, Adam impidió que el nuncio apostólico Achille Ratti tomara parte en la Conferencia del Episcopado Polaco, argumentando que los obispos poloneses deseaban deliberar solos. También se opuso a que Polonia firmara un concordato con el Vaticano.

En 1922, Achille Ratti fue electo papa y tomó el nombre de Pío XI. En los 17 años de su pontificado no dio a Sapieha el rango de cardenal, a pesar de que Cracovia se volvió sede arzobispal en 1926. Fue el papa Pío XII quien nombró cardenal al Arzobispo de Cracovia, el 18 de febrero de 1946.

Sapieha también se enfrentó al presidente Ignacy Moscicki y a la opinión pública cuando en 1937, sin consultar a nadie, trasladó el ataúd de cristal con los restos del mariscal Józef Pilsudski de la cripta de San Leonardo a la cripta de la Torre de las Campanas de Plata, argumentando que las multitudes que visitaban la cripta de San Leonardo violaban el carácter sagrado de la catedral.

Sapieha dirigió el Episcopado Polaco cuando estalló la Segunda Guerra Mundial y después de que el cardenal Hlond, primado de Polonia, salió a Francia. Gracias a Lucina Frassati de Gawronski, esposa de un diplomático polonés, intervino con Mussolini en favor de los profesores de la Universidad Jaguelloniana que fueron deportados al campo de concentración de Dachau. Durante la guerra fundó el Consejo General de Asistencia, la única organización aparte de la Cruz Roja Polaca, reconocida por el Gobierno General.

Después de la guerra protestó en contra de las detenciones de los soldados del Ejército del Interior, de los brutales procesos judiciales, así como de las deportaciones de poloneses a la URSS. En marzo de 1945 fundó el semanario *Tygodnik Powszechny*, la única publicación popular en Polonia independiente del comunismo, pero censurada por el gobierno.

Sapieha falleció el 23 de julio de 1951 y fue enterrado en la catedral de Wawel, en Cracovia.

sin por ello tener conflictos con el profesorado". Gracias a estas virtudes siempre escaló las cimas de cada ámbito en que le tocaba desenvolverse. Durante algún tiempo, presidió el grupo de acólitos, pero en los últimos años del bachillerato desempeñó la función de presidente del Sodalicio Mariano, dirigido por el padre Zacher, cuyo objetivo era reforzar mediante oraciones la unión con la Santísima Virgen María.

Uno de los compañeros más cercanos a Karol fue Jerzy Kluger, hijo del abogado local y presidente de la colectividad judía, llamada *kahal*. Jerzy era un año menor que Karol y tenía una personalidad totalmente distinta de la de él. No era un estudiante aplicado; por el contrario, le atraían todas las diversiones que se le permitían, así como las que eran prohibidas para su edad; además practicaba su religión superficialmente. A pesar de ello, su amistad perduró varias décadas; incluso Kluger, su esposa inglesa y su hija fueron de las primeras personas conocidas que el papa Juan Pablo II ha recibido en audiencia privada.

Zbigniew Silkowski era otro compañero de Karol Wojtyla; tuvo que repetir el año debido a problemas académicos. Karol empezó a ayudar a Silkowski con los estudios, y lo hizo tan bien, que en poco tiempo su amigo llegó a ser uno de los mejores estudiantes de la clase. Desde ese entonces Karol ha acogido en forma instintiva, como algo natural, a los más débiles, y siempre está listo para salir en su defensa.

En la época en que Karol cursaba el quinto año de bachillerato vivió algo inesperado y fuera de lo común. Después de la muerte de Emilia, los Wojtyla solían comer en un establecimiento propiedad de María Banas; un buen día, el compañero de Karol e hijo de la dueña del comedor sacó una pistola del mueble de la caja registradora y le apuntó a Karol, al tiempo que gritaba: ¡Manos arriba! Acto seguido, apretó el gatillo y la bala salió disparada pasando tan sólo a unos cuantos centímetros de la cabeza del futuro papa. El arma era de un policía del lugar, quien tenía la costumbre de guardarla en ese mueble, con el permiso de los dueños del establecimiento, cuando iba a tomar unos tragos después de trabajar. El muchacho lo

su grupo, Karol fue elegido para asumir por primera vez una responsabilidad y, con tan sólo once años, fue nombrado alcalde de la clase. El padre Figlewicz observaba que "siempre fue muy leal a sus compañeros,

sabía, y en esa única ocasión se le ocurrió abrir el cajón y hacer algo que resultó ser por completo inexplicable para todos, incluso para él mismo.

LA REPRESENTACIÓN DE HAYMON

A Karol Wojtyla le gustaba la declamación desde temprana edad y, durante sus primeros años de bachillerato, era el encargado de dar discursos de bienvenida, agradecimientos y despedidas oficiales. En 1933 pronunció el discurso de despedida para el padre Figlewicz en nombre del grupo de acólitos y, en 1935, los maestros de la escuela le pidieron que presentara la oración fúnebre para el mariscal Józef Pilsudski, el día de su entierro.

El profesor Kazimierz Forys reveló a Karol la belleza y la fuerza de la palabra escondida en la literatura romántica polaca. Sin embargo, quien despertó en él un amor auténtico por el escenario fue Mieczyslaw Kotlarczyk, que era maestro de historia en el bachillerato femenino, y para quien el teatro entrañaba el verdadero sentido de su vida.

Karol Wojtyla actuó por primera vez en noviembre de 1935, cuando el teatro de la escuela presentó *Antígona*, de Sófocles, en la que representó el papel de Haymon al lado de su compañera Halina Królikiewiczówna, del bachillerato femenino, hija del director de la escuela para hombres.

Tres meses después, encarnó a Gucio, en *Sluby Panienskie*, de Fredro. Aquí actuó al lado de su vecina Regina Beer, la hija del director del banco local, con quien aparecería más tarde en otras obras. Karol, Halina y Regina, bajo la dirección de Kotlarczyk, se convirtieron en la médula del teatro de aficionados de Wadowice a finales de la década de 1930. El círculo teatral de la ciudad pronto se transformó en una compañía eficiente que obtuvo reconocimiento en toda la comarca.

Karol se identificaba con las ideas de Mieczyslaw Kotlarczyk, que afirmaba que el papel del actor y del sacerdote en cierta forma eran idénticos, pues la tarea de ambos consistía en abrir al espectador a la palabra. El actor que pronuncia un texto literario es como el sacerdote que proclama la palabra de Dios: debe desempeñar su papel de tal forma, que la verdad oculta en la palabra llegue y toque al oyente, mientras su persona permanece escondida tras ella, trabajando como si fuera sólo un intermediario.

Siguiendo este camino, Mieczyslaw Kotlarczyk poco a poco fue eliminando los elementos que pudieran desviar la atención de la palabra, como los decorados, el vestuario y los movimientos escénicos. De esta forma, se acercó lentamente a la rapsodia, al texto épico y al actor que declama en una forma especial. Y eso fue lo que enseñó con paciencia a sus dos estrellas: Karol Wojtyla y Halina Królikiewiczówna.

Entre estos dos actores se despertó una callada rivalidad por conseguir la primacía en el teatro. En una ocasión, Kazimiera Rychter, una famosa actriz de Cracovia, visitó Wadowice y se organizó un concurso de oratoria. Halina Królikiewiczówna recitó un texto ligero, mientras que Karol, por su parte, eligió un poema difícil; a pesar de ello, la actriz otorgó el primer lugar a la joven, por lo que Karol se quedó con el segundo; sin embargo, sabía perder y ese mismo día le llevó a su compañera un ramo de flores.

En las actividades teatrales se ponía de manifiesto su excelente memoria y demostraba que le era suficiente leer un texto unas cuantas veces para poder repetirlo de memoria sin omitir una sola palabra. En una ocasión, suspendieron a uno de los actores y Karol tomó el papel, en vista de que su personaje moría antes de que apareciera el otro. Se aprendió el parlamento del nuevo personaje en un solo día, y aseguraba que no había tenido que trabajar mucho, pues ya lo conocía por los ensayos.

El gusto por la palabra viva lo absorbió en los últimos años del bachillerato a tal grado que el teatro ocupaba todo su tiempo libre. Diariamente comenzaba el día con la misa matutina, preparaba con esmero

Karol debutó como actor en Wadowice; en la foto izquierda aparece representando a un soldado de caballería ligera; en la derecha, en la obra *Zygmunt August*, de Stanislaw Wyspianski, en el año 1938.

las tareas escolares, realizaba sus funciones como miembro activo del Sodalicio Mariano y por las tardes salía a pasear con su padre. En la primavera de 1938, poco antes del décimo octavo cumpleaños de Karol Wojtyla, el príncipe Adam Stefan Sapieha, arzobispo de Cracovia, llegó al bachillerato de Wadowice. La visita del Arzobispo Metropolitano tenía la finalidad de ofrecer a los alumnos el sacramento de la confirma-

En julio de 1937, en Hermanowice, cerca del río Vístula, el joven Wojtyla terminó su adiestramiento militar y obtuvo el segundo rango con buenas calificaciones. En la foto aparecen de izquierda a derecha: Karol Wojtyla, Zbigniew Silkowski, Stanislaw Zmuda, Tadeusz Zieba, Eugeniusz Filek y Szczepan Mogielnicki.

ción, lo cual, para la escuela y para Wadowice, era un gran acontecimiento. Tadeusz Szeliski, el maestro de griego, y Karol Wojtyla dieron la bienvenida al Arzobispo en nombre de la comunidad escolar. Como se esperaba de una escuela de tendencia humanística, Karol presentó su discurso de bienvenida en un fluido latín y su actuación impresionó al príncipe Adam Stefan Sapieha: éste preguntó al prefecto si aquel estudiante, por casualidad, no se encaminaba al seminario. Se enteró, para su sorpresa, que había elegido estudiar filología polaca.

Karol no pensaba todavía en el sacerdocio, amaba la literatura y el teatro, y a estas artes quería dedicarse. Una semana después del encuentro con el arzobispo Sapieha, el 14 de mayo de 1938, Wojtyla aprobó los exámenes finales de bachillerato. En todas las materias obtuvo las más altas calificaciones, y la comisión examinadora otorgó su aprobación para que pudiera continuar con sus estudios superiores.

A finales de mayo, los bachilleres tenían que despedirse y dejar la escuela, y Karol Wojtyla habló en nombre de sus compañeros con el propósito de agradecer la labor de los profesores, y para asegurarles que seguirían por el sendero que, con las enseñanzas que habían recibido de ellos, empezaban a trazar.

Antes de entrar a la universidad, Karol tuvo que cumplir con el servicio precastrense para la juventud estudiantil. Los egresados de Wadowice llegaron a finales de junio al destacamento en Zubrzyca Gorna, y trabajaron en la construcción

de un camino. Mientras los compañeros de Karol iban a la obra, él se quedaba en el campamento pelando papas para la comida.

ENTRE LA ESVÁSTICA, LA HOZ Y EL MARTILLO

Karol Wojtyla regresó a Wadowice en la segunda quincena de julio de 1938, y su padre ya se estaba preparando para mudarse a Cracovia. Karol habría de entrar a la universidad y ya nada lo detendría; la etapa de su vida en la pequeña ciudad de Wadowice ya estaba a punto de terminar.

Wadowice había cambiado: las relaciones entre los poloneses y los judíos ya no eran armoniosas, y el presagio del antisemitismo había llegado a finales de los años treinta cuando surgió el polémico problema de Regina Beer.

En el año de 1936, Regina concluyó sus exámenes finales de bachillerato y quiso estudiar medicina en la Universidad Jaguelloniana. Mientras el mariscal Józef Pilsudski estuvo en el poder, los grupos radicales no tuvieron mayor influencia; sin embargo, después de su muerte, el antisemitismo cobró fuerza. Las autoridades educativas limitaron el número de ingresos a las escuelas superiores para la juventud judía sin determinar una cifra exacta, de tal forma que a cualquier candidato judío se le podía negar la inscripción, como ocurrió en el caso de Regina Beer, que a pesar de haber obtenido excelentes resultados en los exámenes no pudo ingresar. Pero como no hubo una prohibición explícita, los judíos podían seguir estudiando si contaban con una amistad influyente que los ayudara.

En 1936, Karol (izquierda) y su padre (centro) fueron con dos compañeros, en una peregrinación, al santuario de la Virgen de Czestochowa.

EL ANTISEMITISMO ES ANTICRISTIANO

Aunque varios estudiantes de la facultad de medicina eran de origen judío, la mejor estudiante del bachillerato de Wadowice, Regina Risenfeld, no aguantó ni un año en la Universidad Jaguelloniana. En la primavera de 1937 regresó a Wadowice y viajó a Palestina, con el apoyo de sus padres. La causa de tan repentina salida se vinculaba no sólo con los incidentes antisemitas en la Universidad, sino también con la acusación de haber tenido contacto con el ilegal Partido Comunista Polaco. En la casa donde vivía como estudiante y que compartía con otra compañera, la policía había detenido a un comunista que se estaba escondiendo en ella, por ser amigo de su compañera.

"Sólo una familia no mostró odio racial hacia nosotros" —escribió después de muchos años—. "Era la de Karol y su papá (...) El señor Wojtyla (...) repetía constantemente: 'No todos los poloneses son antisemitas. Sabes que yo no lo soy.' Estaba muy afligido (por mi salida), y creo que Karol todavía más." Regina Risenfeld se encontró con su antiguo compañero de escuela medio siglo después, durante la audiencia en la Plaza de San Pedro, en Roma.

El antisemitismo no era privativo de ciertos grupos sociales, pues había posturas antijudías tanto entre los obreros y los campesinos, como entre los maestros y los sacerdotes. Karol Wojtyla creció en un ambiente en el que los judíos eran considerados "hermanos mayores en la fe", y el antisemitismo era opuesto al Evangelio. El padre Leonard Prochownik, de Wadowice, por su parte repetía con frecuencia: "el antisemitismo es anticristiano", y su acólito siempre lo recordó.

A finales de los años treinta, Polonia estaba rodeada de las dictaduras anticristianas. El antisemitismo se había convertido en la ideología oficial de Alemania tras la frontera occidental de Polonia. El freno del avance del totalitarismo bolchevique en el año 1920 no salvó a los vecinos occidentales de Polonia de padecer una dictadura.

En 1933, los alemanes votaron en elecciones democráticas a favor de Hitler, cuyo proyecto estaba dirigido sobre todo contra el comunismo, pero que era antirreligioso, como éste. Los nazis de Adolfo Hitler contaron con los votos de los electores cristianos, puesto que todavía no anunciaban su intención de aniquilar el cristianismo en el futuro.

En la época en que Karol presentó los exámenes de bachillerato, Austria, la heredera de la monarquía de

El 14 de mayo de 1938, Karol aprobó el examen de bachillerato con las mejores calificaciones. El 27 de mayo, en nombre de los alumnos de toda la escuela, dio un discurso de despedida a los maestros.

los Habsburgo, ya no existía como estado independiente. En marzo de 1938 tuvo lugar la anexión de aquel país al Reich alemán, y los austriacos fueron obligados a subordinarse al enorme poder que tenían los nazis.

Medio año después, cuando los Wojtyla se mudaron a finales del verano a la ciudad de Cracovia, Checoslovaquia había dejado de ser un estado independiente. Hitler la había dividido en dos: el llamado Protectorado de Bohemia y Moravia, dominado por Berlín, y el Estado de Eslovaquia, supuestamente independiente.

No hay nada que indique que los habitantes de Wadowice se habían dado cuenta de que Polonia se encontraba entre dos totalitarismos ateos que entrañaban un peligro mortal para su existencia.

Con toda seguridad, el joven Karol Wojtyla tampoco se había percatado de esta situación, pues más que en los asuntos políticos de la época, estaba inmerso en el pasado y en lo infinito.

■

En el otoño de 1938, Karol Wojtyla llegó a Cracovia e inició sus estudios en la Universidad Jaguelloniana. Un año después, estallaría la guerra. De pronto Karol se encontró inmerso en el llamado Gobierno General. Paralelamente, trabajaba y actuaba en el teatro clandestino de Mieczyslaw Kotlarczyk. Fue entonces cuando reconoció su vocación.

CAPÍTULO DOS

Cuando colgaron la esvástica en Wawelse

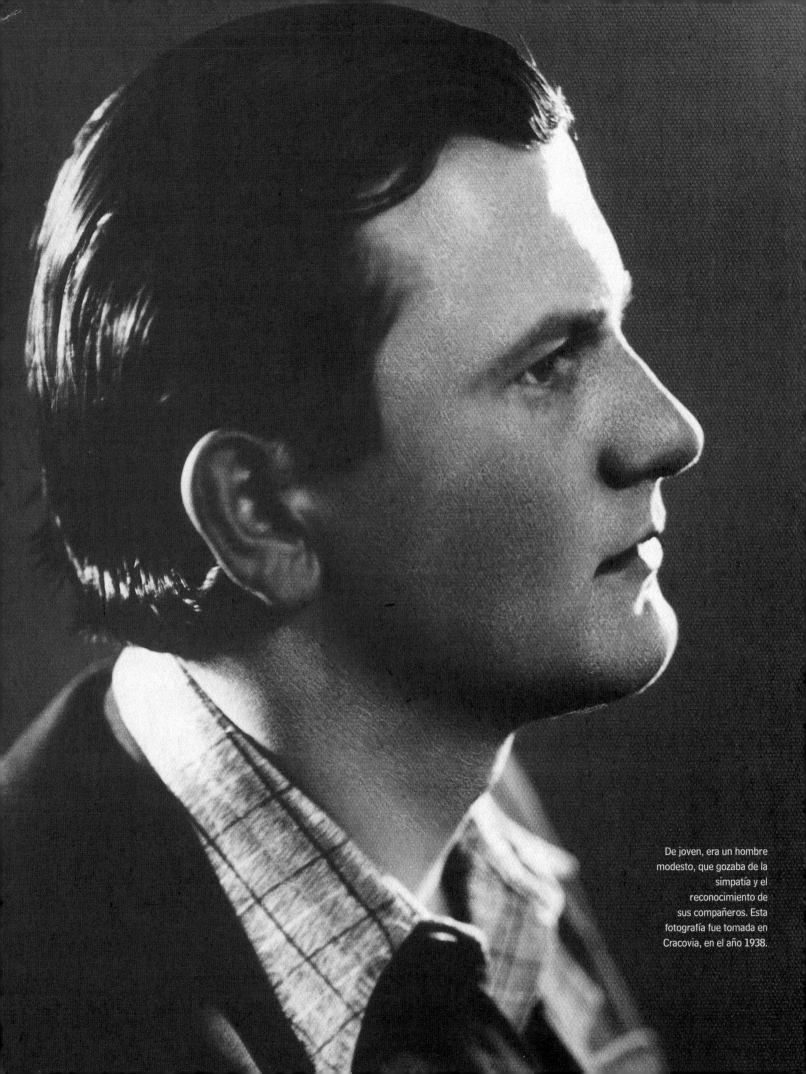

De joven, era un hombre modesto, que gozaba de la simpatía y el reconocimiento de sus compañeros. Esta fotografía fue tomada en Cracovia, en el año 1938.

LA CASA DE CRACOVIA, LOCALIZADA EN LA CALLE TYNIECKA NÚMERO 10, EN LA QUE VIVIERON EL CAPITÁN WOJTYLA Y SU HIJO TRAS SU SALIDA DE WADOWICE, FUE CONSTRUIDA POR ROBERT KACZOROWSKI, el hermano menor de Emilia Wojtyla. La construcción del edificio se inició durante la Primera Guerra Mundial, cuando Robert compró un lote en el barrio obrero de Debniki con el dinero ahorrado por la familia, después de su regreso del cautiverio ruso, en el que había estado desde principios de la guerra. Era una construcción sólida, a pesar de que se utilizaron materiales usados; constaba de un sótano con entrada independiente, planta baja y un piso. En la planta baja vivía el cuñado del capitán, y en el primer piso, Rudolfina y Anna, las hermanas solteras de Emilia. Después de su llegada a Cracovia, en el verano de 1938, los Wojtyla ocuparon el frío y húmedo sótano. El pequeño departamento tenía dos recámaras al lado de un pasillo, así como una cocina y un baño, que estaban enfrente, al lado del pasillo.

La casa estaba en la orilla derecha del río Vístula y tenía una preciosa vista que daba al casco viejo de Cracovia; a un lado del casco se erguía el imponente castillo de Wawel, con las altas torres de su catedral, y al otro se apreciaba la iglesia de Santa María de la Plaza Mayor. Para llegar a la universidad, lo que le tomaba una media hora, Karol tenía que cruzar el puente Debnicki, y caminar por las callejuelas que rodeaban la Plaza Mayor; luego pasaba por el palacio arzobispal, donde vivía el príncipe arzobispo Adam Stefan Sapieha.

Karol Wojtyla inició en octubre sus clases en la universidad. Lo que en la escuela de Wadowice se conocía sencillamente como el "curso de polonés" ahora se dividía en diferentes disciplinas con nombres que despertaban curiosidad, como etimologías y fonética. A ello se agregaban la gramática del eslavónico eclesiástico antiguo, la introducción a la literatura y el curso de ruso. Las materias de este primer año de estudios requerían el dominio de gran cantidad de información, y Karol Wojtyla, dotado de una extraordinaria memoria, se desenvolvía con la misma facilidad con la que había estudiado latín y griego; incluso había pensado dedicarse de lleno a la lingüística.

Para el otoño de 1938, Karol ya era un joven fuerte y de piel bronceada; pero, a pesar de que siempre estaba limpio y arreglado, nunca iba elegante, ni mucho menos con ropa de moda: no le interesaba. Jamás se le vio con corbata; llegó a su primera clase con un atuendo sencillo confeccionado con una tela áspera. Su padre le hacía casi toda su ropa con los antiguos uniformes militares.

En verano de 1938, Karol y su padre se mudaron a Cracovia, donde vivieron en la calle Tyniecka 10. Al principio del año 1939, Karol ingresó a la Sociedad de Admiradores del Idioma Polaco, y poco después se convirtió en miembro del Sodalicio Mariano de los estudiantes de la Universidad Jaguelloniana.

Siempre se sentaba en la primera fila y escuchaba con gran atención a los maestros y expositores. Una vez que ya había entablado relaciones más cercanas con sus compañeros, solía pasarse a la última fila, donde se sentaban Tadeusz Kwiatkowski, Wojciech Zukrowski y Tadeusz Holuj. Al igual que en el bachillerato, desde el principio fue un alumno sobresaliente por sus aptitudes y su empeño. Las tareas que elegía parecían a veces rebasar sus posibilidades. Por ejemplo, durante el seminario dirigido por Stanislaw Pigon, destacado crítico de literatura, en el cual participaban estudiantes de diferentes niveles, se propuso, aún siendo estudiante de primer año, elaborar una disertación que exigía un buen conocimiento del idioma francés. Para la siguiente sesión, el largo y difícil texto ya estaba terminado, y Wojtyla lo leyó durante las siguientes sesiones. Más tarde se supo que desde tiempo atrás había estado tomando clases particulares de francés.

NO ERA UN SOLITARIO, AUNQUE PARECÍA SERLO

De cualquier manera, Karol no dedicaba toda su energía al estudio. No era un tipo solitario, aunque a primera vista parecía serlo. Como se interesaba mucho en la gente, de inmediato se involucró en diferentes grupos y organizaciones estudiantiles.

Al principio, Karol se dio a conocer como poeta y orador y, dos semanas después de haber iniciado el año escolar, recitó algunos poemas suyos en la tardeada literaria, evento organizado por algunos poetas principiantes, quienes pidieron un pequeño pago por la entrada; luego de hacer cuentas, los jóvenes quedaron sorprendidos al ver que habían ganado 18 zloty. Todos decidieron gastar el dinero en uno de los bares más frecuentados de Cracovia, excepto Karol Wojtyla, quien no se sumó al festejo, por lo que sus compañeros le regalaron dos zloty "para sus dulces". Él no se inmutó por la burla y contento abandonó el grupo; pasar las tardes en los bares nunca le había llamado la atención.

También Wojtyla entró al círculo estudiantil de los aficionados a las letras polacas. Este grupo no sólo discutía sobre literatura, sino sobre varios asuntos de interés para los estudiantes, como la reforma del programa de filología polaca (que en aquel entonces pertenecía al Departamento de Filo-

Uno de los edificios de la Universidad Jaguelloniana. En uno de sus primeros seminarios con el profesor Pigon, Karol Wojtyla se propuso preparar la disertación titulada "Mme de Staël, la teórica del Romanticismo", dedicada a la famosa anfitriona de salones literarios.

el único visitante que se dirigía a la señora de la casa de esta manera. La casa de León Szkocki, la Villa "Pod Lipkami", era uno de los numerosos centros de la vida cultural en Cracovia. Allí se daban cita poetas, escritores y músicos; Zofia Pozniak, la hija de los Szkocki, se convirtió en pianista, y su marido, en musicólogo. Precisamente en esa casa, Karol estudiaba francés con la maestra Jadwiga Lewaj, que vivía en la casa de los Szkocki.

Por la época en que Karol Wojtyla iniciaba su nueva vida en Cracovia, en esa ciudad estaba muriendo de tuberculosis Sor Faustyna, a quien después de muchos años Karol —ya como el papa Juan Pablo II— elevaría a los altares. En el año de 1931, Sor Faustyna recibió ciertas revelaciones y, a consecuencia de ello, se dedicó a propagar el culto a la Divina Misericordia. Eso le causó muchos problemas por parte de las personas más cercanas a ella, pero el culto que inició se divulgó rápidamente entre los fieles de Cracovia, después por todo el país, y posteriormente en todo el mundo.

sofía) o la posibilidad de unirse a la protesta por el llamado *Numerus Nullis*, una reglamentación que dificultaba el ingreso de la juventud judía a la universidad. En cuanto a este último rubro, la postura de Karol no se había modificado desde sus tiempos de bachillerato. Todos sus compañeros de generación recuerdan que durante las clases con gran frecuencia acompañaba a Anna Weber para protegerla, ya que a causa de sus orígenes judíos, era atacada por la organización nacionalista *Mlodziez Wszechpolska*.

Para el Festival de Cracovia en junio de 1939, la Cofradía Teatral –posteriormente llamada Estudio 39–, preparó la obra *El caballero de la luna*, de Marian Nizynski. Abajo, las fotografías de los miembros del Estudio 39. A la derecha, Karol Wojtyla en el papel del Tauro zodiacal.

A Karol nunca le gustó la derecha nacionalista y ninguno de sus miembros fue compañero suyo. En cambio, estableció una buena amistad con Juliusz Kydrynski, cuyo padre, quien murió en 1937, fue filólogo y profesor de la Universidad Jaguelloniana. Posiblemente, aparte del interés por el teatro, los acercó el hecho de que los dos habían perdido a uno de sus padres. En la casa de Juliusz, Karol fue aceptado rápidamente como parte de la familia; incluso a la señora Kydrynski le decía "mamá". En general, él veía a las personas cercanas como miembros de su familia y fue así que llegó a ver a Kotlarczyk como a su hermano mayor, y a Juliusz Kydrynski, como a su hermano menor. Lazos similares lo unían con las amistades de los Kydrynski. En la familia Szkocki tenía a su "abuelita", aunque no era

En este nuevo ambiente, la vida religiosa de Karol no cambió. Iniciaba cada día con una misa matutina en la cercana iglesia parroquial a la que solía asistir; se confesaba cada mes, y a veces servía como acólito con el padre Figlewicz, su primer catequista de bachillerato y posterior vicario de la parroquia. Pero la idea de dedicarse a la vida religiosa todavía le era totalmente ajena.

El 6 de febrero de 1939, cuatro días después de la fiesta de la Virgen de la Candelaria, Karol recibió una credencial que lo hacía miembro del Sodalicio Mariano, organización que concentraba a la juventud de la Universidad Jaguelloniana, y que conocía desde sus años en Wadowice. Ahí, en el Sodalicio Mariano, anunció que iba a trabajar en labores caritativas y eucarísticas.

Cuatro días más tarde, en el Vaticano, fallecía el papa Pío XI. Al igual que tras la muerte de León XIII, el cardenal Eugenio Pacelli, secretario de Estado, tenía todas las posibilidades de tomar el más alto mando en la Iglesia. En esta ocasión, nada se opuso a su elección y el 2 de marzo, ya en la tercera vuelta de la votación, el cónclave lo eligió al Trono de San Pedro. El nuevo papa retomó el nombre de su antecesor y se dio a conocer al mundo entero como Pío XII. Para entonces, el Vaticano era un Estado soberano gracias al Tratado de Letrán, firmado entre la Santa Sede y el gobierno italiano, en el año de 1929.

El cambio en el Vaticano coincidió con la Cuaresma. El Jueves Santo, día que conmemora el establecimiento del sacramento del sacerdocio, Karol asistió a la catedral para la ceremonia del lavatorio, que sería celebrada por el arzobispo Sapieha. Luego de los rituales del Jueves Santo, Karol se quedó pensativo frente al sepulcro de Ladislao II Jaguellon, y más tarde rezó durante largo rato frente al Santísimo Sacramento. En mayo fue con la juventud estudiantil a la peregrinación al santuario de la Virgen Negra de Czestochowa, organizada por el padre Tadeusz Kurowski. Llegó a Jasna Gora exactamente el día que cumplía 19 años.

Los exámenes finales empezaron en junio. El primero fue el nada fácil examen de gramática descriptiva con el profesor Kazimierz Nitsche, quien tenía la costumbre de sacar a los estudiantes mal preparados arrojándoles el gis, el borrador o incluso la silla. Wojtyla aprobó el examen con una buena calificación y, motivado por ese logro, presentó el mismo día el examen del eslavónico eclesiástico antiguo, el cual también pasó. Esto fue suficiente para que Karol estuviera en la lista de estudiantes que pasaban a segundo año. Más tarde, fue a revisar las materias obligatorias para el siguiente año, anunciadas en un pizarrón. De repente dijo para sí mismo en voz alta: "¡No, esto no está nada bien!" Nadie supo qué había querido decir.

LE GUSTABA MÁS CONVERSAR QUE BAILAR

Semanas más tarde, junto con sus compañeros, festejó el fin de cursos del primer año de universidad. Siete de ellos se reunieron en casa de una de las amigas y celebraron con vino, música y baile. Ésa fue la única vez que sus amigos vieron bailar a Karol Wojtyla, aunque realmente él hubiera preferido platicar. "No evadía la compañía femenina, pero tampoco la buscaba", escribió Irena Orlewicz, y agregó que él siempre entraba solo a clases y también se iba solo cuando terminaban.

En aquel tiempo, Wojtyla regresó a la actuación, cuando la fraternidad teatral organizó el Estudio 39, una especie de escuela que preparaba a los aficionados para la

actuación. Karol, Halina Krolikiewiczówna, Juliusz Kydrynski y otros amigos se presentaron a las audiciones, fueron aceptados y entraron al elenco de una obra cómica titulada *El caballero de la luna*, escrita especialmente para el Festival de Cracovia. El autor era Marian Nizynski, un joven escritor; y el personaje protagónico era Don Twardowski, figura del conocido cuento folclórico polaco. La obra, además, contenía alusiones sarcásticas a la realidad social de ese entonces. Wojtyla, nacido bajo el signo de Tauro, representó a ese símbolo del Zodiaco, llevando una máscara de toro. Su papel era secundario, pero su participación en la obra —repetida varias veces para deleite de los espectadores— constituía una gran diversión para él, sobre todo porque el director reconoció su talento histriónico y le dijo que iniciara el desfile zodiacal (relevante escena de la pieza) con su monólogo.

Seguramente aquéllos fueron los últimos momentos de alegría en su vida juvenil… Llegó un verano caluroso, después del cual ya nada podría ser como antes.

DE UNIFORME Y CON RIFLE

Karol Wojtyla pasó la mayor parte de aquel verano en el campamento de la Legión Académica, una organización encargada de la preparación militar de la juventud estudiantil. El campamento complementaba el curso

Karol pasó el último julio antes de la ocupación en el campamento de la Legión Académica en Ozomla, cerca de Sadowa Wisznia. No sólo participó en el entrenamiento militar, sino que también jugaba futbol y nadaba. Del lado izquierdo está el carnet que acredita como soldado a Karol Wojtyla.

que llevaban a lo largo del año académico. En este campamento de Sadowa Wisznia, cerca de Przemysl, en la región habitada principalmente por los ucranianos, Karol aprendió a disparar, a presentar las armas y a

marchar. Sin embargo, nunca aprendió a pelear; quizá no era parte de su naturaleza. Como dicen varios de los testigos que presenciaron la experiencia de Karol Wojtyla con las armas, se sentía incómodo con el uniforme y el fusil. El penúltimo día de agosto devolvió el uniforme y el equipo de legionario al almacén. "No los necesitarás más", parece que fueron las palabras del soldado que recibió sus pertrechos militares.

En septiembre del año de 1940, Karol Wojtyla comenzó a trabajar en la cantera en Zakrzówek. Diariamente salía de la casa alrededor de las siete de la mañana, para llegar caminando al trabajo a las ocho.

Mientras tanto, en Moscú, los cancilleres del Tercer Reich y de la Unión Soviética, Joachim Von Ribbentrop y Viacheslav Molotov, suscribieron un tratado, en cuyo anexo se decidió la suerte de Polonia: la República del águila blanca iba a ser dividida de nuevo entre sus dos vecinos. Esta vez entre los gobiernos de la esvástica y la estrella de cinco puntas.

El primer viernes del mes coincidió con el 1 de septiembre. Karol Wojtyla, recién llegado del campamento de la Legión Académica, acudió a confesarse, como era su costumbre desde hacía años. La ciudad estaba dominada por el pánico: después de varios bombardeos matutinos efectuados por los aviones alemanes, la gente corría en todas direcciones. Karol atravesó el puente Debnicki y se dirigió a la catedral, donde encontró al padre Figlewicz. El vicario se alegró al ver a su antiguo estudiante. Como todos habían huido, no había quien ayudara en la misa; Karol le sirvió de acó-

lito, luego que el padre Figlewicz lo confesó. Cuando celebraban la misa, fuera se oían las explosiones de las bombas y el aullido de las sirenas.

Al día siguiente, Karol y su padre empacaron lo indispensable y, junto con la oleada de emigrantes, salieron hacia el Este. Viajaron como pudieron, siempre escondiéndose de los aviones, y llegaron casi una semana después al río San. Pero el sexagenario capitán Wojtyla ya no estaba en condiciones de soportar las penurias del viaje y tomaron el camino de regreso a Cracovia.

Posiblemente esta decisión les salvó la vida, porque en el Este acechaba un peligro todavía mayor. Mientras los Wojtyla huían de los nazis, el Ejército Rojo se preparaba para encontrarse con el ejército alemán. El 17 de septiembre, el ejército iba a cruzar la frontera oriental de la República. Los Wojtyla no sabían nada de eso, tampoco sabían que los soviéticos cruzarían la línea del Vístula, como lo habían hecho en 1920. Lituania, antes entregada por Molotov a los alemanes, quedó en manos de Moscú, y la región entre los ríos Vístula y Bug, ocupada por las fuerzas alemanas armadas, quedó bajo el poder de Berlín. Cuando Karol y su padre se encontraron de nuevo en el sótano de la colonia Debniki, los bolcheviques ya estaban deteniendo a oficiales y burócratas poloneses, así como a sus familias.

Mientras tanto, en Wawel ya ondeaba la bandera con la esvástica. El castillo de los reyes poloneses se trans-

Teatro de Juliusz Slowacki. Karol trató de encontrar trabajo aquí durante la ocupación alemana. En aquel entonces el teatro de Slowacki fue transformado en Staatstheater, o teatro oficial.

formó en la morada de Hans Frank, a quien Adolfo Hitler entregó el poder en una parte de la Polonia conquistada, llamada Gobierno General. La ciudad de Cracovia fue proclamada capital y Varsovia, que también esta-

Lucjan Kydrynski

Llegó con las manos vacías

EN AQUEL ENTONCES VIVÍAMOS EN LA CALLE FELICJA-NEK, en Cracovia, en un departamento de tres recámaras en el tercer piso de un edificio. Una de las recámaras, la más grande, estaba ocupada por unas empleadas alemanas de alguna oficina de Cracovia. Mi mamá, mi hermana, mi hermano y yo ocupábamos las restantes; después de la muerte de su padre, Karol Wojtyla vino a vivir con nosotros.

En la Navidad de 1940, Karol nos visitó todavía con su padre. Se mudó por el mes de febrero de 1941 y vivió con nosotros unos seis meses. Vivíamos muy apretujados; teníamos que doblar y desdoblar nuestros catres todos los días. En una recámara estábamos mi mamá, mi hermana y yo, y en la otra, mi hermano y Karol. La responsabilidad principal de Karol y de mi hermano era subir carbón del sótano al tercer piso. Los dos pasaban muy poco tiempo en el departamento, porque salían a trabajar a las seis de la mañana y regresaban hacia las seis de la tarde. Llegaban muy cansados; Karol disponía de un pequeño rincón, por el poco espacio que había, pero también porque tenía muy pocas cosas. Llegó con nosotros prácticamente sin nada. Era difícil tener muchas cosas durante la ocupación alemana y aunque hubiera querido traer sus muebles, no habría habido espacio para ellos. No era una persona apegada a las cosas materiales. En cambio, trajo consigo la amistad, la bondad y un ambiente grato; con eso era suficiente.

Las comidas de mi madre, tanto las que preparaba antes de la guerra como durante la ocupación, no eran opulentas, pero era evidente que el ambiente de nuestra casa le agradaba a Karol Wojtyla. La ocupación no permitía hacer comidas suntuosas, sólo comprábamos lo que podía conseguirse con los cupones de racionamiento. Karol comía al llegar del trabajo. Mientras vivió su padre, mi hermana le llevaba la comida a su casa, en Debniki.

Mi hermano y Karol compartían conmigo sus problemas, aunque yo era casi diez años menor. De todos modos, en un departamento tan pequeño, habitado por tantas personas, necesariamente todos éramos muy unidos.

Tanto mi hermano como Karol eran aficionados al teatro. Un año antes de la guerra, cuando comenzaron los estudios, pertenecían a la Cofradía Teatral. Durante el Festival de Cracovia actuaron en la calle, cerca de Barbakan, en la obra *El caballero de la luna*, de Marian Nizynski. Los personajes de esta obra eran los signos del Zodiaco; Karol representó al de Tauro y mi hermano, al de Acuario.

Durante la ocupación actuaron en una especie de teatro clandestino. Todavía antes de que los alemanes ocuparan el cuarto más grande, ahí se llevaban a cabo las funciones. Eran reuniones sociales y teatrales, patrocinadas por el eminente actor del periodo de entreguerras, Juliusz Osterwa. Muchos de los espectáculos y funciones que tuvieron lugar en nuestra casa reunían de veinte a treinta personas. Naturalmente, yo veía todas las representaciones, como por ejemplo *Przepióreczka*, de Zeromski, en la cual Karol tenía el papel de Smugon y mi hermano, el de Przelecki. Después, cuando este cuarto fue requerido por los alemanes, ya no había lugar para el teatro.

Posteriormente vino Mieczyslaw Kotlarczyk de Wadowice, y entonces formaron el Teatro Rapsódico. Las presentaciones se hacían en otras casas, y me gustaban mucho, aunque todavía no comprendía todo. Éstos fueron mis primeros encuentros cercanos con el arte; me acuerdo muy bien del ambiente de clandestinidad de aquellos tiempos, el miedo a que aparecieran los alemanes, el temor a una denuncia…

Recuerdo que una vez, durante los preparativos para la función, llegó la policía. Por suerte aún no habían llegado los invitados, pero ya se había acomodado las sillas y los demás muebles. Los alemanes quisieron saber por qué los muebles del cuarto estaban colocados de una forma tan inusual. Mi mamá les explicó que justo estábamos haciendo una limpieza general. Esto sucedió antes del mediodía, mientras Karol y mi hermano estaban trabajando. Por fortuna, los policías se dejaron engañar.

En ese entonces, Karol no se distinguía de los demás. Rezábamos juntos, pero en aquellos tiempos de guerra había mucho por qué rezar, y para nadie era algo extraño. Para nosotros, era un buen muchacho, agradable y trabajador. Incluso después mantuvimos una cercana relación. Estuvo presente cuando mi mamá murió. Cuando ella agonizaba, lo buscamos en el seminario; fue él quien presidió su entierro y también quien celebró la boda de mi hermano.

Ya cuando fue papa, me recibió en el Vaticano en una audiencia privada; recordamos nuestra casa y los tiempos pasados. También habló afectuosamente de nosotros en su autobiografía *Dar i Tajemnica (Don y Misterio)*.

---

ba dentro de las fronteras del Gobierno General, fue destinada, de acuerdo con los planes alemanes, a convertirse en el futuro en "una estación provincial en el trayecto hacia el Este".

Las condiciones de vida se transformaron radicalmente; todo escaseaba, desde el carbón hasta los ali-

mentos. Las filas para comprar el pan se formaban desde las cinco de la madrugada. Mientras tanto, los jóvenes estudiantes de filología polaca, a pesar de las prohibiciones, seguían reuniéndose en las tardeadas literarias en la casa de los Kydrynski; ahí leían las grandes obras de la literatura y hacían el reparto de pape-

El padre Michal Szafarski
El apóstol del Rosario Vivo

JAN TYRANOWSKI ERA PRESIDENTE DEL ROSARIO VIVO en la parroquia de San Estanislao de Kostka. No sé cómo le propuso a Karol Wojtyla que ingresara a este grupo juvenil. Era un hombre interesante, además de exigente. Quien no tenía fuerza de voluntad, rápidamente abandonaba su grupo. Durante los encuentros orábamos y nos daban conferencias sobre la liturgia. Cada mes sorteábamos tarjetitas, en las cuales había una flor y una inscripción, por ejemplo "obediencia". A lo largo del mes debíamos practicar lo que nos salía en las tarjetitas, y después contar si lo habíamos logrado o no, y por qué.

Jan vivía de acuerdo con un horario, que iniciaba a las cinco de la madrugada. Se exigía mucho a sí mismo. Estaba enfermo de tuberculosis, pero ni siquiera en el hospital dejó su apostolado. Durante toda la noche los enfermos lo buscaban, y él platicaba con ellos. Si alguien decía algo incorrecto, otros le decían: "El profesor se va a enojar."

Las personas que lo cuidaban cuentan que cuando alguien sufría, Jan le decía: "Reza para que este sufrimiento se pase a mí", y el enfermo dejaba de gemir. Jan soportaba sus propios sufrimientos y, a pesar de ellos, sonreía y permanecía sereno. Daba gracias a Dios y pedía perdón a todos. Lo cuidaban los miembros del Rosario Vivo.

Durante la guerra, los alemanes arrestaron a los salesianos que trabajaban en la parroquia: once perecieron en un campo de concentración, y once del Rosario Vivo fueron finalmente ordenados sacerdotes. Karol Wojtyla fue el primero en serlo, en el año de 1946. Jan no asistió a su ordenación ni a la primera misa del padre Karol, porque estaba ya muy enfermo en el hospital. El padre Wojtyla lo visitó y se despidió de él, porque en poco tiempo saldría para seguir sus estudios en Roma.

Jan Tyranowski falleció en 1947; la carta que le llegó de Roma ya no lo encontró con vida. Éste es un fragmento:

"Sé todo lo que le sucede, sé a qué cruz lo ha clavado el Dios misericordioso que aceptó el sacrificio que usted le ofreció. Me doy cuenta de que en esta sala del hospital que bien conozco, usted reparte la vida de Dios a mucha gente. Dios destruye a sus hijos más entregados, este Padre que ni siquiera libró del sufrimiento a su propio Hijo. Siento que su sufrimiento no es igual al de los demás; es un sufrimiento pleno, en el cual Dios es adorado como en pocas obras humanas; sé que su obra redentora tiene en usted a un valiente colaborador. Todo esto lo veo con los ojos de la fe."

Dos años más tarde, Karol Wojtyla escribió en el semanario *Tygodnik Powszechny:*

"Él era el Apóstol de la grandeza de Dios, de la belleza de Dios, de la trascendencia de Dios. Lo aprendió de su principal guía, San Juan de la Cruz. Dios no está en nosotros para que lo limitemos a la dimensión de nuestra espiritualidad humana. Dios está en nosotros para arrancarnos hacia la trascendencia divina sobrenatural. Ésa era la meta principal de los esfuerzos de Jan. Y en ello, fue el más fuerte, el más tenaz, el más persuasivo, el más apostólico. Dios está en nosotros. Jan lo sabía."

---

les. Mieczyslaw Kotlarczyk no estaba entre ellos; vivía ahora al otro lado de la frontera, porque su ciudad natal, Wadowice, considerada "ancestralmente alemana", al igual que toda la región del río Skawa y gran parte de Polonia occidental y del norte, habían sido incorporadas al Reich.

Se anunció que, a pesar de la ocupación, la universidad sería reabierta en noviembre. Wojtyla se inscribió en el segundo año de filología polaca. Sin embargo, fue tan sólo un ardid de los alemanes: el 6 de noviembre, los 186 científicos y académicos de Cracovia que acudieron a la inauguración del año escolar fueron arrestados y deportados al campo de concentración Sachsenhausen–Oranienburg. Muchos de ellos perdieron ahí la vida y la universidad permaneció cerrada hasta el final de la guerra.

Ya habían sido prohibidas las celebraciones religiosas en la catedral de Wawel. La última misa fue oficiada el 29 de octubre por el arzobispo Sapieha quien, a diferencia del Primado de Polonia, el cardenal Augusto Hlond, optó por permanecer en el país, sin importarle las consecuencias que pudiera acarrear esta decisión. Posteriormente, el gobernador Frank concedió que se celebraran dos misas semanales, pero sólo para los guardias hitlerianos. Uno de los dos sacerdotes autorizados para las celebraciones era el padre Figlewicz; fuera de ellos, los poloneses no tenían acceso a Wawel.

El estallido de la guerra hizo que se invirtieran los papeles en la familia de los Wojtyla. Ya sin la pensión del ejército, el padre y el hijo perdían el único medio de subsistencia, y esta vez Karol tuvo que buscar la forma de mantener a su padre. Así, en el otoño de 1940, comenzó a buscar tenazmente un empleo fijo. Con la ocupación se hizo obligatorio el trabajo para los hombres de 18 a 60 años. Si el joven Wojtyla encontraba un lugar adecuado para laborar, podía obtener el certificado de trabajo, que lo protegería de la deportación a Alemania para realizar trabajos forzados. Después de la entrada de los alemanes, buscó trabajo en los teatros, pero ya todos habían sido clausurados. El famoso teatro de Juliusz Slowacki fue transformado en el Staats-theater alemán. Entonces, Karol se registró en la oficina de trabajo como mensajero de una tienda administrada por su tío lejano y padrino de bautismo, Józef Kuczmierczyk. Pero las reglamentaciones alemanas se hicieron muy duras y su trabajo, además de inestable, ya no era suficiente para recibir con regularidad los cupones para la comida. Karol no los necesitaba tanto para él, sino para su padre, quien se debilitaba rápidamente. El hecho de no poder continuar con lo que parecía darle sentido a su vida (apoyar a su hijo en sus estudios) lo deprimió profundamente, situación que agravó su estado de salud.

UN NUEVO TRABAJADOR EN LA CANTERA

Jadwia Lewaj, la maestra de francés que seguía dando clases particulares a Karol en la casa de los Szkocki, lo ayudó a encontrar un trabajo más seguro. Gracias a sus contactos, en el otoño de 1940 Karol empezó a trabajar en las Empresas Químicas de Alemania oriental, conocidas en Cracovia con el nombre de Solvay. Era un sitio interesante. Antes de la guerra, la fábrica pertenecía a empresarios belgas, y la dirección general de este consorcio se encontraba en Bruselas. En 1940, al ser ocupada Bélgica por los nazis, todo el consorcio estuvo controlado por alemanes, aunque éstos no habían cambiado a las personas encargadas de administrarlo. Por otra parte, el director alemán de esta fábrica en Cracovia, un hombre de apellido Foehl, mantenía buenas relaciones con los poloneses y gracias a que sobornaba a la Gestapo, la policía secreta alemana no se interesaba demasiado en quiénes trabajaban en la fábrica. De esta forma, muchos intelectuales de Cracovia encontraron trabajo en Solvay. Para Karol Wojtyla, que hasta entonces se había desenvuelto en un medio de intelectuales y artistas, el nuevo trabajo, no sólo pesado y extenuante, se convirtió en una importante experiencia social.

Al principio, el joven Wojtyla trabajó en la cantera de Zakrzówek, poblado localizado a media hora de su casa; de ahí se extraía la piedra caliza para la producción de sosa cáus-

En el barrio obrero de Debniki se encontraba la iglesia parroquial de San Estanislao de Kostka (abajo). La parroquia pertenecía a los padres salesianos, quienes ponían énfasis en el trabajo con la juventud. Sus actividades fueron apoyadas por Jan Tyranowski.

tica, elemento muy importante para la fabricación de explosivos. Durante el crudo invierno de 1940, Karol se dirigía diariamente a Zakrzówek, bajaba al fondo de la cantera y llenaba los carritos del tren con los bloques calinosos, o instalaba rieles nuevos. A veces se encargaba de ir frenando el pequeño tren. Por suerte, todo el personal de la empresa era de origen polaco, excepto las personas que ocupaban los cargos más altos, y los estudiantes inexpertos en los trabajos físicos contaban con cierta comprensión; junto con Karol hubo otros que también trabajaron ahí, como Juliusz Kydrynski. Los empleados destinaban el único descanso que tenían permitido a comer pan y tomar café, que llevaban de su casa, en un cobertizo calentado por una estufa de hierro.

A pesar de que el padre de Karol se estaba alimentando mejor, seguía enfermo y se sentía cada vez más débil. Todavía acompañó a su hijo a la cena de Navidad de 1940, en la casa de los señores Kydrynski, pero después ya casi no salió. En febrero del año siguiente ya ni siquiera estaba en condiciones de preparar sus alimentos, por lo que Karol se los llevaba a casa. El 18 de febrero de 1941, Karol llevaba la comida, como ya era costumbre, acompañado de la hermana de Juliusz

En octubre de 1941 "el estudiante", como le decían sus compañeros de trabajo, fue transferido a la planta procesadora de agua de las calderas de la fábrica Solvay (abajo). Como obrero ganaba de 80 a 90 groszy por hora Prefería trabajar en el horario nocturno.

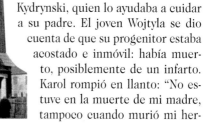

Kydrynski, quien lo ayudaba a cuidar a su padre. El joven Wojtyla se dio cuenta de que su progenitor estaba acostado e inmóvil: había muerto, posiblemente de un infarto. Karol rompió en llanto: "No estuve en la muerte de mi madre, tampoco cuando murió mi hermano, y hoy que mi padre murió fue igual", repetía una y otra vez.

Cuatro días más tarde, durante una fuerte helada y en presencia del padre Fíglewicz, quien celebró la Santa Misa, Karol enterró a su padre en el cementerio militar de Cracovia. Luego se mudó por un tiempo, hasta bien entrado el verano, a la casa de los señores Kydrynski. De los testimonios encontrados se deduce que, aunque la casa en la calle Tyniecka pertenecía a los familiares de Karol, los Wojtyla nunca mantuvieron relaciones con la familia que vivía arriba.

La residencia de los arzobispos de Cracovia en la calle Franciszkanska se convirtió, durante la guerra, en un refugio para los desamparados y refugiados.

La temporada más difícil en la cantera pasó cuando terminaron

los severos fríos. En la primavera Karol se convirtió en el ayudante de Franciszek Labus, cuya tarea consistía en colocar y disparar los explosivos. Servicial, amistoso, trabajador y muy religioso "estudiante", como lo llamaban los obreros, Karol conquistaba la simpatía de todos los que lo rodeaban. Aprovechaba cada ocasión para rezar en silencio, pero también sabía hacerlo a la vista de todos. Cuando, al mediodía, se oían las campanadas del Ángelus, dejaba de lado las cubetas y se arrodillaba durante unos momentos. "Karol, deberías ser sacerdote", le dijo un día Labus, cuando ya lo conocía mejor y le había tomado afecto.

En Cracovia frecuentaba a su tía Stefania, media hermana de su padre.

Pero Karol todavía no pensaba en ser sacerdote. Dedicaba el tiempo libre a la literatura y al teatro; leía libros, escribía poemas y tomaba parte en los ensayos clandestinos. Desde el otoño de 1940 era miembro de la Unión, una organización de carácter socialcristiano, que nunca mencionaba nada acerca de la resistencia polaca. Su objetivo básico no era la lucha armada, ni alcanzar el poder, sino la transformación de la conciencia y los principios de la vida comunitaria en Polonia y en todo el mundo cristiano. La organización se dividía en varias secciones autónomas, y Karol decidió pertenecer a la Unión de Cultura. En Cracovia, uno de sus líderes era Tadeusz Kudlinski, escritor y promotor de la vida teatral, en cuya casa se efectuaban los ensayos clandestinos antes de la formación del Teatro Rapsódico. En 1942, con la decisión de la jefatura, toda esa organización quedó incorporada al Ejército del Interior.

Después de un año de laborar en la cantera, Karol fue transferido a la productora de sosa, que se encontraba en la localidad de Borek Falecki, comunicada con la cantera por un ferrocarril de vía angosta. Allí el trabajo era más ligero, y los trabajadores tenían derecho a una modesta comida. Aunque el sueldo era más alto que en la cantera, seguía siendo insuficiente. La tarea de Karol consistía en llevar a hombros un balancín con cubos de leche caliza o con bolsas con reactivos pulverizados; también preparaba el agua destinada a las siguientes etapas del proceso de producción.

Tal vez en ese entonces comenzó a germinar en él la idea de dedicarse a la vida religiosa. La conciencia de la vocación sacerdotal se iba desarrollando poco a poco. Seguramente lo ayudaban sus guías espirituales, que de manera constante se cruzaban en su vida.

EL ENCUENTRO CON EL SASTRE MÍSTICO

Cuando vivía en Debniki, Karol asistía a misa en la iglesia parroquial de los padres salesianos, San Estanislao de Kostka. También acudía con frecuencia a los oficios dominicales, a las conferencias religiosas y a los retiros espirituales. En una de esas ocasiones conoció a Jan Tyranowski, un contador frustrado, de baja estatura y apariencia insignificante, que se dedicaba al oficio de sastre y era visto con extrañeza por los habitantes de Debniki. Vivía en un departamento de una recámara, parecida a una celda monacal, que también usaba como taller de costura.

Aunque nunca hizo votos monacales, Tyranowski prometió guardar el celibato porque había sentido que su verdadera vocación era servir a Dios. Estudió comercio, pero reconoció que esta profesión era ajena a su carácter, y dominó el oficio de su padre. Tyranowski era "uno de los santos desconocidos", como lo definiría un día Juan Pablo II, y "descubrió el universo" al joven Wojtyla.

Para Tyranowski, el ideal era lograr la santidad en la vida diaria del mundo secular. En 1935, un padre salesiano afirmó que la santificación de la vida es accesible a cualquier persona y no solamente a un sacerdote o a una monja. Gracias a los ejercicios espirituales y a una autoenseñanza tenaz, Tyranowski logró un alto grado de desarrollo espiritual que quería compartir con los jóvenes; su gran premisa era: "No desperdicies ni un momento." Los salesianos de Debniki atraían a los seglares a las actividades apostólicas, sobre todo desde que se convirtieron en el objetivo de la encarnizada persecución de los alemanes. Vivían bajo el peligro constante de ser arrestados por la Gestapo si ésta se enteraba de la catequesis clandestina de la juventud, y temían que la parroquia pudiera quedarse sin sacerdotes. Sus temores eran justificados: el 23 de mayo de 1941, los alemanes llevaron a todos los padres salesianos a un campo de concentración, en donde la mayoría de ellos murieron, incluso el benemérito párroco de Debnikiel, el padre Jan Swierk.

Jan Tyranowski era el maestro más destacado que había entre los seglares encargados del trabajo apostólico; se convirtió en uno de los guías espirituales más importantes de la juventud del futuro papa, ya que ayudó a Karol Wojtyla a descubrir su vocación sacerdotal.

San Juan de la Cruz

JUAN DE YEPES Y ÁLVAREZ VIVIÓ DE 1542 A 1591. En el año de 1563 entró a la orden de los carmelitas, donde tomó por nombre Juan de San Matías. Esta orden había sido fundada en el siglo XI por los ermitaños que vivían en el Monte Carmelo en Tierra Santa. La estricta regla establecida en el año 1274 resultó con el tiempo tan difícil de aplicar en la vida enclaustrada, que en 1432 el papa Eugenio IV, a petición del capítulo general de los carmelitas, aprobó su relajamiento. Dicha decisión provocó el

desacuerdo de muchos monjes, para los cuales la severidad de la orden era un medio muy importante para el desarrollo espiritual, el cual hacía posible un acercamiento a Dios.

El intento más eficaz de regresar a la regla original fue el que se realizó en la segunda mitad del siglo XVI, por Santa Teresa de Ávila, quien en 1562 fundó, con el consentimiento del papa Pío IV, el primer convento reformado de las carmelitas.

Juan de Yepes y Álvarez la conoció en 1567. Bajo su influencia fundó en 1568 el primer monasterio masculino reformado y tomó un nuevo nombre: Juan de la Cruz.

Durante el pontificado de Gregorio XIII, en el año de 1581, los carmelitas reformados (llamados "descalzos", para diferenciarlos de los tradicionales) crearon la primera provincia. Juan de la Cruz fue electo vicario provincial, pero rechazó el ofrecimiento, y sólo aceptó ser prior en el monasterio de Granada.

En el año de 1591 fue despojado de todos los cargos por los partidarios de una regla más relajada y, como un monje simple y despreciado, murió en Úbeda ese mismo año. El papa Benedicto XIII lo canonizó en 1726, y en el año de 1926 fue proclamado doctor de la Iglesia.

Dejó muchos escritos, parte de los cuales fueron quemados después de su muerte. Fue uno de los más grandes poetas del barroco español. De las 22 obras suyas que se salvaron, las más importantes son: *Noche oscura del alma*, *Cántico espiritual*, *Subida al monte Carmelo* y *Llama de amor viva*.

El misticismo de San Juan de la Cruz se basa en el principio de que la meta de la perfección del hombre es su unificación con Dios, y la cúspide de esta unión es la fusión de su voluntad con la voluntad divina. Antes de que eso suceda, el alma tiene que purificarse de todos los deseos carnales, para renunciar finalmente a su propio "yo".

Todavía antes de que se conocieran, el sastre místico observaba al estudiante obrero rezar con gran fervor. Finalmente, le propuso que formara parte del Círculo del Rosario Vivo. Un sábado, cuando en la iglesia se impartía una conferencia para los jóvenes varones, Tyranowski se acercó a Karol y le preguntó si podían platicar un momento; como resultado de esta conversación, Karol se adhirió al Rosario Vivo, y supo entonces que éste era un grupo clandestino. Los quince jóvenes,

que representaban los quince misterios del rosario, se comprometieron a cumplir en la vida diaria el mandamiento de Cristo de amar a Dios y al prójimo. Dadas las condiciones políticas, los arriesgados encuentros del grupo fueron reemplazados por pláticas individuales con el maestro. Durante largos paseos por las orillas del Vístula o en la casa de Tyranowski, Karol Wojtyla compartía sus logros espirituales, y conocía aspectos de su personalidad hasta entonces ignorados. Además de su

continúa en la pág. 40 ▶

Danuta Michalowska

¡Arriba el telón!

Conocí mejor a Karol Wojtyla durante los tiempos de la ocupación. A Juliusz Osterwa, fabuloso actor, director de escena y ex director del Teatro de Juliusz Slowacki, lo visitaban varios jóvenes de la Cofradía Teatral; no todos sus miembros, porque no todos estaban en Cracovia. Juntos decidieron poner en escena la obra *Uciekla mi przepióreczka* que, ya se sabe, fue escrita por Zeromski prácticamente para Osterwa, con su renombrado papel de Przelecki. Así que los integrantes de la Cofradía se pusieron a trabajar en la obra. Ahí estaban Juliusz Kydrynski, quien iba a tomar el papel de Przelecki; Karol Wojtyla, que personificaría a Smugon, y algunas personas más. Kydrynski y Tadeusz Kwiatkowski me propusieron hacer el papel de Dorota, esposa de Smugon. Yo ya era conocida en Cracovia, porque a los trece años gané el primer lugar en un concurso de oratoria y tomaba parte en las tardeadas literarias.

La representación de la obra era difícil, pues tenía muchos personajes. Tratamos de reunir un grupo más grande, pero no lo logramos; no era fácil en tiempos de la ocupación. Finalmente, decidimos limitarnos al segundo acto, que duraba una hora y requería sólo tres personas. Los interesados en poner la obra en escena fuimos Juliusz Kydrynski, Karol Wojtyla y yo. Karol se encargó de la dirección; siempre fue el más listo. Nos reuníamos por las tardes, pues ellos trabajaban en la cantera, y yo era mecanógrafa en la Unión de las Cooperativas Alimenticias "Spolem". Sin el certificado de trabajo nadie tenía posibilidad de andar en la calle.

A VECES ERA SLOWACKI, A VECES WYSPIANSKI...

En 1941 llegó Mieczyslaw Kotlarczyk a Cracovia; venía de Wadowice y era gran amigo de Karol. Él nos propuso otra forma de hacer teatro. Kotlarczyk era doctor en filología polaca de la Universidad Jaguelloniana, y maestro de bachillerato. Su último trabajo antes de la guerra fue en el bachillerato de Sosnowiec. Mieczyslaw huyó de Wadowice, pues los alemanes estaban buscándolo; arrestaron a su hermano, pero él logró salvarse porque no estaba en casa. Cruzó ilegalmente la frontera —Wadowice ya pertenecía al Reich y la frontera pasaba entre Wadowice y Kalwaria Zebrzydowska— y vivió en Cracovia hasta su muerte. De inmediato buscó a Karol Wojtyla, a quien conocía muy bien. Era posible que todos se conocieran en Wadowice, porque era una ciudad pequeña.

La ocupación impuso a Mieczyslaw Kotlarczyk un nuevo papel, el del cobrador de tranvía (1941).

El primer encuentro con Kotlarczyk tuvo lugar en casa de la señora Debowska, en la calle Komorowski. Ahí vivía ella con sus hijas Cristina e Irene; el esposo, un militar de rango, fue asesinado por los rusos en Katyn. Era un departamento de tres recámaras en un edificio moderno y nuevo. Tiempo después los alemanes las sacaron de ahí.

En aquel entonces, todo lo ligado con el teatro, y sobre todo con los textos clásicos de la literatura polaca, me impresionaba mucho. Kotlarczyk era un hombre avasallador que hablaba en forma exquisita, era fanático del teatro y visualizaba su vida actuando siempre con un gran repertorio. Todo lo que hacía en el teatro de Wadowice o en la vida diaria era, sencillamente, un gran repertorio. A veces era Wyspianski, otras Slowacki y, otras, Mickiewicz. Siempre se interesó en autores de rango menor.

Durante la ocupación estuvo desempleado y comenzó a leer diversas obras, por ejemplo las conferencias de Mickiewicz dictadas en París. Precisamente de esas conferencias parisinas tomó la idea del Teatro Rapsódico. La célebre disertación de Mickiewicz, en 1843, fue la base de la conceptualización de este teatro; en ella se decía que el teatro eslavo se basaba, ante todo, en la palabra. Precisamente sobre esa afirmación, Kotlarczyk sostuvo su idea y aprovechó los grandes textos poéticos.

El texto con el cual iniciamos nuestra actividad fue *Król-Duch (El Rey espíritu)*, un poema nada fácil, de Slowacki. Naturalmente, Kotlarczyk tenía una gran sensibilidad para elegir el reparto. Krystyna Ostaszewska, que tenía una preciosa voz grave, desempeñaba casi siempre los papeles femeninos más agresivos; mientras que yo hacía los líricos, pues era la más joven. A veces, Halina Kwiatkowska (entonces su apellido era Królikiewiczówna, pues se casó con Tadeusz Kwiatkowski hasta después de la guerra) sustituía a Krystyna.

HE MEDITADO EL ASUNTO

En cuanto a Karol Wojtyla, su participación en *Król-Duch* fue particularmente impactante. Tenía varios monólogos, pero el principal era un fragmento de la quinta rapsodia, que narra la historia del rey polaco Boleslao I el Intrépido, y su conflicto con el obispo Estanislao. Es un texto muy dramático y Karol lo interpretaba con una expresividad excepcional. Dos semanas después cambió totalmente la interpretación, y habló en un tono monótono y con una voz muy baja. Tenía la virtud de moderar su actuación y cambiar de tono cada vez que era necesario. Este rey que se rebela, que decide matar al sacerdote, dice: "No me espanté del Señor amenazante, sino corrí como el rey, para vencer al sacerdote." Era el punto culminante, todo acontece en la noche, con las copas llenas de vino. La multitud embriagada va y juzga al obispo. Y Karol de repente moderó su actuación y habló en un tono opaco.

Éste era su último fragmento, pues *Król-Duch* termina con la rapsodia sobre Boleslao I el Intrépido. Después de la función, le reclamamos el cambio, sobre todo las mujeres. En cuanto a Kotlarczyk, no me acuerdo si habló, a lo mejor sabía que Karol iba a cambiar la interpretación. Pero nosotros nos dirigimos a Karol: "¡Qué has hecho! ¿Cómo pudiste?"; yo siempre era la más agresiva en nuestro trío. Él tranquilamente escuchó las acusaciones y luego, en forma muy clara, explicó: "He meditado sobre este asunto. Esto es una confesión."

Slowacki, a través del personaje de Boleslao el Intrépido, confesaba todas sus culpas, todo lo que hizo, y lo que hizo mal. Naturalmente, a nosotros, por lo menos a mí, esta explicación no nos satisfizo. Más tarde llegué a la conclusión de que Karol tenía razón. En las primeras octavas de *Król-Duch* aparece el siguiente texto: "¡Ay de aquel que, por buscar la gloria vana y no para confesar, escribe libros humanos!" Así escribe Slowacki sobre su obra, que es realmente una confesión del Rey-espíritu después de siglos de continuas encarnaciones; pero en aquel entonces yo prefería la otra interpretación, la que crecía durante los ensayos y en el estreno. *Król-Duch* tuvo todavía un par de representaciones más. Ésta era la puesta en escena a la que siempre regresaba el Teatro Rapsódico.

EL MUNDO CAMBIÓ

Tiempo después perdí el contacto con Wojtyla. Al ser ordenado sacerdote, fue a Niegowic como vicario, y posteriormente salió al extranjero a estudiar, primero en Bélgica y luego en Roma. Nos reencontramos cuando regresó a Cracovia y fue nombrado vicario de la iglesia de San Floriano.

Nos vimos por casualidad en el edificio de Filología polaca, en la calle Golebia. Yo era estudiante y al mismo tiempo trabajaba en el teatro. Bajaba por la escalera, no sé en dónde se encontraba la Facultad de Teología, pe-

ro en el segundo piso había varias bibliotecas y salas de lectura. De pronto, en las escaleras, vi a varios clérigos, entre ellos a Karol. Verlo de sotana fue estremecedor para mí. No nos habíamos visto en muchos meses. En ese tiempo había llegado la liberación y las clases habían reiniciado; el mundo cambió. Lo saludé. Intercambiamos sólo unas frases.

El teatro de la calle Warszawska, donde trabajaba, siempre estaba lleno. Los artistas soviéticos, concretamente Sergiusz Obrazcov, nos ayudaron, hablando bien de nosotros. Wlodzimierz Sokorski, que era ministro de cultura y te-

Las actrices del Teatro Rapsódico (arriba, desde la izquierda): Halina Królikiewiczówna, Danuta Michalowska y Krystyna Ostaszewska (1942). Al lado izquierdo, el edificio de la calle Skarbowa 2, en Cracovia. Durante algún tiempo fue sede del Teatro Rapsódico.

nía gran fama, nos dijo: "Encuentren un lugar y yo encontraré el dinero." Después de largas búsquedas encontramos el edificio donde hoy está el Teatro Kameralny, en Cracovia, que adaptamos para ese fin. Antes de la guerra, era una sala de cine y después un almacén. El día que estuvo todo listo, se llevó a cabo una ceremonia informal para la bendición del teatro. Aprovechamos la construcción del escenario giratorio y empotramos un bote que contenía los documentos relacionados con el Teatro Rapsódico.

Todos fueron a la ceremonia. Karol estaba de sotana, pero nadie dijo nada. Los trabajadores parecían contentos de ver entre nosotros a un sacerdote meditabundo. Sabían que algo estaba sucediendo, pero no lo expresaron. Estábamos todos juntos y de pie. La colocación de la placa era un acto oficial, pero la presencia de un sacerdote no. Todos estábamos en silencio, en recogimiento; él siempre con las manos cruzadas y la cabeza inclinada; seguramente estaba rezando. Eso fue todo. ■

viene de la ▶ pág. 37

guía, lo inspiraron los maestros espirituales de Jan Tyranowski: San Juan de la Cruz y Santa Teresa de Ávila, los místicos españoles, que en el siglo XVI, crearon la orden de los carmelitas descalzos. San Juan de la Cruz se convirtió en un personaje de gran importancia en la vida de Karol. Este santo enseñaba en sus obras cómo llegar a Dios por el camino del aislamiento, la contemplación y una disciplina enérgica. "Los que quieren llamarse amigos de Cristo poco saben de Él, porque en

Él buscan solamente consuelo, y no un severo sufrimiento", escribió. Más tarde, San Juan de la Cruz sería el tema de la tesis doctoral del padre Wojtyla.

La primera persona que dirigió la atención de Karol hacia los asuntos del espíritu fue su padre. Todavía en Wadowice, al escuchar una oración de su hijo, se dio cuenta de que se dirigía de forma inadecuada a la tercera persona de la Santísima Trinidad. Entonces le enseñó una oración especial, la cual se quedó enraizada en su memoria y en su espíritu, y después de muchos años ésta se encontró en la encíclica papal dedicada al Espíritu Santo.

Por su parte, el místico Tyranowski condujo a Wojtyla, de 20 años de edad, a la profundidad de la vida espiritual, y le mostró que el camino de la meditación lleva directamente a la experiencia de la presencia viva de Dios, sin necesidad de que medien imágenes, representaciones, descripciones o testimonios.

En otoño del año 1942, Karol Wojtyla se convirtió en uno de los alumnos del seminario clandestino de la arquidiócesis de Cracovia, e inició los estudios de teología.

Al parecer, luego de varios encuentros y pláticas, Tyranowski descubrió en Karol algo muy importante y profundo, pues lo eligió como tutor del siguiente grupo del Rosario Vivo. Con la confianza del maestro, el joven Wojtyla sintió el peso de una gran responsabilidad, desconocida hasta entonces, al estar al cuidado de la vida espiritual de quince jóvenes. Esta primera experiencia pastoral seguramente influyó en la elección del camino de su vida.

EL DESEO DE SER CARMELITA DESCALZO

Ya en el otoño de 1939, los alemanes habían desalojado a los seminaristas del edificio en la calle Podzameze, el cual fue transformado en un destacamento de la SS (la policía nazi) encargado de proteger a Hans Frank. Se prohibió la admisión de nuevos seminaristas y sólo se permitía la enseñanza de las materias puramente espirituales y litúrgicas, sin teología ni materias universitarias, lo que imposibilitaba la ordenación de nuevos sacerdotes. El arzobispo Sapieha ignoró por un tiempo las prohibiciones alemanas y ordenó continuar con la enseñanza de siempre. Las clases tenían lugar en el palacio arzobispal y los seminaristas se escondían en las parroquias cercanas a Cracovia, donde fungían como secretarios de los párrocos. Cuando la Gestapo arrestó a algunos de ellos, el Obispo Metropolitano cambió su proceder y ordenó formar a nuevos candidatos para sacerdotes en un seminario clandestino. Los seminaristas ya no se escondían, trabajaban como cualquier otra persona y presentaban sus exámenes en la casa de cada uno de los profesores.

Cuando Karol Wojtyla descubrió su vocación de servir a Dios, quiso convertirse en carmelita descalzo. Las reglas del Carmelo eran muy cercanas a su naturaleza y a su corazón; ya en algunas ocasiones, los monjes carmelitas se habían cruzado en el camino de su desarrollo espiritual, primero en Wadowice y luego en Cracovia. Jan Tyranowski despertó su fascinación gracias a San Juan de la Cruz. Karol leía su poesía mística en el idioma original. Lo hacía con dificultad pero con gran entusiasmo; para lograrlo, se valía de un diccionario alemán-español, ya que no contaba con otro apoyo para aprender el nuevo idioma.

En noviembre de 1942 se celebraron los 400 años del nacimiento de San Juan de la Cruz. Karol tomó parte en la conmemoración de este aniversario con los carmelitas descalzos de Cracovia, entabló amistad con el padre Józef Prus, provincial de la orden, y le confesó su intención de ingresar al monasterio. Pero las autoridades alemanas habían prohibido que los monasterios aceptaran novicios, pues todos los poloneses tenían que trabajar. El provincial le aconsejó al joven que tanto deseaba tomar el hábito, presentarse con él luego que la guerra terminara.

En vista de ello, Karol Wojtyla buscó otra solución y se dirigió al palacio arzobispal de la calle Franciszkanska, para platicar con el padre Jan Piwowarczyk, el primer rector del seminario clandestino organizado por el Príncipe Obispo Metropolitano. El padre rector estuvo de acuerdo en aceptarlo como alumno. Aunque en aquella ocasión Karol no conoció al arzobispo Sapieha, éste debió de haber oído algo sobre el candidato o, por lo menos, conocerlo por su apellido, pues cualquier aspirante necesitaba su aprobación; seguramente se acordó del alumno de bachillerato al que, en su tiempo, había encontrado en Wadowice. Poco después tuvo lugar un encuentro personal, pues el padre rector propuso que el nuevo alumno de Debniki se convirtiera en acólito del Príncipe Arzobispo Metropolitano.

En octubre, los diez candidatos al sacerdocio participaron en un retiro de una semana, todos por separado debido al rigor de la vigilancia alemana. Habían recibido libros así como otros materiales para estudiar. El seminarista Wojtyla, que siempre leía o anotaba algo cuando estudiaba entre los químicos en Borek Falecki, no despertó sospecha alguna entre las personas que lo rodeaban. Incluso el hecho de que "estudiaba para sacerdote", revelado a algunos de sus compañeros, parecía algo totalmente natural.

Cuando Karol Wojtyla se convirtió en uno de los diez primeros alumnos del seminario clandestino de Cracovia, nadie de sus conocidos lo sabía. La clandestinidad rigurosa, incluso frente a los amigos, duró algunos meses. Sólo Mieczyslaw Kotlarczyk supo de inmediato acerca de sus proyectos.

Pío XI

ACHILLE RATTI nació el 31 de mayo de 1857 en Desio, cerca de Milán. Después de ser ordenado sacerdote, se dedicó a la investigación y a la docencia, y por muchos años fue profesor del seminario metropolitano en Milán. En 1914 fue nombrado prefecto de la Biblioteca Vaticana. Al término de la Primera Guerra Mundial, en 1918, el papa Benedicto XV lo nombró visitador apostólico en Varsovia, y un año más tarde lo elevó al rango de nuncio. En 1921 terminó su misión en Polonia y fue nombrado cardenal y arzobispo de Milán. El 2 de febrero de 1922, fue elegido papa.

Durante su pontificado tuvo lugar la reconciliación entre la Santa Sede y el Estado italiano, que permitió terminar la "esclavitud vaticana" de los papas.

En 1929, durante el gobierno fascista de Benito Mussolini, fue firmado el Tratado de Letrán, en el que se confirmó por escrito la soberanía del Estado Vaticano; además se reglamentaron, en forma de concordato, sus relaciones con la monarquía italiana. Sin embargo, Pío XI no apoyaba el fascismo y en sus siguientes encíclicas reprobó la versión italiana (1931) y la alemana (1937) de este movimiento. También condenó el ateísmo comunista (1937). En el año de 1933 firmó el concordato con el Reich alemán, el cual nunca fue respetado por Hitler.

En 1925, proclamado el Año Santo, Pío XI introdujo al calendario litúrgico la fiesta de Cristo Rey. Ese mismo año fue firmado el concordato con Polonia. En 1937, el Papa creó la Pontificia Academia para las Ciencias.

Pío XI falleció unos meses antes del estallido de la Segunda Guerra Mundial, el 14 de febrero de 1939.

Pío XII

EUGENIO PACELLI nació el 2 de marzo de 1876 en Roma. Desde que fue ordenado sacerdote, en 1901, trabajó en las oficinas papales. En 1917, el papa Benedicto XV lo nombró nuncio apostólico en Baviera, y él personalmente lo consagró obispo. En 1920, recibió la nominación de nuncio en Berlín. Para 1929 fue nombrado cardenal y un año más tarde asumió el cargo de secretario de Estado. El 2 de marzo del año de 1939 fue elegido papa.

El 24 de agosto de 1939 emitió a las naciones un llamado por la paz, pero todos sus esfuerzos para contener el estallido de la guerra no surtieron efecto, así como tampoco dieron resultado sus intentos para que se interrumpieran las actividades bélicas. Las pocas posibilidades que tenía el Papa para contrarrestar la maquinaria bélica de los sistemas totalitarios, aunadas al temor por la suerte de la Iglesia en los territorios dominados por las dictaduras y por la seguridad del Vaticano en general, fueron objeto de crítica después de terminada la guerra. Pío XII fue acusado de no mostrar mano dura y de supuesta indiferencia frente al aniquilamiento de la nación judía, cuando en realidad dio asilo a cerca de cinco mil judíos.

El día de Todos los Santos del año 1950, proclamado antes como Año Santo, el papa Pío XII anunció el dogma de la Asunción de la Santísima Virgen María. En el año 1954 anunció la constitución de la fiesta de María la Reina. Murió el 9 de octubre de 1958.

ÚLTIMA FUNCIÓN DEL ACTOR KAROL WOJTYLA

Para entonces, Kotlarczyk vivía en Cracovia; se había mudado con su esposa, desde Wadowice, en julio de 1941. El terror hitleriano en Polonia, orientado a la destrucción total de los intelectuales poloneses, se recrudeció, y la supervivencia del maestro Kotlarczyk se tornó insegura en los territorios anexados al Reich,

donde se encontraba Wadowice. Para que pudiera mantener bien a su familia, sus amigos lo colocaron en Cracovia como cobrador en el tranvía. Karol Wojtyla le ofreció alojamiento, pues los dos cuartos en la calle Tyniecka entonces estaban vacíos. Un mes después de llegar ahí, el 22 de agosto, Kotlarczyk formó el Teatro Rapsódico clandestino, ligado con la Unión Cultural, y Karol se convirtió en su principal actor.

El sepulcro de las familias Wojtyla y Kaczorowski, en el cementerio Rakowiec, en Cracovia. Karol Wojtyla perdió a sus padres a temprana edad. Su madre falleció en el año 1929, y su padre en 1941.

Mientras Kotlarczyk vivía en Wadowice, Karol y él mantenían contacto por cartas que, por lo general, llevaba y traía Halina Królikiewiczówna cuando visitaba Wadowice. En aquel entonces, Karol escribió sus primeras obras dramáticas y siempre le pedía a Kotlarczyk su opinión. También tomó parte en las funciones teatrales clandestinas bajo la dirección de Tadeusz Kudlinski, junto con el grupo de amigos que se reunía en casa de los Kydrynski. Durante un tiempo colaboró con este grupo Juliusz Osterwa, conocido de Karol gracias a Juliusz Kydrynski. El famoso actor fundó antes de la guerra la Sociedad Teatral "Reduta", que presentaba el gran repertorio romántico. Para él, la profesión de actor era como la vocación sacerdotal, lo que

lo acercaba a Wojtyla. La colaboración de Osterwa fue efímera; terminó en 1941, poco después del estreno de *Przepióreczka*, de Stefan Zeromski, pues el actor no se comprometió demasiado en el trabajo del grupo.

En cambio, Mieczyslaw Kotlarczyk se involucró en las actividades de los amigos de Karol de manera incondicional y pacífica. El Teatro Rapsódico se convertiría en la obra propia y personal de Kotlarczyk, el medio de llevar a cabo sus ideas sobre el teatro. Por ello, Juliusz Kydrynski se separó del grupo, pues su punto de vista sobre el arte dramático difería totalmente de los demás.

La primera presentación del Teatro Rapsódico fue la obra *Król-Duch* o *El Rey espíritu*, de Juliusz Slowacki, y su estreno tuvo lugar el 1 de noviembre de 1941. Karol Wojtyla personificó en ella al rey polonés Boleslao I el Intrépido, y la presentación se llevó a cabo en casa de los Debowski. En febrero del año siguiente ya estaban listos para presentar *Beniowski*, otro poema de Slowacki. Las siguientes puestas en escena de Kotlarczyk fueron un montaje de Jan Kasprowicz *(Himnos)*, tres dramas de Stanislaw Wyspianski y *El Retrato de un Artista*, un montaje de poemas de Norwid, el poeta preferido de Wojtyla. En forma similar, los miembros del Teatro Rapsódico habían puesto en escena *Pan Tadeusz* o *El maestro Tadeo*. Durante el estreno en la casa de los señores Górecki, cuando Karol Wojtyla, ya entonces seminarista, recitaba la confesión de Jacek Soplica, uno de los personajes, se oyó en la calle una transmisión alemana de radio por los altavoces. El orador no suspendió su presentación y las palabras de Mickiewicz sobre la reconciliación de Soplica con Klucznik se sobrepusieron a la información sonora acerca de las victorias de los ejércitos nazis en el frente oriental y en África. Los invitados mostraron solemnidad en todo momento, pero Osterwa, presente en el estreno, criticó al actor pues, según él, debería haber interrumpido su actuación hasta que se hiciera de nuevo el silencio.

La última obra en la que participó Wojtyla fue *Samuel Zborowski*, de Slowacki. Wojtyla tiene mucho que agradecer a Mieczyslaw Kotlarczyk, pues lo formó escénicamente, educó su voz y desarrolló su sensibilidad a la palabra poética; además, seguramente lo inspiró por su forma de pensar sobre la Palabra, en el sentido bíblico, gracias a la cual todo era posible si se expresaba en el momento preciso y desde la profundidad del espíritu. Sin embargo, después de haberse acercado a la esencia de la vida espiritual, bajo la guía de Jan Tyranowski, quizá Karol Wojtyla llegó a la conclusión de que "el sacerdocio de la palabra", al cual se dirigía a través de las declamaciones, no era el camino que realmente buscaba. Y cuando se dio cuenta de su vocación, no pudo trabajar, estudiar y participar activamente en el Teatro Rapsódico al mismo tiempo. Entonces, un día del año 1942, le dijo a Kotlarczyk que ya no estaría en posibilidad de aceptar nuevos papeles, ni de actuar como hasta entonces, pues pensaba iniciar una vida religiosa.

A pesar de que Kotlarczyk era un católico ferviente, no podía aceptar la elección de su amigo. Estaba seguro de que el sitio y el futuro de Karol estaban vinculados al teatro; si tenía vocación, ésta consistía en proclamar la palabra durante los misterios teatrales.

Kotlarczyk trató de revertir su decisión y sacar la idea del sacerdocio de la mente del prometedor actor y poeta, incluso movilizó a otras personas cercanas a Karol, entre ellos a Tadeusz Kudlinski. Pero nada cambió la decisión de Karol: ya estaba tomada y nada podría modificarla. Finalmente Kotlarczyk se resignó, a pesar de que había perdido al primer actor de su teatro y de que sus planes artísticos empezaban a desmoronarse. Los amigos más antiguos de Karol pensaron que por lo menos lo habían convencido de convertirse en sacerdote diocesano en vez de entrar al monasterio.

Desde los inicios de la ocupación alemana, como se ha visto, Karol Wojtyla había jurado ser miembro de una organización clandestina y, cuando entró al seminario, quiso separarse de la Unión en forma correcta. Stanislaw Bukowski lo liberó del juramento, del mismo modo en que le había dado la bienvenida cuando ingresó al grupo.

También dejó la filología polaca, y ahora, como alumno del seminario clandestino, estudiaba teología en los cursos secretos de la Universidad Jaguelloniana.

Después de entrar al seminario, todavía durante medio año participó en los ensayos del Teatro Rapsódico, y en marzo de 1943 actuó en *Samuel Zborowski*. La obra fue presentada seis veces, y a una de esas funciones clandestinas acudieron los representantes en el país del gobierno polaco exiliado en Londres. Más tarde, aunque no rompió contacto con el teatro, pues los Kotlarczyk vivían en el mismo departamento, se concentró ante todo en los estudios de las materias universitarias y en la profundización de su conocimiento sobre la mística carmelita.

La ferviente religiosidad mariana que le fue inculcada en la niñez, y que en algún momento de su juventud le pareció un tanto infantil, regresó de una forma muy profunda, gracias a la influencia de San Luis Grignion de Montfort, entonces todavía beato, cuyo *Tratado sobre la perfecta adoración de la Santísima Virgen María* leyó por recomendación del guía espiritual del seminario. Karol analizó el tratado durante varios meses, para comprender al final que "el verdadero culto hacia la Madre de Dios emerge del profundo entendimiento del Misterio de la Salvación", como confesó en 1965, en un encuentro con los sacerdotes de Cracovia. "Pero existe otro problema", agregó esa vez, "es el culto que introduce al misterio de la Encarnación."

Más tarde, de ese mismo tratado tomó como lema las palabras *Totus Tuus*, "Todo tuyo".

En enero de 1944, la hermana Lucía, que desde hacía 25 años vivía en un convento carmelita, escribió a petición del obispo de Leiria-Fátima el llamado tercer misterio de Fátima, revelado por la Madre de Dios durante su aparición en 1917. Lucía plasmó por primera vez en papel lo que se le había revelado acerca del obispo vestido de blanco, que caminaba a través de la ciudad medio destruida, atormentado por el dolor y el sufrimiento, y rezando por las almas de los muertos, cuyos cuerpos encontraba en su camino hacia la cima del monte coronado con una cruz.

Los dos primeros misterios, que contienen la visión del infierno, y las profecías concernientes a las dos guerras mundiales y a Rusia, así como la necesidad de establecer el culto del Inmaculado Corazón de María, habían sido escritas por Sor Lucía tiempo atrás, en agosto de 1941.

En la última tarde de febrero de 1944, Karol Wojtyla regresaba cansado de trabajar dos turnos en Borek Falecki; esto le permitiría tener libre todo el día siguiente. Karol caminaba pensativo por la acera, cuando de pronto, en una esquina, salió un camión alemán, lo golpeó por atrás y se alejó rápidamente. Karol cayó al suelo y perdió el conocimiento. Todo esto era observado por una mujer que iba en un tranvía, Józefa Florek, quien desde lejos tuvo la impresión de que al-

Después de la guerra, Karol Wojtyla comenzó el cuarto año de teología (1946). Fue el último antes de la ordenación.

Lista de los estudiantes de la Facultad de Filosofía de la Universidad Jaguelloniana, reducida a la clandestinidad y rehabilitada en febrero de 1946.

go había caído del camión de carga; bajó del tranvía y se acercó corriendo, para darse cuenta de que en el pavimento yacía un hombre. Pensó que el hombre ensangrentado había muerto, y sólo se le ocurrió cubrirlo con su cuerpo. De pronto se detuvo un auto, y el oficial alemán que salió de él le ordenó a la mujer que fuera por un poco de agua a un arroyo cercano para lavar la cara del hombre. Al darse cuenta de que el atropellado aún estaba vivo, detuvo un camión de carga que se aproximaba y le ordenó al conductor que llevara al obrero al hospital. Una vez ahí, el diagnóstico de Karol fue conmoción cerebral y heridas en la cabeza. De inmediato le proporcionaron ayuda médica y Karol permaneció en el hospital dos semanas. Tras una corta convalecencia en la casa de los señores Szkocki, volvió a su trabajo, a sus estudios y a las obligaciones como acólito del arzobispo.

Cuando finalizó la guerra, Karol Wojtyla encontró a Józefa Florek y en una carta le agradeció el haberle salvado la vida. El oficial del ejército alemán, que lo hizo llevar al hospital, quedó para siempre en el anonimato.

Dos meses después de que dejó el hospital, Wojtyla se encontró otra vez con la muerte. El arzobispo Sapieha tenía dos acólitos que le servían durante las misas matutinas en su capilla privada: uno era Karol, y el otro Szczesny Zachuta, a quien Karol conoció en el Círculo del Rosario Vivo. El día 30 de abril, Szczesny no apareció en el Palacio Arzobispal. Después se supo que la Gestapo lo había detenido porque durante un cateo encontraron sus notas y libros. Un mes más tarde fue ejecutado. Después de la guerra uno de los párrocos descubrió que Zachuta no sólo había sido alumno del seminario clandestino, sino también miembro de una organización que ayudaba a salvar a los judíos, preparándolos para el sacramento del bautismo. Fue el único seminarista de Cracovia que perdió la vida durante la guerra.

Los documentos de los tiempos de Karol Wojtyla en la Universidad Jaguelloniana. Del lado izquierdo, el listado de las autoridades de la Ayuda Fraternal en la cual trabajaba activamente (1945).

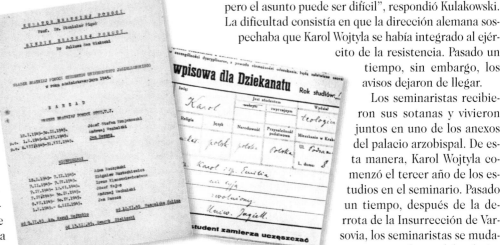

FIN DE LA "CÁRCEL PALACIEGA"

Otra vez era agosto y el Ejército Rojo, como en 1920, se acercaba a la región de Varsovia y al río Vístula. Su objetivo era Berlín, pero esta vez no para unirse al ejérci-

to alemán, sino para vencerlo definitivamente. Los antiguos aliados, que hacía poco se habían repartido Polonia, se convirtieron en enemigos mortales. En el camino del Ejército Rojo hacia el Occidente otra vez se hallaban los poloneses y sólo una pequeña parte de ellos era aliada de los soviéticos. Pero los que se habían levantado en armas en Varsovia el 1 de agosto no eran sus partidarios. La decisión de iniciar la Insurrección de Varsovia fue tomada por el gobierno polaco en el exilio, muy lejos de cualquier alianza con los bolcheviques.

Los alemanes que estaban en Cracovia seguramente tuvieron miedo de que se repitieran los acontecimientos de Varsovia e hicieron una gran redada el 6 de agosto, con el fin de detener al mayor número posible de jóvenes poloneses. El arzobispo Sapieha, al ver lo que pasaba, decidió reunir rápidamente a los seminaristas en su palacio, para esconderlos hasta que los alemanes salieran de Cracovia. El Arzobispo Metropolitano contaba con que la guerra en Polonia no duraría mucho tiempo; sin embargo, "la cárcel palaciega" de los seminaristas se prolongó casi medio año.

Para Karol Wojtyla la permanencia en el palacio significó dejar su trabajo en Solvay. Cuando no apareció en Borek una y otra vez, la oficina de trabajo empezó a enviar avisos a su casa en la calle Tyniecka. La ausencia de respuesta significaba que los alemanes comenzarían las investigaciones. Consciente del peligro, el arzobispo Sapieha pidió al padre Figlewicz que, a través de sus contactos, terminara el asunto. El padre Figlewicz visitó al ex director de Solvay, Henryk Kulakowski, a quien los alemanes habían dejado como administrador, y le preguntó si el apellido Wojtyla podía desaparecer del listado enviado por la oficina alemana de trabajo. "Por el Príncipe Arzobispo Metropolitano me metería al fuego, pero el asunto puede ser difícil", respondió Kulakowski. La dificultad consistía en que la dirección alemana sospechaba que Karol Wojtyla se había integrado al ejército de la resistencia. Pasado un tiempo, sin embargo, los avisos dejaron de llegar.

Los seminaristas recibieron sus sotanas y vivieron juntos en uno de los anexos del palacio arzobispal. De esta manera, Karol Wojtyla comenzó el tercer año de los estudios en el seminario. Pasado un tiempo, después de la derrota de la Insurrección de Varsovia, los seminaristas se mudaron a unos salones del palacio, porque el anexo fue ocupado por los padres pallotinos que habían huido de Varsovia.

Tras varios meses de inactividad en las riberas del Vístula, los soviéticos reiniciaron la ofensiva y, en la noche del 17 de enero de 1945, los alemanes abandonaron Cracovia, dinamitando el puente Debnicki. El estallido rompió los vidrios de las ventanas de los alrededores, incluidos los del palacio arzobispal. El Ejército Rojo entró a la ciudad. Los seminaristas seguían viviendo en el palacio de la calle Franciszkanska. Sin embargo, recuperaron el devastado edificio del seminario en Podzameze y, tras reparar el techo, instalar los vidrios y eliminar las huellas de la estadía de la SS, se mudaron a su edificio sede. A Wojtyla le fue asignada la función de administrador.

CUANDO TOCÓ EL ALMA DEL SOLDADO SOVIÉTICO...

El frente pasó por Cracovia y el ejército se dirigió al Poniente y al Sur. En mayo, un soldado soviético tocó el portón del seminario. Karol, que hablaba algo de ruso, tuvo una larga plática con él. El soldado era curioso y preguntó si podía ingresar al seminario: deseaba saber más sobre Dios. En su escuela siempre le repitieron que Dios no existía, y él estaba convencido de que sí. "Aprendí mucho sobre cómo Dios entra en la mente humana aun en condiciones de la negación sistemática, como la verdad que no se puede borrar", fueron las palabras con que el cardenal Wojtyla describió ese encuentro muchos años después, durante los retiros en Roma.

Además de esto, parecía que en Cracovia todo funcionaba como antes de la guerra. Iniciaron las clases en la Facultad de Teología de la Universidad Jaguelloniana. El seminarista Wojtyla se convirtió en estudiante de tercer año, y desde abril fue contratado como asistente académico. En el mismo mes fue electo presidente de Ayuda Fraternal, una organización estudiantil.

No dejó de pensar en el Carmelo. La guerra había terminado y podía, de acuerdo con lo platicado un día con el padre provincial, presentarse al noviciado. Sobre todo, porque el padre Leonard Kowalówka, maestro del noviciado carmelita en Czerna, era su amigo. Sin embargo, para ello necesitaba el permiso del obispo titular, y el Cardenal contestó a la petición del seminarista: "Antes hay que terminar lo que se comenzó." Ni por un momento pensaba privar al clero diocesano o a los fieles de un talentoso sacerdote que, cada vez parecía más probable, habría de desempeñar un destacado papel en el futuro de la Iglesia. La respuesta del Arzobispo resolvió el dilema para siempre.

El Obispo Metropolitano de Cracovia era un hombre con fuerte personalidad, lo que a veces le traía problemas; por ello le negaban la dignidad cardenalicia, la cual le correspondía desde hacía mucho tiempo por tradi-

ción y por sus dones personales. Poco después de que Polonia recuperó la independencia, en 1918, el nuncio apostólico Achille Ratti asistió a la conferencia constitutiva del Episcopado Polaco y el arzobispo Sapieha simplemente no lo dejó entrar en la sala de reunión; dijo que los obispos poloneses deseaban estar en su propio círculo. Poco después Ratti fue electo papa, y, evi-

El monasterio de los carmelitas descalzos de Czerna siempre estaba en la mente de Karol. En él quería llevar una vida contemplativa, alejado del mundo.

dentemente, el papa Pío XI nunca olvidó aquel incidente: en las nominaciones cardenalicias el apellido Sapieha siempre se omitía. Pero el papa Pío XII hizo justicia al "inquebrantable Príncipe", como lo llamó un día Karol Wojtyla. El 18 de febrero de 1946 el Papa lo nombró cardenal. Sapieha regresó a Cracovia en marzo, y su llegada fue triunfal. Así como en 1920 los habitantes de Varsovia llevaron el carruaje de Pilsudski en hombros, ahora los habitantes de Cracovia levantaron el carro del Príncipe Cardenal y lo condujeron a la iglesia de Santa María.

Karol Wojtyla quizá pensó que la vida daba muchas vueltas. Con motivo de la nominación cardenalicia, el seminario organizó una celebración en homenaje al Obispo Metropolitano; Karol, en nombre de los seminaristas, dio la bienvenida al cardenal Sapieha, y luego pronunció un largo discurso. Era el mismo alumno destacado que le había dado la bienvenida en la escuela de Wadowice. Esta vez el invitado ya no podía mencionar que valdría la pena hacerlo sacerdote, pero posiblemente pensó: "¿Por qué no hacerlo obispo?" ∎

Era un sacerdote excepcional: escribía versos y dramas, escalaba montañas, se dedicaba a la filosofía, dirigía un teatro de aficionados, rezaba y remaba en los lagos de Mazuria… y se sumergía en el misterio de la Salvación.

CAPÍTULO TRES

El Todopoderoso hizo grandes obras en mí

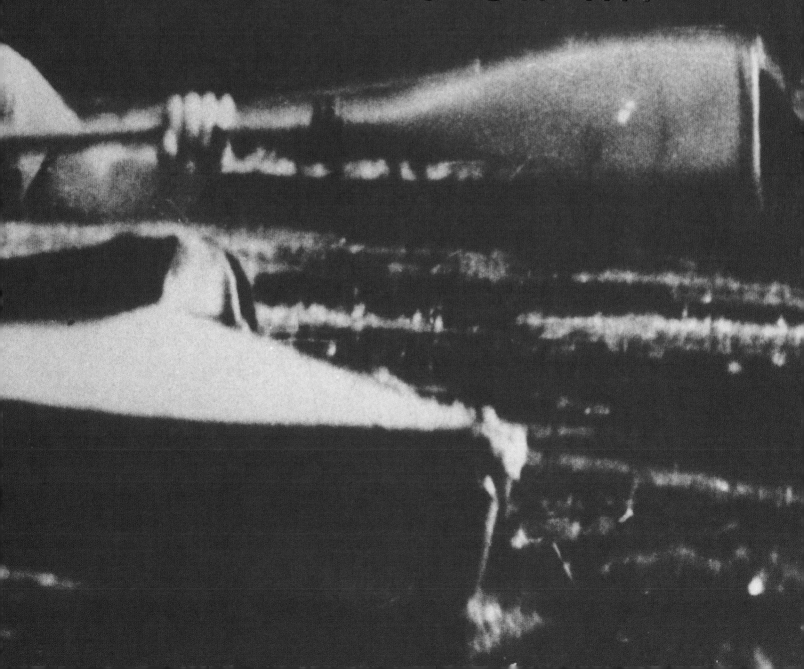

EN EL OTOÑO DE 1946 LOS ACONTECIMIENTOS SE ACELERARON INESPERADAMENTE. EL 12 DE OCTUBRE, KAROL WOJTYLA, QUE ERA ALUMNO DEL SEMINARIO METROPOLITANO EN CRACOVIA, SOLICITÓ que le fuera otorgado el subdiaconato, grado inmediato al sacerdocio. Al día siguiente, en su capilla privada, el príncipe arzobispo Sapieha impuso las manos sobre el seminarista y pronunció la fórmula prescrita por el derecho canónico. Una vez que fue nombrado subdiácono, Wojtyla pidió ser diácono, orden que le otorgaron una semana después y que finalizó un retiro privado de tres días con el Arzobispo. Inmediatamente, Karol pidió que se le concediera la orden plena del sacerdocio: el presbiterio.

La solemne ceremonia de la ordenación de todos los alumnos del último año del seminario fue programada para el Domingo de Ramos del año siguiente. Sin embargo, el arzobispo Sapieha tenía otros planes para Karol Wojtyla, así que decidió acelerar el ciclo normal y lo invitó a su capilla el Día de Todos los Santos, para la ceremonia de imposición de manos.

Ese día, en el que los fieles se reúnen en los cementerios para celebrar la comunión con los santos a la luz de las velas, Karol Wojtyla se dirigió por la mañana al palacio arzobispal. Ahí, en la capilla, se arrodilló llevando un cirio prendido ante el trono del Arzobispo y cuando escuchó las palabras sacramentales: "Sé perfecto en la fe y en las obras, así como firme en el amor a Dios y a tus semejantes", se postró en forma de cruz ante el altar. Posteriormente, ambos rezaron la letanía a Todos los Santos. Wojtyla se arrodilló de nuevo y el Príncipe Arzobispo Metropolitano le impuso las manos e invocó el poder del Espíritu Santo. Cantaron después *Veni Creator* y, en seguida, el Arzobispo le ungió las manos con los santos óleos y le entregó los implementos litúrgicos de rigor. Una vez terminada la eucaristía le impuso de nuevo las manos y dijo: "Toma al Espíritu Santo. Al que le perdones sus pecados, le serán perdonados..." El recién consagrado sacerdote prestó el juramento de obediencia a su obispo y a sus sucesores, y los dos clérigos intercambiaron el beso de la paz.

La primera misa oficiada por el sacerdote recién ordenado tuvo lugar tres días más tarde. Después de la

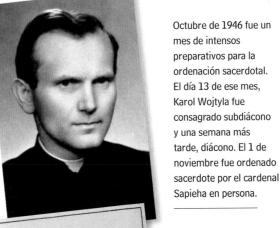

celebración, la familia Pozniak le organizó una modesta recepción en su casa. Los invitados recibieron unas estampitas conmemorativas, en las que el padre Wojtyla había escrito a mano un fragmento del himno a la Virgen María, el *Magnificat:* "Fecit mihi magna" ("El Todopoderoso hizo grandes obras en mí...", que son las primeras palabras de la oración).

El 10 de noviembre celebró una misa en la iglesia parroquial de su natal Wadowice. Unos días antes escribió una carta dirigida a Mieczyslaw Kotlarczyk, en la que le explicaba los motivos de su ausencia en el aniversario del Teatro Rapsódico: "Quizá es la voluntad de Dios que me impide asistir a tu jubilosa reunión. Y así lo comprendo: debo estar en tu acción del mismo modo que un sacerdote debe estar en la vida, como un motor escondido. En contra de lo que parece, ésta es la principal tarea del sacerdocio. Los motores escondidos generan, por lo general, las transmisiones más fuertes."

Fue indispensable adelantar la ordenación, ya que el arzobispo Adam Sapieha había decidido mandar a Karol Wojtyla a estudiar a Roma. El Arzobispo estaba seguro de que su protegido tendría mayores oportunidades de conocer las características del servicio pastoral en Europa Occidental.

Dos semanas después de su ordenación, hacia mediados de noviembre, partió hacia París junto con otro clérigo, Stanislaw Starowieyski.

El Arzobispo quería que en Roma vivieran en el Colegio Belga, a pesar de que hacía muchos años que, a orillas del río Tíber, existía el Colegio Polaco. Sin embargo, no fueron aceptados inmediatamente y tuvieron que vivir en la casa que habitaban los padres pallotinos. El cardenal August Hlond, primado de Polonia, estaba en Roma por esos días pues iba a tener una audiencia con el papa Pío XII. Y fue el mismo Cardenal quien, a petición del arzobispo Sapieha, los ayudó a cambiarse de residencia. Fue por eso que Karol se reunió por única vez con el Primado de Polonia, en Roma. Gracias a la ayuda que les prestó, los dos poloneses se mudaron al Colegio Belga antes de Navidad.

El deseo del Arzobispo de Cracovia de que sus protegidos vivieran en el Colegio Belga, y no en el Polaco, puede tener dos explicaciones. Una, que los jóvenes sacerdotes tendrían la oportunidad de aprender italiano y francés, además de relacionarse socialmente. Otra, más de fondo, es que los dos clérigos de Cracovia estudiarían en la Universidad Pontificia de Santo Tomás de Aquino, conocida como el *Angelicum*. En el

Octubre de 1946 fue un mes de intensos preparativos para la ordenación sacerdotal. El día 13 de ese mes, Karol Wojtyla fue consagrado subdiácono y una semana más tarde, diácono. El 1 de noviembre fue ordenado sacerdote por el cardenal Sapieha en persona.

48

Wawel. Cripta de San Leonardo. Aquí, entre los sepulcros de los antiguos reyes de Polonia, Karol Wojtyla celebró su primera misa.

Padre Pío: beato y santo

FRANCESCO FORGIONE, un capuchino italiano y el primer sacerdote estigmatizado en la historia de la Iglesia, fue una de las personas más conocidas del mundo.

Nació en el año de 1877; en 1903 Forgione presentó votos en la orden capuchina y tomó el nombre de Pío.

En el transcurso de su vida hubo muchos acontecimientos extraordinarios: enfermedades totalmente desconocidas, fiebres que llegaban hasta los 42 grados o incluso más (no se sabe a ciencia cierta hasta cuánto, porque a veces el mercurio rompía el termómetro que él sostenía en la mano), y muchas otras cosas extrañas. Además, Forgione casi no dormía y comía muy poco; por lo general tomaba alimentos una vez al día y en cantidades mínimas.

Siempre atrajo mucha gente a su alrededor. Tenía fama de buen confesor. Parecía que podía leer las conciencias humanas. Con frecuencia, en el transcurso de la confesión le recordaba a la gente las circunstancias concretas de sus pecados; también les preguntaba por qué omitían algunas culpas.

Era clarividente. Un día le pidió a una persona que le llevara el pañuelo que estaba en su celda y, cuando esta persona cumplió su petición, el padre Pío le dijo: "Ahora regresa a mi celda y vuelve a poner en su lugar lo que te metiste en el bolsillo." A veces sabía cuando alguien se iba a morir; en una ocasión, mientras celebraba la Santa Misa, se acercó a un hombre y le recomendó que fuera a visitar a su familia, porque moriría ocho días más tarde. Efectivamente, el hombre murió al cabo de ese tiempo.

El padre Pío tuvo estigmas: las señales visibles de los suplicios de Cristo. De sus manos salía sangre, y tenía heridas en los pies y en los costados que también sangraban. Éstas no cicatrizaban, pero tampoco se llegaban a infectar, a pesar de que no usaba antisépticos. Las heridas permanecieron abiertas durante medio siglo. La que tenía a la altura del corazón sangraba abundantemente, sobre todo desde el viernes en la noche hasta el sábado en la mañana.

El padre Pío demostraba una preocupación fuera de lo común por las personas; esto lo llevó a fundar la Casa Alivio del Sufrimiento, un hospital que ampliaba con frecuencia. El papa Juan Pablo II lo conoció en el año de 1947 cuando, como joven sacerdote y estudiante de teología en Roma, visitó San Giovanni Rotondo. Ahí participó en la misa celebrada por el padre Pío. Dicen que el monje le predijo que sería papa. También vaticinó: "Veo sangre en tu pontificado."

En el año de 1962, Karol Wojtyla le escribió una carta al padre Pío; en ella le pedía que rezara por la doctora Wanda Poltawska, madre de cuatro hijos, que padecía cáncer. Unos días después, el obispo Wojtyla envió una segunda carta en la cual informaba que, momentos antes de la operación, la señora Wanda Poltawska había sanado de manera inesperada.

El día del entierro del padre Pío, en el año de 1968, una multitud de todas partes del mundo visitó San Giovanni Rotondo, que entonces tendría unos 20,000 habitantes. Todavía en la actualidad, más de siete millones de peregrinos visitan la ciudad cada año.

En el año de 1972, el cardenal Karol Wojtyla, como arzobispo metropolitano de Cracovia, firmó la petición del Episcopado polaco de beatificar al padre Pío. El proceso de beatificación se inició en 1983.

El Papa siempre estaba muy interesado en la beatificación del padre Pío, y un día pidió a los encargados del proceso: "Apúrense, apúrense, que quiero canonizar a este santo."

El 18 de diciembre de 1997, el papa Juan Pablo II proclamó el decreto acerca de las heroicas virtudes de este servidor de Dios, el padre Pío, y el 2 de mayo de 1999 lo beatificó en la ciudad de Roma. Y el mismo papa Juan Pablo II canonizó al padre Pío de Pietrelcina el 16 de junio de 2002.

Colegio Polaco vivían los estudiantes del colegio jesuita, conocido como el *Gregorianum*, que tenía fama de simpatizar con las corrientes liberales de la Iglesia surgidas durante el pontificado de León XIII. El *Angelicum* de los dominicos, en cambio, era un colegio más tradicional.

El conservador arzobispo Sapieha prefería que sus protegidos estuvieran en un ambiente acorde con su visión sobre el lugar y el papel de la Iglesia y el clero en el mundo. Además, el padre Wojtyla, formado espiritualmente por Sapieha y su entorno, obtendría mayores beneficios de los estudios que daban una sólida base teológica, por la que él mismo se inclinaba. En el *Angelicum* podría profundizar en la filosofía de Santo Tomás de Aquino y de grandes místicos de la Iglesia.

El Colegio Belga, situado cerca de la universidad, era un edificio centenario, de tres pisos, rodeado por un jardín. Las más de 20 personas que vivieron ahí recuerdan que, con todo y su encanto, las condiciones de vida en el Colegio eran austeras: faltaban baños, calefacción en invierno y aire acondicionado en verano, los cuartos eran muy modestos. Para algunos estadounidenses que vivieron ahí, las habitaciones más bien parecían celdas que cuartos de estudiantes. Pero el padre Wojtyla, acostumbrado a vivir en la incomodidad extrema, no prestaba atención a ello; al contrario, estaba encantado, principalmente por el ambiente de compañerismo que reinaba en el colegio. De los belgas aprendía francés y de los estadounidenses, inglés. Con unos y con otros jugaba voleibol en el patio.

Caminaba por las callejuelas de Roma, descubriendo nuevos lugares y climas, "haciéndose cada vez más rico", como escribía a sus amigos de Cracovia.

EL PADRE PÍO SE ARRODILLÓ ANTE WOJTYLA

Poco después de la Pascua del año de 1947, Karol Wojtyla y Stanislaw Starowieyski fueron a San Giovanni Rotondo, en donde trabajaba un capuchino estigmatizado, el padre Pío, amado por sus fieles, pero tratado con reserva por la jerarquía eclesiástica. Visitaron la Casa Alivio del Sufrimiento, un hospital que el padre Pío estaba construyendo con las donaciones de los fieles, así como la iglesia capuchina de la Madre de Dios Amable. Ahí, en esa iglesia, el padre Wojtyla se formó en una larga fila para el confesionario, donde el padre Pío pasaba muchas horas del día.

Esta confesión tuvo que ser una vivencia estremecedora para el sacerdote de Cracovia. Aunque Wojtyla nunca lo ha confirmado, ni el Vaticano ha tomado una posición oficial al respecto, se dice que ahí se vivió un acontecimiento excepcional: después de haber escuchado la confesión del joven sacerdote, el padre Pío salió del confesionario, se arrodilló ante él y anunció al sorprendido joven que, en el futuro, sería papa. También profetizó el atentado contra su vida y el hecho de que sobreviviría.

Cuarenta años más tarde, en mayo de 1987, seis años después del atentado contra su vida, y 19 años después de la muerte del padre Pío, Karol Wojtyla regresó a San Giovanni Rotondo, ya como el papa Juan Pablo II.

En el año de 1947, cuando aún estudiaba en el *Angelicum*, hizo otros viajes con Starowieyski; a veces se unían a ellos otros clérigos del Colegio Belga. Visitaron Asís, Siena y otras ciudades del sur y norte de Italia, incluyendo el Monte Cassino. En Subiaco visitaron la cuna de la orden de los benedictinos, un monasterio construido en una ladera rocosa, alrededor de una gruta en la que, según cuenta la leyenda, San Benito inició su vida monacal en el siglo V. Ahí Starowieyski escuchó decir al padre Wojtyla: "Hay que ordenar la vida de tal forma que todo alabe a Dios."

En febrero de 1947 viajaron por Europa gracias al dinero enviado de Cracovia por el cardenal Sapieha. El recorrido inició en Marsella, donde conocieron a los sacerdotes-obreros del movimiento *Mission de France*, que nació antes de la guerra como reacción de los clérigos a la cada vez más profunda decristianización de la sociedad francesa, sobre todo de la clase obrera. Uno de los fundadores de dicho movimiento, el padre Loew, era un protestante convertido al catolicismo que entró a la orden de los dominicos. El padre Karol Wojtyla, que había sido obrero y clérigo clandestino entre los trabajadores de Solvay, de inmediato compartió las ideas del padre Loew, quien afirmaba que para que un sacerdote pudiera servir a los obreros tenía que convertirse en uno de ellos.

Posteriormente viajaron a Francia y visitaron el santuario mariano en Lourdes, en las faldas de los Pirineos, y después se dirigieron a París. Ahí, a orillas del Sena, se encontraron con el padre Michonneau, párroco de los suburbios obreros de la metrópoli francesa y autor del libro *Paroisse communauté missionaire*, que hablaba acerca de la parroquia de la comunidad misionera. Luego viajaron a Bélgica y Holanda.

En julio de 1947, Wojtyla presentó en el *Angelicum* el examen de licenciatura en teología. Recibió la calificación más alta: 40 puntos. En la fotografía que está al lado, su título de licenciatura. En la de abajo, Wojtyla con sus compañeros en la terraza de la casa de los padres marianos en Roma (1948).

En el Charleroi belga, el padre Wojtyla prestó servicios sacerdotales a los mineros poloneses; allí permaneció varias semanas, entabló amistades y adquirió nuevas experiencias. Las ideas que le expresó el párroco parisino, el padre Michonneau, así como las observaciones que le hizo el padre Loew en Marsella, años más tarde darían frutos y cambiarían la visión del futuro papa sobre el apostolado entre los fieles y los no creyentes.

Los antecesores de Juan Pablo II abordaban con gran reserva la problemática de los sacerdotes-obreros. Ya Pío XII en la encíclica *Meditor Dei,* en 1947, dedicada a la liturgia, se había referido en forma crítica al experimento francés. También Juan XXIII, que en la década de 1940 fue nuncio apostólico en Francia, una vez en el trono pontificio criticó este movimiento. Puede ser que esta postura hostil del Vaticano repercutiera en la opinión de varios teólogos, en cuanto a que el sacerdote que acepta el trabajo de obrero no se convierte en un verdadero obrero, sino que representa un mero papel. Por el contrario, las expectativas de los obreros frente el clero eran distintas, pues ellos quieren que los sacerdotes sean, ante todo, pastores del alma.

NO PUDO IMPRIMIR SU TESIS DOCTORAL

El nuevo guía espiritual de Karol Wojtyla, Reginald Garrigou-Lagrange, sacerdote, teólogo dominico y profesor del *Angelicum,* también tenía una actitud crítica frente a los sacerdotes-obreros. En 1946, antes de la llegada de Wojtyla a Roma, Garrigou-Lagrange publicó un artículo que condenaba sus iniciativas. En él hablaba de la postura de los teólogos de este movimiento hacia el tomismo tradicional, llamado por ellos *imperialismo teológico,* y de su actitud abierta hacia otras iglesias cristianas. Así que cuando Wojtyla volvió

Ubicada en la ladera de un monte, la Universidad Pontificia de Santo Tomás de Aquino no ha cambiado desde que estudiaba Karol Wojtyla allí. Como hace años, el patio está adornado con la vegetación mediterránea, y el claustro invita a pasear bajo su sombra.

a la universidad, seguramente vivió un dilema: por un lado sentía admiración "por los sacerdotes que con gran determinación buscaban los centros decristianizados, trabajando en ellos como sacerdotes-obreros", y por otro lado sentía un profundo respeto y aprecio por la sabiduría y perspicacia de su maestro, gran conocedor de la teología mística, tan cercana a él.

Garrigou-Lagrange fue asesor de la tesis doctoral del padre Wojtyla, titulada *Doctrina de la Fe según San Juan de la Cruz.* Fue una especie de continuación de la obra de Jan Tyranowski, el maestro espiritual de Wojtyla, y quien lo acercó al místico carmelita.

La relación entre la fe y la razón es un problema que le interesó a Karol Wojtyla desde sus tiempos de estudiante. La fe como medio para la unificación del alma con Dios —problema desarrollado con base en el análisis de los textos de San Juan de la Cruz— fue tema de su primer ensayo teológico de la posguerra, escrito aún en Cracovia, y, según uno de sus críticos, no bien logrado, pues la tesis que sostenía no fue demostrada plenamente. En el *Angelicum,* tras profundos estudios de la filosofía de Santo Tomás de Aquino, Wojtyla regresó a esta problemática y trató de encontrar la solución en el espíritu místico tomista.

El colegio dominico en Roma, fundado a mediados del siglo XIX, era uno de los centros más importantes del pensamiento neotomista. El programa de estudios se basaba en una reinterpretación de la obra medieval de Santo Tomás, que describe la relación entre la fe y la razón como dos fuentes de conocimiento. Según Santo Tomás, el hombre es capaz de conocer la verdad sobre Dios únicamente por vía de la razón, siempre y cuando sepa entregarse a rigurosos ejercicios mentales. Para Tomás de Aquino, Aristóteles, el célebre pensador griego de la Antigüedad, proporciona en su filosofía un ejemplo de cómo obtener un conocimiento racional. Santo Tomás sostiene que la razón puede ser utilizada para conocer a Dios. El Creador se convierte en un "objeto de conocimiento", y el hombre en el "sujeto cognoscente". El conocimiento mismo viene "del exterior", de la misma manera que el conocimiento científico, que es objetivo. Sin embargo, la fuente más importante para lograr el conocimiento de Dios sigue siendo la Revelación, la cual contiene misterios incomprensibles para el hombre, y, por ende, precisa de una fe incondicional. Este planteamiento no coincide con la tradición de los grandes místicos, incluyendo a San Juan de la Cruz, para quienes el verdadero conocimiento de Dios sólo se logra a través de un acto de fe y unión espiritual con el Creador.

Reginal Garrigou-Lagrange y su alumno estaban interesados en el místico español, pero no coincidían en las interpretaciones que hacían de los escritos del gran carmelita. El dominico, conservador y tomista riguroso, consideraba que la postura de San Juan de la

Cruz era muy especulativa. Para Karol Wojtyla, el camino místico del conocimiento era más importante que el camino racional. Era obvio que tenía que haber controversias entre el maestro y el alumno. La huella visible de ello es la ausencia en todo el trabajo de Wojtyla, escrito en latín, del concepto fundamental para el tomismo del "divino objeto", aspecto criticado por el tutor en la reseña de la tesis. El trabajo merecía, según su juicio, 17 puntos de los 20 posibles. Karol Wojtyla demostraba en su trabajo que el camino de

El padre Wojtyla con los niños de la primera comunión, en Niegowic.

la razón era insuficiente para el verdadero conocimiento de Dios. El conocimiento objetivo no permite la experiencia plena del Dios personificado. Con la mente, el hombre puede comprender que Dios existe, pero para un verdadero encuentro con Él, son necesarias la fe y la vivencia mística.

Durante la defensa de la tesis doctoral obtuvo las más altas calificaciones. Sin embargo, no regresó a Polonia con el grado de doctor, dado que, de acuerdo con los reglamentos del *Angelicum,* tenía que publicar su trabajo, y no contaba con dinero para ello.

Al regresar de Roma, a finales de junio de 1948, Karol Wojtyla ocupó de nuevo su departamento en la calle Tyniecka y esperó la decisión del cardenal Sapieha, al mismo tiempo que reanudaba sus viejas amistades. A mediados de julio, el Príncipe Arzobispo Metropoli-

Niegowic, el primer trabajo del joven sacerdote

JUAN PABLO II DESCRIBE LA PARROQUIA DE NIEGOWIC, situada 25 kilómetros al sur de Cracovia, como su primer lugar de trabajo. En julio de 1948, Wojtyla tomó el camión en Cracovia, para terminar el viaje en una carreta que lo llevó al pueblo Marszowice. Luego, a través de los campos, se encaminó hacia la iglesia de la Asunción de la Madre de Dios. "Caminé entre los trigales, unos cortados y otros esperando la cosecha. Recuerdo que cuando crucé la frontera de la parroquia en Niegowic, me arrodillé y besé la tierra", escribió más tarde, ya como papa, en el libro *Don y misterio.* Hoy, en ese lugar, hay una placa de bronce que conmemora aquel hecho.

El trabajo del joven sacerdote implicaba las responsabilidades típicas de vicario y catequista. "Enseñaba religión en cinco escuelas primarias, en los pueblos pertenecientes a la parroquia de Niegowic, adonde me llevaban en carreta o en calesa. Recuerdo la amabilidad de maestros y parroquianos."

Todavía viven personas que recuerdan cuando el Santo Padre, que era vicario, les enseñaba religión o los preparaba para la primera comunión. También recuerdan que se involucraba con gran entusiasmo en el trabajo con los jóvenes; a ellos les dedicaba la mayor parte de su tiempo y por ellos reactivó la Sociedad Católica de la Juventud. En la Casa Parroquial preparó con los jóvenes de la sociedad la obra *Gosc Oczekiwany,* de Zofia Kossak-Szczucka. Siempre mostró un gran amor por los niños y los jóvenes. Nunca gritaba; cuando los niños hacían travesuras, se acercaba a la ventana y rezaba. Además de las labores pastorales, trabajaba en sus investigaciones.

La gente lo recuerda como un sacerdote extremadamente sensible a sus necesidades y a la pobreza. Muchos de ellos saben que Niegowic es un lugar excepcional por el hecho de haber sido la primera parroquia del Papa. Para muchos no es sólo historia, pues aún viven las personas que Karol Wojtyla bautizó y unió en matrimonio. Para el párroco local, Karol es un estímulo para cumplir con sus responsabilidades de la mejor manera posible.

tano lo nombró vicario en un pequeño y apartado pueblo de Niegowic, ubicado entre Cracovia y Tarnow, y le ordenó trasladarse de inmediato para asumir sus responsabilidades.

El no titulado doctor en teología empacó en su vieja maleta algunas cosas personales y varios libros, fue a la estación y compró el boleto de camión para ir a Bochnia. Llegó a Gdow y de ahí tenía que seguir a pie, pero un granjero del lugar lo llevó en su carreta; no podía creer que ese joven mal vestido fuera de parte del Arzobispo de Cracovia, para quedarse como sacerdote del pueblo. Lo llevó a Marszowice y le aconsejó caminar por una vereda entre los campos para acortar el camino. El sacerdote se despidió del campesino

continúa en la pág. 59 ▶

Profesora Zofia J. Zdybicka (Congregación de las Ursulinas del Corazón del Cristo Agonizante)

La filosofía de Juan Pablo II

DESDE EL INICIO DE SUS ACTIVIDADES FILOSÓFICAS, SIEMPRE ACOMPAÑADAS POR EL TRABAJO pastoral, el padre Wojtyla se preguntaba quién era el hombre y cómo debería actuar o vivir para cumplir su misión como humano. El padre Wojtyla era consciente de que descubrir la verdad del hombre era una necesidad primordial de la cultura contemporánea y de la Iglesia actual. Y era así porque la cultura contemporánea se construye sobre una visión incorrecta del ser humano; y los errores antropológicos llevan a los errores morales, individuales y sociales, así como a deformaciones políticas, incluidos el totalitarismo y el liberalismo extremo.

El padre Wojtyla estaba convencido de que no se puede ejercer la ética con responsabilidad ni resolver las cuestiones morales sin una filosofía humanista. Por ello, en sus investigaciones, la reflexión antropológica y la ética conviven y crean conjuntamente la verdad sobre el hombre. Este rasgo distinguía la filosofía del padre Wojtyla: la reflexión teórica se une al análisis de la acción humana. Gracias a eso, su filosofía conserva su rigor racional y general al mismo tiempo, que descubre la esencia del drama concreto del hombre que vive la cultura contemporánea. Así, al lado de las *Reflexiones sobre la esencia del hombre* (Cracovia, 1959–1999), apareció *Amor y responsabilidad* (Lublín, 1960).

El fruto más original y maduro de las reflexiones filosóficas del cardenal Wojtyla es la obra *La persona y el acto*, que contiene su concepción de la persona.

En los aspectos esenciales, el padre Wojtyla siempre tenía confianza en el hombre. Consideraba que el hombre era capaz de reconocer la verdad acerca de sí mismo, del sentido de su existencia y de perspectivas de su vida. Wojtyla entendió la verdad sobre el hombre en la acepción clásica del concepto: como el conocimiento humano. Este acercamiento realista permitía al cardenal Wojtyla apoyarse en su antropología sobre la "experiencia del hombre", concepto que abarca el conocimiento directo y los elementos de la comprensión, que les dan coherencia a los momentos particulares de la experiencia. Atribuía un papel muy importante al conocimiento directo de la interioridad de su propia subjetividad, es decir, de nuestro propio interior, el cual se pone de manifiesto en la acción consciente y la actitud libre del hombre: el acto humano. Es por eso que el cardenal Wojtyla definía sus reflexiones filosóficas sobre el hombre como "ver a la persona a través de sus actos".

EL SER HUMANO ES PERSONA

Cada hombre es un objeto de la experiencia para sí mismo, y lo es en una forma única e irrepetible. Solamente el hombre se puede conocer directamente (experiencia interior).

Por ello, el ser humano experimenta la verdad fundamental sobre sí mismo: el hecho de ser persona; y lo es porque realiza actos morales. Este tipo de acción, que es a la vez un acto, es exclusivo de la persona. El acto constituye entonces a la persona, es decir, revela a la persona.

El hombre tiene la conciencia de que actúa. La autoconciencia es una característica esencial que lo distingue de los demás seres vivos. La autodeterminación, es decir, la libertad entendida como dependencia del propio "yo", es la propiedad vinculada con la dinámica de la persona, que no nace ya hecha, sino se desarrolla, y se vuelve cada vez más auténtica. El sujeto humano en su desarrollo depende de sí mismo. En su interpretación de la libertad, el cardenal Wojtyla subrayó la autodeterminación como manifestación esencial de la libertad. Sin embargo, el hombre no es totalmente autónomo, ni es su propio creador absoluto. La libertad humana tiene relación y dependencia interna de la verdad, no es mera voluntad. En el proceso de la construcción y en las elecciones particulares, el hombre debe guiarse por la verdad sobre sí mismo, sobre el mundo, sobre Dios y el bien que debe realizar.

El cardenal Wojtyla ponía énfasis al hablar del hombre comunitario. El hombre experimenta que existe y actúa en comunidad con otras personas. Wojtyla desarrolló este aspecto en su teoría de participación, que se define como la participación del hombre concreto en una acción conjunta con los otros, es decir, en la creación comunitaria del bien. Destacaba también el aspecto de la subjetividad de la participación, así como el "don". La creación del bien significa dar amor a los otros, y convertirlo así en un don para los demás.

La apertura a los demás y la existencia para los demás es posible en la perspectiva de Dios, Persona Plenamente Perfecta, Plenitud de la Verdad, del Bien (Amor) y de la Belleza. La verdad sobre el hombre, que se origina en la experiencia humana y su interpretación racional, señala hacia la existencia del Dios-Persona. Gracias a que el ser humano es persona, puede entrar en la relación de participación con Dios-Amor sin perder su autodeterminación y su libertad; es decir, sin dejar de ser persona.

Hablando de la totalidad de la relación "persona-acto", el cardenal Wojtyla resaltaba el lazo esencial entre la persona y la moralidad, que lleva finalmente a la unión entre la antropología y la ética. De la filosofía de la persona formuló el concepto de la "norma personal" como principio y base de la evaluación de todas las actividades individuales y sociales del hombre, así como el de "valor personal", que indica que la propia persona se actualiza en el acto, expresando su estructura de autoposesión y autodominio.

El cardenal Wojtyla, de acuerdo con lo expresado en la encíclica *Fides et ratio*, no se detenía en sus reflexiones filo-

Max Scheler

ENTRÓ A LA HISTORIA DE LA FILOSOFÍA, más que nada, como pensador original: después de la Primera Guerra Mundial, reactivó el pensamiento católico alemán. Nació en 1874 en el seno de una familia con raíces judías. Siendo adulto se convirtió al catolicismo por su propia elección. En aquel entonces conoció la fenomenología de Edmund Husserl, mientras estudiaba filosofía.

En Munich formó un importante centro fenomenológico que preparó a varios representantes de esta corriente, como Santa Edith Stein y Roman Ingarden, profesor de filosofía de la Universidad de Lvov y, después de la guerra, profesor en la Universidad de Cracovia.

Max Scheler afirmaba que los valores son objetivos. No cambian en sí, lo que cambia es solamente nuestra percepción acerca de ellos, así como la forma de su realización dentro del ámbito social. Los valores forman la siguiente jerarquía: los valores hedonistas, los valores vitales, los espirituales y los religiosos. Los valores religiosos ocupan el grado más alto dentro de este grupo. Los valores morales, en cambio, consisten en la realización de otros valores.

Scheler, que alguna vez le reprochó a Husserl el hecho de haberse apartado de su propia y original concepción fenomenológica, también terminó abandonando la fenomenología y el catolicismo.

El pensamiento de Max Scheler fue desarrollado más tarde por muchos de sus alumnos.

Scheler es considerado el fundador de la antropología filosófica y de la sociología del conocimiento. En el año de 1919 fue nombrado profesor de la Universidad de Colonia, y después de la de Francfort del Meno, donde murió en el año de 1928.

sóficas en la explicación de la experiencia, pues su propósito era explicar la dimensión metafísica de la persona.

En la filosofía no se trata solamente de presentar un fenómeno (lo que se revela en la conciencia), sino de señalar el fundamento metafísico, es decir, pasar del fenómeno al fundamento: "No podemos detenernos únicamente en la experiencia, incluso cuando ésta exprese y revele la interioridad del hombre y su espiritualidad. La reflexión racional debe llegar al nivel de la esencia del ser espiritual y al fundamento, que es su cimiento. Entonces, la reflexión filosófica que excluyera cualquier apertura a la metafísica sería totalmente inútil para ejercer la función del intermediario en la comprensión de la Revelación."

En su antropología filosófica, Karol Wojtyla retomó de Santo Tomás de Aquino las conceptualizaciones metafísicas sobre la estructura de la existencia del hombre. El sujeto humano tiene, por ello, el carácter sustancial: el hombre es la unidad del espíritu y del cuerpo (hilemorfismo), el alma humana es inmortal, y la dinámica del hombre se expresa en las categorías de la posibilidad y del acto. Karol Wojtyla tomó en cuenta la experiencia del hombre, especialmente la experiencia interior, e hizo evidente lo que en las categorías tradicionales y formulaciones metafísicas era definido en forma poco objetiva y especulativa. Para presentar la verdad sobre el hombre Wojtyla aprovechó las experiencias de la filosofía de la conciencia (fenomenología), y nunca aceptó sus posiciones, nunca dejó de ser realista y nunca renunció a la dimensión metafísica.

Todo esto le permitía al cardenal Wojtyla presentar plenamente la verdad sobre el hombre como persona, la verdad sobre la dignidad del hombre, dignidad natural, inherente, consecuencia de la misma forma de la existencia de la Persona, vinculada con la Persona Plenamente Perfecta, o Dios. Esto le asignaba al hombre un lugar central en todo el mundo, tanto en la naturaleza como en la cultura. Como el hombre es sujeto de la cultura, por ello es su creador. Al mismo tiempo, es su objeto, el destinatario de cualquier acción en la cultura. La cultura no es otra cosa que el "cultivo", la creación del hombre, su educación, que se prolonga durante toda la vida. Por ende, la preocupación por la cultura y todas sus ramas es en esencia la preocupación por el hombre.

NO SE PUEDE COMPRENDER AL HOMBRE SIN CRISTO

La persona y el acto no apela a la revelación. Es una obra totalmente filosófica, pero contiene las verdades sobre el hombre desde el punto de vista de la fe. Al escribir *La persona y el acto*, el cardenal Wojtyla concibió la filosofía de la persona como la preparación para abarcar la problemática del personalismo en la teología. Esto no sucedió en el silencio del cubículo de un académico, sino en el transcurso de la enseñanza papal. El pensador colaboró con el pastor de la Iglesia para formular la antropología integral.

No cabe duda que la enseñanza del Papa se dirigía hacia el individuo y se constituyó en una especie de "giro hacia el hombre" y sus problemas reales y actuales. Eso se expresa en la primera encíclica, *Redemptor Hominis:* "El hombre es el primer y esencial camino de la Iglesia." Estas palabras se convirtieron en la preocupación fundamental de su pontificado. En todas las acciones de Juan Pablo II ha sido visible la preocupación por el ser humano en su aspecto más fundamental: la verdad sobre él mismo; la enseñanza de la verdad plena sobre la excepcional dignidad de la persona humana; la verdad sobre el amor creador de Dios-Padre y sobre el amor salvador de Cristo.

Entonces, en la enseñanza del Papa se construyó la antropología cristiana, que se puede describir como antropología integral, porque une en sí misma dos fuentes del conocimiento sobre el hombre: la experiencia del hombre y su explicación racional (la filosofía de la persona) con la Biblia, es decir, la verdad sobre el hombre revelada por el mismo Dios y, en forma más plena, por Cristo, Dios-Hombre.

Dios se dirige al hombre como a la persona, es decir, se dirige a alguien que es capaz de recibir y de comprender, por lo menos hasta cierto grado. Al revelar las nuevas perspectivas de la vida humana, Dios no destruye la estructura fundamental del ser humano como existencia autoconsciente y autodeterminada (libre). En forma convincente, Juan Pablo II demuestra que la antropología cristiana o teología de la per-

sona asume las verdades establecidas en la filosofía de la persona. La antropología integral es, pues, una especie de unión de *ratio et fides* (razón y fe) y de *fides et ratio* (fe y razón).

En gran medida su filosofía de la persona y la sensibilidad hacia la dignidad de la persona humana, completadas con las verdades de la fe, le han permitido a Juan Pablo II reorientar durante su pontificado la enseñanza de la Iglesia en dirección del personalismo, lo que naturalmente no contradice el teocentrismo y el cristocentrismo, dado que Cristo se hizo hombre para el hombre y su salvación.

Como hemos señalado, el esbozo de la antropología cristiana está en *Redemptor Hominis*, la primera encíclica de Juan Pablo II. Esta encíclica apela directamente a las fuentes sobrenaturales sobre la verdad acerca del hombre, muy relacionadas con las verdades de la antropología integral.

"Cristo, el Salvador, revela al hombre su propia plenitud." "En Cristo y por Cristo, el hombre tiene plena conciencia de su dignidad, de su elevación, del valor trascendental de su propia humanidad, de su existencia."

El secreto de Cristo nos revela una nueva y gran vocación del hombre, una nueva forma de la existencia, en la cual hay posibilidad de participación en la vida interna de Dios, una dignidad excepcional del hombre "creado a imagen y semejanza de Dios", y una libertad. Sólo Cristo asegura al hombre una verdadera libertad. El problema de la libertad humana, de los derechos del hombre a existir y actuar en comunidad, obtiene una nueva dimensión gracias a Cristo.

Al lado de *Redemptor Hominis*, hay dos encíclicas más, *Dives in Misericordia* y *Dominum et Vivificantem*, que revelan la vivencia del hombre en la perspectiva de las Tres Personas de la Santísima Trinidad: Dios Padre, Dios Hijo y Dios Espíritu Santo. La dimensión personal de la participación (Amor) en la vida interior de Dios en Tres Personas obtiene la dimensión más alta y profunda. La dignidad del hombre toma aquí un sentido simplemente infinito.

Las encíclicas *Laborem Exercens, Sollicitudo Rei Socialis* y *Centesimus Annus* retoman los actuales problemas sociales. Todas estas encíclicas enseñan que la persona humana se eleva por encima de todas las sociedades, lo que garantiza al ser humano, al hombre, su posición central en distintas comunidades. Señala principios y opciones para solucionar los actuales cuestionamientos sociales, económicos y políticos, en tal forma que ayuden al hombre a crecer también o, incluso, en su humanismo.

En *Veritatis Splendor*, Juan Pablo II retomó e interpretó los problemas fundamentales de la teología moral, en la perspectiva de la verdad sobre la persona humana. Recordó la estructura moral del hombre y examinó problemas, como el de la libertad y de la conciencia, su autonomía y al mismo tiempo su dependencia de la verdad, del derecho natural y de los mandamientos de Dios, entre otros elementos. Además acentuó "el vínculo esencial y constructivo que hay entre la libertad humana y la verdad, y entre el derecho Divino y la libertad", y entre la libertad y la gracia.

La obediencia a la verdad sobre Dios y sobre el hombre es condición de la libertad, la cual tiene carácter moral y religioso. La libertad del hombre requiere el libertador, que es Cristo: "Él nos liberó para la libertad", pues Cristo redimió al hombre, es decir, le dio la posibilidad de realizar la verdad plena de su existencia; liberó nuestra libertad de las limitaciones, sobre todo las resultantes del pecado original.

Nunca y en ninguna dimensión, incluyendo la sobrenatural, Dios destruye la estructura personal de la autodeterminación. El hombre es libre incluso respecto de los planes de Dios. "En cierto sentido, somos padres para nosotros mismos, en forma autónoma nos creamos y a través de nuestras elecciones nos damos la forma que deseamos."

Un gran logro del papa Juan Pablo II ha sido su obra *Los creó hombre y mujer* (1981–1998), que se encuentra dentro del ámbito de la teología del cuerpo humano. En la época de la revolución sexual, Karol Wojtyla retomó el problema de la sexualidad y de la ética sexual. Este problema había sido objeto de sus reflexiones en el primer periodo de su actividad filosófica *(Amor y responsabilidad);* sin embargo, volvió a él y analizó con gran sensibilidad, profundidad y minuciosidad, el ámbito de la sexualidad humana, presentando el problema en el contexto de la verdad plena sobre el hombre.

A través de la teología del cuerpo y de la ética de la sexualidad, construidas con base en el Evangelio, así como en la filosofía de la persona, la Iglesia ofreció una respuesta a lo que quedaba de la revolución sexual contemporánea.

EL PAPA DEL "NUEVO HUMANISMO"

Juan Pablo II ha logrado reconciliar la razón y la fe al presentar la verdad sobre la dignidad de la persona humana, accesible al hombre a través del conocimiento natural, es decir, al presentar la verdad sobre la dignidad natural (inherente) y la verdad sobre la dignidad sobrenatural del hombre, revelada por Dios y recibida por el hombre a través de la fe. Ha señalado en una forma nueva y convincente el vínculo que existe entre la razón y la fe y, en consecuencia, entre la filosofía y la teología. En esta revaloración de la verdad, la razón y la fe en su mutua complementación, Juan Pablo II ha sido un continuador de la gran tradición del pensamiento cristiano, sobre todo del pensamiento de Santo Tomás de Aquino.

La postura filosófica cuyo resultado son la antropología filosófica (filosofía de la persona) y la antropología integral (cristiana), así como la "norma personalista" como funda-

Santo Tomás de Aquino

ACIÓ ALREDEDOR DE 1225 EN LA REGIÓN DE AQUINO, EN EL REINO DE NÁPOLES. Fue hijo de un noble de Lombardía. Cuando SantoTomás tenía cinco años, sus padres lo mandaron a la abadía de los benedictinos en Monte Cassino. De ahí, ya siendo adolescente, fue a la Universidad de Nápoles. En 1242 o 1243, ingresó a la orden de los predicadores (dominicos), para dedicar el resto de su vida a la enseñanza y al servicio sacerdotal. Su familia trató, por todos los medios, de que abandonara el monasterio. Sus hermanos lo sacaron prácticamente a la fuerza, pero Santo Tomás no claudicó y regresó al monasterio. Posteriormente, sus superio-

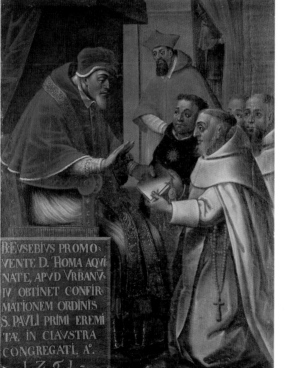

res lo enviaron a estudiar a Roma y luego a Colonia. Después dio clases en la Sorbona y en las universidades de Orvieto, Roma y Nápoles, así como en la corte papal. El 6 de diciembre de 1273 experimentó una revelación mientras celebraba misa. Después de este suceso no volvió a escribir una sola palabra. Se dice que explicó: "Todo lo que escribí me parece una caña de paja en comparación con lo que he visto." Santo Tomás murió cuatro meses después, el 7 de marzo de 1274, en la abadía de la orden del Císter, en Fossanuova, camino al Concilio de Lyon.

Fue canonizado en el año de 1323 y en el siglo XVI fue llamado "doctor de la Iglesia". El papa León XIII proclamó a Santo Tomás de Aquino el patrono de las escuelas católicas. Dejó muchas obras valiosas, entre las que se cuentan *Summa contra Gentiles* y *Summa Theologica*, que quedó inconclusa.

Santo Tomas elaboró un compacto sistema de teología y filosofía católica. Su objetivo era demostrar que el sistema aristotélico era compatible con las exigencias de la fe cristiana. No fue el primero de los pensadores del medievo que tomó esta postura, pero su solución fue la que más se acercó a la perfección.

Señaló una frontera clara entre los dos caminos para conocer a Dios: la Revelación y la razón humana. Estableció la diferencia entre la verdad interior (en la mente) y la verdad exterior (en el objeto hacia el cual se dirige el pensamiento). Su obra es fundamental para el desarrollo de la filosofía y la teología católicas. Ha sido considerado "el más sabio entre los santos y el más santo entre los sabios".

mento y dirección para resolver los problemas morales actuales, individuales y sociales, ha convertido a Juan Pablo II en el papa del nuevo humanismo.

En gran medida, es gracias a él que la Iglesia actual se ha convertido en una institución defensora del hombre, de la dignidad de la persona, de la inteligencia humana y su capacidad para conocer la verdad, así como de la libertad humana y los derechos del hombre, entre los que está incluido el derecho a la vida. ∎

Stanislaw Wyporek

Le temía a la electricidad...

YO TENÍA DOCE AÑOS CUANDO EL PADRE KAROL WOJTYLA LLEGÓ A NIEGOWIC. Iba a la escuela en Cracovia y regresaba a casa a pasar los fines de semana. Mi madre era costurera, mi hermana estaba en la secundaria y tenía otros dos hermanos menores. Vivíamos en una granja pequeña, de unas 56 áreas, y no la trabajábamos porque no había máquinas. Antes del servicio militar, fui secretario de la Sociedad Católica de la Juventud, que fue reactivada después de la guerra. Era una organización muy fuerte, formada por 200 o 250 muchachos de varios pueblos.

En los alrededores de Niegowic sólo había casas quemadas, pobreza y lodo. No había caminos, ni radio, ni servicio de electricidad. Karol Wojtyla estuvo ahí de vicario menos de un año. De inmediato estableció contacto con los jóvenes de la Sociedad Católica y se incorporó a la vida del teatro de aficionados. Rápidamente entabló una relación cordial con todo el mundo.

Desde el primer día conquistó la simpatía de la gente. Todos percibíamos que había algo distinto en él, algo que no tenían otros sacerdotes; había algo que nos hacía pensar que él era "uno de los nuestros". Sencillamente, como se decía, era un buen sacerdote.

Su llegada coincidió con el inicio de la persecución de los católicos y los problemas con permisos e intrigas que ello implicó. La Oficina de Seguridad comenzó a inventarnos toda clase de dificultades y problemas. Karol Wojtyla formó el grupo "Caritas" que, entre otras actividades, organizaba las funciones de teatro, y de esa forma nos otorgaban permisos para eventos de beneficencia.

Los de la Oficina de Seguridad guardaban distancia, porque Wojtyla era muy superior intelectualmente. No tenían motivo para agarrarlo. A nosotros trataban de sacarnos qué cosas hacía y con quién, qué hablaba, qué pensaba, etc. Nos explicaban que no debíamos dejarnos influir por el clero. De cualquier manera sabían todo, porque había quien los mantenía informados acerca de lo que sucedía y de lo que hacíamos.

Existían grupos clandestinos anticomunistas, llamados "bandas", y para la Oficina de Seguridad éramos sus colaboradores potenciales. Ellos nos golpeaban. Un día me llevaron en el auto de la oficina municipal de Niegowic y me golpearon porque no quise confesar que cooperaba con las bandas. Yo no era miembro de ninguna organización, ni siquiera del Ejército del Interior, pues era demasiado joven. Nunca confesé que llevaba unas cartas del director de la escuela de Niepolomice, que contenían los votos de varias personas, pues los jueces clandestinos eran necesarios para pronunciar las sentencias del tribunal. Los de Seguridad me decían que era miembro del Ejército del Interior, pero yo afirmé que no sabía lo que

contenían. No firmé y entonces me golpearon y me arrojaron a una covacha oscura abajo de las escaleras. Tuve que pasar ahí toda la noche; en la mañana me sacaron y me dieron otra golpiza, pero no firmé. Me dieron otra confesión, la leí, taché los espacios en blanco para que no pudieran agregar nada y estampé mi firma. Para regresar tuve que caminar 15 kilómetros desde Bochnia, con hambre, sucio y golpeado. En casa todavía recibí una paliza de mi padre por haber estado fuera toda la noche. Entonces lloré mucho, no sabía qué hacer. Busqué al padre Wojtyla y me consoló diciendo: "No llores, ellos se acabarán entre ellos, ya verás que llegará ese tiempo."

Después, un individuo quiso convencerme para que colaborara con los de Seguridad y prometió conseguirme un mejor trabajo, a cambio de que aceptara. Wojtyla me aconsejó: "No aceptes, diles que no eres bueno para delatar."

Karol Wojtyla no tenía enemigos en Niegowic. A todos les tendía la mano, con cada uno intercambiaba una palabra, cada uno recibía su bendición. Era diferente a los sacerdotes de antes de la guerra. Deseaba darle un nuevo espíritu a la Iglesia, igual que el padre Tischner. Era un hombre que pensaba en la Iglesia y deseaba que cada vez hubiera más personas que lo hicieran.

Karol Wojtyla era pobre, vivía humildemente. Un día fue a pedirle ayuda una mujer con un niño en brazos, porque se le había quemado su casa. Él dormía con un chaleco de cuero bajo la cabeza, que después sustituyó por un cojín bordado que le hicieron unas señoras, y que fue el mismo que le dio a aquella mujer. Siempre regalaba lo que tenía. Cuando fue consagrado obispo, sus amigos hicieron una colecta porque no tenía casi nada. Se notaba que no tenía nada, ni cuando vino, ni cuando se fue.

No se debe considerar a Niegowic como una experiencia sin importancia; al contrario, fue muy importante en la vida de él, que era un hombre joven. Allí tuvo sus primeras experiencias pastorales, allí se forjó y conoció la pobreza del campo de la posguerra y el totalitarismo comunista.

Conocí a muchos sacerdotes, pero él era excepcional, y pienso que por esa razón llegó hasta Roma. Siempre en los libros, siempre ocupado, y si no trabajaba, entonces leía. A veces buscaba la soledad y caminaba con el breviario por los caminitos cerca de la iglesia o en el jardín.

Yo envidiaba la agilidad intelectual de Karol Wojtyla y su conocimiento de la filosofía. Él envidiaba mi habilidad para las labores manuales. Le tenía miedo a la electricidad y no sabía ni meter un clavo. Una vez perdió su llave y yo le hice otra. "No sé hacer esto, no tengo ese don —me decía—, ni siquiera sabría por dónde empezar."

viene de la pág. 53 ▼

y se encaminó, totalmente solo, como un peregrino, por entre los maduros trigales, hacia la visible pero lejana torre de la iglesia. Cuando llegó a la frontera de la parroquia de la Asunción de la Virgen María en Niegowic, se arrodilló en silencio y besó la tierra.

Este gesto de humildad se le grabó por las lecturas de Juan María Vianney, párroco de Ars; Karol había estado ahí el otoño anterior. Vianney, a pesar de que no tenía una educación formal, reunía en su confesionario a miles de fieles de toda Francia y, como el padre Pío, se convirtió en un ejemplo para el padre Wojtyla.

Eso sucedió en el verano de 1948, cuando el mundo todavía no sabía que un día ese sacerdote, convertido en Juan Pablo II, haría familiar a los ojos de millones de personas este acto de humildad de un gran confesor francés del siglo XIX.

Tampoco lo sabía el padre Wojtyla. Niegowic parecía estar en el fin del mundo y sus conocidos de Cracovia pensaron que había sido desterrado por el Arzobispo Metropolitano por alguna causa. Pero el cardenal Sapieha no hacía nada precipitado en lo que tocaba al joven Wojtyla. El padre Kazimierz Buzala era el párroco de Niegowic y muchos de los futuros sacerdotes renombrados estuvieron en su vicariato. La estadía del nuevo vicario iba a ser de apenas unos meses, tiempo suficiente para descansar después de los pesados estudios en Roma y también para conocer las exigencias del sacerdocio entre el pueblo.

La iglesia de tabique de Niegowic, que fue construida por iniciativa del padre Wojtyla.

El padre Wojtyla asumió sus nuevas obligaciones con entusiasmo. Además de enseñar la religión junto con el padre Kazimierz Ciuba, segundo vicario, fundó el Círculo del Rosario Vivo. También organizó el teatro de aficionados y rápidamente, bajo su dirección, el grupo presentó la obra *Gosc Oczekiwany*, de Zofia Kossak-Szczucka, en la Casa Católica. Wojtyla encarnó el papel de un pordiosero en el cual los protagonistas de la obra no reconocían a Cristo. Su visión también sorprendió a los parroquianos cuando le pidieron consejo para la celebración de los 25 años de sacerdocio de su párroco. Había muchas propuestas: "¿Por qué no comprar una nueva estola? ¿Por qué no una nueva sotana?" Pero el vicario superó a todos: "¿Por qué no levantar una nueva iglesia de tabique?" La vieja iglesia del siglo XVIII, igual que todo el pueblo de Niegowic, había sido construida de ma-

dera. Los parroquianos eran pobres y la sugerencia del padre Wojtyla rebasó por mucho su imaginación y sus posibilidades; sin embargo, se dejaron llevar por la argumentación del vicario. La iglesia de tabique fue construida, y la de madera se trasladó a otro pueblo.

Además de su labor como catequista del pueblo, el padre Wojtyla trataba al mismo tiempo de presentar el examen de doctorado en la Facultad de Teología de la Universidad Jaguelloniana, con la tesis escrita en el *Angelicum*, dado que en Cracovia no se exigía publicarla para obtener el título. Pero antes tenía que tener la maestría, ya que había interrumpido el trámite

Entre los parroquianos en Niegowic. El padre Karol está sentado en la primera fila (segundo de la derecha).

cuando salió a Roma. En noviembre, recibió la más alta calificación con su tesis *La concepción del medio de unión del espíritu con Dios en la enseñanza de San Juan de la Cruz*. En diciembre, el consejo de la facultad le otorgó el título de doctor, también con la más alta calificación, por su disertación *La doctrina de fe según San Juan de la Cruz*.

Karol Wojtyla permaneció en Niegowic hasta la primavera de 1949. El 17 de marzo, el cardenal Sapieha lo transfirió de nuevo a Cracovia.

OTRA VEZ EL ROSARIO VIVO

La iglesia de San Floriano, en Cracovia, se convirtió en la década de 1940, junto con la iglesia colegial de Santa Ana, en el lugar favorito de encuentro de la juventud estudiantil católica. En mayo de 1945, al término de la Segunda Guerra Mundial, el príncipe arzobispo Sapieha nombró párroco de San Floriano al padre Tadeusz Kurowski, el notablemente popular capellán de la iglesia de Santa Ana. Buena parte de los es-

Boguslaw Sonik

¡Basta de tonterías!

LA PASTORAL ESTUDIANTIL ES UNA TRADICIÓN que consiste en misas que se celebran a las siete de la mañana. Las reuniones se llevan a cabo en la capilla estudiantil los domingos muy temprano, por la mañana, y luego hay conferencias sobre liturgia, Biblia y filosofía, además de reflexión histórica y política. Yo pertenecí a este grupo de 1973 a 1977, mientras era estudiante. En aquel entonces, el obispo de Cracovia, Karol Wojtyla, mantenía mucho contacto con los jóvenes gracias a visitas pastorales, encuentros y conferencias.

Todos sabían que cuando Karol Wojtyla estaba en Cracovia, cualquier día entre las diez y las doce, podían buscarlo para conversar unos momentos. Tiempo después, especialmente en la segunda mitad de la década de 1970, cuando comenzó a crearse la oposición, discutíamos acerca de cómo organizar un movimiento estudiantil alternativo a la organización oficial de la juventud comunista.

En la calle Franciszkanska frecuentemente había reuniones organizadas por Wojtyla. Casi siempre estas reuniones eran para los sacerdotes; sin embargo, en ocasiones nuestros capellanes, como Andrzej Kloczkowski, nos llevaban ahí. Me acuerdo muy bien de estos encuentros, por ejemplo los que tuvimos con Stefan Kisielewski y Józef Tischner.

Cuando surgió el problema de los obreros después de las represiones de Radom, nos aliamos para ayudar, organizar la colecta de dinero y distribuir los boletines y volantes del Comité de la Defensa Obrera (KOR).

Carol Wojtyla estaba interesado en ese aspecto de nuestras actividades y el padre Dziwisz, su capellán, lo mantenía al tanto de todas ellas. Después ocurrió la muerte de Pyjas; murió en mayo del año 1977; y nosotros también empezamos a manifestarnos. Siempre tratamos de mantener el contacto con Wojtyla.

El padre Dziwisz nos aconsejaba que le diéramos toda la información posible, como la relacionada con las publicaciones clandestinas que había; y nosotros lo hacíamos, se la dábamos, lo informábamos de todo. Karol Wojtyla, siempre que nos veía, nos preguntaba cómo iba nuestra situación. Lo manteníamos informado sobre las detenciones, las represalias y los cateos. Incluso continuábamos manteniéndolo al tanto de todo lo que había sucedido después del 15 de mayo, cuando formamos el Comité Estudiantil de "Solidaridad" en el año de 1977, año en que murió Pyjas.

Hay un famoso sermón de Karol Wojtyla, publicado en su totalidad en *Tygodnik Powszechny*. Lo pronunció cuando nos defendió durante la procesión de Corpus Christi, enfrente de uno de los altares. No sabíamos si nos iban a encerrar o no. Después de las manifestaciones en Cracovia, en el año de 1977, hubo una ola de arrestos. También fueron detenidos los miembros del KOR en Varsovia; entonces proclamamos el boicot de *Juvenalia*, las tradicionales fiestas estudiantiles. El sermón de Wojtyla en Corpus Christi fue claro: dijo que, en vez de diversión, la juventud había escogido el respeto por la muerte.

Naturalmente, los medios masivos de comunicación desvirtuaron la información acerca de estos acontecimientos, y entonces el Cardenal nos defendió. Fue un momento maravilloso... Claro que las represalias no se hicieron esperar, y llegaron pasado un tiempo.

La segunda mitad de la década de 1970 implicó la rebelión de la sociedad en contra del gobierno comunista. Inició el fermento entre la juventud, que se manifestó adhiriéndose a la oposición y también creando diferentes organizaciones políticas. Todos estos fenómenos estuvieron antecedidos por el despertar sociopolítico de la pastoral estudiantil, entre los años de 1974 y 1976.

Queríamos formar una organización estudiantil católica. Nos parecía que la pastoral había agotado sus posibilidades y deseábamos ir más lejos. Nuestra intención era evaluar la posible reacción de la Iglesia y ver cuál sería su opinión, por eso nos reuníamos con Wojtyla.

Entre los años de 1974 y 1975, esos encuentros tenían el objetivo de ampliar la esfera de la libertad a través de las conferencias organizadas dentro de los muros de las iglesias. Por ejemplo, las conferencias de Tischner acerca de la moralidad y la ética. Invitábamos también a Wojtyla para que nos hablara de la responsabilidad y el personalismo. A nosotros nos interesaba el aspecto social del catolicismo; lo que resulta de ello para cambiar la realidad que nos había tocado vivir. El catolicismo nos parecía un perfecto llamado a la rebelión en contra de la mentira y la falsedad. Estábamos seguros de que Wojtyla interpretaba esta forma del catolicismo; además, era un imán para la gente.

Lo principal era guardar contacto con él. En el año 1977, el padre Kloczkowski se encargaba de mantenerlo informado sobre nuestras actividades. Muy pronto llegó el momento de su salida a Roma y su elección como papa.

Como él decía, la pastoral consistía en oraciones, reflexiones y misas, pero también juegos y bromas. Recuerdo que en 1976, dos años antes de su elección, ya se hablaba de que él podría ser papa, y nosotros le hacíamos bromas, incluso le escribimos una canción. Él toleraba todo, pero un día, después de aguantarnos media hora, se inclinó hacia mí y dijo: "¿No sería bueno terminar ya con estas tonterías?"

tudiantes siguió a su capellán, y fue así como creció un nuevo centro de la pastoral estudiantil, además del centro estudiantil, ya tradicional.

El llamado "Barril", salón con el techo en forma de barril que está en la iglesia de los dominicos en Cracovia. Ahí se llevaban a cabo los encuentros de la pastoral estudiantil.

En 1949, el hasta hacía poco vicario de Niegowic fue nombrado como uno de los tres vicarios del padre Kurowski. Karol se mudó a dos cuartos de la casa parroquial, los cuales debieron de haberle parecido muy confortables, luego de las experiencias en Roma y en Niegowic. Poco después le cedió una de las habitaciones a un sacerdote de la región de Lvov, que no quería regresar a Ucrania ni tampoco tenía dónde alojarse en Cracovia.

El nuevo entorno resultó para el padre Karol Wojtila un reto mucho mayor que, como escribió un día, una simple pero "bella" comunidad rural de la parroquia de Niegowic. Abierto a las discusiones, directo, comprensivo y convincente a la vez, pronto se ganó la simpatía de parroquianos, estudiantes y académicos. Siguiendo el ejemplo de Jan Tyranowski, organizó el Rosario Vivo, un coro gregoriano y un grupo de estudio acerca de la *Summa Theologica*, de Santo Tomás, la cual se leía en latín. Karol también organizó en la

iglesia las conferencias religiosas, así como la pastoral para las personas enfermas.

Ya desde Niegowic, Wojtyla sorprendía a los parroquianos al visitar a los enfermos en sus casas. En Cracovia cambió de proceder y llevó a los enfermos a los retiros de la iglesia. El padre Wojtyla caminaba entre las camas, sonreía y bendecía a los enfermos, quienes estaban felices pues nunca había sucedido algo semejante. A pesar de la cantidad de obligaciones que tenía, Karol dedicaba algo de su tiempo a los necesitados.

La iglesia de San Floriano. Como vicario de esta parroquia, Karol Wojtyla se dedicó, entre otras tareas, a la catequización de adultos y a la organización de retiros para los enfermos.

Paralelamente participaba en la vida teatral, con Mieczyslaw Kotlarczyk, y se dedicaba a la creación literaria. En el año 1949, cuando aún era vicario en Niegowic, publicó en la revista *Tygodnik Powszechny* (creada por el arzobispo Adam Sapieha) sus textos sobre los sacerdotes-obreros del movimiento *Mission de France*. El artículo le gustó tan-

to a Jerzy Turowicz, redactor general, que lo publicó en la primera plana. En mayo de 1950, el padre Wojtyla apareció otra vez en las páginas de dicha revista como el poeta Andrzej Jawien. Éste fue el comienzo de una relación muy estrecha entre Wojtyla y el círculo de *Tygodnik Powszechny*, alrededor del cual se concentraba la vida intelectual católica de Cracovia.

El cardenal Sapieha murió en Cracovia el 23 de julio de 1951, a los 93 años. Cuatro días después, el padre Wojtyla, con el clero de Cracovia presidido por el arzobispo Stefan Wyszynski, primado de Polonia, participó en el funeral del Príncipe Arzobispo Metropolitano. El ataúd con el cuerpo fue colocado en la Catedral de Wawel, a los pies de las reliquias de San Estanislao.

continúa en la pág. 64 ▶

Movimiento Luz-Vida

EN EL VERANO DE 1972 el cardenal Karol Wojtyla pronunció esta frase: "Conozco a tres locos; el primero soy yo, el segundo es mi secretario y el tercero nos espera en la cima." El Cardenal les dijo estas palabras a los jóvenes del movimiento Oasis, cuando iban camino de uno de los campamentos. A pesar de la tormenta que se aproximaba, subió en compañía de los jóvenes a la cima de la montaña Blyszcz, en Beskides, donde los estaba esperando el padre Franciszek Blachnicki.

Todos los chicos iban caminando detrás de él. Después de un rato, se oyeron truenos y empezó a llover. Esto no impidió que el cardenal Wojtyla y los jóvenes llegaran hasta la cima y celebraran la Santa Misa en el altar de piedra. Los muchachos que estuvieron presentes dijeron que esa misa había cambiado sus vidas. Hubo muchos sucesos semejantes, dado que Karol Wojtyla visitaba con frecuencia los campamentos del Oasis. Los jóvenes simplemente enloquecían de gusto por estar con él. Con deleite los acompañaba a escalar montañas y a las excursiones en bicicleta y en kayak; también se sentaba alrededor de las fogatas y cantaba; le fascinaba conversar y discutir durante horas enteras. Conquistaba a la juventud con su entusiasmo, su sonrisa y su energía, y siempre se interesaba en sus problemas y actividades.

Era amigo del padre Franciszek Blachnicki, fundador del movimiento Oasis y el "tercer loco" de la expedición a la montaña de Blyszcz. Wojtyla apoyaba este movimiento y lo defendía ante las

Emblema del movimiento Luz-Vida.

autoridades comunistas, que constantemente lo perseguían; por ejemplo, hacían repentinas inspecciones en los campamentos y afirmaban que el permiso para organizarlos no tenía validez. Como cardenal, Wojtyla también visitaba el centro del movimiento Oasis en Kroscienko, a orillas del río Dunajec. Ahí celebraba misas y daba conferencias.

Veía en los Oasis una esperanza para el futuro, para la realización del Concilio Vaticano II. Y se lo repetía constantemente a los jóvenes.

El Oasis se inició en la década de 1950 y se desarrolló principalmente en el sur de Polonia. El objetivo de este movimiento era la formación a través de la liturgia y de la lectura de las Santas Escrituras. Durante el año escolar, los jóvenes de estas organizaciones acudían a los encuentros formativos. En cambio, durante las vacaciones, salían a retiros de quince días, en tres etapas, con el programa estructurado en torno a los misterios del rosario. El padre Blachnicki lo llamaba el método "vivencial" de los retiros.

El Oasis es un movimiento de renovación de la Iglesia, pues reúne a personas jóvenes que estudian el bachillerato, a fin de desarrollar en ellos una actitud cristiana madura. Los miembros de estas organizaciones son estimulados para elegir a un confesor permanente.

En el año de 1969, la mayor parte de las actividades de la Pastoral Nacional del Servicio Litúrgico, presidida por el padre Blachnicki, se llevaba a cabo en los retiros del Oasis. Precisamente en uno de ellos nació la llamada idea de la Iglesia Viva,

inspirada por la constitución del Concilio Vaticano II, *Lumen Gentium*. En el año de 1971 se inauguró el primer Oasis para las familias; más tarde, este movimiento tomó el nombre de Iglesia del Hogar, y se nutrió de las experiencias y métodos de uno francés llamado *Équipes Nôtre Dame*.

El emblema del movimiento Luz-Vida es el símbolo de los primeros cristianos, el *phos-dzoe*, en griego (luz-vida, en español), inscrito en la letra omega. Un cristiano maduro, ya formado, es un hombre nuevo que reúne en sí mismo el conocimiento (luz) y la vida.

La formación básica en los Oasis duraba por lo menos tres años; para los jóvenes de ese tiempo se prolongaba a cuatro, para las familias se acortaba a dos. El movimiento Luz-Vida se dio también fuera de las fronteras de Polonia. Desde principios de la década de 1980, se formaron los Oasis en la antigua Checoslovaquia, y desde el año 1982, también en Alemania. En el año de 1983 fue creado el Centro Internacional de Evangelización Luz-Vida, en el centro polaco *Marianum* en Carlsberg, Alemania. El movimiento Luz-Vida se unió a las celebraciones del Jubileo de los dos mil años del cristianismo.

El movimiento ha publicado más de cien títulos, entre manuales, cuadernillos y folletos, además de los libros del padre Fanciszek Blachnicki. Regularmente publica las revistas *Oaza* (Oasis), *Domowy Kosciol* (La Iglesia Familiar) y *Wieczernik* (Cenáculo).

Desde mediados de la década de 1980, en los Oasis participan 70 mil personas cada año. Los principales centros de Polonia se encuentran en Kroscienko, a orillas del río Dunajec, y en Katowice. En Lublín funciona el Instituto de Formación Pastoral Litúrgica, así como la editorial de las diversas revistas del Movimiento. ∎

El padre Franciszek Blachnicki

EL PADRE BLACHNICKI NACIÓ EN 1921, en el seno de una familia numerosa, en Rybnik. Estudió el bachillerato en Tarnowskie Góry y, en 1938, presentó los exámenes finales. Luchó en contra de la invasión alemana en septiembre de 1939, y luego formó parte del movimiento clandestino de resistencia. En marzo de 1940 fue arrestado por la Gestapo y llevado al campo de concentración de Auschwitz, donde permaneció catorce meses. En marzo de 1942 fue condenado a la pena de muerte, por sus actividades clandestinas contra el Reich alemán. Después de una espera de casi cinco meses para la ejecución, la sentencia fue conmutada. Entre 1942 y 1945 fue transferido a diversos campos de concentración y prisiones alemanes. Mientras esperaba la ejecución, decidió entregar su vida al servicio de Cristo.

Después de la Segunda Guerra Mundial ingresó al Seminario Silesiano, en Cracovia, y se ordenó como sacerdote el 25 de junio del año 1950.

Entre los años 1954 y 1956, en la época de la deportación de los obispos, tomó parte en las actividades de la curia clandestina, en Katowice, y después organizó el regreso de los obispos a sus diócesis. Aceptó trabajo en el departamento pastoral de la curia y en la revista *Gosc Niedzielny*. Al mismo tiempo, dirigió un centro de catequización, y desde el año de 1957 participó activamente en la Cruzada de la Sobriedad, un movimiento contra el alcoholismo. En 1960, las autoridades disolvieron la dirección de la Cruzada y, en marzo de 1961, el padre Blachnicki fue arrestado. Después de estar detenido cuatro meses, fue sentenciado a trece meses de cárcel, pero le conmutaron la pena por tres años de libertad condicional.

En octubre de 1961, el padre Blachnicki inició sus estudios en la Universidad Católica de Lublín y, al terminarlos, continuó con el trabajo de investigación y enseñanza en el Instituto Teológico Pastoral. En 1967 fue nombrado capellán nacional del Servicio Litúrgico. Mantuvo una estrecha colaboración con el cardenal Wojtyla quien, en 1973, encomendó el movimiento Luz-Vida a la protección de María.

En 1981, cuando se declaró el estado de guerra, el padre Blachnicki se encontraba en el extranjero. En 1982 se estableció en el centro polaco *Marianum*, en Carlsberg, Alemania. Falleció allí mismo, el 27 de febrero de 1987. El 9 de diciembre de 1995, en Katowice, comenzó el proceso para su beatificación.

viene de la ▶
pág. 61

El papa Pío XII eligió a Eugeniusz Baziak, ex arzobispo de Lvov, para suceder al cardenal Sapieha en el trono arzobispal de Cracovia. El obispo Eugeniusz Baziak fue titular de la arquidiócesis de Lvov desde el año de 1945; sin embargo, a consecuencia de las persecuciones por parte de las autoridades comunistas

de Ucrania, se mudó a Cracovia por invitación del Príncipe Arzobispo Metropolitano, y *de facto* desempeñó la función de obispo auxiliar en la arquidiócesis de Cracovia. Con el fallecimiento del cardenal Adam Sapieha, el obispo Eugeniusz Baziak se convirtió en su sucesor natural.

Edificio en la calle Kanoniczna. Aquí se mudó Karol Wojtyla en el año 1951, hecho asentado en el libro de control de habitantes.

EL MANDATO DEL ARZOBISPO BAZIAK

En septiembre del año 1951, el arzobispo Baziak ordenó al padre Wojtyla mudarse de la parroquia de San Floriano a la calle Kanoniczna, al departamento ocupado por el padre Ignacy Rozycki, profesor del seminario de Cracovia. Ambos sacerdotes se conocieron cuando Karol Wojtyla era todavía seminarista. Precisamente fue por inspiración del padre Rozycki que el futuro estudiante del *Angelicum,* fascinado por San Juan de la Cruz, comenzó a escribir una disertación sobre este gran místico. El Arzobispo le concedió a Wojtyla un año sabático para que se dedicara a la investigación, y le pidió que consultara con él todas las actividades ajenas a la investigación. El objetivo de esta decisión era que Wojtyla presentara su habilitación para la docencia y obtuviera así el estatus de investigador independiente.

Desde entonces, Karol Wojtyla celebraba las misas en la iglesia de Santa Catalina sin interrumpir el contacto con la iglesia de San Floriano, donde seguía siendo capellán de la comunidad estudiantil. Los estudiantes iban entonces a los retiros que Wojtyla organizaba en la iglesia de Santa Catalina.

El hecho de compartir la casa con el padre Rozycki favorecía las discusiones sobre los temas teológicos y filosóficos en cualquier momento del día. En la búsqueda del tema para la habilitación, el ex profesor del padre Wojtyla se convirtió de nuevo en fuente de su inspiración. Él introdujo a Karol Wojtyla en los trabajos del fenomenólogo alemán Max Scheler. Finalmente, el problema estudiado en la tesis se resumió en una pregunta: ¿Era el sistema de Scheler propicio para la edificación de una ética cristiana? El tutor de la tesis iba a ser el padre y profesor Wladyslaw Wiecher, de la Facultad de Teología de la Universidad Jaguelloniana.

ENTRE MOSCÚ Y EL VATICANO

Cuando en el verano del año 1948, el padre Karol Wojtyla regresó de Roma a Cracovia, la fracción de Beirut del partido comunista polaco se preparaba para la batalla definitiva contra la llamada "desviación derechista" en sus propias filas, así como contra los restos de la democracia que existían en el país. Esta fracción luchaba con la finalidad de convertir a Polo-

En la parroquia de San Floriano, el padre Wojtyla se entregó al trabajo con la juventud. Aquí organizó el Círculo del Rosario Vivo.

nia en un protectorado de Moscú, y se preparaba para enfrentar a la Iglesia, su más grande adversario ideológico. A finales de la década de 1940 y principios de la de 1950, sobrevino el enfrentamiento; sin embargo, en Polonia esta lucha tomó un giro inesperado, ambivalente y distinto a lo que en forma paralela sucedía en otros países centroeuropeos que estaban en la zona de influencia soviética, o que fueron incorporados a ésta.

Krzysztof Rybicki

Las diversiones de aquellos años

MI PRIMER ENCUENTRO CON EL PADRE KAROL WOJTY-LA, a quien en privado y de broma llamábamos "Tío", ocurrió en junio de 1953, durante una excursión con sus amigos —con quienes formó un grupo llamado Srodowisko (Medio)— a las montañas de Beskides. La ruta de la excursión de dos días iba desde Rabka hasta Kasina (en ambas localidades Wojtyla celebraba las misas en las iglesias; las misas en el campo surgirían más tarde). De inmediato me pareció una persona muy simpática y accesible, a pesar de que sí había momentos en que caminaba a solas. Cuando se quedaba pensativo, caminaba rápidamente, incluso cuesta arriba. Yo tenía entonces quince años y lo que siempre ambicionaba era llegar primero a la cima de cada montaña. Una vez, en una empinada cuesta del monte Cwilin, no lo podía alcanzar. De seguro él tuvo que haberlo sentido, porque se paró, volteó hacia mí y me dijo: "Corre, Krzysztof, corre."

Siempre necesitaba un poco de tiempo para sí mismo, lo sabíamos. Le gustaba mucho alejarse en kayak de las orillas del lago, ya fuera para rezar o para meditar. Durante los campamentos en las montañas también se retiraba y meditaba. Más tarde regresaba muy sociable, platicador, gracioso y bromista. Le gustaba conversar acerca de diferentes temas, pero más le gustaba escuchar, siempre lo hacía con mucha paciencia. Uno podía decir las más grandes tonterías y él sólo escuchaba. Hasta después de un rato comenzaba a preguntar, señalando los puntos débiles de nuestros razonamientos.

Rápidamente nos dimos cuenta de que él era una persona excepcional. No porque fuera un sacerdote que caminaba con los jóvenes, en pantalones bombachos y tenis, sino porque era una persona sorprendentemente sabia, con un criterio muy amplio y, sobre todo, porque era un hombre de Dios.

En una carta que nos escribió al grupo de excursionistas (y que publicó en el libro *Zapis Drogi*), el Papa nos dijo que había aprovechado muy bien aquellas excursiones para recuperar el tiempo que la guerra le había quitado. Pero nosotros las aprovechamos más, apreciamos el valor de esos contactos y la posibilidad de hablar con él sobre diversos problemas, incluso personales. Desde 1955, durante las excursiones en kayak, nació la costumbre de caminar cada día con alguien diferente; esto nos daba la oportunidad de tener conversaciones privadas con él. Cuando el grupo y las excursiones se multiplicaron, fue necesario dividir el día, y entonces platicaba con más

de uno de nosotros. Una vez dijo que todo lo que estábamos haciendo era crear un modelo de la vida cristiana moderna.

Otra característica del Tío era su absoluta tranquilidad de espíritu, así como la serenidad frente a los contratiempos. Una vez terminamos la excursión por las montañas de Bieszczady, en Ustrzyki Górne, con un solo trozo de pan. No teníamos más y la tienda más cercana estaba a un día de camino. En la tarde iba a llegar un grupo con provisiones frescas. Y llegaron, pero al día siguiente… nada. Y a pesar de ello conservó su buen humor, incluso celebró misa antes de comer. Cuarenta años después, cuando recordamos ese episodio, el Santo Padre dijo: "No me moví mucho, sólo estuve sentado leyendo. No gasté muchas calorías, y sobreviví…"

Cuando andábamos en kayak, en las montañas o en bicicleta, con frecuencia cruzábamos las fronteras de las diócesis; él tenía que mencionar en cada misa el nombre del obispo local, así que a veces se preguntaba en qué diócesis estábamos. En una misa que ofició en el bosque, miró el cielo y el paisaje polacos que tanto amaba. En ese paisaje veía a Dios.

Otro rasgo propio del Santo Padre era la fidelidad a los viejos amigos. Nuestro grupo era muy numeroso; al principio éramos unas decenas, y después, con nuestras familias, llegamos a ser varios centenares de personas. Muchos de nosotros continuamos escribiéndole y nunca nos quedamos sin contestación. Hay que subrayar que mucho de lo que hacíamos iba en contra de la ley comunista sobre las asociaciones y reuniones. En 1977 estábamos en Puszcza Notecka; teníamos una semana ahí y un buen día llegó un automóvil muy elegante: alguien nos había denunciado y unos uniformados habían llegado por el Cardenal. Por casualidad, ya sólo estábamos en el campamento mi hermano y yo, cada uno con sus dos hijos. En vista de una reunión tan familiar, la milicia no tenía fundamento legal para intervenir, pero preguntaban con insistencia por qué estábamos en ese lugar.

—Porque aquí es muy bonito.

—Y ustedes, siendo de Cracovia, ¿cómo sabían que aquí es bonito?

—Porque nos lo dijo el señor Zygmunt Wrzesniewski.

—¿Y quién es él? —y uno de ellos sacó un bloc para anotar.

—El autor de la guía que hemos leído —contestó con seriedad mi hermano.

Éstas eran las diversiones de aquellos años…

En los países bálticos, ocupados por Moscú todavía en el año de 1940, los bolcheviques actuaron como en la Rusia posrevolucionaria, y los clérigos fueron separados de sus funciones y de sus prácticas religiosas.

Las iglesias de Lituania, con contadas excepciones, se convirtieron en museos y almacenes. En Checoslovaquia, los comunistas pudieron, con toda eficacia, orillar a la Iglesia católica a la clandestinidad, mediante el terror y la persecución. El cardenal Jozsef Mindszenty, primado de Hungría, fue encarcelado en 1948, acusado de espionaje.

En cambio, en Polonia se estableció una especie de compromiso entre el aparato del poder comunista y la Iglesia católica; un acuerdo que parecía ser un sucedáneo del ya inexistente concordato de preguerra, roto en 1945 por el llamado gobierno de Lublín.

En octubre de 1948, falleció el cardenal August Hlond, primado de Polonia, que en septiembre de 1939 salió del país a pasar casi toda la ocupación en el sur de Francia, para volver a Polonia en 1945. Como su sucesor, la Santa Sede nombró al obispo de Lublín, Stefan Wyszynski, de 47 años, que había sido consagrado obispo dos años atrás. A diferencia del cardenal Hlond, Wyszynski pasó toda la ocupación en Polonia y fue capellán de las tropas de resistencia. Tomando en cuenta las experiencias totalmente distintas de ambos primados, la nominación significaba no sólo un cambio generacional, sino también el comienzo de la búsqueda de un nuevo lugar para la Iglesia polaca en medio del peligro y la amenaza del creciente ateísmo social.

Con la elección para primado de Polonia, el obispo Wyszynski se convirtió automáticamente en el titular de la arquidiócesis de Gniezno y Varsovia, y en el blan-

De nuevo en sus amadas montañas. Al lado, el diploma por su participación en descenso en kayak por el río Dunajec (1955).

co de los ataques de la propaganda oficial. La hostilidad de los comunistas no era del todo abierta, pues el Arzobispo tenía tendencias anticomunistas y antialemanas, y precisamente esta postura era conveniente para las autoridades.

La muerte del cardenal Hlond coincidió con la huida de Polonia de Stanislaw Mikolajezyk, jefe del gobierno de coalición, cuya libertad y vida estaban amenazadas. Al año siguiente, los comunistas reunidos alrededor de Boleslaw Bierut apartaron de la dirección de su partido a Wladyslaw Gomulka, que mostraba cierta independencia frente al Kremlin, y tomaron el poder total con su aliado partido socialista. En marzo de 1949, este poder acusó a algunos sacerdotes de cooperar con "las agencias del imperialismo angloamericano", lo que en realidad significaba el principio de las persecuciones del clero.

A pesar de las provocaciones, el primado Wyszynski trató de llegar a un acuerdo. Y lo logró. En abril de 1950 fue suscrito un documento que regulaba las relaciones entre la Iglesia y el Estado. Ambas partes acordaron que en asuntos de fe, moral y jurisdicción eclesiástica, la autoridad más importante y competente para la Iglesia sería el Papa, y que en otros asuntos el Episcopado actuaría de acuerdo con la razón del Estado polaco. Ante las críticas del Vaticano, Stefan Wyszynski dijo al papa Pío XII: "Prefiero ver a mis sacerdotes en los púlpitos y en los altares, que en las prisiones."

Gracias a este convenio, en Polonia sobrevivió la Universidad Católica de Lublín (KUL), la única universidad católica de la Europa soviética, en la cual trabajó también el padre Karol Wojtyla. Los seminarios, la prensa y las editoriales católicas cumplían sus funciones, e incluso, durante algún tiempo, se enseñó religión en las escuelas. A cambio de esto, el Primado tuvo que aceptar que los órganos estatales (en la práctica, el partido comunista) opinaran sobre la asignación de los obispos, con el derecho de vetar al candidato propuesto por la Iglesia.

Por ejemplo, como resultado de dicho acuerdo, durante varios años no hubo nominación oficial del arzobispo metropolitano de Cracovia, dado que las autoridades no estaban de acuerdo con Eugeniusz Baziak, y el primado Wyszynski no tenía otro candidato. Fue así que el arzobispo fue reconocido oficialmente por el Vaticano, mas no por el gobierno de Polonia popular.

La firma del acuerdo no impidió que los comunistas intentaran limitar la influencia de la Iglesia y detuvieran e interrogaran a muchos sacerdotes; el hecho más radical fue el arresto domiciliario del primado Wyszynski en 1953, que lo mantuvo aislado varios años.

No se conoce ninguna declaración pública, de carácter político, del padre Wojtyla en aquel periodo. En su labor con la gente nunca promovió una lucha abierta contra el régimen comunista, como si pensara que un hombre espiritualmente bien formado era independiente de las influencias del ateísmo y, por tanto, capaz de presentar la resistencia más fuerte.

Cuando los fieles de Niegowic le hablaban sobre las presiones de las que eran objeto por parte de los agentes secretos de la Oficina de Seguridad, quienes exigían información de las ocupaciones del vicario, éste les aconsejaba: "No se preocupen, digan la verdad tal como es." Sorprendentemente, años después

estas palabras volvieron a ser actuales cuando, ya como Cabeza de la Iglesia católica, se enfrentó al sistema comunista.

La excursión en Beskides; a la izquierda, el padre Franciszek Macharski (1952).

Wojtyla no mostró una postura pública sobre la represión, aun cuando en noviembre de 1952 arrestaron al arzobispo Eugeniusz Baziak y a Stanislaw Rospond, su obispo auxiliar. El padre Wojtyla se preparaba en aquel entonces para otra de sus excursiones a las montañas de Tatra, con un grupo de amigos. No dijo nada desde del púlpito, cuando fue arrestado el prelado Kurowski, párroco de San Floriano. También guardó silencio cuando detuvieron a Czeslaw Kaczmarek, obispo de Kielce, en enero de 1951. Acusado de espionaje, el obispo Kaczmarek estuvo detenido sin juicio durante dos años, y después fue condenado a doce años de prisión. Contra Stanislaw Adamski, obispo de Katowice, ni siquiera fueron presentados cargos semejantes; simplemente fue detenido por prestar sus servicios sin la aprobación de las autoridades.

En septiembre de 1953, tres días después de la condena de Kaczmarek, los funcionarios de la Oficina de Seguridad fueron al Palacio del Primado en Varsovia a detener al cardenal Wyszynski; el padre Wojtyla estaba con los estudiantes en una excursión en Beskides. Un mes más tarde terminó su disertación de habilitación y comenzó a prepararse para su defensa.

El no involucrarse abiertamente, rasgo peculiar de su carácter, confundió a todos: al primado Wyszynski, que decidida y frecuentemente criticaba a los gobernantes de Polonia popular, y a las autoridades comunistas, que veían con buenos ojos a sacerdotes moderados en los altos puestos eclesiásticos. Sin embargo, la mesura de Karol Wojtyla tenía su origen en la visión del sacerdocio como un "motor escondido", que describió en la carta a Mieczyslaw Kotlarczyk.

EL DOCTOR EN TEOLOGÍA SE CONVIERTE EN OBISPO

A finales del verano de 1954, el profesor Stefan Swiezawski tuvo una larga y muy importante plática con el padre Wojtyla, durante la excursión a las montañas de Gorce. El profesor dirigía la Facultad de Filosofía en la Universidad Católica de Lublín y conocía los trabajos del padre Wojtyla, incluso revisó su disertación de habilitación a la docencia, y quería que éste entregara su talento y sus fuerzas a la facultad. Convenció al joven académico de que impartiera clases de historia de las doctrinas éticas y dirigiera un preseminario.

Al regresar a Cracovia, Wojtyla se enteró de que las autoridades habían cerrado la Facultad de Teología de la Universidad Jaguelloniana. Aunque incorporada a la Facultad de Teología de la Universidad de Varsovia, en la práctica desapareció, pues ya no habría clases de teología en la Universidad Jaguelloniana. Para que los sacerdotes y religiosos estudiaran teología, los cursos se transfirieron a los tres seminarios de Cracovia; el padre Wojtyla impartió clases ahí.

Las excursiones en bicicleta eran un paseo habitual de los jóvenes del movimiento Oasis.

Al iniciar las vacaciones de 1958, Wojtyla excursionaba en las montañas de Bieszczady y no sabía que el 4 de julio en el Vaticano había sido nombrado obispo auxiliar y administrador apostólico de la arquidiócesis de Cracovia. Ni siquiera lo sabía el Primado, pero el 10 de julio el secretario de Estado Vaticano envió al cardenal Wyszynski el oficio correspondiente y pronto se conoció la sorprendente nominación en Varsovia. ■

Karol Wojtyla, quien en poco tiempo sería obispo metropolitano de Cracovia, seguía siendo pastor, investigador y poeta. También hizo grandes aportaciones a los trabajos del Concilio Vaticano II.

CAPÍTULO CUATRO

Un obispo siempre ocupado

L A LISTA DE LOS NUEVOS OBISPOS SUFRAGÁNEOS, NOMI-NADOS EN 1958 POR EL PAPA PÍO XII, INCLUÍA LOS NOMBRES DE SEIS SACERDOTES. No hubo problema para avisar a cinco de ellos, pero ¿dónde estaba en ese momento el padre Wojtyla? Esta pregunta se la hacía el cardenal Wyszynski. El nombre de Karol no era del todo desconocido para el Primado, porque el arzobispo Eugeniusz Baziak había enviado meses antes al Vaticano una terna para su obispo auxiliar, de la cual la Santa Sede elegiría a uno. Pero no conocía a Karol Wojtyla personalmente; supo entonces que el nominado en aquel momento andaba en kayak, en alguna parte del norte de Polonia. Probablemente pensó que esta actividad era algo extravagante para un obispo. "Lo encontramos con un grupo de jóvenes, en los lagos de Mazuria, pues él es un deportista", recordaría el Primado unos años más tarde, cuando el sacerdote que en aquel entonces buscaba ya era papa.

Los excursionistas del grupo "Srodowisko" remaban en el río Lyna, de acuerdo con el programa, cuya copia se encontraba en la curia de Cracovia. Después de unos días de remar y acampar, llegaron a Swieta Lipka, donde se llevaba a cabo el llamado campamento filosófico de los estudiantes de la Universidad Católica de Lublín; el párroco local informó que había recibido un telegrama de Varsovia, y que era urgente que el padre Wojtyla se presentara de inmediato en la oficina del Primado. En ese momento, el Tío dejó el grupo y se fue a Olsztynek en el camión repartidor de leche, y de ahí a Varsovia. Al día siguiente se presentó en el Palacio del Primado, donde lo recibió el cardenal Wyszynski. El Primado miraba no sólo con interés, sino también con sorpresa, al bronceado y joven sacerdote en su vieja sotana, de cuyo rostro no desaparecía una amable sonrisa. Finalmente, el Cardenal le contó a su visitante que había recibido el escrito del Santo Padre, en el que le informaba sobre la nominación del padre Karol Wojtyla para ocupar el cargo de obispo titular de la diócesis de Antígona y obispo auxiliar y administrador apostólico de la arquidiócesis de Cracovia.

De acuerdo con las exigencias del llamado con-

Residencia de los arzobispos de Cracovia. Karol Wojtyla vivió aquí desde 1969. Al lado, el artículo de L' Osservatore Romano, que informó oficialmente la nominación del padre Karol Wojtyla (1958).

senso canónico, el Primado estaba obligado a preguntar al elegido si aceptaba su nominación. Cuando se hizo la pregunta, el padre Wojtyla, sin dudarlo siquiera, apresuradamente expresó su consentimiento. Y cuando lo cuestionó acerca de sus planes inmediatos, el nuevo obispo sufragáneo de Cracovia contestó que regresaría a Mazuria, para terminar su participación en el campamento, como estaba programado.

Sin embargo, no regresó de inmediato. Primero se dirigió a la estación de ferrocarril y compró el boleto para el tren que salía a Cracovia después de la media noche, luego se fue al cercano monasterio de las hermanas ursulinas. La hermana portera, al oír que un sacerdote desconocido quería rezar, lo dejó pasar a la capilla. Cuando después de un rato se asomó, vio que el hombre estaba postrado en forma de cruz frente al altar. En ese momento no lo molestó, pero volvió cuando llegó la hora de la cena, y el sacerdote seguía en la misma posición. Esta vez se acercó y le preguntó si quería acompañarlas a comer. El sacerdote pidió que no lo interrumpieran: "Tengo muchas cosas que tratar con Dios." Rezó hasta la medianoche y luego se fue a la estación para tomar el tren.

Seguramente sorprendido por el curso que tomaron los acontecimientos, el padre Wojtyla, mientras estaba postrado, trataba de entender con la mente y el alma los designios de la Providencia. En una época había estado convencido de que su futuro estaba en el teatro; sin embargo, descubrió que tenía otra vocación. Y cuando ya se había acostumbrado al papel de sacerdote investigador, la Providencia le preparó el camino para que fuera obispo, "Una invaluable herencia sobrenatural de los Apóstoles", como lo definiera en una carta a sus amigos. En febrero de 1958, murió Stanislaw Rospond, el obispo sufragáneo, y todos esperaban que su lugar sería ocupado por alguno de los sacerdotes de Cracovia. Como la Iglesia no proporcionó antes de las nominaciones ningún apellido de los candidatos, las especulaciones sobre el tema se prolongaron durante algunos meses. Se manejaban diferentes nombres, pero Wojtyla, incluso si hubiera sido mencionado, nunca habría encabezado la lista de candidatos, aunque así lo desearan sus partidarios. Y, sin

continúa en la pág. 74 ▶

El arzobispo Karol Wojtyla durante una de las celebraciones eclesiásticas.

La magia de la palabra viva

POCOS LECTORES DE LAS REVISTAS *Tygodnik Powszechny* y *Znak* se dieron cuenta de que los textos publicados por Andrzej Jawien, Stanislaw Andrzej Gruda y Piotr Jasien, entre los años de 1950 y 1970, pertenecían al mismo autor: Karol Wojtyla, obispo de Cracovia.

La multitud reunida en la basílica de San Pedro el día 16 de octubre de 1978 no sabía que el papa recién electo era poeta. Otro poeta había ocupado el Trono de San Pedro hacía más de quinientos años: Eneas Silvio Piccolomini, Pío II. Pero es seguro que aquella tarde nadie pensó en este hecho.

Poco después de la elección de Juan Pablo II, la editorial Znak publicó por primera vez *Poesías y Dramas*, de Karol Wojtyla, que siempre guardaba celosamente sus creaciones. Una vez, cuando apenas era seminarista, no estuvo de acuerdo en que su primer poema, "Canto sobre el Dios escondido", publicado en *Glos Katolicki*, apareciera con la firma "seminarista Karol Wojtyla", como lo deseaba la redacción de la revista. La antología de los sacerdotes poetas, *Las palabras en el desierto*, editada en Londres en 1971, no contiene ninguna composición suya, aunque él mismo escribió el prefacio. Todos sabían que lo relacionado con la literatura y el teatro era cercano al Obispo, pero sólo sus colaboradores y amigos más cercanos estaban enterados de su obra personal.

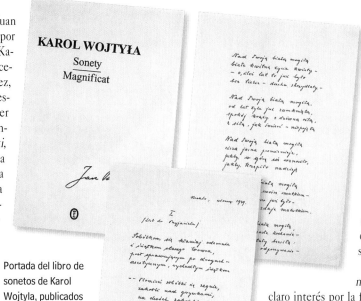

Portada del libro de sonetos de Karol Wojtyla, publicados por Wydawnictwo Literackie. Al lado, el manuscrito original.

El joven autor cristalizó su estilo poético inspirado en la literatura romántica y modernista. Aunque siempre tenía mucho trabajo, se daba tiempo para volver a leer, entre otros, los escritos místicos de Slowacki; *Conferencias sobre la literatura eslava*, de Mickiewicz; y *Slowacki y el arte nuevo*, de Ignacy Matuszewski. También volvió a los dramas de Wyspianski. Su libro de cabecera es el *Antiguo Testamento*.

Karol Wojtyla escribió sus primeros dramas titulados *Job*, *Jeremías* y el perdido *David*. En ellos, es clara la influencia de la tradición literaria del romanticismo y de la joven Polonia, con matices modernistas, y la afición por las formas arcaicas del lenguaje. En el drama *Job* desarrolla el tema clásico en la literatura polaca de la patria que sufre y que representa el "Cristo de las naciones". En *Jeremías* describe la lucha por la independencia de la patria, cuyos protagonistas,

igual que los héroes románticos, se transforman al vivir la tragedia de su país.

El uso del antiguo dialecto polonés en sus primeras obras dramáticas recuerda la idea modernista del teatro popular. El vínculo con la liturgia y su temática histórica y patriótica retoman la concepción del gran teatro, como el "templo del espíritu nacional", de Stanislaw Wyspianski. Las primeras obras dramáticas de Wojtyla carecen prácticamente de acción y acontecimientos.

En *Jeremías* predominan los diálogos largos. La acción se desarrolla en el mundo de la imaginación y la voluntad de los personajes, lo cual anuncia dramas del periodo de madurez de Karol Wojtyla, definidos por los teóricos como "los dramas del interior".

Tanto en ellos como en los poemas, el autor no apela a la tradición literaria y sólo hace uso de la Biblia, la cual se convierte en la fuente de significados y sentidos de la realidad presentados en sus obras.

En *El hermano de nuestro Dios* plasma un claro interés por la filosofía y los principios personalistas de la concepción del hombre. Esta obra muestra la influencia del drama hagiográfico, pues presenta el proceso para alcanzar la santidad.

Después de su ordenación como sacerdote, Wojtyla versó su trabajo de doctorado sobre los escritos de San Juan de la Cruz. En el artículo "Sobre el humanismo de San Juan de la Cruz", publicado por *Znak* en 1951, escribió que el místico se caracterizaba "...además de la gran coherencia y severa lógica del tratado teológico, por una verdadera inspiración poética". Gracias a la poesía, San Juan de la Cruz expresó mejor lo que era difícil de plasmar en un tratado científico. En las obras de Wojtyla se encuentran rasgos de los poemas místicos. Un ejemplo puede ser el poema "El canto sobre el resplandor del agua", escrito en 1950, que revela en forma simbólica la unión del hombre con Dios, a través del regalo del agua de la vida eterna. También en la segunda parte del misterio *La irradiación de la paternidad* aparece el motivo del camino místico del alma en busca de Dios.

Los dramas y poemas de su periodo de madurez fueron creados al margen del servicio sacerdotal y los trabajos de investigación de Karol Wojtyla. En la meditación sobre el sacramento del matrimonio titulada *Enfrente de la joyería*, estudia la posibilidad de construir la ética cristiana con el soporte del sistema ético de Max Scheler. En 1960 publicó *Amor y responsabilidad*, cuyo tema aborda la ética sexual. La obra *Enfrente de la joyería*, que fue publicada en el mismo año por el *Znak* bajo el seudónimo de Andrzej Jawien, trata la misma materia. La trama no es esencial: lo importante es la reflexión sobre el amor humano, la relación de la mujer y el hombre en el matrimonio, y la relación con el amor de Dios. Lo mismo ocurre en su último drama, titulado *La irradiación de la paternidad*.

El estilo de los dramas de la madurez de Wojtyla, comenzando con *El hermano de nuestro Dios*, sufrió una transformación, pues incluyó el dominio de la prosa poética y el verso libre. Los silencios, los símbolos y las metáforas complejas adquieren mayor importancia. Los personajes carecen de rasgos individuales y en sus diálogos, lógicamente ordenados, formulan conclusiones generales. Los diálogos no están relacionados con las acciones externas. En *La irradiación de la paternidad* prácticamente no hay la trama que, aunque apenas perceptible, se encuentra en *Enfrente de la joyería*. La forma de los dramas demuestra que están escritos para una conceptualización especial del teatro, como el Teatro Rapsódico, el cual desde su fundamento teórico restringe la presencia de todos los medios teatrales, tales como la escenografía, el movimiento escénico y la música. Domina sólo la palabra, interpretada especialmente para realzar la problemática de la obra.

La conceptualización de "la magia de la palabra viva" está basada en el convencimiento de que cada palabra humana procede de la primera palabra creativa de Dios, de la energía del *Logos*, que es la fuente de las palabras del hombre. El creador del Teatro Rapsódico, Mieczyslaw Kotlarczyk, decidió "despertar la palabra", para restituir su fuerza y transformar al oyente. El actor debe ser solamente un intermediario, un instrumento, a través del cual actúa la palabra–espíritu, la palabra como sujeto. El actor rapsoda cumple con la "misión de la palabra", a semejanza de los profetas del Antiguo Testamento, por lo que debe perfeccionar sus habilidades histriónicas y sus cualidades morales.

Es posible que gracias a las experiencias como actor rapsoda, Juan Pablo II tenga la asombrosa capacidad de llegar con su palabra a millones de personas.

Su lenguaje poético está desprovisto de una estética consciente. La palabra no se concentra en su propia belleza, sino que sirve para transmitir el pensamiento. Esta poesía, llamada "poesía del pensamiento", nació de un esfuerzo creativo del pensamiento e induce a pensar.

Karol Wojtyla escribió poemas y dramas durante su juventud. Ésta es una vista de la ventana de su departamento en Wadowice.

El hombre es el centro de interés de dicha creación, el hombre que Wojtyla analiza inquisitiva y profundamente, y que presenta desde su interior. Wojtyla ha llegado al conocimiento del hombre y de su alma gracias a sus experiencias como sacerdote. Jan Blonski atribuye a esas experiencias la especificidad de la poesía de Wojtyla:

"...la poesía de Karol Wojtyla es una poesía estrictamente religiosa. Es más, se dirige al centro de la experiencia religiosa: la conversión. Y precisamente la conversión constituye el centro del poema. Es el acontecimiento que el poeta presenta al meditar sobre las escenas bíblicas, litúrgicas o históricas. Presentar significa, ante todo, describir: no explicar teológicamente, ni cantar líricamente." ■

73

viene de la ►
pág. 70

embargo, el sucesor del cardenal Sapieha, quizá cumpliendo con el testamento de su antecesor, o convencido de que era una decisión correcta, decidió presentar la candidatura del investigador en ética, de 38 años de edad, dotado de un extraordinario don para establecer relaciones con sus semejantes y entregado totalmente a su vocación sacerdotal, aunque, según muchos, demasiado joven para ser obispo: Karol Wojtyla.

Al día siguiente, el padre Wojtyla ya estaba en Cracovia y fue directamente al palacio, en la calle de Franciszkanska, a agradecer al severo Arzobispo la distinción. Luego le informó que antes de asumir sus nuevas obligaciones, tenía que terminar lo que había comenzado; en otras palabras, tenía que volver a Mazuria. Cuando regresó, fue recibido con júbilo por los participantes del campamento, a los que aseguró que seguiría siendo para ellos el "Tío" y no "Su Excelencia", como ya algunos habían comenzado a llamarlo.

Después de algunas semanas se anunció la corrección del Vaticano: Karol Wojtyla sería obispo titular no de la Antígona, sino de Ombi, una diócesis ya inexistente del norte de África. En el año de 1958, Antígona había desaparecido del *Annuario Pontificio* del Vaticano, el cual enlista todas las diócesis titulares de los obispados que ya no existen y que la Santa Sede tradicionalmente otorga a los obispos auxiliares. Este procedimiento se debe a la exigencia canónica de que cada obispo tuviera su propia diócesis, y que ninguna diócesis tuviera más de un titular.

Todavía antes de que lo consagraran obispo, el padre Karol Wojtyla fue invitado, junto con otros nuevos obispos, a Jasna Góra, lugar donde se llevó a cabo la Conferencia del Episcopado polaco. Ahí mismo, como obispo sufragáneo de Cracovia, se convirtió en miembro del Consejo de la Pastoral.

El 28 de septiembre de 1958, día de San Waclaw, patrono de la Catedral de Cracovia, estaba nublado y lluvioso, pero no tan frío como doce años atrás, cuando el entonces seminarista Karol Wojtyla había sido ordenado presbítero. En esta ocasión iba a ser consagrado como el sucesor de los apóstoles, y la ceremonia no sería en una pequeña capilla del Palacio Arzobispal, sino en la catedral de Wawel. Franciszek Jopi y Boleslaw Kominek, obispos de Opole y Wroclaw, acompañaban al arzobispo Baziak. Entre los fieles ahí reunidos, se encontraban muchos miembros del grupo "Srodowisko", los alumnos del nuevo obispo Wojtyla, así como algunos conocidos cercanos y otros a quienes casi no había tratado. Al inicio de la ceremonia en el templo, que siglos atrás había sido lugar

Las insignias de los arzobispos de Cracovia: el racional, obsequio de la reina Jadwiga, y la ínfula que, según la tradición, se remonta a los tiempos de San Estanislao.

de las coronaciones de los reyes en Polonia, se leyó la Bulla Papal, en la que se menciona el apellido del nuevo obispo. En seguida, el padre Wojtyla respondió las preguntas del Arzobispo sentado en el trono, presentó la declaración de la fe y juró cumplir celosamente con el servicio pastoral.

El acto de la consagración a obispo contiene ciertos elementos similares a los de una ordenación de presbítero. Primero, el nominado se postra en forma de cruz frente al altar, y los congregados rezan la letanía a Todos los Santos. Posteriormente el nominado se arrodilla y los obispos que presiden la consagración le colocan el Evangelio sobre los hombros, para simbolizar su unión con Cristo. Al final, se procede a la "imposición de manos", que se acompaña con la oración de la consagración.

Dado que gran parte de la ceremonia era en latín, al padre Wojtyla se le ocurrió explicar el sentido de la misma a los fieles ahí congregados; esto lo pensaba hacer mediante una lectura especialmente preparada para ellos. Sin embargo, el arzobispo Baziak, apegado a la tradición, no estuvo de acuerdo en introducir "novedades", y la ceremonia se llevó a cabo sin modernizaciones. De cualquier forma, Wojtyla encontró otra forma de lograr su propósito: escribió un pequeño folleto con la traducción del discurso, el cual sus amigos copiaron y repartieron entre los presentes en la Santa Misa de Consagración.

Antes de que el arzobispo Baziak ungiera al nuevo obispo, en la catedral se escuchó *Veni, Creator Spiritus* (¡Ven, Espíritu Santo!). Después de ungir la cabeza de Karol Wojtyla, todos rezaron para que el recién consagrado obispo fuera celoso en el espíritu y para que despreciara la soberbia y cultivara la humildad y la verdad, y nunca las traicionara.

En aquellos tiempos, envolvían la cabeza del nuevo obispo con un pañuelo blanco; esta tradición no se sigue en la actualidad. Después el Arzobispo ungió las manos del consagrado, atadas con la estola, le entregó el bastón pastoral y le puso en el dedo de la mano derecha el anillo obispal, símbolo de la fidelidad a la Santa Iglesia. Finalmente, tocó la palma de su mano con el Evangelio y le dijo: "Recibe este evangelio y enseña al pueblo que te fue entregado." Posteriormente, todos los obispos que participaron en la ceremonia intercambiaron con el recién consagrado el beso de la paz.

74

Después comenzó la procesión con los regalos, que consistieron en velas prendidas, pan y vino. De acuerdo con la tradición cracoviana, una de las dos pequeñas hogazas le fue entregada por el representante de la corporación de panaderos de Cracovia. Otros regalos, también dados en pares, los entregaron las personas señaladas por el nominado. El padre Wojtyla pidió que fueran sus amigos de Srodowisko. Al final de la ceremonia, el arzobispo Baziak le puso la ínfula al nuevo obispo y lo llevó al trono. Una vez sentado entonó el himno *Te Deum* (A ti, Dios, te glorificamos), y mientras el coro cantaba, el obispo Wojtyla se puso de pie y caminó por la catedral para bendecir a los reunidos.

Ese mismo día en la noche se dirigió a Czestochowa con un grupo de jóvenes amigos, con el propósito de rezar en el santuario de Jasna Góra frente a la imagen de la Madonna Negra. Poco después visitó al prelado Leonard Prochownik, de Wadowice, y el monasterio carmelita de Gorka donde, como cuando tenía diez años, recibió un escapulario con la imagen de la Santísima Virgen María.

CUANDO UN PAPA TRANSITORIO SE CONVIERTE EN EL PAPA DE LA TRANSICIÓN...

En el Vaticano también terminaba una etapa. A escasas dos semanas de la consagración del padre Wojtyla, falleció el papa Pío XII, aquejado por una enfermedad, sin haber conocido personalmente al obispo Wojtyla, cuyo camino hacia el pontificado había iniciado con su firma. Seguramente no recordaba a Karol, a quien había visto sólo durante un corto encuentro en la audiencia concedida a los habitantes del Colegio Belga. La nominación de Karol fue el último acto histórico de su pontificado de 19 años.

A partir de la muerte del papa Pío XII, la Santa Sede, frente a un mundo en constante cambio, comenzó a despertar del medio siglo de pasividad en que había estado inmersa. Un mes después de la consagración de Karol Wojtyla, los cardenales reunidos en el cónclave eligieron al cardenal Giuseppe Roncalli, ex nuncio apostólico en Francia, al Trono de San Pedro. Giuseppe Roncalli, patriarca de Venecia, era muy popular en Italia, pero poco conocido en el resto del mundo. Roncalli iba a ser un papa transitorio, puesto que sus 77 años ya no le permitían otra cosa. Más tarde, Juan XXIII se convirtió en el Papa de la transición y pasó a la historia por haber convocado el concilio universal en el Vaticano y, en consecuencia, por haber cambiado el camino de la Iglesia católica.

Karol Wojtyla rápidamente asumió parte de las responsabilidades de administrador de la arquidiócesis, pues el arzobispo Baziak ya no podía encargarse de todo, debido a su edad y a su precario estado de salud. La actividad principal consistía en visitar las parroquias; dicha labor, a veces muy formal, Wojtyla la llevaba a cabo con gran calidez, lo que le dio un nuevo sentido a

esas visitas. A finales de mayo y principios de junio de 1959, realizó su primera visita al decanato de Sus, en donde se encuentra Kalwaria Zebrzydowska, tan cercana a su corazón; la primera parroquia que visitó fue Mucharz. Tres meses después fue a su natal Wadowice como "obispo visitador".

Todas las visitas tenían que estar muy bien preparadas. Primero, el párroco le mandaba información al obispo para que la revisara minuciosamente. Después, durante la visita en la parroquia, que duraba a veces hasta una semana, el obispo comparaba la información recibida con el estado real de las cosas, y hacía preguntas inquisitivas. En las parroquias visitadas, el nuevo obispo celebraba los oficios religiosos y pronunciaba homilías, las cuales quedaron grabadas en la memoria de los parroquianos.

En enero de 1959, Karol Wojtyla visitó en Cracovia la casa de las hermanas albertinas, orden formada por el hermano Alberto Chmielowski, pintor del siglo XIX que dejó el arte, tomó los hábitos y se dedicó a ayudar a los más pobres. Wojtyla se identificaba con el hermano Alberto por la similitud de sus dilemas personales. "Comprendo lo que significó para este hombre abandonar el arte, porque yo mismo quiero escribir y aho-

El obispo Karol Wojtyla tenía la costumbre de visitar las parroquias. Aquí, la visita pastoral en Dolina Chocholowska (1963).

Halina Bortnowska

Siempre fuimos importantes para él

Conocí a Karol Wojtyla en la Universidad Católica de Lublín; en ese entonces él era catedrático y daba clases de ética.

Pertenecía a un grupo muy poco común de profesores, que presentan a los jóvenes las ideas que apenas están naciendo, y no las que ya están terminadas, guardadas en el cajón o publicadas desde hace años. El mejor ejemplo es *Amor y responsabilidad*, que en ese tiempo era un concepto que apenas estaba cristalizándose. Su estilo y contenido maduraban en el proceso de la transferencia de las ideas a nosotros, los estudiantes. En cierto grado, en su forma influían las reacciones de los participantes del seminario, aunque no era el tema del seminario, sino del curso monográfico. En el seminario leíamos la *Ética*, de Aristóteles.

Además, Karol Wojtyla realizaba también el trabajo pastoral. Tenía amistad con los integrantes de sus cursos y se daba tiempo para conocerlos como personas, lo cual le permitía enriquecer el tema de su libro: el problema de la madurez y la relación de pareja.

Yo era algo mayor que el resto de mis compañeros, que eran muy jóvenes. Todos estábamos muy involucrados en la tarea de encontrarnos a nosotros mismos y elegir el camino de la vida. La pregunta era ¿cuál camino y con quién? El libro de Wojtyla está basado en una excepcional experiencia suya, aunque no la alude directamente. Wojtyla aplicó el método fenomenológico, limitando la parte descriptiva, y registró las conclusiones. Es por ello que la lectura de *Amor y responsabilidad* no resulta fácil. La exposición de Wojtyla durante el curso era más completa, pues discutíamos acerca de varios aspectos de la vida.

Las personas que cautivan a los jóvenes son las que se interesan profundamente en ellos y les demuestran atención y respeto. No hay muchas personas así. Posiblemente algunos sienten este respeto y se interesan por la juventud, pero no saben demostrarlo de manera convincente. Y él sabía hacerlo. Nunca fue de esos especialistas agresivos, amigotes de la juventud, que quieren parecerse a ella. Siempre era él mismo e introducía en el diálogo la seriedad de su postura hacia la vida. Éramos muy importantes para él, y sabía demostrarlo. Quizá se debía a que era un hombre muy paradójico. Por una parte trataba a las personas con gran reserva, pero por otra sabía demostrar sus sentimientos. Siempre vivió el actor dentro de él, pero no en el sentido de un comediante, que muestra lo que no es. Karol Wojtyla era sincero. Su actuación no se contradecía con la sinceridad. Frente a nosotros no desempeñaba ningún papel, siempre se mostró tal como era.

Nunca necesitaba ser diferente mientras paseábamos en las montañas o por los lagos y ríos. Siempre era como la situación se lo exigía. Durante las clases existía una mayor distancia, pero se debía a que finalmente tenía que exponernos un tema. En los seminarios había más diálogo. A veces me molestaba que platicara tanto con los muchachos acerca de los deportes, a mí me parecía una terrible pérdida de tiempo. A veces tenía que irse para tomar el tren a Cracovia y, de nuevo, no llegábamos al final del capítulo, porque faltaba comentar los últimos sucesos deportivos. A él le interesaba mucho el deporte, sobre todo el futbol. Yo sólo miraba el reloj para calcular el fin de la plática. La verdad es que yo prefería que se ocupara del tema del seminario.

Esas conversaciones deportivas no eran del todo aburridas, pero yo sentía mayor emoción cuando los textos de Aristóteles nos llevaban a preguntas esenciales sobre el hombre. Como dije, él sabía demostrar un profundo compromiso. Era testigo de la existencia del mundo interior, pero prefería que conociéramos nuestro propio interior. No atraía la atención hacia sí mismo; fuera de la poesía, nunca nos descubrió sus propias vivencias.

---

ra no tengo tiempo para ello. Eso, para mí, es una gran renuncia", confesó Wojtyla a las monjas.

Aquélla no fue su primera visita a la casa de las religiosas. Antes las había visitado en Wadowice y dos meses después de su consagración a obispo, ofició una misa en pro de la beatificación del hermano Alberto, en el monasterio de los carmelitas descalzos. Nunca más dejó escapar una ocasión para apoyar dicho proceso de beatificación en el Vaticano, hasta que, como papa, elevó a los altares a este monje de Cracovia.

El Obispo visitaba parroquias y otros lugares, pronunciaba homilías, organizaba conferencias y pláticas, recibía los votos religiosos de diversas órdenes y seguía con su trabajo en la Universidad Católica, aunque iba a Lublín con menos frecuencia. En marzo de 1959, Wojtyla comenzó a sentirse débil y le hicieron unos estudios de sangre y de la médula ósea; los resultados de los análisis indicaron que padecía mononucleosis, una enfermedad contagiosa, que obligó al Obispo a disminuir el intenso ritmo de vida que llevaba. La cura para esa enfermedad era el descanso al aire libre. El obispo Wojtyla sólo limitó sus actividades, pues se dedicaba a trabajar en la corrección de su primer libro.

Dicho libro fue concebido durante la excursión en kayak por el río Lyna, cuando en el Vaticano esperaba ya para la firma del Papa la decisión de otorgarle el rango de obispo. El padre Karol Wojtyla tenía en su mochila varios fragmentos mecanografiados de su disertación sobre una de las cuestiones más delicadas a las que se enfrentaban tanto los clérigos como los laicos. Durante las descansos, repartía las hojas entre los participantes y las discutía con ellos. Este trabajo titulado *Amor y responsabilidad* fue publicado en 1960. El alboroto que provocó se debía a que este libro, escrito por un clérigo y editado cuando éste ya tenía dos años como obispo, trataba sobre la vida sexual, y lo hacía sin reticencias, perífrasis o eufemismos. En este libro, Wojtyla contraponía la relación digna de los esposos a los encuentros sexuales casuales, en los que la relación refleja la cosificación de la pareja.

El tema de la obra surgió de las experiencias de Karol Wojtyla como confesor, y de las pláticas que tenía con sus jóvenes amigos. La importancia de dicho tema crecía y maduraba al tiempo que decenas de personas hablaban con Wojtyla de su intimidad. El libro reflejaba una postura valiente y personalista, pues un sacerdote no puede ni debe huir o alejarse de un problema que está ligado a la persona y a la humanidad, únicamente porque le parece incómodo. Entre otras cosas, Wojtyla trataba abiertamente el problema de la satisfacción sexual y del papel que juega el hombre para que eso ocurra en la pareja.

A simple vista, parecía que al escribir este libro, el investigador y religioso abordaba escuetamente un tema controversial, que no tenía relación alguna con la teología. Pero la realidad era que el Obispo de Cracovia estaba entrando en los caminos que ya estaban recorriendo otros religiosos y teólogos seculares en Europa Occidental, preparando el terreno para el concilio crucial. Karol Wojtyla, que conoció el Occidente de la posguerra durante sus estudios en Roma, ahora vivía tras la Cortina de Hierro y no tenía contacto con la vida intelectual de Europa Occidental; a pesar de ello, conocía la crisis del humanismo y la necesidad de la apertura de la Iglesia a los nuevos retos.

LA LECTURA DE LOS SIGNOS DE LOS TIEMPOS

En el verano del año de 1959, la Comisión Preparatoria para el Concilio Vaticano II envió un cuestionario a miles de obispos, rectores de las órdenes independientes de varones, decanos de facultades teológicas y otros destacados representantes de la Iglesia. El obispo Wojtyla también recibió dicho documento y en octubre mandó sus observaciones a la Santa Sede a manera de un ensayo dedicado a la Iglesia del mundo contemporáneo. Si su trabajo se evaluara desde la perspectiva de los resultados del *Vaticanum II*, podría afirmarse que el ensayo del Obispo de Cracovia contenía sugerencias significativas para la problemática tratada. Naturalmente no se analizó así, pero las coincidencias demuestran la habilidad que tenía Wojtyla para leer los signos de los tiempos.

Durante el tiempo de preparación para el Concilio no se había decidido quién tomaría parte en él. Las autoridades comunistas de Polonia veían con recelo la posibilidad de la participación de un gran número de obispos del país, a pesar de que Juan XXIII invitó también a los obispos auxiliares. El partido restringió los permisos para ir a Roma y solamente asistirían los jerarcas de más alto rango. El arzobispo metropolitano Eugeniusz Baziak sería el representante de Cracovia.

Cuando en enero de 1959 el papa Juan XXIII anunció la decisión de convocar el Concilio Ecuménico sorprendió a todos, incluso se sorprendió él mismo; tiempo después, confesó que había actuado bajo la inspiración divina. Cuando citó a las más destacadas personalidades de la Iglesia en el Vaticano, ni siquiera tenía

Una de las primeras fotografías oficiales de Karol Wojtyla, después de haber sido consagrado obispo.

un programa detallado de las deliberaciones. Pensó que el Concilio duraría máximo unos tres meses. En las fiestas de Pentecostés de 1959, la Comisión Preparatoria comenzó los trabajos y ya nadie pudo detener el *aggiornamento* (término italiano que el papa Juan XXIII utilizó para hablar de la "apertura" de la Iglesia, y cuyo significado más cercano *es actualización*). Nadie entonces se dio cuenta de lo profundos que serían los cambios.

El obispo Wojtyla propuso un acercamiento personal en su respuesta al cuestionario, pues deseaba que el punto de partida para las reflexiones del Concilio fuera la situación del hombre actual y no tanto el estado de la Iglesia. "Los diversos sistemas del siglo XX —señalaba Wojtyla— le ofrecen a la persona una humanización a través de los medios materiales, lo que en el fondo lleva a la deshumanización de las relaciones interpersonales. El hombre está enfrentando la necesidad de elegir, y dirige hacia la Iglesia y sus sacerdotes algunas expectativas y preguntas." ¿Cómo se debe ac-

tuar ante esas expectativas? ¿Qué hay que hacer para que el verdadero humanismo cristiano llegue hasta los rincones más lejanos de la sociedad y para que la vida humana sea santificada en todos sus aspectos?, se preguntaba Karol Wojtyla. La respuesta señalaba la necesidad de educar a los sacerdotes con un nuevo enfoque y de promover el apostolado de los laicos, para que llegaran adonde la influencia de los sacerdotes no podía hacerlo.

El 11 de octubre de 1962, Juan XXIII inauguró el Concilio Vaticano II en la Basílica de San Pedro, pero el obispo Baziak no estaba entre los casi dos mil obispos que tomaron parte en las primeras sesiones. El administrador apostólico de la arquidiócesis de Cracovia había fallecido cuatro meses antes, durante la sesión plenaria del Episcopado polaco en Varsovia, y fue enterrado en Wawel, en la capilla del obispo Zebrzydows-

El arzobispo Wojtyla celebrando la Santa Misa en la iglesia de los padres dominicos, en Cracovia. Al lado, su báculo pastoral, símbolo del poder de los arzobispos.

ki. Para que el arzobispado no se quedara sin titular, el Capítulo de Cracovia, integrado por los más destacados sacerdotes diocesanos, de inmediato eligió al obispo Karol Wojtyla como vicario capitular y temporal. En la práctica, esto significaba que el obispo sufragáneo tendría que asumir las responsabilidades del arzobispo, incluido el derecho de tomar un lugar en la nave principal de la basílica romana transformada en el aula del Concilio.

Karol Wojtyla, aunque era el más joven de los dos obispos sufragáneos de Cracovia, tenía más tiempo como obispo. El otro, el obispo Julian Groblicki, ex secretario del arzobispo Sapieha, había sido consagrado en 1960, y Wojtyla estuvo presente.

El obispo Wojtyla tramitó el pasaporte para poder estar en Roma. En esos tiempos, las autoridades comunistas decidían sobre la aceptación o negación de cada una de las salidas del país. Por suerte, el Obispo no tuvo ningún problema para realizar el trámite y es posible que él mismo haya tenido algo que ver, pues antes de su salida surgió un fuerte conflicto con las autoridades del partido comunista en Cracovia y por primera vez, desde hacía muchos años, un obispo se sentó a platicar con los comunistas. El incidente surgió porque las autoridades intentaron confiscar el edificio del seminario para la Universidad Pedagógica Estatal. Al enterarse de que los seminaristas habían sido desalojados, el obispo Wojtyla interrumpió su visitación en una de las parroquias y volvió a Cracovia, para dirigirse de inmediato a la sede del comité del partido, donde atendía Luejan Motyka, primer secretario de la región. Como resultado de las pláticas, el edificio fue dividido en dos partes: la planta baja y el primer piso fueron ocupados por los seminaristas, y el segundo piso lo ocu-

paron los futuros maestros. Los comunistas estaban sorprendidos por el compromiso logrado con un jerarca de la Iglesia. El arzobispo Baziak ni siquiera quería oír sobre un posible acuerdo con las autoridades.

Algunos obispos tuvieron problemas con los pasaportes y la delegación polaca, encabezada por el cardenal Wyszynski, finalmente estuvo integrada por 16 miembros, entre ellos el obispo titular de Ombi y vicario capitular de Cracovia. Fue una coincidencia que, ya en Roma, estuviera acompañado

Los amigos se reunieron de nuevo. Karol Wojtyla le muestra a Mieczyslaw Kotlarczyk la Basílica de San Pedro, en Roma.

cina de prensa durante el Concilio, y gracias a ello tenía contacto con todos los padres y visitantes, labor que gustosamente compartía con su compañero de Cracovia. También le mostró el Vaticano y lo introdujo en las actividades de la Curia Romana. En 1962, en la oficina de Deskur, el obispo de Cracovia conoció a Jan Krol, arzobispo estadounidense de origen polaco, y al prelado Wladyslaw Rubin, entonces secretario de la Comisión Preparatoria y rector del Colegio Polaco, que más tarde, durante el pontificado de Paulo VI, se convertiría en el secretario del Sínodo de los Obispos.

La participación del obispo Wojtyla en la primera sesión del Concilio fue escasa; sin embargo, no perdió la oportunidad de presentar su postura durante la discusión plenaria. Por primera vez participó en el debate sobre la liturgia. Después de cuatro semanas de oír y observar las participaciones de los padres conciliares de otros países, subió al podio para compartir sus propias experiencias pastorales y propuso que, en las reformas de la ceremonia que acompaña el sacramento del bautismo, se incluyera la promesa de los padres y padrinos de educar al niño en la fe católica.

EL FIN ÚLTIMO ES LA SANTIDAD

Dos semanas después tomó parte en la discusión sobre las fuentes de la Revelación; en ella se desató una polémica en torno a la relación entre las Sagradas Escrituras y la tradición. Parte de los padres conciliares demandaban que se enfatizara el papel de la Biblia, lo que los acercaba a la postura protestante; en cambio, los tradicionalistas señalaban el rol dominante de la tradición como fuente que complementa y amplía la Revelación contenida en las Sagradas Escrituras. El obispo Wojtyla tomó una postura que se estaba convirtiendo en un rasgo distintivo de su teología: unió las dos tendencias en una sola fórmula. Al hablar sobre la fuente de la Revelación, señaló a un Dios que deseó revelarse al hombre a través de la Biblia y a través de la tradición. Esta postura fue la conclusión directa de sus reflexiones de catorce años atrás, cuando bajo la dirección del padre Garrigou-Lagrange se debatía en-

Felicitación que hace Karol a un viejo amigo suyo con motivo de su enlace matrimonial; ésta es una de tantas pruebas que demuestran su lealtad hacia los amigos.

por los padres conciliares. Por su edad y rango, relativamente bajo, no podía tener lugar entre los viejos obispos metropolitanos y los patriarcas de la Iglesia, sino en un sitio alejado del altar, cerca de la puerta de la Basílica. Por el mismo motivo, durante el Concilio, por ejemplo, vivió en el modesto Instituto Polaco, en la orilla occidental del río Tíber, mientras que el cardenal Wyszynski y otros miembros importantes del Episcopado polaco fueron alojados en un elegante barrio, cerca del Colegio Polaco. Catorce años atrás, cuando por primera vez fue a Roma, Wojtyla era un reciente sacerdote; en cambio, para entonces ya cargaba con la responsabilidad del obispado y de la arquidiócesis. Y estaba por asumir una corresponsabilidad mayor: la de toda la Iglesia. Tenía su propia visión de los cambios y se involucraba en las discusiones, al tiempo que proponía sus propias modificaciones a los llamados esquemas, documentos preparados con anterioridad por la Curia Romana. Se conducía con soltura porque el idioma oficial del Concilio era el latín, y él lo dominaba a la perfección, a diferencia de algunos otros sacerdotes que participaban en el Concilio.

Durante la primera sesión del Concilio, cuando todavía era un obispo poco conocido, entabló muchas amistades, cuya importancia se revelaría en los años posteriores. En su trayecto a Roma se reunió en la antigua capital del imperio austrohúngaro con el arzobispo de Viena, Franz König. En Roma se encontró con un compañero del seminario de Cracovia, el padre Andrzej María Deskur, cuatro años más joven, que en 1952, después de terminar sus estudios en Cracovia, se había graduado en la Pontificia Academia de la Diplomacia y se convirtió en un importante funcionario del Vaticano. Incluso le correspondía el título de monseñor, generalmente reservado para los obispos, pero también otorgado a los funcionarios más importantes del Vaticano. El padre Deskur estuvo a cargo de la ofi-

tre Santo Tomás de Aquino y San Juan de la Cruz; entre el "sujeto Divino", que exigía pruebas a través de las fórmulas lógicas, y el Creador-Persona Viva, al que se puede llegar más allá de toda lógica, a través del acto místico de la fe.

Igual que toda la delegación polaca, Wojtyla formaba parte del grupo de los obispos que exigían la elaboración de un documento especial del Concilio, dedicado a la Santísima Virgen María. Pero el Concilio no aceptó dicha petición, debido a que resaltar el lugar de la Madre de Dios en la Iglesia dificultaría el diálogo con el protestantismo. Finalmente, este documento se incluyó en la Constitución Dogmática sobre la Iglesia. En las actas conciliares se encuentran dos intervenciones, o participaciones en la discusión, que el obispo Wojtyla presentó en el transcurso de la primera sesión, las cuales se refieren a los esquemas que tratan sobre los medios de comunicación social y el papel de la Iglesia en el mundo actual.

Cuando el 8 de diciembre de 1962 se clausuró la primera sesión conciliar, el papa Juan XXIII ya estaba seriamente enfermo. Tenía cáncer y falleció el 3 de junio de 1963, cuando se inauguró la segunda sesión. El 21 de junio, los cardenales del cónclave eligieron a su sucesor en la quinta votación. Fue electo el arzobispo de

Milán, el cardenal Giovanni Battista Montini, conocido como Paulo VI, que fungió como moderador durante la primera sesión del Concilio Vaticano II. El nuevo Santo Padre declaró que su tarea primordial era continuar con el Concilio, e indicó que el 29 de septiembre del año de 1963 iniciaría la siguiente sesión.

En las ceremonias conmemorativas del milenio de la cristianización de Polonia, en 1966.

El obispo Wojtyla partió a Roma el 7 de octubre, ya que sufrió una recaída a causa de la mononucleosis y necesitaba unos días de descanso.

Inmediatamente después de su llegada, se integró a los intensos trabajos en los documentos conciliares. Su participación más importante fue en el debate sobre la Iglesia. En su intervención presencial, y posteriormente escrita, se concentró en el problema de la vocación a la Santidad. Dicha vocación no es exclusiva del clero; puede tenerla cualquier persona bautizada. Y la Iglesia no es la única jerarquía; puede formar parte de ella todo el pueblo de Dios, pero su fin último es la participación en la Santidad de la Santísima Trinidad.

A principios de diciembre, después del cierre de las sesiones, el obispo Wojtyla pasó algunos días en Tierra Santa, acompañado por algunos participantes del Concilio. De esta forma cumplieron el deseo de Paulo VI, quien había pedido que los padres conciliares se dirigieran ahí antes de la peregrinación en su propio honor, planeada para el año siguiente. Esta primera visita a los lugares bíblicos, relacionados con el nacimiento, la enseñanza y la muerte de Jesús, impresionó profundamente al Obispo de Cracovia. Le dedicó una carta pastoral y luego, con frecuencia, hablaba de ese viaje en las homilías y pláticas.

ZENON KLISZKO TENÍA UNA ESPERANZA...

Después de la muerte del arzobispo Baziak, el Palacio del Primado y la sede del gobierno de Polonia popular iniciaron un intercambio de correspondencia, que duró año y medio, sobre la sucesión del obispo metropolitano fallecido. Fue un procedimiento muy complicado. El primado Stefan Wyszynski mandó al primer ministro un escrito con los nombres de tres candidatos para el arzobispado de Cracovia. Si Józef Cyrankiewicz, jefe de gobierno, no presentaba su veto en el transcurso de tres meses, la

La iglesia El Arca del Señor, en Nowa Huta, fue construida gracias a la inquebrantable voluntad de los habitantes y los sacerdotes.

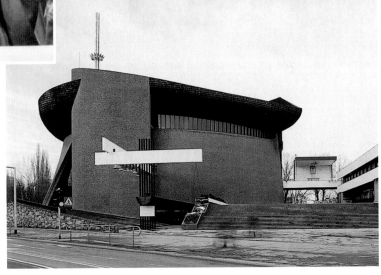

carta sería enviada al Vaticano y la decisión final la tomaría el Papa. Pero Cyrankiewicz no aceptó la propuesta del Primado. En realidad, el primer ministro no tenía nada que decir sobre el asunto, porque las decisiones se tomaban en la dirección del partido y el gobierno sólo las anunciaba. En estos casos, tenía que decidir Zenon Kliszko, miembro del politburó del Partido Obrero Unificado Polaco, que era el responsable de las relaciones con la Iglesia. Kliszko, vicemariscal del parlamento, tenía un

La Universidad Católica de Lublín ha educado, hasta ahora, a unas 45,000 personas. Allí se graduaron 1,800 doctores y 250 doctores habilitados.

La Universidad Católica de Lublín

EN 1918, CON LA DECISIÓN DE LA CONFERENCIA DEL EPISCOPADO DE POLONIA se formó en Lublín una escuela de enseñanza superior: la Universidad de Lublín. Ésta era la cuarta universidad fundada en la recién renacida patria. El primer año de actividades la universidad albergó a 399 personas, que iniciaron sus estudios en cuatro facultades distintas. En 1929, el nombre original de la universidad cambió al de Universidad Católica de Lublín, KUL por sus siglas en polonés (Katolicki Uniwersytet Lubelski). Seis años más tarde, el padre Antoni Szymanski formó la Sociedad Científica de la KUL, una sociedad editorial que complementó la actividad de la investigación.

Un año antes de la Segunda Guerra Mundial, la KUL contó con el derecho de otorgar grados académicos. En aquel entonces tenía mil cuatrocientos estudiantes.

A pesar de las grandes pérdidas, la universidad sobrevivió a la guerra contra los bolcheviques en 1920, y también a la Segunda Guerra Mundial. Durante las actividades bélicas, el cuerpo docente llevaba a cabo actividades clandestinas en Varsovia, Lublín y Kielce. Después de la liberación, la KUL fue la primera universidad que reanudó sus actividades educativas. Sin embargo, llegaron los tiempos del "socialismo real" y muchas facultades fueron cerradas, incluida la Facultad de Derecho y Ciencias Socioeconómicas, que era la más famosa. Las autoridades comunistas confiscaron bienes materiales, detuvieron los ascensos y arrestaron a los académicos. Sin embargo, no pudieron destruir la universidad.

La KUL tuvo dos grandes protectores: el obispo Karol Wojtyla y el primado Stefan Wyszynski. En 1954, Karol Wojtyla comenzó a trabajar en la Universidad como investigador independiente. Como profesor y director de la cátedra de ética, trabajó hasta el cónclave, en 1978. En cambio, el primado de Polonia, el cardenal Wyszynski, fue secretario de la universidad de 1946 a 1948.

estrecho contacto con Stanislaw Stomma, líder del grupo parlamentario *Znak*. A su vez, el profesor Stomma mantenía un trato frecuente con el padre Andrzej Bardecki, asesor eclesiástico del semanario *Tygodnik Powszechny*. Gracias a ello, la información de la cancillería del Primado llegaba a Cracovia. En el otoño de 1963, el diputado Stomma dio una extraordinaria noticia: Kliszko iba a vetar la lista de los candidatos para el arzobispado, hasta que en ella apareciera el nombre de Karol Wojtyla.

El cardenal Wyszynski no quería proponer a Wojtyla, quizá por el temor a que los comunistas manipularan a este joven filósofo y poeta, quien no estaba muy interesado en la política y se inclinaba hacia las corrientes liberales de la Iglesia. Lo que despertaba la inquietud del Primado era contar con grandes cualidades a los ojos de los funcionarios del partido, que siempre buscaban un posible contrapeso al inquebrantable car-

denal Wyszynski. El partido esperaba que, como resultado de un conflicto entre dos personalidades fuertes, el Episcopado se dividiera y la posición del Primado se debilitara.

Si éstos eran los cálculos de las autoridades comunistas, y hay consenso al respecto, no se basaban más que en buenos deseos de Kliszko y sus camaradas. El obispo Wojtyla no mostraba razones para suponer que cedería frente al poder. Todo lo contrario, si los comunistas hubieran analizado su postura desde los criterios cristianos, habrían comprendido que la responsabilidad por el pueblo de Dios nunca estaría sujeta a ningún regateo.

Wojtyla confirmó lo anterior en muchas ocasiones, y más claramente en Nowa Huta, una ciudad obrera cercana a Cracovia, que parecía ser el modelo de una comunidad socialista. Fue erigida entre los campos y no había lugar para una iglesia. No obstante, los habitantes de Bienczyce, un barrio de Nowe Huta, lograron construir una pequeña capilla en 1959, que luego se convertiría en una nueva iglesia; pero por lo pronto, las autoridades no otorgaron el permiso para iniciar los trabajos. Muchísimos fieles asistían a las misas que se celebraban en un altar construido fuera de la capilla. El obispo Wojtyla decidió apoyar a los feligreses y celebró ahí la Misa de Gallo de todas las navidades desde 1959 hasta 1967, cuando las autoridades permitieron la construcción de la iglesia El Arca del Señor. Quizá los comunistas del politburó interpretaron la acción de Wojtyla como parte de una lucha por el poder, que cesaría una vez convertido en obispo metropolitano.

Durante la primera sesión del Concilio Vaticano II, el asunto de la sucesión del arzobispo de Cracovia fue relegado a segundo plano y resurgió cuando la delegación del Episcopado polaco regresó de Roma. El cardenal Wyszynski envió otra lista a las autoridades, pero también fue rechazada. Mientras tanto, el obispo Wojtyla seguía administrando la arquidiócesis, con el rango de vicario capitular. No vivía en el Palacio Arzobispal, sino en la llamada Casa del Decanato, pero ello no limitaba sus actividades.

Los deseos de Kliszko llegaron al Primado. La tercera propuesta sobre la sucesión en Cracovia contenía ya el nombre del vicario capitular; este hecho fue revela-

do hasta la nominación papal. El primer ministro Cyrankiewicz no presentó oposición y la lista fue enviada al Santo Padre. El profesor Stomma apareció en el *Tygodnik Powszechny*, con la noticia confidencial obtenida de Kliszko: la candidatura de Karol Wojtyla había sido aceptada.

Visita pastoral en un jardín de niños; siempre ha querido mucho a los niños.

El papa Paulo VI no conocía bien al obispo Wojtyla, pero quizá no pasó inadvertida para él su activa participación en las sesiones del Concilio. El hecho es que el 30 de diciembre de 1963, algunos días después del cierre de la sesión del *Vaticanum II*, el Papa nombró a Wojtyla arzobispo metropolitano de Cracovia. Este nombramiento fue publicado en Polonia el 19 de enero del año siguiente. El solemne ingreso a la catedral de Wawel fue programado para el 8 de marzo.

ABRAN LAS PUERTAS A CRISTO

La celebración del ingreso al arzobispado permitió al obispo Wojtyla subrayar su independencia y, aunque no fuera su objetivo, humillar al poder político del partido. La ceremonia de ingreso comenzó en el patio de la catedral arquidiocesal del castillo de Wawel, donde Karol Wojtyla esperaba a la entrada, con la vestimenta de arzobispo. Antes de que todo iniciara, el curador de la catedral le entregó un cofre de plata con las reliquias de San Estanislao, obispo de Cracovia, que murió en el siglo XI a manos del rey Boleslao I el Intrépido. Posteriormente el arzobispo nominado subió las escaleras y se detuvo en las puertas de la catedral, donde fue recibido por los miembros del Capítulo de la Catedral. Después del discurso de bienvenida, recibió de manos del decano las llaves del templo. Ya como administrador, se dirigió al trono, adornado especialmente para la ocasión, y se detuvo en el camino para hacer tres cortas oraciones. Cuando se sentó en el trono, el secretario de la Curia de Cracovia leyó la Bulla Papal, que otorgaba al actual vicario capitular, Karol Wojtyla, el rango de arzobispo metropolitano. Después Wojtyla besó el altar, volvió a sentarse en el trono de la catedral y recibió los tradicionales homenajes, u *homagium*, que presentaron los clérigos al nuevo titular.

Para la misa en la catedral, el nuevo arzobispo metropolitano se vistió con los atuendos tradicionales, que simbolizaban cuán fuertemente la nación se uniría a la Iglesia y a la fe. Anna Jagiellonka, esposa del rey Stefan Batory, regaló a la Catedral el ornato de oro. El racional bordado con perlas fue un obsequio de la reina Jadwiga. Este atuendo, que rara vez se usaba, subrayaba la excepcionalidad del tiempo y del lugar, pues sólo cuatro arzobispos del mundo tienen el derecho de portarlo. La cabeza del Arzobispo fue cubierta con la ínfula del obispo Andrzej Lipski, del siglo XVII (durante la Santa Misa, Karol Wojtyla la cambió por otra del siglo XVIII), y en el dedo llevaba el anillo del obispo Maurus, del siglo XII. En la mano sostenía el báculo pastoral de los tiempos de la victoria en Viena del rey Juan III Sobieski. Hasta el cáliz utilizado en la liturgia simbolizaba la unión con el pasado, y procedía de los tiempos de los Jaguellon. Estos atributos, así como el texto de la homilía, eran la herencia de la gran tradición: la verdad sobre el pasado. En esa tradición podría edificarse un futuro a la altura de la dignidad de los hombres liberados a través del bautismo.

Poco tiempo después llegó a Cracovia la noticia sobre la molestia entre los altos rangos del poder. Kliszko y sus camaradas del politburó se sintieron defrau-

El obispo Wojtyla bendiciendo a unos recién casados. Abajo, la portada de su libro *Amor y responsabilidad*, que trata del matrimonio cristiano.

dados por Karol Wojtyla, a quien, según ellos, le habían facilitado el camino hacia el arzobispado.

SE VEÍA DEMASIADO JOVEN PARA SER ARZOBISPO

Por el púlpito de la Basílica de San Pedro habían pasado centenares de oradores, y uno más que se estaba preparando para su exposición no despertaba mayor interés entre los padres conciliares. Posiblemente lo único que llamaba la atención era que se veía demasiado joven para ser arzobispo. Pero cuando sonaron las palabras: *¡Venerabiles Patres, Fratres et Sorores!* (Venerables padres, hermanos y hermanas), todas las miradas se concentraron en él, pues ningún orador se había dirigido a las mujeres que tomaban parte en el Concilio. El momento era apropiado para romper con la tradición, porque el arzobispo Karol Wojtyla iba a hablar sobre el apostolado laico y, ante todo, sobre el diálogo entre el laicado y la Iglesia.

El proyecto del decreto sobre el apostolado de los laicos que preparó la Curia Romana fue criticado desde el principio por muchos padres conciliadores, entre ellos Karol Wojtyla. Durante sesiones anteriores, el Obispo de Cracovia señaló la mala conceptualización de la problemática. En su opinión, este documento se dirigía más bien al clero y no a toda la Iglesia, y no describía correctamente la fuente del apostolado de los laicos. Según el arzobispo Wojtyla, la fuente de ese apostolado está en la dignidad de las mujeres y los hombres bautizados, que adquieren a través de este sacramento la responsabilidad compartida por todos los cristianos. El texto definitivo del decreto fue modificado en dicho sentido.

Sin mencionar sus propias experiencias, pero seguramente teniéndolas presentes, el Arzobispo también tocó el tema del diálogo entre el clero y el laicado. Según Karol Wojtyla, ambas partes debían abrirse más, porque de su unión nacía la fuerza de la misión evangelizadora. Otro tema presente en su participación fue el papel de la juventud en el apostolado, pero éste fue desarrollado durante el pontificado de Juan Pablo II.

En la tercera sesión del Concilio, en el otoño de 1964, el arzobispo Karol Wojtyla ocupó un lugar más cercano al altar y al Papa. Este cambio espacial reflejó un acercamiento personal entre el Obispo Metropolitano de Cracovia y el papa Paulo VI.

Durante la primera sesión del Concilio, el Papa, que en ese entonces era cardenal, fue promotor del esquema XIII a petición de Juan XXIII. Este documento conciliar se convirtió en la constitución pastoral sobre el papel de la Iglesia en el mundo actual. Su temática era especialmente cercana al Arzobispo de Cracovia y la había analizado en su contestación al cuestionario de la Comisión Preparatoria. Incluso el día de su salida a Roma dijo en su catedral que iba a la sesión del Concilio, esperando el debate sobre el papel de la Iglesia en el mundo actual. Los tradicionalistas de la Curia Romana querían eliminar el esquema XIII, y a Wojtyla le tocó defenderlo. Paulo VI no permitió que se eliminara dicho documento y el 20 de octubre, después de la Santa Misa celebrada por el Arzobispo Wojtyla, los padres conciliares iniciaron los debates. Al día siguiente, el Arzobispo Metropolitano de Cracovia tomó la palabra en nombre del Episcopado polaco y propuso muchas correcciones al esquema. En los días posteriores presentó por escrito otras —ya casi sumaban 80—, que iban a cambiar el espíritu de la constitución que se estaba preparando. En noviembre, Wojtyla fue nominado miembro de la subcomisión que se encargaría de la redacción de un nuevo documento. Sin embargo, ya no se discutió este tema durante la tercera sesión, y el debate se pospuso para el año próximo.

El papa Paulo VI se había fijado en el arzobispo Wojtyla y, antes de los debates en torno al esquema XIII, le regaló un palio, una especie de faja de lana blanca decorada con cruces negras, símbolo del poder eclesiástico, que los arzobispos se ponen en los hombros durante la ceremonia de investidura.

El Arzobispo Metropolitano de Cracovia también se involucró en la discusión de la declaración sobre la libertad de religión. Al principio este esquema formaba parte del decreto sobre el ecumenismo, pero gracias a muchas voces decididas, incluida la del arzobispo Wojtyla, se convirtió en un documento independiente. Se puede decir que en aquella ocasión se inició el conflicto entre el futuro papa y el obispo Marcel Lefebvre. El obispo francés apoyaba la posición de los tradicionalistas y tenía miedo de que la libertad religiosa declarada por el Concilio llevara a una violenta y profunda secularización de la sociedad, y a la revisión de la historia de la Iglesia, cuyos efectos serían difíciles de prever. Para él, "libertad religiosa" significaba "liberalismo", y este término a su vez era sinónimo de anticlericalismo.

El Arzobispo de Cracovia pensaba lo contrario y estaba convencido de que la fe no podía ser una obligación ni una imposición. Debía ser una elección libre del hombre, para el cual Dios, a través de la Revelación, haría posible esta elección. Las votaciones para ese decreto iban a llevarse a cabo en la tercera sesión, pero los conservadores lograron frenar el curso de los acontecimientos, y ese tema también tuvo que esperar un año más.

La cuarta sesión se realizó en el año de 1965. Para entonces, Karol Wojtyla ya no era el casi desconocido obispo de Cracovia, que escribía inspiradas poesías en los márgenes de los documentos conciliares. Ahora se había convertido en un respetado y reconocido arzobispo metropolitano, cuya argumentación lógica, siempre enraizada en la filosofía personalista, señalaba el camino de un nuevo entendimiento del papel de la Iglesia en el mundo actual. En el año de 1965, el Arzobispo de Cracovia dio su más grande aportación al Concilio Vaticano II, al participar en la redacción de los dos documentos que no habían sido votados en la sesión anterior.

En la última sesión habló acerca de la declaración sobre la libertad de religión y subrayó entonces la unión especial que existe entre la libre elección y la responsabilidad. Esa libertad, argumentó Wojtyla, no sólo era problema de la razón humana, sino de la Revelación de Dios, cuyo contenido es acorde con la lógica. Entonces, el hombre debía responder en forma libre a Dios con su fe, y despreciar cualquier tipo de presión para aceptar esa fe. Dicho enfoque se incluyó en el texto de la declaración.

El documento aprobado asentó que el derecho del hombre a la libertad de religión debe encontrar reflejo en el sistema legal del Estado. Esta afirmación aludía a la realidad que vivían el Arzobispo de Cracovia, la delegación polaca en su totalidad y otros religiosos de los países del bloque soviético. Así como no se debe obligar al hombre a que profese un credo, tampoco se le debe obligar a que abandone la fe, dado que eso es contrario a la dignidad de la persona.

Una semana después, el arzobispo Wojtyla tomó otra vez la palabra en el debate sobre la Iglesia en el mun-

do actual. El resultado de éste dio origen a la Constitución Pastoral para distinguirla de las constituciones llamadas hasta la fecha doctrinales. Esta constitución era el único documento conciliar que no estaba escrito en francés, sino en latín, y traducido a otros idiomas. Karol Wojtyla llamó la atención hacia su carácter meditacional y no doctrinal. Como miembro del grupo de redacción (también fue invitado el profesor Stefan Swiezawski, de la Universidad Católica de Lublín) tomó parte en todas las reuniones del grupo, y tuvo una importante influencia en la forma final del documento. Dado que Dios, a través de su Hijo, entró en la historia del hombre y del mundo, para la Iglesia el mundo no debía ser algo exterior sino todo lo contrario, la historia de la redención constituía la verdadera historia del mundo. Dado que el mundo seglar tiene su propia autonomía, puede existir un diálogo abierto: la Iglesia proclama su verdad y el mundo reacciona, sin cerrarse a la posibilidad trascendental. Dicha verdad está fundamentada en el convencimiento de que la fe cristiana, en esencia, no esclaviza ni enajena al hombre, sino lo libera a la libertad y a la dignidad. Esta conceptualización del mundo y del hombre ha acompañado a Karol Wojtyla como arzobispo, cardenal y papa.

PERDONAMOS Y PEDIMOS PERDÓN

En los últimos días del Concilio Vaticano II, los obispos poloneses en Roma intensificaron sus relaciones con los obispos alemanes. Los arzobispos Karol Wojtyla, de Cracovia, y Boleslaw Kominek, de Wroclaw, tenían contacto a diario con los alemanes; en cambio, el cardenal Wyszynski tenía prejuicios contra ellos y mantenía una gran reserva. Pero finalmente aceptó la iniciativa del arzobispo de Wroclaw, Boleslaw Kominek. Se avecinaba el año de 1966 y con él, el milenio de la cristianización de Polonia. El cardenal Wyszynski contaba con la presencia del papa Paulo VI y del clero de todo el mundo, para las celebraciones del milenio en Polonia. El Episcopado polaco hizo invitaciones para los episcopados de otros países, y las entregó a sus representantes en Roma. La invitación para el Episcopado alemán tenía una forma especial, dado que era difícil encontrarse con los alemanes en el espíritu cristiano, sin hacer antes un mutuo examen de conciencia y expresar la voluntad de perdonar.

El texto de la carta, cuya redacción se debe principalmente a los arzobispos Wojtyla y Kominek, fue consultado con la contraparte alemana antes de su publicación. En realidad, consistía en una recopilación de los daños hechos por los alemanes, pero también se mencionaban los daños causados a ellos por los poloneses. Remataba con las palabras "Perdonamos y pedimos perdón".

La reconciliación con los alemanes tenía un matiz pragmático, además de religioso. Ya era necesario normalizar la situación de las diócesis del norte y el oeste

Sesión del Concilio Vaticano II.
Al lado, la reacción de la prensa comunista en Polonia a la Carta de Reconciliación de los obispos poloneses.

de Polonia, que antes pertenecieron al Reich alemán. A pesar de que estas diócesis eran habitadas por los poloneses, la frontera en la línea Oder-Neisse no estaba reconocida por ningún tratado internacional. Por lo mismo, también el Vaticano demoraba el reconocimiento permanente de los cambios ocurridos después de la guerra.

La noticia acerca de la carta de los obispos poloneses a su contraparte alemana fue una sorpresa desagradable para las autoridades comunistas de Polonia; primero los alemanes, y luego los poloneses, le pusieron a la carta el nombre de *El llamado*. La máquina propagandística, controlada por el partido, fue puesta en estado de alerta y los obispos recibieron gran cantidad de acusaciones y recriminaciones. Los comunistas deseaban aprovechar esta oportunidad, y utilizaron la presencia de los todavía fuertes sentimientos antialemanes en la sociedad polaca, con objeto de crear

una división entre los fieles y el Episcopado. Con este fin se valieron de los empleados de Solvay, empresa donde trabajó el Arzobispo de Cracovia durante la ocupación. Los trabajadores de esta compañía no conocieron el texto de la carta de los obispos, pues en Polonia no se publicó, pero muchos de ellos firmaron la "carta abierta", que expresaba "una gran indignación y asombro" por la participación del Obispo Metropolitano en la redacción y firma de *El Llamado*. La actitud de Su Excelencia fue calificada como "anticiudadana", y su "atrevimiento" ofendió los "sentimientos patrióticos" de los empleados de Solvay.

El arzobispo Wojtyla no dejó la carta sin contestación. Como fue imposible publicar una respuesta, ésta fue leída en todas las iglesias durante las fiestas de Navidad. Después la publicó la prensa polaca, controlada por el partido comunista, y la acompañó con comentarios hostiles. "Si los empleados de Solvay hubieran tenido la oportunidad de conocer el contenido de la carta de los obispos poloneses y la contestación de los obispos alemanes, observó el arzobispo Karol Wojtyla, no hubieran firmado 'la carta abierta'." Explicó también las intenciones patrióticas y religiosas de los autores de *El Llamado*. "Ninguna otra cosa me motiva, sino la consideración a la verdad y buenas costumbres de nuestra vida pública", agregó.

En la tarde de la fiesta de Navidad, el Arzobispo celebró en su capilla una misa para los empleados de Solvay y sus familias. Pasado un mes, celebró otra misa con la misma intención en la iglesia de Borek Falecki y oró por los empleados de Solvay que no habían firmado la carta abierta, y también por los que sí lo habían hecho. Perdonó a estos últimos y dijo que había encontrado el consuelo en un fragmento del Evangelio, que describe un acontecimiento en el palacio de Anás: cuando un sirviente abofeteó a Jesús, éste le contestó: "Si he hablado mal, manifiesta lo malo que he dicho; pero si he hablado bien, ¿por qué me hieres?"

Al finalizar 1965, Karol Wojtyla pronunció una homilía en la iglesia de Santa María de Cracovia. El acontecimiento más importante del año, para él, fue el Concilio Vaticano II, que había terminado sus trabajos unas semanas atrás. Este Concilio "retomó la gran tarea de Cristo de unificar la cristiandad y la Iglesia", dijo Wojtyla, sin saber que estas palabras implicarían el gran objetivo de su futuro pontificado. ■

CAPÍTULO CINCO

Su Eminencia, el Cardenal

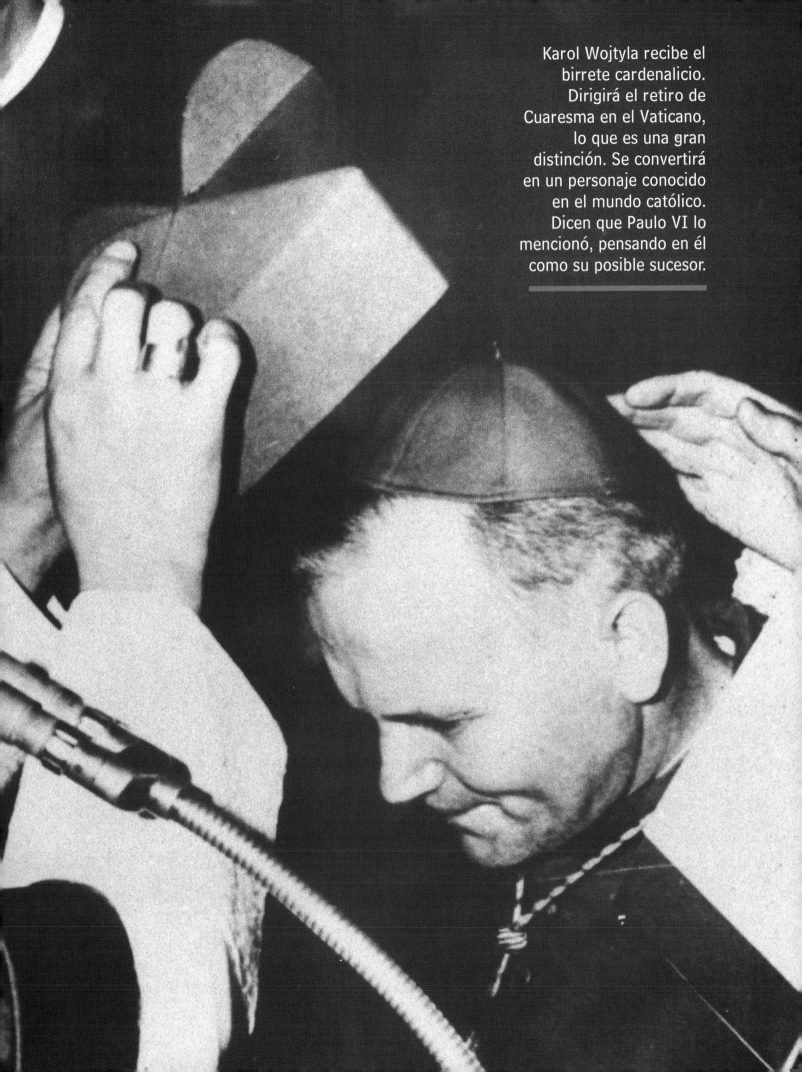

Karol Wojtyla recibe el birrete cardenalicio. Dirigirá el retiro de Cuaresma en el Vaticano, lo que es una gran distinción. Se convertirá en un personaje conocido en el mundo católico. Dicen que Paulo VI lo mencionó, pensando en él como su posible sucesor.

El cardenal Karol Wojtyla junto al obispo Edward durante una visita de dos días a la ciudad de Buffalo, Nueva York, en 1976.

LOS ÚLTIMOS DÍAS DE MAYO DE 1967, EL PAPA PAULO VI CONVOCÓ A UN CONSISTORIO. ESTO INDICABA QUE EL COLEGIO CARDENALICIO, QUE CONTABA CON 93 MIEMBROS, DENTRO DE POCO SERÍA ENRIQUECIDO CON NUEVOS PURPURADOS. En la lista de los 27 obispos que el Santo Padre decidió elevar a la dignidad de príncipes de la Iglesia, estaban incluidos dos nombres polacos: Jan Król, arzobispo de Filadelfia, y Karol Wojtyla, arzobispo de Cracovia. La solemne entrega de los sombreros cardenalicios, llamados birretes, fue programada para el 28 de julio, víspera de la fiesta de San Pedro y San Pablo.

El otorgarmiento de la dignidad de cardenal al Arzobispo de Cracovia pareció natural e inevitable. Antes, nueve obispos y arzobispos de Cracovia, entre ellos tres antecesores inmediatos de Karol Wojtyla, habían recibido el cardenalato. No obstante, la decisión del Papa de elevarlo a cardenal, en 1967 causó un gran asombro. Como el Arzobispo apenas había cumplido 47 años, se suponía que debía haber recibido esta distinción más tarde.

Antes del 23 de junio, fecha en que salió al consistorio en la Santa Sede y a la entrega del birrete, el arzobispo Wojtyla estuvo en Kalwaria Zebrzydowska. En la crónica del monasterio de los padres bernardinos escribió: "Vine con la Madre de Dios de Kalwaria, a la que estoy muy unido desde que yo era niño, para entregarle todo otra vez."

Viajó a Roma en tren. En Viena tenía que cambiar de convoy y permaneció ahí unas horas, las cuales aprovechó para visitar al cardenal Franz König y celebrar misa en su capilla privada. El Cardenal de Viena conocía a Karol Wojtyla desde hacía varios años y lo observaba con especial atención. Su primer encuentro ocurrió cuando Wojtyla se dirigía al Concilio Vaticano II y se quedó unos días en Viena.

Parecía que Franz König no recordaba bien al Arzobispo polonés, porque al año siguiente visitó Polonia, unos días antes del fallecimiento del papa Juan XXIII, y no reconoció al vicario capitular de la arquidiócesis, que se encontraba de pie entre las personas que le dieron la bienvenida en la ciudad fronteriza de Cieszyn. Sin embargo, desde entonces, y sobre todo desde que lo nominaron cardenal, siempre reconoció a Wojtyla y lo sintió cercano a él. Durante el Concilio Vaticano II lo definió como "un muchacho capaz".

La historia y la geografía favorecían esa relación. El imperio de los Habsburgo vivía solamente en el recuerdo de las personas más viejas; desde 1918 Polonia y Austria eran dos estados independientes y ni siquiera compartían fronteras. La antigua Galitzia se fusionó con Polonia y dependía totalmente de Varsovia. Pero la distancia de Cracovia a Varsovia seguía siendo mayor que a Viena, y ésta estaba también en el camino más corto de Wawel a Roma. Karol Wojty-

la tuvo que recorrer este trayecto más de una vez y siempre visitaba a Franz König. Después, cuando el Arzobispo Metropolitano de Cracovia fue electo a la más alta dignidad de la Iglesia, se comentó mucho acerca de la gran influencia que tuvo el Arzobispo de Viena en favor de dicha elección.

La incorporación del Arzobispo Metropolitano de Cracovia al Colegio Cardenalicio no sorprendió a König, quien era cardenal desde 1958 y conocía muy bien las cualidades de Wojtyla; incluso leyó su libro *Amor y responsabilidad*, el cual, a mediados de los sesenta, ya estaba traducido a varios idiomas. En aquellos tiempos Paulo VI enfrentaba un problema serio: definir la postura de la Iglesia en relación con la ética matrimonial y sexual, cuestionada por las nuevas costumbres, y el problema cada vez más discutido del control de la natalidad y la explosión demográfica en

El cardenal Wojtyla pronuncia la homilía en la iglesia de la pastoral estudiantil, en Lublín, con motivo de otorgar el doctorado Honoris Causa al cardenal Jan Król (1977).

el mundo. El Santo Padre, que quizá quedó impresionado por la obra del clérigo polonés, lo incluyó en la Comisión para los Asuntos de Población, Familia y Natalidad, creada por Juan XXIII. La Comisión se reunió en 1966, pero el arzobispo Wojtyla tuvo problemas con el pasaporte y no pudo salir de Polonia para tomar parte en los debates.

Para su participación en los trabajos de la Comisión Vaticana, el Arzobispo contaba con un respaldo intelectual en la Comisión Diocesana, encabezada por el obispo Stanislaw Smolenski, que también tenía esos problemas en Cracovia. La Comisión Diocesana iba a presentar su postura al Papa. Cuando llegó la no-

La iglesia de Osjak, en Austria. Según la leyenda, Boleslao I el Intrépido expiaba aquí el asesinato de San Estanislao.

ticia del Vaticano sobre la nominación de Wojtyla para cardenal, la Comisión de Cracovia seguía trabajando, pero era claro que sus conclusiones serían diferentes de las que había presentado la Comisión Vaticana, o más bien la mayoría "liberal", que sugerían permitir el uso de métodos anticonceptivos entre los matri-

monios católicos. La minoría "conservadora" presentó una postura contraria, según la cual su uso era inmoral y el único método admitido era el aprovechamiento del ciclo reproductivo natural.

Paulo VI compartía este último punto de vista, pero no quería rechazar la opinión de la mayoría sin antes discutirla. La argumentación que le proporcionaron el arzobispo Wojtyla y su Comisión fue muy valiosa para la formulación de su propia postura.

La posición del arzobispo Wojtyla en los asuntos del control de la natalidad no fue el único motivo para que lo nombraran cardenal. La decisión fue consecuencia de su creciente presencia en la Iglesia, su involucramiento en los trabajos de la Comisión Vaticana y la simpatía que él despertaba en Paulo VI.

Durante el transcurso del Concilio, el Arzobispo de Cracovia le regaló al Papa un álbum de Polonia, en una audiencia privada. El Santo Padre, que recordaba la patria de Wojtyla de antes de la guerra, hojeaba el álbum con mucho interés. Pasaba las páginas y miraba con entusiasmo las fotografías de las multitudes de fieles en los lugares del culto. "Mira —decía a su secretario—, esto es Polonia. Sólo allí es posible esto."

La primera conversación larga entre los dos clérigos tuvo lugar durante la inauguración del Concilio, cuando aún vivía Juan XXIII. En aquel entonces, el obispo Wojtyla apoyaba las gestiones de la colegiata de San Floriano, en Cracovia, para adquirir campanas. La colegiata presentó su petición al cardenal Montini, de Milán, que, cautivado por la solicitud de Polonia, prometió regalar las campanas. El Obispo de Cracovia se lo agradeció de todo corazón al Cardenal de Milán. En esa ocasión, Montini recordó que en los años veinte los poloneses se esforzaban por encontrar campanas, pero que los alemanes las fundían y fabricaban cañones. Según algunos testimonios, en aquel entonces definió a la comunidad polonesa como un "pueblo santo". Las tres campanas de Milán fueron colgadas en el campanario de Cracovia, en 1964. Posteriormente Montini, siendo papa, bendijo la primera piedra para la edificación del nuevo templo en Nowa Huta.

Monseñor Giovanni Battista Montini, el futuro Paulo VI.

En 1967, Montini y Wojtyla se encontraron en una audiencia papal privada, después de que

Paulo VI nombró al Arzobispo de Cracovia miembro de la Comisión para los Asuntos del Apostolado de los Laicos y consultor del Consejo para los Laicos. Un mes más tarde salió de Roma la noticia sobre la nominación a cardenal del arzobispo Wojtyla.

Algunos, sobre todo en las esferas del partido y del gobierno, opinaron que dicha decisión tenía matices políticos, dado que unas semanas antes de la nominación el Primado polonés había invitado a Polonia a dos prelados del Vaticano: Agostino Casaroli y Andrzej Maria Deskur. La visita de los prelados se relacionó con la intención de las autoridades comunistas de regularizar las relaciones diplomáticas de Polonia popular con la Santa Sede. La propaganda oficial sugería que la nominación al segundo purpurado fue gracias a las autoridades polacas. Sólo que las autoridades no esperaban que el segundo purpurado fuera Karol Wojtyla, dado que nunca lograron sus planes cuando lo elevaron a la dignidad de arzobispo de Cracovia. Wojtyla nunca se enfrentó al cardenal primado Wyszynski; por el contrario, siempre procuró estar a la sombra del Primado y no involucrarse en los asuntos políticos.

POR FAVOR, HABLE EN POLONÉS

La mañana del 25 de junio de 1967, el cardenal Wojtyla, vestido aún con el atuendo de obispo, bajó del tren en la estación romana Termini y lo recibieron las monjas polonesas, con ramos de flores púrpuras. Al día siguiente, en el Palacio del Vaticano, todos los cardenales nominados recibieron el decreto nominativo de manos del cardenal Amleto Cicognani, secretario de Estado de la Santa Sede. El Santo Padre llevó a cabo la colocación de los birretes, en una ceremonia en la Capilla Sixtina. Un día después, los nuevos cardenales celebraron la Santa Misa y recibieron los anillos de manos del Papa. Varios días más tarde, durante la audiencia para los peregrinos poloneses, el Papa recordó su estadía en Varsovia y le pidió al cardenal Wojtyla que hablara en polonés.

El 2 de julio, Karol Wojtyla pronunció una homilía en la iglesia romana de San Estanislao, con motivo de la nominación cardenalicia. En aquella ocasión mencionó unas palabras que, años después, adquirirían pleno significado: "Cada uno de nosotros tiene una vocación y una tarea que cumplir en la vida. Las vocaciones y las tareas en la vida son muy importantes porque en cada una de ellas se comprueba el valor del hombre. Yo también tengo que pasar por la prueba del valor del hombre y recorrer, hasta el final, el camino de mi vocación."

A principios de julio, cuando iba camino de Polonia con el birrete otorgado por Paulo VI, se detuvo en Viena y permaneció allí casi tres días. Antes de llegar a la catedral del cardenal König, en el Kahlenberg vienés, visitó el santuario mariano de Mariazell y el campo de concentración en Mauthausen. En Osjak,

El padre Wojtyla llegó a la Universidad Católica de Lublín siendo muy joven; a veces parecía un alumno más.

visitó la iglesia donde, según cuenta una leyenda, está la tumba de Boleslao I el Intrépido. Este rey de Polonia mató a San Estanislao, primer obispo de Cracovia, y huyó a aquel pueblo a pasar los últimos años de su vida. La leyenda dice que quería reparar su crimen, y se convirtió en un monje humilde y entregado a Dios. El cardenal Wojtyla celebró ahí una misa. El 9 de julio, durante el solemne ingreso a la catedral de Wawel, Wojtyla dijo en su homilía: "San Estanislao, obispo y mártir, quien fue el primero en trazar con su sangre la púrpura cardenalicia para los obispos de Cracovia, es un don para la Iglesia."

La nominación cardenalicia acercó más a Karol Wojtyla y Paulo VI. Además de ser el arzobispo metropolitano de Cracovia, era también un romano honorario. De acuerdo con la tradición, cada príncipe de la Iglesia tenía que recibir una iglesia titular en la Ciudad Eterna. La del cardenal Wojtyla no era muy grande, pero sí antigua: el templo de San Cesáreo, en el Monte Palatino, que se remonta al siglo VII.

91

Cardenal Franciszek Macharski

¿Cómo es tu iglesia?

EN MUCHAS OCASIONES TUVE QUE CONTESTAR LA PREGUNTA que se hace a cualquier obispo: ¿Cómo es tu iglesia? Cuando quiero describir mi iglesia, siempre aludo a tres obispos de Cracovia: San Estanislao, el cardenal Sapieha y el cardenal Wojtyla.

Juan Pablo II me nombró obispo de Cracovia en el tercer mes de su pontificado, en diciembre de 1978. En la calle Franciszkanska todo estaba igual que el 2 de octubre, cuando Wojtyla se fue al Cónclave, a Roma. Cuando llegué a la calle Franciszkanska, después de mi consagración como obispo (había estado fuera desde principios de octubre), no tuve dificultades para instalarme en la casa, pues la conocía desde hacía más de cincuenta años; bien entrada la noche de ese primer día tan importante para mí, fui a la capilla y casi a ciegas tomé del escritorio las llaves de la puerta, de la misma forma en que lo hacían Sapieha y Wojtyla.

Esos recuerdos sentimentales demuestran que en Cracovia todos estábamos conscientes de que la Iglesia debía crecer igual que cualquier construcción, sobre los fundamentos ya existentes, y según los planos de nuestro Cardenal, que traducía esos fundamentos en la sabiduría de Dios. Estábamos entrando en el séptimo año del Sínodo Pastoral de la arquidiócesis de Cracovia, que se realizó en el nonigentésimo aniversario del martirio de San Estanislao. Éste era un movimiento muy poderoso, un acontecimiento que duró mucho tiempo, en el cual se involucró todo el pueblo de Dios. La permanencia de este Sínodo y sus resoluciones dejaron una profunda huella en la conciencia de los creyentes, en la conciencia de la fe que busca la comprensión y la acción.

Ese grupo de gente fabulosa, que desde hacía años colaboraba con el Cardenal, retomó con mucha fuerza espiritual los trabajos del Sínodo. Ésta fue la primera respuesta de la Iglesia en Cracovia: la fidelidad y la responsabilidad por las obras que nos encomendó Juan Pablo II.

Recuerdo el mes de junio de 1999. Estábamos en la Santa Misa en Blonie, en Cracovia, y el Santo Padre, débil y frágil, estaba en la calle Franciszkanska. Para el millón de presentes en Blonie, la ausencia física de Juan Pablo II se convirtió en su presencia espiritual…

La diócesis de Cracovia recibió el don del pastoreo, que en la Iglesia significa *gobierno*. Juan Pablo II penetró en la conciencia religiosa de los fieles y enseñó a encontrar las respuestas en las posturas y en los actos cuando aparecen nuevas situaciones y los tiempos cambian. No fuimos los primeros ni los más ejemplares, pero creo que toda Polonia obtuvo, gracias a Wojtyla, una nueva conciencia cuando él regresó con nosotros convertido en Papa. Y, sobre todo, cuando en 1979 efectuó en Blonie "la confirmación de la nación", transfiriéndonos la sabiduría y el poder del Espíritu Santo.

El cardenal Wojtyla nos enseñó que la Iglesia, que cree en Cristo, tiene que entrar al mundo actual y a todos los campos de él, para llevar ahí la luz del Evangelio de Cristo a través de sus fieles.

También nos indicó cómo llevar a cabo el apostolado de los seglares, basado en la búsqueda de un camino para actuar. En las enseñanzas del Papa se confirma y se desarrolla lo que para nosotros en aquellos tiempos era un descubrimiento: la dignidad del hombre, la dignidad del matrimonio, la maravilla de la vida familiar, el amor ligado con la responsabilidad, la primacía de la postura interior de la persona frente a las instituciones, el amor a la patria y la apertura hacia las demás naciones.

Cuando el Papa salió de Cracovia nos dejó "Stanislaw", un poema que él mismo escribió sobre su antecesor. Hizo una nueva lectura de lo sucedido hacía 900 años, cuando se encontraron la espada de la violencia y la sangre del mártir:

"En la gleba de nuestra libertad cae la espada,
en la gleba de nuestra libertad cae la sangre.
¿Cuál peso predominará?"

En las últimas palabras del poema, Wojtyla nos deja la pregunta sobre San Estanislao:

"¿De dónde creció este nombre que recibió para la gente?
Para los padres, para la nación, para la capital obispal en Cracovia,
para el rey Boleslao, llamado Intrépido y Generoso.
Para el siglo veinte
este nombre…"

Después de leer el poema, supe que Karol Wojtyla nació ¡de la misericordia de Dios por el mundo!

92

Karol Wojtyla tomó la parroquia titular y se convirtió en un cardenal–párroco. Era tradición en la Iglesia otorgar antiguos obispados sufragáneos, cercanos a Roma, a algunos cardenales, especialmente si eran beneméritos. Estos purpurados forman una élite de cardenales–obispos, que tienen los mismos derechos que los cardenales–presbíteros porque esta distinción es solamente honoraria.

El cardenal Wojtyla llevaría a cabo la posesión canónica de la iglesia en el Monte Palatino en el otoño de 1967, a escasos tres meses de haber recibido el birrete cardenalicio. El Primado, el Arzobispo Metropolitano de Cracovia y el Obispo titular de Lublín, Piotr Kalwa, muy pronto participarían en un importante acontecimiento. En septiembre de 1967, por primera vez en los tiempos modernos, se reunió en Roma el Sínodo de los Obispos, convocado por Paulo VI. Sin embargo, Wojtyla no pudo ir a Roma en el otoño ni encontrarse con los padres sinodales.

Las autoridades de Polonia buscaban provocar un conflicto entre los jerarcas de la Iglesia polaca, y le negaron el pasaporte al cardenal Wyszynski. El cardenal Wojtyla renunció a su viaje, por solidaridad con el Primado y, tal vez, para dar a entender a las autoridades comunistas que no iba a aprovechar la ocasión de presentarse en un papel que el cardenal Wyszynski no le había otorgado. Dadas las circunstancias, el obispo Kalwa también decidió renunciar

al viaje y permanecer en el país. Por lo tanto, la ceremonia en el Monte Palatino y la toma de posesión canónica del templo de San Cesáreo tuvieron que posponerse hasta el 18 de febrero del año siguiente.

El departamento del cardenal Wojtyla en el Palacio del Arzobispado siempre estaba lleno de libros.

EL CARDENAL WOJTYLA CRUZÓ LA PUERTA DE BRONCE

En febrero de 1968, después de las ceremonias en San Cesáreo, el cardenal Wojtyla cruzó la puerta de bronce del Vaticano para reunirse con el Santo Padre en una audiencia. Ambos tenían que tratar asuntos im-

portantes, pues en unos meses sería publicada la encíclica *Humanae vitae*. Este documento terminó con las discusiones internas de la Iglesia sobre la posibilidad de utilizar métodos anticonceptivos. Los resultados de los trabajos de la Comisión Diocesana de Cracovia fueron un gran apoyo para el documento papal, tal como lo deseaba el Santo Padre. A pesar de que la encíclica de Paulo VI, publicada en julio de 1968, no reflejaba el espíritu personalista que el cardenal Wojtyla infundió a sus colaboradores, puede decirse que una buena parte del documento del Papa fue creada por el grupo de teólogos e investigadores poloneses.

El cardenal Krol (de negro) con cuatro futuros cardenales de EUA: Cooke, Deardon, Wright y Carberry.

La segunda sesión del Sínodo de los Obispos fue convocada por Paulo VI para el otoño de 1969. El Papa invitó a Wojtyla, y esta vez las autoridades comunistas no pusieron obstáculo para que saliera del país.

El Sínodo era eco y consecuencia del Concilio. Constituía un elemento nuevo en la estructura de la Iglesia y su papel real apenas se estaba definiendo. Fue concebido como realización de un principio de la constitución dogmática *Lumen gentium*, basado en el poder colegiado que ejercen los obispos de todo el mundo "bajo la guía del Obispo de Roma". También era una especie de prolongación del Concilio, aunque sólo participaban los obispos escogidos por los episcopados o por el Papa. Las diferencias de postura que surgieron durante el Concilio se reflejaron en los documentos sinodales.

El cardenal Wojtyla participó por primera vez en el Sínodo de los Obispos en 1969, y estuvo presente en las siguientes sesiones. En 1971 fue elegido miem-

bro del Secretariado, órgano encargado de preparar el contenido de las sesiones. Durante las sesiones subsecuentes del Sínodo, se notó cómo se fortalecía la posición del Cardenal de Cracovia en la Iglesia mundial.

El cardenal Karol Wojtyla, departiendo con feligreses el primer día del año de 1970.

Wojtyla no asistió a la primera sesión debido a la política gubernamental para otorgar pasaportes. En el segundo encuentro, cuyo tema eran las relaciones entre las conferencias de episcopados nacionales y su relación con el Vaticano, pronunció un discurso que reflejó su firme punto de vista sobre el papel del alto clero en la Iglesia. Los obispos, según su parecer, no eran sólo un grupo de personas que participaban en la realización de una tarea, sino una comunidad unida espiritualmente, cuyos objetivos debían rebasar la realidad política y sociológica.

En la tercera sesión, en el año 1971, Wojtyla reclamó una mayor atención a las Iglesias locales, incluidas las de Europa Central y del Este, y fue nombrado miembro del Secretariado. En 1974 fue relator y su tarea consistió en introducir el tema de la sesión, es decir, la evangelización en el mundo actual. Se desató una discusión que reveló una profunda discrepancia entre los obispos, surgida como consecuencia de la aparición del marxismo en la realidad sociopolítica del siglo XX.

El cardenal Wojtyla, junto con otros padres sinodales de Polonia, pertenecía a la minoría cuando se discutía el problema de la participación del clero en las actividades sociopolíticas. El tono dominante en la postura del Sínodo era de los obispos de Europa Occidental y de América Latina. En especial para estos últimos, que a diario enfrentaban la pobreza y la humillación de los fieles, el marxismo constituía un serio reto. Aunque lo rechazaban como ideología, les parecía aceptable como medio para erradicar la pobreza. Muchos obispos latinoamericanos se comprometieron con la llamada Teología de la Liberación, u opción por los pobres, vinculada con la ideología izquierdista de la "liberación social", que aceptaba la lucha armada como medio. Para el cardenal Wojtyla, que vivía el marxismo en la práctica, esta postura era la expresión de un idealismo ingenuo. A su vez, aquéllos consideraban que el Cardenal de Polonia era un conservador, que no comprendía la realidad de América Latina. Sin embargo, Karol Wojtyla, con su experiencia de la resistencia espiritual al sistema totalitario, tanto nazi como comunista, se oponía firmemente al uso de la fuerza, incluso si el fin parecía justo. En este tema, igual que en el caso del control de la natalidad, de nuevo formó parte de la minoría, pero varios obispos y cardenales notaron su postura.

LA CASA DONDE DIOS ENCUENTRE UN LUGAR

En 1977, el Sínodo se reunió por última vez durante el pontificado de Paulo VI, pues en un año los cardenales tendrían que elegir a un nuevo papa. Seguramente ninguno de ellos sabía lo que el cardenal Wojtyla dijo en una homilía, a finales de 1967, durante su ingreso cardenalicio a la Iglesia, en Wadowice.

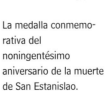

Aquel atardecer de noviembre, en la iglesia de la Virgen María, contigua a la casa donde Wojtyla llegó al mundo, dijo a los fieles de Wadowice: "Nosotros estamos poniendo aquí los cimientos del nuevo milenio de la fe. Al ponerlos, pensamos ya en la casa que será edificada sobre ellos por las futuras generaciones. Pensamos en la construcción de la casa, la Casa de Dios, de la cual Él no será expulsado, como a veces sucede en las casas humanas, en las que no hay lugar para Dios."

La medalla conmemorativa del noningentésimo aniversario de la muerte de San Estanislao.

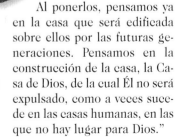

Mientras hablaba y escribía en el Concilio Vaticano II, Karol Wojtyla nunca pensó en el aspecto político de este acontecimiento en la vida de la Iglesia y del mundo. Para él era, ante todo, un acontecimiento religioso y eclesiástico, y así lo presentó siempre. Durante las dos primeras sesiones, en 1963 y 1964, sus emociones encontraban escape en la poesía. En los años posteriores, cuando ya era arzobispo metropolitano, el pensamiento conciliar lo inspiraba en una forma más pragmática y sugería reformas en su propia arquidiócesis, para que ahí el *aggiornamento* de Juan XXIII pudiera convertirse en un hecho lo más pronto posible.

La arquidiócesis metropolitana que dirigía se componía de cinco diócesis. Además de la arquidiócesis de Cracovia, estaban las diócesis sufragáneas de Czestochowa, de Katowice, de Kielce y de Tarnów. El Arzobispo recibía la ayuda de cuatro obispos sufragáneos: Groblicki, consagrado por Karol Wojtyla cuando el arzobispo Baziak aún vivía, Jan Pietraszko, Stanislaw Smolenski y Albin Malysiak, todos ellos unos años mayores que el Arzobispo Metropolitano. Los cuatro tenían la dignidad de vicario general, lo que les permitía suplir al Arzobispo Metropolitano en todos los asuntos de la arquidiócesis, en caso de ser necesario.

El cardenal Wojtyla se apegaba, según la Iglesia, al principio conciliar de la colegialidad. Convocó al Sínodo Pastoral en 1971. Las deliberaciones fueron programadas para 1979, cuando se celebraría el noningentésimo aniversario de la muerte de San Estanislao. Después, y en virtud de que el Arzobispo Metropolitano de Cracovia fue electo papa, y las autoridades de Polonia no estuvieron de acuerdo con su visita a Polonia en el aniversario de la muerte de San Estanislao, la clausura del Sínodo se atrasó un mes, para la primera peregrinación de Juan Pablo II a su patria. Así como la Curia romana estaba organizada en congregaciones, correspondientes a los ministerios, la Curia de Cracovia fue dividida en departamentos. Existían ya tres departamentos tradicionales: el de los asuntos clericales, el de la enseñanza de la religión y el de la pastoral general. El arzobispo Wojtyla formó dos departamentos más: el de familias y caridad, y el Centro Pastoral para la Juventud.

La arquidiócesis tenía dos secretarios: uno responsable de los asuntos administrativos y financieros,

El más importante trabajo filosófico de Karol Wojtyla, *La persona y el acto.*

Celebraciones del quincuagésimo aniversario de la Universidad Católica de Lublín (1968).

y otro de los legales, tanto eclesiásticos como civiles. El mismo Arzobispo Metropolitano no tenía que preocuparse por los detalles de la administración, aspecto ajeno a su naturaleza. Esto no quiere decir que no se interesara en los asuntos de la arquidiócesis y las diócesis sufragáneas. Por lo contrario, encabezaba las iniciativas, inspiraba a sus colaboradores para actuar y exigía que se le proporcionara la información completa sobre su realización. Pero él era guía espiritual y no administrador, así que el manejo de la arquidiócesis durante su gobierno recordaba más bien un debate académico que la impartición de órdenes.

EN AMÉRICA Y EN EL PAÍS DE LOS CANGUROS

En 1969, el Congreso de la Comunidad Polonesa Canadiense y el Seminario Polaco de la ciudad norteamericana de Orchard Lake invitaron al cardenal Wyszynski a Canadá y a Estados Unidos. El Primado, que hablaba italiano pero no inglés, no estaba muy entusiasmado con el viaje y propuso que esa invitación fuera aprovechada por el cardenal Wojtyla, que aceptó. En agosto de ese año, viajó en avión de Roma a Montreal, y cruzó así por primera vez el Atlántico. Lo acompañaban sus amigos de Roma: el obispo Szczepan Wesoly, el padre Stanislaw Dziwisz, su secretario particular, de Cracovia, y el padre Franciszek Macharski, futuro sucesor del cardenal Wojtyla en la arquidiócesis de Cracovia. Aterrizaron en el aero-

continúa en la pág. 100 ▶

95

Que el martirio tarde

STEFAN WYSZYNSKI FUE EL PRIMADO DE POLONIA durante los años más difíciles. La Guerra Fría y la propaganda antivaticana en los países sojuzgados por la Unión Soviética se intensificaban año con año, después de la Segunda Guerra Mundial. Los gobiernos comunistas, cada uno a su manera, pero siempre bajo la dirección de Moscú, trataban

de aniquilar la influencia de la Iglesia en la sociedad.

Wyszynski, obispo de Lublín, de 47 años de edad, tomó el puesto de primado de Polonia en el momento en que las relaciones entre el Estado y la Iglesia eran más tensas. Los comunistas acusaban a la Iglesia de "mezclarse en los asuntos del Estado" y de "cultivar una política reaccionaria entre los fieles".

En la tribuna de la asamblea de unificación, que creó el Partido Obrero Unificado Polaco, surgió una advertencia: "Vamos a reaccionar solamente contra esta injerencia, que es dañina a los ojos de cualquier persona progresista…" La formulación "solamente esta injerencia" debía interpretarse como un acto de "generosidad" de parte de los comunistas. Sin embargo, rápidamente resultó que todo podía ser una acción "en contra del Estado", incluidas las manifestaciones de culto y las prácticas religiosas masivas.

En 1948, el nuevo Primado tuvo que defender con firmeza la Iglesia y la fe. Empezó a ganar la batalla con "pequeños pasos" que le dieron la victoria final después de transcurridos treinta años.

MEJOR SABER VIVIR, QUE SABER MORIR

No era fácil conducir la Iglesia en medio del terror comunista. No podían lograrlo en Hungría ni en Yugoslavia, ni tampoco en la vecina Checoslovaquia. El obispo Wyszynski tomó entonces un camino diferente del que habían tomado los episcopados de aquellos países. Se planteó una pregunta básica: ¿Cómo lograr la subsistencia biológica de la nación destruida por la guerra y, al mismo tiempo, salvar el espíritu de la nación del totalitarismo absoluto? Este cuestionamiento lo acompañó en su actuación, hasta el fin.

La respuesta la planteó así el Obispo de Lublín: "Si Dios nos demanda otra vez el martirio, no escatimaremos la sangre. Pero creo que el ideal para los tiempos de hoy debe ser mejor saber vivir para la Iglesia y para Polonia,

En el desfile del Primero de Mayo participaba una multitud de trabajadores. Las consecuencias de no asistir a este "movimiento espontáneo" eran fáciles de imaginar.

Los infames juicios políticos y las sentencias ilegales se llevaban a cabo uno tras otro.

que saber morir. Ya hemos demostrado que sabemos morir por la Iglesia y por Polonia, ya lo demostramos en Dachau y en la Insurrección de Varsovia…

"El martirio es gracia y es honor. Pero cuando pienso en los grandes retos y en las necesidades de la Polonia católica de hoy en día, prefiero que el martirio llegue lo más tarde posible."

LA FUERZA DE LA TRANQUILIDAD

El Primado sabía que su éxito no sería rápido, y éste fue el secreto de su victoria. Escogió el camino lento, el del realismo político y la legalidad. Sin embargo, no era un arreglo vulgar con los comunistas, y los límites entre ceder y llegar a acuerdos fueron claramente trazadas desde el principio. Como en ocasiones posteriores, al régimen le interesaba aumentar su popularidad con el apoyo de la autoridad de la Iglesia. El régimen entonces llegaba a un compromiso (por ejemplo, aceptaba la enseñanza de la materia de religión en las escuelas, el conservar escuelas y asociaciones católicas, y la prensa católica). El acuerdo entre el Estado y la Iglesia en 1950 despertó sentimientos encontrados en una parte del clero. Sin embargo, el Primado consideraba que la Iglesia necesitaba un acto político–legal que pudiera utilizar como alegato en caso de conflicto. Además, por un tiempo este acuerdo suavizó la situación, y el gobierno recibió una satisfactoria declaración: "El Episcopado polaco afirma que tanto los derechos económicos, históricos, culturales y religiosos, como la justicia histórica, requieren que las Tierras Recuperadas pertenezcan para siempre a Polonia."

WATYKAŃSKIE „KACZKI".

La prensa comunista hacía lo posible para ridiculizar a la Iglesia y al Vaticano, casi siempre en forma vulgar ("Sztandar Ludu", 1954).

Los comunistas seguían presionando para que el Primado polonés exigiera a la Santa Sede acciones más decididas para instituir la administración eclesiástica polaca. Deseaban enemistar a la Iglesia polaca con la Santa Sede y con la nación. Sin embargo, subestimaron al Primado, quien comprendía bien este juego y demostraba, en forma magistral, la fuerza de la tranquilidad. Mientras los comunistas intentaban convencer a la nación de que el Episcopado polaco y el Vaticano ignoraban la problemática de las Tierras Recuperadas, el Primado dedicaba mucha atención a estas tierras y visitaba las diócesis occidentales. Tranquilamente negociaba este tema con Pío XII y con la Secretaría del Estado Vaticano, convenciéndolos a favor de su difícil camino de coexistencia con el régimen. En 1972 logró convencer a Paulo VI de que la instauración de la administración eclesiástica polaca en las Tierras Occidentales, en lugar de la provisional administración apostólica, era sumamente importante para la Iglesia Universal y para Polonia.

¡NO PODEMOS!

El equilibrado realismo político del Primado no siempre agradaba al clero. No todos comprendían su actitud "demasiado conciliadora". ¿Realmente era necesario felicitar al presidente Bierut en sus 70 años, con lo difícil que fue 1952? Todos se asombraban y él lo comprendía muy bien, y trataba de estar entre los fieles para poder explicarles…

El 15 de agosto de 1952 en la fiesta de la Virgen, en Jasna Góra, la multitud de fieles escuchaba una visionaria homilía sobre la dignidad y los derechos humanos. Las autoridades se inquietaron mucho, pues parecía que el Primado llamaba a la lucha, aunque él sólo recordaba los derechos del hombre, de la familia y de la nación a "la existencia y la vida, a Dios; el derecho a la verdad, el derecho al amor…, el derecho a la libertad de elección del Es-

A pesar de las represalias abiertas y escondidas en contra de la Iglesia, las autoridades guardaban las apariencias.

tado y de la vocación, el derecho a la paz en el hogar…, el derecho a la libertad de la Patria, a la fidelidad a la Patria, y al lugar dentro de la Patria…" Entonces pasaron a la lucha abierta: sobre la Iglesia cayeron recriminaciones y acusaciones falsas. Los sacerdotes fueron arrestados bajo acusaciones absurdas; se iniciaron campañas de propaganda y cateos en las curias. Las autoridades estatales intentaron apoderarse de las competencias de las autoridades eclesiásticas; por ejemplo, no querían reconocer las parroquias formadas por los obispos, intervenían en la nominación de los puestos eclesiásticos, se apoderaban de bienes e instituciones de la Iglesia. Intensificaron la clausura de capillas, prohibieron las clases de religión en las escuelas y cerraron la prensa católica. Los intentos de dividir al clero fructificaron con el movimiento de los sacerdotes patriotas, excomulgados por la Santa Sede. El 8 de mayo de 1953, en nombre de la Conferencia del Episcopado polaco, el Primado declaró en forma categórica: "*Non Possumus!*" (¡No podemos!), y llegó la inevitable detención.

"La sociedad esperaba este momento", escribió en *Apuntes de la prisión*. "Más de una vez me encontré con gente llorando en la iglesia.

El Primado fue encarcelado unos meses después de la muerte de Stalin. Los comunistas habían aprisionado a un símbolo de la libertad y verdadero líder de la nación. No podían ganar. El objetivo de someter o destrozar a la Iglesia, en vez de llegar a un acuerdo, se alejaba con estrépito. El obstáculo fue y seguiría siendo un tal Wyszynski, que no se dejó ni vencer ni humillar.

"¿Cómo te llamas?", preguntaron burlones los jóvenes funcionarios comunistas, cuando tomaron su identificación, el 16 de febrero de 1953. En cambio, el Primado se dirigía a ellos de manera respetuosa. Las pláticas en los altos niveles eran cada vez más conflictivas; el cardenal Wyszynski siempre conservaba su estilo irreprochable, aunque no por ello aceptaba cualquier compromiso.

El juicio del obispo Kaczmarek, preparado durante dos años, fue un golpe contra la Santa Sede y el Episcopado polaco. Todo indicaba que la "convivencia pacífica" entre la Iglesia y el comunismo era imposible.

Después de los retiros en Jasna Góra, durante las sesiones plenarias de la Conferencia del Episcopado, el Primado declaró el 18 de septiembre de 1953: "Prefiero la prisión que los privilegios, porque los sufrimientos en ella me acercarán a los que más sufren. Y los privilegios pueden motivar el abandono del camino recto de la Iglesia, el camino de la verdad y el amor."

Las negociaciones con el gobierno no distraían al Primado de sus ocupaciones pastorales cotidianas. Como consideraba que el único diálogo importante y eficaz era el diálogo con los fieles, no escatimaba tiempo en las visitaciones, las pláticas y las relaciones personales.

"Recen por mí el rosario", dijo a los estudiantes después de la misa en la iglesia de Santa Ana, el 25 de septiembre de 1953. Una multitud de fieles escuchó su homilía aquel día; se quedaron frente a la iglesia hasta muy entrada la noche, como si supieran lo que acontecería, como si estuvieran enterados de la decisión del gobierno, que había sido tomada el día anterior. Los agentes del servicio secreto entraron en la residencia del Primado alrededor de la medianoche. El Primado habló con ellos tranquilamente, tratando de aclarar el motivo de su sorpresiva visita. Menos amable fue su perro Baca, que mordió a uno de los intrusos. El Primado curó la herida del miliciano y le aseguró que el perro estaba vacunado.

¡NO LES CREAN!

Al empacar y abandonar la ciudad se llevó el breviario, el rosario y un abrigo grueso. Seis automóviles lo escoltaron al primer "lugar de aislamiento". Cardenal desde hacía varios meses, recibió las insignias cardenalicias años después.

Wyszynski era prisionero y protestaba contra la ilegalidad, pero seguía sintiéndose libre, fuerte y tranquilo. Poco antes de su detención, dijo: "Cuando esté en prisión y les digan que el Primado traicionó los asuntos de Dios, ¡no les crean! Si dicen que el Primado no tiene las manos limpias, ¡no les crean! Si les dicen que el Primado se acobardó, ¡no les crean! Cuando les digan que el Primado actúa contra su nación y su propia patria, ¡no les crean!"

LA PRISIÓN ES EL LUGAR MÁS APROPIADO PARA MÍ

Enfrentó su suerte con tranquilidad, sin exaltación; no se indignó por las incomodidades; lo único que resintió fue la privación de las facilidades para continuar con sus investigaciones. El encarcelamiento, desde el punto de vista del Primado, no lo eximía de la responsabilidad por la Iglesia y por la nación. Por eso exigió explicaciones y escribió cartas al gobierno, que quedaron sin contestación. A no ser que la respuesta a sus indomables palabras fuera el trato severo que recibía en la prisión.

Los tres años eliminados de su biografía, pero no perdidos, se ins-

El Día Nacional de oraciones para varones reunió una multitud de fieles en Jasna Góra (1966).

cribieron profundamente en su vida y en la historia de Polonia. El encarcelamiento de un alto jerarca de la Iglesia tuvo un eco fuerte en Europa, y acarreó consecuencias políticas. En *Apuntes de la prisión* se asienta: "Veo, cada vez con mayor claridad, que el lugar más apropiado para mí, en este momento de la vida de la Iglesia, es la prisión…" Lo más importante para el destino de la Iglesia y de Polonia fue que el Primado supo cómo aprovechar su encarcelamiento. No buscaba la fama, no sentía lástima de sí mismo y no se consideraba mártir. Sencillamente oraba, meditaba y trabajaba, y entonces fue creado el programa pastoral para la nación cautiva.

"Te ruego que me recibas para siempre como tu servidor e hijo. Que seas para mí ayuda en todas mis necesidades del espíritu y del cuerpo, así como en el trabajo sacerdotal para los demás", escribió en "El acto personal de entrega a la Santísima Madre", el 8 de diciembre de 1953.

En 1956 se estaban preparando las celebraciones del tricentenario de los Juramentos de Jasna Góra, del rey Juan II Casimiro. La atmósfera de estos preparativos llegó a Komancza, donde estaba aislado Wyszynski. El Primado pensaba, desde hacía tiempo, en un moderno programa mariano para la nación, y escribió: "La idea de renovar los Juramentos de Juan II Casimiro en su tricentenario nació en mi alma en Prudnik, cerca de Glogowka, en donde hace 300 años el Rey y el Primado pensaban en cómo liberar a la nación de la doble desgracia: la invasión de las fuerzas extranjeras y la miseria social." El texto de los nuevos juramentos de Jasna Góra estaba terminado a principios de 1956. En cambio, la "Entrega de Polonia a la esclavitud de la Santísima Madre, por la libertad de la Iglesia en la patria y en todo el mundo", iba a honrar el cercano Milenio del Bautismo de Polonia. El Primado, encarcelado en Komancza, trabajó sobre la concepción de la Gran Novena del Milenio, para la renovación espiritual de la nación, la victoria de la fe y la libertad de la Iglesia.

UNA AMENAZA PARA EL RÉGIMEN

El mesianismo romántico del Cardenal polonés parecía al principio incomprensible, y hasta algo ridículo. Según la interpretación en las categorías teológicas, los Juramentos de Jasna Góra tocaban sólo la realidad sobrenatural.

El 26 de agosto de 1956 fue la solemne renovación de los juramentos de Jasna Góra, en el santuario de Czestochowa. La multitud repetía: "¡Reina de Polonia, juramos!" Los que estuvieron ahí se conmocionaron, sintieron una transformación, fueron dotados de una fuerza extraordinaria. "Te juramos educar a la joven generación en la fidelidad a Cristo, defenderla del ateísmo y la descomposición, y envolverla en un atento cuidado paternal" son palabras del Juramento de Jasna Góra. ∎

Komancza, la casa de las hermanas nazarenas, fue el último lugar donde estuvo encarcelado el primado Stefan Wyszynski.

99

viene de la
pág. 95 ▶

puerto Dorval de Montreal, donde los esperaban los representantes del arzobispo local, del alcalde y de la comunidad polonesa–canadiense. Durante tres semanas tuvo un sinfín de recepciones, viajes, cocteles y pláticas. El cardenal Wojtyla voló de Montreal a Quebec, donde se reunió con el cardenal Maurice Roy, primado de Canadá. Después fue a Ottawa y de ahí se dirigió en avión a las provincias centrales de Canadá. Al final visitó Toronto. El programa de reuniones estaba muy apretado, pero apenas era un anticipo del estilo de vida norteamericano, que el Cardenal de Polonia conoció después de abandonar Canadá.

Durante el viaje por Estados Unidos visitó casi todos los obispados católicos más importantes, acompañado, al igual que en Canadá, por sus amigos poloneses. A los estadounidenses, con otras raíces étnicas, casi siempre los representó el clero. La visita que pu-

diera acercarlo a la élite intelectual de Estados Unidos tuvo que esperar para otra ocasión. Tenía que regresar a Roma, porque en dos semanas iniciaría la junta extraordinaria del Sínodo de los Obispos, a la cual Wojtyla fue invitado por el Santo Padre.

A su regreso a Polonia, durante la homilía en la iglesia de Santa María, habló sobre el viaje al continente americano: "Estando entre nuestros compatriotas a miles de kilómetros de aquí, me di cuenta de que Polonia no es sólo un lugar geográfico. Es una comunidad espiritual de la gran familia humana, en la cual nosotros, los poloneses, tenemos una participación singular, donde lo polaco incluye valores especiales. Me di cuenta de ello cuando escuché hablar a los obispos canadienses y estadounidenses. Ellos dieron testi-

Encuentro de seis cardenales estadounidenses y dos poloneses en Roma, con ocasión del vigésimo quinto aniversario de la consagración obispal del cardenal Jan Król. Entre ellos estaba Karol Wojtyla. Al lado, una nota conmemorativa de la visita de los obispos poloneses a Canadá (1976).

monio de lo que los poloneses han aportado a la Iglesia en Canadá y Estados Unidos. Aportaron y siguen aportando."

En 1976, visitó aquellas tierras por segunda vez durante la celebración del bicentenario de la independencia de Estados Unidos, cuando encabezaba la delegación del Episcopado polaco, integrado por 18 personas. Este viaje duró siete semanas y el cardenal Jan Król deseaba que participaran en el Congreso Eucarístico, en Filadelfia. El Cardenal de Estados Unidos, de origen polonés, tenía una deuda de agradecimiento con el Arzobispo Metropolitano de Cracovia. Según la tradición polaca, cada recién nombrado Príncipe de la Iglesia, después de recibir el birrete, debe hacer un ingreso solemne a la ciudad donde nació. El cardenal Król nació en el pueblo de Siekierczyna, en Polonia, en la diócesis de Tarnów, y deseaba respetar esta tradición, pero las autoridades comunistas de Polonia le negaron la visa. En vista de ello, el cardenal Wojtyla, quien recibió el birrete junto con el Arzobispo de Filadelfia, le ofreció hacer el ingreso en su nombre. A escasas dos semanas de su ingreso cardenalicio a Wadowice, en diciembre de 1967 entró solemnemente a Siekierczyna, en compañía de Jerzy Ablewicz, obispo de Tarnów. "Vengo aquí en sustitución del cardenal Król", subrayó durante su homilía.

Con el cardenal Król, Wojtyla visitó muchos centros, no sólo polacos, en ambos litorales de Estados Unidos. Participó en un seminario en Orchard Lake, dedicado a la problemática de la pastoral polaca. También estuvo en las universidades católicas de Washington y Seven Point, y en San Francisco y Los Ángeles. En la Universidad de Harvard, uno de los principales centros del pensamiento estadounidense, pronunció la conferencia "Participación o alienación". En aquella ocasión se reunió, entre otros, con el profesor Zbigniew Brzezinski. El futuro consejero de seguridad nacional del presidente Jimmy Carter quedó gratamente impresionado con este encuentro. Al parecer, Brzezinski evitaba reunirse con obispos poloneses, pero hizo una excepción para ver al cardenal Wojtyla, e interrumpió sus vacaciones para encontrarse con él en Cambridge. Cuando el Cardenal polonés fue electo papa, Brzezinski representó al presidente de Estados Unidos en la inauguración de su pontificado. Más tarde, durante la administración del presidente Reagan, ambos se reunieron en muchas ocasiones.

Entre estos dos viajes a América, el cardenal Wojtyla voló al Congreso Eucarístico en la ciudad de Melbourne, Australia, en 1973. De nuevo lo acompañaron su secretario personal, el padre Dziwisz, y el obispo Wesoly. Durante el Congreso, el futuro papa conoció a la Madre Teresa de Calcuta. Antes de llegar a Melbourne, visitó Filipinas, Nueva Guinea y Nueva Zelandia. En Manila, capital de Filipinas, antes de él estuvo el cardenal Sapieha, en 1937; en aquel entonces era obispo y su viaje en barco duró medio año. A cualquier parte que iba, Karol Wojtyla se reunía con los poloneses; incluso en Nueva Guinea, donde vio a sus compatriotas, los padres verbistas.

EXAMEN ENCUBIERTO

En el invierno de 1953, tres investigadores del Instituto de Física Nuclear de la Universidad Jaguelloniana invitaron al padre Wojtyla a esquiar en las montañas. Lo conocieron cuando asistían al seminario tomista, organizado para la juventud estudiantil y los jóvenes científicos, y desearon entablar con él una relación más cercana. En realidad, esa excursión iba a ser un examen no declarado de sus habilidades para esquiar, aunque el sacerdote no lo sabía. Aceptó la invitación, a pesar de que no esquiaba desde que iba en el bachillerato. El único problema consistió en que los esquís no se podían fijar a los zapatos que usaban los sacerdotes, así que uno de los investigadores los acondicionó en los talleres del Instituto de Física. El padre Wojtyla rápidamente recordó sus aptitudes para esquiar y pronto nació una estrecha relación entre el sacerdote–filósofo y el grupo de físicos. Durante las siguientes excursiones, Wojtyla pudo satisfacer la curiosidad, que tenía desde que era niño, acerca del mundo de la materia; por su lado, los físicos enriquecieron su conocimiento de las ciencias exactas con la dimensión trascendental.

Esta costumbre perduró por años; mientras el padre Wojtyla escalaba la jerarquía eclesiástica, los estudiantes se convertían en científicos y obtenían grados y títulos, y las discusiones continuaron. Con el tiempo, los tres compañeros se mudaron a los departamentos arzobispales. Ahí, varias veces al año, el Arzobispo de Cracovia se encontraba con los físicos y representantes de otras ciencias exactas, así como con ingenieros. Tenía también reuniones parecidas con historiadores y filósofos.

El Arzobispo de Cracovia llevó consigo al Vaticano el hábito de reunirse con los científicos más destacados. En la primavera de 1981, apoyó la idea de Krzysztof Michalski, uno de los participantes de los encuentros en Cracovia, de organizar un intercambio semejante de ideas, pero con miembros de otras naciones. Con la ayuda del car-

denal austríaco König se formó en Viena el Instituto de la Ciencia del Hombre, poco tiempo antes de la proclamación del estado de guerra en Polonia. De acuerdo con la iniciativa de Juan Pablo II, el Instituto careció de una orientación política o religiosa definida, para que fuera posible un intercambio libre de ideas entre los representantes. El doctor Michalski tomó la dirección del Instituto.

Desde 1983, el Instituto de Viena organizó las Pláticas en Castel Gandolfo, que consistían en discusiones sobre temas específicos. Años después, estas

En 1973, el cardenal Wojtyla visitó Filipinas, Nueva Guinea y Nueva Zelandia. En Australia estuvo en Melbourne, Sydney y Canberry.

pláticas se transformaron en un foro de intercambio de ideas entre los científicos de Europa Central y Occidental, y en las que Juan Pablo II participaba siempre de manera activa en estos encuentros.

EL SANTO PADRE LLEVABA CONSIGO UN VIEJO DESPERTADOR POLACO

En 1976, el papa Paulo VI invitó al cardenal Wojtyla a dirigir los retiros de Cuaresma en el Vaticano. En esos retiros a puerta cerrada participaban cada año el Santo Padre y los funcionarios más importantes de la Curia romana. La elección para dicha tarea significó una gran distinción para el cardenal polonés. Le hicieron la invitación en febrero, y había poco tiempo para preparar las pláticas, así que el cardenal Wojtyla comenzó a laborar de inmediato. Trabajó durante una semana en Zakopane e iniciaba todos los días con una misa en la capilla de las hermanas ursulinas; después el padre Tadeusz Styczen lo ayudaba a preparar el esbozo de las 22 conferencias que tenía que presentar en el Palacio Apostólico. Durante unos días interrumpió sus actividades para participar en la Conferencia del Episcopado polaco, y una semana después retomó su trabajo en su residencia de Cracovia. Después de su llegada a Roma, se preparó durante cuatro días en el Colegio Polaco. Un día antes de pronunciar la primera conferencia, fue a rezar al seminario mariano, en Mentorelli, cerca de Roma.

El 7 de marzo por la noche se dirigió a la capilla de Santa Matilde, en el Palacio Papal, para hablar en italiano frente al Santo Padre y los más altos funcionarios de la Curia romana. Todas las conferencias del ciclo de Cuaresma versaron sobre un tema familiar para el cardenal Wojtyla: el misterio del hombre frente al misterio del Verbo Encarnado. Para desarrollar el tema, el Cardenal de Cracovia se apoyó en la literatura teológica, en sus propias observaciones y en su experiencia como confesor. Su objetivo era describir la grandeza y la dignidad del hombre en su aspiración de encontrarse con Dios a través de la conversión. Los retiros causaron buena impresión entre los allegados del Papa y entre los miles de lectores, más allá de

La portada de los retiros cuaresmales que el cardenal Wojtyla dirigió en el Vaticano del 7 al 13 de marzo de 1976; versión publicada en Polonia.

Arriba, vista fotográfica del funeral del papa Paulo VI (1897–1978). Durante su pontificado se promulgaron las encíclicas *Ecclesiam suam*, *Populorum progressio* y *Humanae vitae*.

los muros del Vaticano, que leyeron su posterior publicación. Cuando terminaron los retiros, el cardenal Wojtyla se reunió otra vez con Paulo VI y se dirigió de nuevo al seminario de Mentorelli.

El pontificado de Paulo VI terminó la noche del 6 de agosto de 1978 en la residencia veraniega de Castel Gandolfo. Incluso en el momento de su muerte, el Papa tenía consigo un viejo despertador polaco, del cual no se separó en 55 años. Lo compró en Varsovia cuando era un joven sacerdote y trabajaba en la nunciatura, en 1923. Cuando el Papa, de 81 años, recibió por última vez la Santa Comunión y entregó el espíritu, el

Tygodnik Powszechny

LA PRIMERA PUBLICACIÓN DE *Tygodnik Powszechny* apareció el 24 de marzo de 1945. En este semanario escribían, entre otros: Jan Parandowski, Antoni Golubiew, Stanislaw Stomma, Pawel Jasienica, Jan Józef Szczepanski y Stefan Kisielewski.

Karol Wojtyla publicó su primer artículo en esta revista en 1945, con el título "¿Es Francia un país de las misiones?" En 1953 murió Stalin y en *Tygodnik Powszechny* no se publicó una esquela; sólo apareció una pequeña nota sobre su fallecimiento. La actividad de la revista fue suspendida y se reanudó tres años después, en 1956. Jerzy Turowicz seguía siendo el director general.

El padre Karol Wojtyla se convirtió en un colaborador apreciado de *Tygodnik Powszechny*. Otorgaba entrevistas y publicaba "El abecedario ético", homilías, sermones y cartas. Jerzy Turowicz no obtuvo el pasaporte para salir a Roma en 1965, mientras Wojtyla escribía las relaciones de las reuniones del Concilio Vaticano II.

El Arzobispo de Cracovia participó con Turowicz en la Comisión para los Asuntos de la Prensa, fundada por este último. Cuando era cardenal, Karol Wojtyla defendió en público *Tygodnik Powszechny* más de una vez. En 1977, después de la trágica muerte de Stanislaw Pyjas, un estudiante que colaboraba con el Comité de Defensa Obrera, dedicó al semanario uno de sus sermones. Durante las ceremonias de Corpus Christi subrayó que *Tygodnik* y la revista mensual *Znak* eran un bien especial para la Iglesia. En *Tygodnik Powszechny* se publicaron las relaciones detalladas de la elección de Karol Wojtyla a papa.

Después de la proclamación del estado de guerra dejó de participar y no volvió a hacerlo hasta 1982. Después de 1989, la revista comenzó a tener una orientación liberal y en 1995 cumplió 50 años. Con ese motivo, Juan Pablo II dirigió una carta a Jerzy Turowicz, en la que escribió: "El año de 1989 trajo a Polonia cambios profundos a causa de la caída del sistema comunista. La recuperación de la libertad coincidió, en forma paradójica, con la intensificación de los ataques de la izquierda laica y de los grupos liberales en contra de la Iglesia, del Episcopado y del Papa. Lo advertí en el contexto de mi última visita a Polonia en 1991. Todo consistía en borrar de la memoria de la sociedad lo que la Iglesia había significado en la vida de la nación en años pasados. Se multiplicaron las acusaciones o imputaciones del clericalismo, del supuesto deseo de la Iglesia de gobernar Polonia o de frenar la emancipación política de la sociedad polaca. "La influencia de estas corrientes se reflejó en la *Tygodnik Powszechny*. En ese momento difícil, la Iglesia no encontró en *Tygodnik* aquel apoyo y defensa que, hasta cierto punto, tenía derecho a es-

perar, no se sintió suficientemente querida... Hoy escribo esto con dolor, porque la suerte del *Tygodnik Powszechny* y su futuro están cercanos a mi corazón."

El Santo Padre fue crítico con *Tygodnik*, pero siempre ha respetado la publicación y sentido un profundo aprecio por Turowicz.

Ceremonia inaugural de la tercera sesión del concilio ecuménico en Roma, Italia, el 14 de septiembre de 1964.

viejo despertador comenzó a sonar y nadie sabía si apagarlo o dejar que se apagara solo. Al fin se hizo el silencio y el secretario de Estado, el cardenal Jean Villot, certificó el fallecimiento de Paulo VI.

A principios de agosto de 1978, el cardenal Wojtyla estaba de vacaciones con un grupo de amigos, y el siete de agosto escuchó por la radio la noticia sobre el fallecimiento del Papa. El Cardenal salió a Cracovia al día siguiente, y el día 11 ya estaba en Roma, con el primado Wyszynski y la delegación del gobierno de Polonia. Primero los esperaba la ceremonia de inhumación y, después, el Cónclave.

NI LO AFIRMO NI LO NIEGO

El Arzobispo Metropolitano de Cracovia oyó, más de una vez, que él sería el siguiente papa. Dicho comentario apareció algunas veces en la prensa estadounidense e italiana. El Cardenal nunca bromeaba sobre ninguna noticia de ese tipo, ni siquiera le parecía un halago. Simplemente no mencionaba el tema, lo cual en sí era muy obvio, pues le causaba incomodidad. Unos años atrás, durante el Congreso Tomista Internacional en la abadía italiana de Fossanuova, donde había muerto Santo Tomás de Aquino, el profesor Stefan Swiezawski sintió un repentino pre-

En el vigésimo aniversario de su consagración como obispo, el cardenal Wojtyla celebró en Wawel una solemne misa en honor de San Waclaw (1978).

sentimiento durante la homilía del cardenal Wojtyla y le dijo convencido a su esposa: "Él será papa." Después se lo repitió al Cardenal, su viejo amigo, al cual había convencido de trabajar en la cátedra de ética cuando era un joven investigador prometedor. Wojtyla lo miró directamente a los ojos y se alejó sin decir una sola palabra. Si se tradujera esa reacción al idioma diplomático, significaría: ni lo afirmo ni lo niego.

Dado que Paulo VI estaba enfermo desde hacía tiempo, su muerte no sorprendió a nadie. Ya antes se había hablado de sus posibles sucesores y después de su muerte se iniciaron las especulaciones. Nada indicaba que después de la muerte de Paulo VI se rompería la tradición de muchos siglos de elegir al Trono de San Pedro a los cardenales italianos. Solamente un par de purpurados, entre ellos el cardenal König, sugerían elegir a alguien que no fuera de Italia. Sin embargo, esta idea no era apoyada. Pocos dudaban que el sucesor de Paulo VI no fuera italiano, a pesar de que ya no constituían una mayoría entre los cardenales. ¿Quién sería? ¿Conservador o progresista? Entre los *papabili*, o candidatos al Papado, la prensa mencionaba al cardenal Giovanni Benelli, de Florencia, uno de los colaboradores más cercanos de Paulo VI y subsecretario de Estado. No obstante, el hecho

de tener sólo un año como cardenal y su relativa juventud (57 años) no le darían la oportunidad de ser elegido. El cardenal Giuseppe Siri, uno de los críticos del Concilio Vaticano II, tenía muchos partidarios, pero las reformas del Cónclave introducidas por Paulo VI prácticamente le cerraban el camino al trono. El candidato necesitaría dos tercios de los votos, de unos 120, que era la cantidad máxima de cardenales que podían estar en el Colegio Cardenalicio. Pero en aquel cónclave sólo participaron 111, porque algunos estaban enfermos o ya pasaban de los 80 años y, de acuerdo con las nuevas reglas, no podían votar. El cardenal Siri no podía reunir tantos opositores al *aggiornamento*. Las nuevas reglas de Paulo VI indicaban que las mayores oportunidades las tenían los candidatos "del centro", aceptables para las dos alas del profundamente dividido Colegio Cardenalicio.

Paulo VI fue sepultado el 12 de agosto y, por primera vez en la historia del Papado, la ceremonia de inhumación tuvo lugar en el exterior de la basílica de San Pedro. El ataúd fue colocado frente al altar, en la plaza que está fuera de la Basílica. Después de la Santa Misa, el féretro fue trasladado al sótano y ahí fue enterrado.

EL HUMO ERA GRIS

El Cónclave se reunió el 25 de agosto, dos semanas después. A las cinco y media de la tarde, el cardenal Wojtyla cruzó por primera vez el umbral de la Capilla Sixtina como elector del papa. Pensando que las deliberaciones del Cónclave tardarían mucho tiempo, les indicó a su secretario, el padre Stanislaw Dziwisz, y a su otro ayudante, el futuro obispo Stanislaw Ryla, que fueran de vacaciones a la playa. Él, en cambio, se dirigió al encuentro de lo que en su vida se volvía cada vez más inevitable, aunque parecía remoto.

La opinión popular sostiene que en la elección del nuevo papa siempre influye en forma especial el Santo Padre recientemente fallecido. En el ocaso del pontificado, dicen, el Papa da algunas señales indirectas sobre la persona que le gustaría que fuera su sucesor. La verdad es que en el lenguaje que usan los cardenales y obispos hay lugar para las alusiones, los eufemismos, los símbolos y las alegorías. Por lo mismo, es fácil, una vez electo el nuevo papa, aludir a situaciones que confirman la supuesta existencia de aquellas señales secretas. Se dice que Paulo VI había señalado a dos cardenales. Uno de ellos era el cardenal Albino Luciani, patriarca de Venecia y sucesor de San Pío X en el trono metropolitano de Venecia.

El Cónclave, al día siguiente, eligió al cardenal Luciani, en cuarta votación. Luciani aceptó la elección en el acto de humildad frente a la Iglesia ("Humildad" fue su lema episcopal), pero era claro que no le parecía la mejor decisión. Antes de contestar si aceptaba la elección, dijo a sus partidarios: "Que Dios les perdone por lo que han hecho." Después declaró que tomaría el nombre de Juan Pablo I.

Si los objetos inanimados pudieran pasar por símbolos, expresarían algunas dudas. Después de la elección, como señal para las personas reunidas frente a la Basílica de San Pedro en espera de la decisión del Cónclave, de la chimenea de la Capilla Sixtina debe salir humo blanco (el humo negro significa que el Cónclave todavía está deliberando). Sin embargo, en aquella ocasión, cuatro veces seguidas salió una nube gris. En el ambiguo lenguaje de los símbolos, este hecho significó algo que en aquel entonces no se pudo descifrar. La confusión crecía en la Plaza de San Pedro, hasta que apareció el Santo Padre rodeado por su séquito en uno de los balcones de la Basílica. Lo precedía el cardenal Periele Felici, quien anunció el tradicional *Habemus papam* y dio el nombre del cardenal electo, así como su nombre papal.

La solemne inauguración del pontificado tuvo lugar el 3 de septiembre. Juan Pablo I renunció a la tradicional coronación, que subrayaba el poder civil del papa como monarca absoluto. En vez de ello, ordenó una inauguración solemne del pontificado. Ya antes había tenido actitudes similares. Cuando lo nombraron Patriarca de Venecia en 1969, se rehusó a encabezar la suntuosa procesión de las góndolas durante su ingreso. Ahora, como papa, quiso simplificar el protocolo del Vaticano.

EL TÍO SIEMPRE SERÁ EL TÍO

Karol Wojtyla regresó a Cracovia el 6 de septiembre, después de una audiencia privada con Juan Pablo I.

Obispo Albin Malysiak
Yo debería estar encarcelado...

L AS AUTORIDADES DE POLONIA ponían muchas trabas para aprobar que los sacerdotes fueran párrocos. ¡Cuántos escritos y llamadas iban y venían entre el Cardenal, la Curia y el Departamento de Cultos! Antes de 1956, algunos sacerdotes tenían prohibido catequizar.

Los funcionarios del Ministerio de Educación y agentes de la policía secreta venían con nosotros para que les diéramos los nombres de los padres cuyos hijos iban al catecismo en las iglesias. Incluso nos entregaban formularios especiales. Por supuesto que siempre nos negamos a dar esa información. Yo lo hice porque trabajaba como catequista y en la pastoral estudiantil tenía algunos problemas. Pasé por duros interrogatorios y amenazas, y recibí una tarjeta verde con la orden de presentarme en la prisión. Finalmente no me encarcelaron. Los clérigos teníamos la encomienda de llevar el llamado libro de inventario. Como yo no lo llevaba, me sentenciaron a cárcel, pero me salvé gracias a la amnistía del 22 de julio. En la Rusia bolchevique, los clérigos llevaban los libros de inventario desde la Revolución de 1917. El arzobispo Cieplak nunca llevó dicho control y un día lo llevaron a juicio.

En Polonia, nos molestaban mucho por esa razón. Entre otros, encarcelaron al padre Wladyslaw Kaiser, el párroco de Wróblowice, cerca de Cracovia. El Cardenal se enteró de la situación y fue a Wróblowice a celebrar algunas misas, en las que dijo: "Fue mi orden y el párroco sólo me obedeció. Así que yo debería estar encarcelado y no él." Este pronunciamiento causó una gran impresión entre la gente y en la diócesis. A los comunistas les pareció una provocación pero, a pesar de ello, disminuyeron un poco sus acciones persecutorias.

Después de la guerra surgían nuevos barrios en las ciudades, y también constantes dificultades y batallas. Estaba prohibido construir iglesias y nuestros adversarios ideológicos no decían por qué. Sólo insistían en que estaba prohibido. Ante tal situación, el cardenal Wojtyla llevó a cabo la táctica del llamado hecho social. Por ejemplo, en cualquier lugar de los nuevos barrios, había una cruz o un símbolo donde se reunían la gente y los sacerdotes a rezar el rosario o a celebrar los oficios. Al principio asistían 5 personas, luego 20, 50 y hasta 200. La milicia los alejaba, pero a ellos parecía no importarles y volvían. En esas condiciones se celebraron los oficios por uno o dos años, hasta que construían un techo. El sacerdote que celebraba ahí la Santa Misa se arriesgaba a diversas persecuciones, castigos y multas, incluso al encarcelamiento. Pero los sacerdotes eran valientes y así debajo del techo cumplían con su misión. Después de ese paso, los fieles poco a poco construían un pequeño edificio. Las autoridades apretaban, llovían los castigos, incluso destruían el lugar. Así ocurrió en Karniowice, cerca de Chrzanów. La gente tenía una capillita y quería ampliarla, por supuesto que sin el permiso correspondiente. Los comunistas, que temían la resistencia de los fieles, se prepararon bien y reunieron a unos 400 milicianos de toda la región, que destruyeron todo con ayuda de maquinaria pesada. Cuando fui ahí a la visitación canónica, encontré a la gente llorando, y celebramos la misa en las ruinas a cielo abierto.

El 19 de septiembre salió con la delegación del Episcopado polaco a la República Federal de Alemania, para dialogar con los jerarcas germanos. Junto con el primado Stefan Wyszynski, los obispos Jerzy Stro-

ba y Wladyslaw Rubin, y el padre Alojzy Orszulik, visitó Colonia. Ahí se reunieron con el arzobispo cardenal Joseph Häffner, presidente de la Conferencia del Episcopado Alemán. Luego fueron a Munich, Maguncia y Dachau. En Fulda, en el sepulcro de San Bonifacio, Apóstol de Alemania, Wojtyla dio un discurso en presencia de los cardenales y obispos alemanes: "Parado junto a esta piedra que simboliza la marcha del Evangelio en el primer milenio, pedimos al Rey Inmortal de los Siglos y Salvador de nuestras almas que en el umbral del tercer milenio después de Cristo se abran nuevos caminos a esta marcha, para que los corazones de todas las personas, naciones y razas maduren y reciban la vida, que es más fuerte que la muerte." En esta ocasión se expresó de la misma manera en que lo hizo cuando ya fue papa; aunque la cercanía de su pontificado todavía era difícil de imaginar.

En el vigésimo aniversario de su consagración como obispo, el cardenal Wojtyla celebró la Santa Misa conmemorativa en Wawel. "En forma extraña, los santos mártires se convierten en la fuente de la unidad espiritual, al tomar el ejemplo de Cristo", dijo durante la homilía, refiriéndose

Castillo y catedral de Wawel, en Cracovia. El cardenal Wojtyla fue durante muchos años obispo de Cracovia y celebró en Wawel su vigésimo aniversario.

El papa Juan Pablo I con el cardenal Karol Wojtyla, quien sería su sucesor y tomaría el nombre de Juan Pablo II, en 1978.

a los patronos de la catedral de Cracovia, San Waclaw y San Estanislao Obispo. A las siete y media de la tarde participó en la apertura del museo de la catedral de Wawel y luego se dirigió a la casa de unos amigos que deseaban celebrar a su modo los veinte años como obispo de su guía espiritual. El lema de este encuentro fue: "El Tío siempre será el Tío."

LOS DESIGNIOS DE DIOS SON INESCRUTABLES

Al día siguiente, antes del mediodía, el Arzobispo Metropolitano tomaría parte en la junta del Consejo de la Pontificia Facultad de Teología, escuela que continuaba la tradición de la Facultad de Teología de la Universidad Jaguelloniana. Como era costumbre, se levantó temprano y, después de una oración, trabajó un rato en su escritorio. Mientras desayunaba en el comedor del Palacio Arzobispal, oyó un alboroto en la cocina. Ahí estaba su chofer explicando algo atropelladamente. Sin embargo, nadie quiso interrumpir al Arzobispo en su desayuno. Finalmente, entró un empleado de la Curia y le dijo: "Su Eminencia, esto parece imposible, pero lo dicen en la radio. Parece que el Santo Padre murió." El cardenal Wojtyla se quedó sin habla por un momento. Después dijo: "Los designios de Dios son inescrutables. Inclinemos frente a Él nuestras cabezas." Luego, sin terminar el desayuno, se dirigió a la capilla y

oró durante un rato muy largo.

Unas horas antes, en el Vaticano, la monja que diariamente le llevaba el café a Juan Pablo I vio que seguía intacta la taza que había dejado, como siempre, en la mesita junto a la puerta de la habitación. Tocó a la puerta y nadie le contestó. Se inquietó y tocó de nuevo. No oyó nada. Entonces atisbó y se dio cuenta de que el Papa estaba acostado sin movimiento, sosteniendo en su mano un fajo de hojas. De inmediato avisó al secretario del Papa, el sacerdote irlandés John Magee.

El cardenal francés Jean Villot bendice a los cardenales que participarán en el Cónclave para elegir nuevo papa, en la Capilla Sixtina, el 25 de agosto de 1978.

El secretario llegó al aposento y comprobó que el Santo Padre no daba señales de vida.

Jean Villot, el secretario de Estado, de inmediato pensó en una versión oficial de los hechos que, según él, podría entregarse a los medios. De acuerdo con su versión, monseñor Magee fue quien descubrió que el Papa había muerto. Villot intentó proteger la imagen del Santo Padre, al ocultar que una mujer fue la primera persona que en la mañana vio al Papa en la cama.

Sin embargo, esta medida, tomada con buenas intenciones, era un anacronismo incluso para el Vaticano, y no se sostuvo por mucho tiempo. El mismo John Magee, después de un par de años, cuando ya era obispo, declaró que la primera que se asomó a la habitación fue la hermana Vincenzina. De igual forma, no se sostuvo la versión de que, al morir, el Papa tenía

El cardenal Stefan Wyszynski con el papa Juan Pablo II, en el Vaticano, el 11 de octubre de 1978.

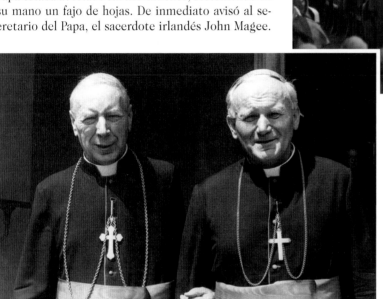

en la mano el libro *Imitación de Cristo,* del místico alemán Tomás de Kempis (1380–1471). Seguramente Juan Pablo I, amante de la sencillez y enemigo de lo artificial, se hubiera opuesto a dichos intentos de sus colaboradores por elevar su imagen ante los ojos de los fieles.

Nadie sabe qué decían las hojas con las cuales se durmió para siempre el Sumo Pontífice. Villot ordenó sacar de los aposentos papales todos los objetos personales de Juan Pablo I. Solamente el mismo Villot y un par de personas más, que han guardado el secreto, conocieron aquellos documentos. Algunos afirman que se trataba de unos cuantos apuntes sobre cambios que el Papa deseaba comenzar al día siguiente en la Curia romana, pero no hay certeza de ello.

A pesar de la sorpresiva noticia, el Arzobispo Metropolitano de Cracovia no modificó sus actividades del día. Fue a la junta del Consejo de la Pontificia Facultad de Teología, y posteriormente se dirigió a la visitación de una de las parroquias en Bielsko-Biala. Después de su regreso a Cracovia, el 1 de octubre, celebró una misa por el fallecido Papa. En su homilía en Jasna Góra, recordó que Juan Pablo I "nació para ser Papa" y agregó: "De ahí proviene nuestra especial esperanza frente a su muerte."

Dos días después, el cardenal Wojtyla, junto con la delegación del Episcopado polaco, voló rumbo a Roma. Todavía tuvo tiempo de arreglar todos los asuntos pendientes, y las personas de las que se despidió recuerdan que lo hizo con una inusitada calidez.

Era el segundo de los cardenales de quien se decía en voz baja que Paulo VI había señalado discretamente como su sucesor.

No he clamado lo suficiente, no he amonestado lo suficiente...

Todos los biógrafos de Stefan Wyszynski, el Primado del Milenio, señalan su excepcional personalidad, que unía la elasticidad y la tranquilidad del auténtico estadista con el fervor del misionero y líder del pueblo. Incluso sus adversarios se expresaban de él con respeto: "Debemos reconocer que Wyszynski es, ante todo, un gran patriota."

¿Por qué en 1956 la crisis política en Polonia fue pacífica? Los historiadores responden esta pregunta y señalan el importante papel del primado Wyszynski, quien, según ellos, poseía una habilidad política con visión a largo plazo.

Después de que volvió de su aislamiento se enfrentó a retos muy difíciles, a pesar del deshielo político. Los comunistas esperaban su ayuda para apaciguar a la sociedad que bullía. Pero él, consciente de nuevas emboscadas, decidió dialogar. Deseaba civilizar las relaciones entre el Estado y la Iglesia. Los comunistas estuvieron de acuerdo en que la religión fuera una materia optativa del programa de enseñanza de las escuelas, en organizar capellanías en prisiones y en cancelar el decreto de 1953 sobre la nominación a los cargos eclesiásticos.

A medida que la situación política se estabilizaba, las relaciones Estado–Iglesia empeoraban. Las autoridades dejaron de otorgar permisos para la construcción de iglesias. Al mismo tiempo, los parroquianos se reunían alrededor de su templo y lo construían durante la noche, oponiéndose de esta manera a las intervenciones del servicio de seguridad.

Gracias al Primado, Jasna Góra se convirtió en la sede de encuentros nacionales. Uno de los semanarios leales al régimen describió este santo lugar de la nación como una "fábrica de ilusiones". Los comunistas, asustados, presentaron los más absurdos argumentos, y Wladyslaw Gomulka,

primer secretario del Partido Comunista, amenazó al decir: "No permitiremos que la jerarquía eclesiástica y el clero, que está bajo la influencia de los círculos vaticanos enemigos de Polonia, y cuyo objetivo nada tiene que ver con la misión religiosa de la Iglesia, socaven el orden legal y el régimen político–social de nuestro país."

El Primado no excluía la posibilidad de un nuevo encarcelamiento. Pero esto no modificó su proceder. Cuando en la prensa comunista aparecían nuevos insultos dirigidos al clero, ordenaba que se hicieran las oraciones comunitarias. Sabía que los comunistas les temían a las acciones religiosas masivas, donde la gente participaba cada vez con más ganas y en mayor número.

Dos años después de su liberación, el Primado reinició la guerra abierta de las autoridades contra la Iglesia. Se multiplicaron las restricciones, los cateos bajo la acusación de actividades en contra del Estado, los impuestos y el reclutamiento al ejército de cuatro generaciones de seminaristas. En abril de 1959, apareció el decreto sobre la requisición de los bienes de la Iglesia en las Tierras Occidentales, y el Primado respondió con visitaciones pastorales en toda Polonia. Wyszynski era pastor de la nación y los comunistas tenían que respetarlo. Sabían que su detención sólo empeoraría las relaciones con la sociedad, pero su impotencia los llevó a "arrestar" la copia de la imagen de la Virgen de Czestochowa, que recorría toda Polonia en peregrinaciones. Sin embargo, esto no les sirvió de nada, pues los fieles recorrían toda Polonia con el marco vacío, y la gente se unía con más razón en torno a la Iglesia y en torno al Primado.

La Gran Novena liberó el coraje en la nación. La gente salió de sus casas y de su aislamiento. Se renovaron los lazos sociales que, con premeditación y constancia, el totalitarismo rojo había tratado de destruir. En respuesta, los comunistas comenzaron las campañas difamatorias. Una de las más grandes se desarrolló después de la "Carta de los obispos poloneses a los alemanes".

Entonces, en 1966, la propaganda comunista quería convencer a la sociedad de que los obispos poloneses habían sido desleales a la razón del Estado, cuando escribieron a los alemanes "Perdonamos y pedimos perdón". Estas palabras fueron manipuladas por la propaganda, pero ni así pudieron socavar la autoridad del Primado.

LA RELIGIOSIDAD POLACA, POPULAR Y MARIANA

El énfasis sobre la religiosidad del pueblo no sólo irritaba a los comunistas, sino también a algunos círculos de la Iglesia, que reprochaban al Primado el descuido de la feligresía católica por proteger tanto al pueblo. En la religiosidad popular veían la manifestación del folclor, tras el cual se escondía la falta de convicciones personales. La religiosidad popular no podía ser un fundamento perdurable de la fe. Hoy queda claro que el Primado tenía toda la razón. Sin el movimiento mariano de la Gran Novena, otras hubieran sido la historia de la Iglesia y la historia de Polonia. Más tarde, Juan Pablo II siguió el mismo camino de la devoción mariana.

Según los críticos, la religiosidad mariana de Polonia, apoyada por el cardenal Wyszynski, no se ajustaba a la renovación proclamada por el Concilio Vaticano II, que estaba llegando a su término.

El Primado abordaba con mucho cuidado el problema de la modernización de la Iglesia y, aunque estaba de acuerdo con el espíritu del Concilio, escogió un camino tranquilo para implementar sus lineamientos. Tuvo que tomar en cuenta la precaria existencia de la Iglesia en el Estado comunista. El sentido común le dictaba evitar una revolución interna.

Opole Stare. Una iglesia clandestina en una casa particular.

Era un pastor experimentado y conocía a fondo su Iglesia, por lo que no corrió el riesgo de introducir cambios rápidos. Fue así como se expuso a que lo tacharan de conservador y retrógrado. Las experiencias posteriores al Concilio demuestran que también en este asunto tuvo la razón. La pri-

mera fase de las implementaciones de los acuerdos del Concilio causó muchos daños en la Iglesia universal, como la renuncia de obispos y sacerdotes. En Polonia, gracias al Primado, no se vivió una crisis parecida, y el Episcopado permaneció unido.

¿POLONIA PERTENECE AL ESTE?

El año del Milenio del Bautismo de Polonia fue edificante y al mismo tiempo tormentoso. Se escucharon cantos religiosos a lo largo y ancho de Polonia. Las autoridades impidieron dos veces la entrada de Paulo VI al país, y no otorgaron el pasaporte al Primado para ir a Roma a la inauguración de las celebraciones mundiales del Milenio polaco. Gomulka

Pulawy. Celebración de la visitación de la copia de la imagen de la Virgen de Czestochowa (18 de julio de 1972).

acusó al Primado de querer anexar a Polonia a Occidente, que desde hacía 20 años pertenecía al Este.

Las celebraciones principales del Milenio en Jasna Góra fueron más modestas de lo planeado. No había invitados ilustres del extranjero y sólo asistieron unos 300,000 fieles del millón que se esperaba. Las autoridades estatales hicieron todo lo posible para obstruir la celebración, pero no la impidieron porque simplemente no pudieron.

El año del Milenio era el primer año de la política del Vaticano hacia el Este. A pesar de que en la primavera el gobierno de Polonia comunista no había dejado entrar al Papa para las celebraciones religiosas, en otoño fue a Varsovia el secretario del Estado Vaticano, Agostino Casaroli.

Al Primado le pareció muy positiva la visita de monseñor Casaroli, según comentó Andrzej Micewski en la biografía del Cardenal, pues estaba seguro de que el representante del Vaticano se convencería de que lo que parecía suficiente en Hungría o en Checoslovaquia no lo era en Polonia.

El cardenal Wyszynski le presentó al enviado del Santo Padre su posición sobre un posible acuerdo entre el gobierno de Polonia y la Santa Sede. Mencionó que al gobierno sólo le interesaban las apariencias del acuerdo y que los conceptos del Estado, el derecho, la legalidad y la libertad tenían un significado muy distinto en el sistema comunista que en Occidente.

Los visitantes del Vaticano perdieron todas las ilusiones cuando a su renovada proposición de la visita del Santo Padre a Polonia, a finales del año, recibieron la siguiente respuesta: "La visita del Papa significaría la aprobación de la línea política del Episcopado." Y comprendieron todavía mejor al cardenal polonés cuando al día siguiente el secretario del Primado recibió una llamada de las autoridades con la propuesta de que el Papa en su visita no tuviera encuentros con los fieles. Además, querían que fuera a Wroclaw, y no a Varsovia, como deseaba el Primado.

Los comunistas pensaban que Wroclaw sería un lugar muy incómodo para el Santo Padre, dado que en las Tierras Occidentales, en vez de la administración eclesiástica polaca todavía funcionaba la provisional administración apostólica.

El triunfo moral de la gran Novena del Milenio y las celebraciones del Milenio coincidieron con la intensificación de las acciones contra la Iglesia. Apareció el peligro de clausura de los seminarios, aumentó el reclutamiento de los seminaristas, y las autoridades no otorgaban permisos para la edificación de iglesias. El aparato del Partido Comunista quizá habría librado la batalla final en contra de la Iglesia si no hubiera sido porque a finales de los años sesenta ya estaba debilitado por las luchas internas.

Durante los incidentes de diciembre en Szczecin en el año 1970, el Ejército participó en la lucha contra los trabajadores en protesta. Hubo enfrentamientos serios.

En diciembre de 1970, el Partido Obrero derramaba la sangre de los trabajadores en el litoral del mar Báltico, y el Primado decía en el sermón de Navidad: "¡A lo mejor no he clamado lo suficiente, no he amonestado lo suficiente, no he advertido ni he pedido lo suficiente! Aunque todos saben que mi voz no siempre fue atendida, no movió a cada conciencia ni voluntad, no revivió a cada pensamiento. Parece que así ha de ser."

PROGRAMA DE AMOR SOCIAL

En enero de 1971 la Conferencia del Episcopado llamó "a orar por la Patria". "Por nuestros caídos en el litoral y por los que consideraron su responsabilidad ciudadana reclamar los justos derechos de los trabajadores [...] por los que causaron las desgracias [...] también en la intención de los que han tomado actualmente la responsabilidad por el orden, la paz interna en la Patria y la justicia."

Era un llamado evangélico y no una inclinación ante equipo del primer secretario del Partido Comunista, Edward Gierek, como algunos críticos del Primado hubieran querido.

El Primado, como siempre, pretendía establecer relaciones dignas con los gobernantes. Esta vez el Episcopado publicó un amplio documento titulado "Sobre la conceptualización de la normalización de las relaciones entre el Estado y la Iglesia". En dicho documento se demuestra que los principios propuestos por la Iglesia de un *modus vivendi* no habían cambiado desde 1949. El Primado reconocía los condicionamientos políticos existentes, siempre y cuando no atentaran contra la libertad de la Iglesia y la de los ciudadanos, dentro del marco de los derechos del hombre y de la sociedad. Las relaciones de los obispos con los representantes del nuevo gobierno mejoraron, y en octubre de 1971 la delegación del gobierno tomó parte en las ceremonias de beatificación de Maximiliano Kolbe, en Roma. Después de la ratificación de los acuerdos entre Polonia y la República Federal Alemana, el Papa finalmente regularizó el estado de la administración eclesiástica en las Tierras Occidentales de Polonia, en el otoño de 1972.

Parecía que la situación comenzaba a normalizarse. Pero en la práctica diaria la política comunista hacia la Iglesia no cambió mucho; sólo perfeccionaron sus métodos, que se volvían ahora más sutiles. Se promulgó una nueva ley de educación, que tenía la finalidad de minimizar la influencia de los padres en la educación de los hijos, para que el ateísmo creciera de manera más metódica en la sociedad. La Iglesia se sintió obligada a prevenir a los fieles y a fortalecerlos espiritualmente. El Primado hacía hincapié en la renovación moral de la nación. Pensaba continuar el programa del Milenio dirigido ahora hacia la juventud. Deseaba que los jóvenes conocieran una solución evangélica sencilla y el programa del amor social, creado en los años de las más duras persecuciones.

SIEMPRE TRANQUILIDAD Y CAUTELA

El cardenal Wyszynski era conocedor de la doctrina católica social y la divulgaba en todo momento.

Siempre previno a los trabajadores acerca de la influencia de la ideología comunista, pero también apoyaba los cambios de la política social. Y siempre criticó la explotación del hombre por el hombre.

En los años setenta advirtió a las autoridades del Estado que, si no se emprendían las reformas políticas y económicas, el país estaría amenazado por la pobreza. Parte de la sociedad, entusiasmada con la victoria de agosto de 1980, no comprendía la reserva del Primado. Más tarde, esa cautela fue aprovechada por las autoridades, que utilizaron los argumentos del Primado para sus propios intereses. El Primado dialogaba con las autoridades, negociaba, pero siempre guardaba la tranquilidad, que quería transmitir a todos sus compatriotas. Su interés estaba puesto en la paz social; era un partidario decidido de la moderación.

¿Qué significó el cardenal Stefan Wyszynski para Polonia? Parece una pregunta simple. El papa Juan Pablo II lo llamó

El 28 de mayo del año 1981, falleció el cardenal Stefan Wyszynski. Tres días más tarde, cuando en Polonia se celebraban los funerales, Juan Pablo II celebró en el Vaticano la Santa Misa en intención del fallecido Primado.

el Primado del Milenio, y sin duda alguna fue uno de los protagonistas más brillantes y sobresalientes que han existido en la historia del cristianismo polaco.

Wyszynski, Príncipe de la Iglesia, estadista, diplomático, político, sociólogo, defensor del hombre y de la identidad espiritual de la nación, patriota, visionario y moralista, fue ante todo un cristiano y un buen hombre. ∎

Este concilio no expresaba enojo ante un mundo cambiante. Recordaba que la Iglesia es todo el pueblo de Dios. Llamaba al apostolado a los laicos. Predicaba la unión de todos los cristianos.

CAPÍTULO SEIS

Concilio Vaticano II

Ceremonia de clausura del Concilio Vaticano II. Una procesión de cardenales y obispos de la Iglesia Católica Romana atraviesa la Plaza de San Pedro, en el Vaticano, entre una multitud ahí reunida (1965).

EN LOS 2000 AÑOS DE EXISTENCIA DE LA IGLESIA, SE CONVOCÓ A CONCILIO EN 22 OCASIONES. EL PRIMER CONCILIO FUE EL LLAMADO CONCILIO DE JERUSALÉN OCURRIDO EN EL AÑO 49, Y DESCRITO EN LOS HECHOS DE LOS APÓSTOLES. Los apóstoles, discípulos de Cristo, algunos de los cuales llevaban la buena nueva del Advenimiento del Salvador más allá del mundo judaico, se habían reunido en aquel entonces en Jerusalén para resolver un problema urgente: si los paganos que deseaban ser bautizados tenían que ser circuncidados antes o no. Todos los apóstoles eran judíos y la circuncisión, practicada en el judaísmo como una ceremonia de purificación, era considerada por muchos como una condición para ser cristiano.

Después de acaloradas discusiones predominó la postura, cuyo defensor más ferviente era San Pablo, que proclamaba: "No se deben imponer cargas innecesarias a los paganos que se convierten a Dios." La carta apostólica redactada entonces, y dirigida a las primeras comunidades cristianas, se puede considerar el primer documento conciliar.

El Concilio de Jerusalén se convirtió en el modelo principal de los concilios posteriores. En este primer caso, como también en los siguientes, se convocaba a todos los obispos del mundo "en conjunto con el Obispo de Roma, el sucesor de Pedro y cabeza de la Iglesia" (siguiendo la formulación del Concilio Vaticano II), a acordar los cambios en el mundo cristiano y a la subsecuente necesidad de renovar a la Iglesia. Las fechas no están estipuladas por ninguna regla o calendario. El primer concilio que se efectuó en tiempos posteriores a los apóstoles se reunió en el siglo IV, en el año 325, en Nicea, Asia Menor; el siguiente concilio se realizó medio siglo más tarde.

El concilio efectuado en el siglo XX fue convocado en 1962 por el papa Juan XXIII, pero también lo consideraron los papas anteriores: Pío XI y Pío XII.

El pontificado de Pío XI (de 1922 a 1939) coincidió con el surgimiento de dos sistemas ateos totalitarios: el comunismo y el nazismo. Los violentos cambios sociales y políticos que en relación con éstos sucedieron en el mundo, y especialmente en Europa –tanto fuera como dentro de la Iglesia–, requerían que toda la Iglesia definiera una postura. Finalmente, el papa Pío XI no convocó a un concilio, sino que se refirió a esos acontecimientos por medio de dos encíclicas redactadas en 1937: la primera, llamada *Divini redemptoris,* está dedicada al comunismo ateo, y la segunda, *Mit brennender Sorge* (Con vehemente preocupación), trató sobre el peligro del nacionalsocialismo.

Durante el pontificado de Pío XII (1939–1958) finalizó el fascismo; en cambio, el comunismo se fortaleció y ganó influencia en todo el mundo. Era un peligro para la Iglesia y, al mismo tiempo, un reto, porque para millones de personas se convirtió en una opción política e ideológica. Sin embargo, tampoco este papa convocó al Concilio. Quizá, igual que en el caso de su antecesor, fue por la oposición de la muy influyente Curia romana, adversa a cualquier cambio. En aquel tiempo la autoridad del papa era incuestionable. El sucesor de San Pedro dominaba y la Curia romana consideraba que la Iglesia no necesitaba tomar en cuenta la opinión de todos los obispos: era suficiente con que el mismo papa asumiera una postura.

La Iglesia, cuya dirección tomó Juan XXIII en 1958, después de Pío XII, seguía siendo una Iglesia decimonónica normada sobre todo por el Concilio Vaticano I. Este concilio fue convocado oficialmente por el papa Pío IX en 1868 (aunque la comisión que trabajó en su preparación había sido creada tres años antes) e inaugurado en el último mes de 1869. En aquel entonces llegaron a Roma cerca de 700 padres conciliares, obispos y cardenales, que encarnaban a la Iglesia del mundo. En su mayoría provenían de Europa y representaban exclusivamente a la llamada raza blanca.

EL PAPA, PRISIONERO DEL VATICANO

Las sesiones tuvieron lugar en una época de grandes tensiones en el continente europeo: el crecimiento de Prusia como potencia y la reactivación de movimientos revolucionarios en Francia e Italia. La Prusia protestante logró unificar también a los estados católicos de Alemania Occidental. De esta forma se creó el Imperio Alemán, proclamado después de la victoria sobre Francia en 1871. Mientras tanto, los revolucionarios del Piamonte, provincia del norte de Italia, que buscaban unificar a todos los estados de la península itálica, atacaron el Estado Pontificio, defendido por los franceses.

Sin embargo, cuando estalló la guerra franco–alemana, los franceses se retiraron de Italia. Entraron en Roma las tropas piamontesas. Pío IX, cabeza del Estado Pontificio, rechazó la propuesta del nuevo gobierno de reconocer la extraterritorialidad de Roma y de pagarle al Papa una renta anual con presupuesto del Estado. El Papa se proclamó "prisionero del Vaticano" y decidió no salir del

Vista de la multitud de fieles que se reunieron en la Plaza de San Pedro por la coronación del papa Juan Pablo II, en septiembre de 1978.

Palacio. La monarquía pontificia dejó de existir, y su territorio fue anexado a la Italia unificada. El Concilio, en realidad inconcluso porque parte de los obispos lo abandonaron en el momento del estallido de la guerra franco–alemana, fue suspendido por Pío IX.

Ante esta situación, los obispos decidieron apoyar la opción de la Curia romana de fortalecer el poder del Papa en toda la Iglesia. Esta tendencia se llamó ultramontañismo. Este término significa el poder de la Curia romana, que se encuentra "más allá de las montañas", tras los Alpes, desde la perspectiva de Francia o Alemania. Des-

pués del Concilio, el catolicismo se convirtió en una estructura eclesiástica más centralizada y compacta.

De hecho, Pío IX tenía una posición dominante en la Iglesia mucho tiempo antes de 1870; los padres conciliares solamente confirmaron este hecho y lo fortalecieron, aprobando, entre otros, el dogma de la infalibilidad del papa. De acuerdo con éste, el Santo Padre es infalible, pero sólo cuando dictamina *ex cathedra* y se pronuncia sobre los temas de la fe y de la moralidad.

Poco a poco, toda la Iglesia se rodeó de una muralla de desconfianza frente a lo externo y lo nuevo. La Santa Sede rechazaba y condenaba todos los nuevos fenómenos que aparecían en la vida de las comunidades cristianas en el mundo cambiante. Sobre todo, condenaba el modernismo: el movimiento de renovación litúrgica, y el liberalismo, que se identificaba como una inclinación hacia la racionalidad y la democracia.

Como consecuencia, el mundo en transformación, en el cual vivían cada vez un mayor número de fieles y sus pastores, se alejaba más y más de la Curia romana, petrificada en su forma decimonónica. Durante muchas décadas se mantuvo no sólo en el ultramontañismo, sino también en la división entre los sacerdotes y el pueblo de Dios, de tal forma que los fieles parecían ser clientes de los sacerdotes (por ejemplo, los seglares eran partícipes pasivos de las misas celebradas en latín, y no se daban cuenta de su propia vocación al participar en la Eucaristía). Otras dos consecuencias fueron el dominio de la tradición eclesiástica sobre la Biblia (por lo cual muy pocos fieles conocían las Sagradas Escrituras como un libro de Revelación), y la desconfianza, e incluso a veces la hostilidad, frente a otros credos, también cristianos (lo que imposibilitaba un verdadero ecumenismo).

Juan XXIII

Ángelo Giuseppe Roncalli nació el 25 de noviembre de 1881, en Sotto il Monte, cerca de Bérgamo, en el seno de una familia campesina pobre. Fue un joven de inteligencia excepcional, gracias a la cual pudo educarse. Después de terminar sus estudios y obtener un doctorado en teología, fue consagrado sacerdote en 1904. Fue secretario del obispo de Bérgamo y profesor en el seminario local. Durante la Primera Guerra Mundial fue enfermero y capellán castrense. En 1925, el papa Pío XI lo consagró obispo y fue enviado como visitador apostólico a Bulgaria; más tarde, en 1934 fue a Grecia y a Turquía. A finales de 1944 tomó el puesto de nuncio apostólico en Francia. Su estadía en París duró hasta 1952, cuando fue nombrado Arzobispo y Patriarca de Venecia y recibió el birrete cardenalicio.

Fue electo papa en 1958. El acontecimiento más importante de su pontificado fue la preparación y el inicio del Concilio Vaticano II, que fue terminado por su sucesor, Paulo VI. Otros importantes logros de Juan XXIII fueron sus encíclicas *Mater et magistra* de 1961, y *Pacem in terris*, de 1963. Las dos encíclicas enriquecieron y desarrollaron la doctrina social de la Iglesia. *Pacem in terris* era un llamado a la paz entre todas las naciones de la Tierra, a la libertad y a la justicia; ésta tuvo un gran eco en todo el mundo, no sólo en el cristiano, y fue ampliamente discutida en los países del bloque soviético.

La apertura de Juan XXIII fructificó con un acercamiento del Vaticano a los países comunistas; en 1962, el Papa recibió en una audiencia a la hija y al yerno del líder soviético Nikita Jruschov. Mantuvo relaciones cercanas con el Episcopado polaco (nombró a 27 obispos) y sobre todo con el cardenal Stefan Wyszynski.

Fue el primer papa que viajó fuera del Vaticano. Antes del Concilio Vaticano II visitó Loreto y Asís, para orar por las sesiones. Cuando comenzó el Concilio ya padecía cáncer. La enfermedad se agravó a principios de 1963. Murió el 2 de junio de 1963 y no alcanzó a ver la segunda sesión del Concilio. Quedó en la memoria de los fieles como el Papa Bueno, que se ganaba la simpatía de todos los que lo conocían. Escribió *El diario del alma*, que se publicó en muchos países.

ACERCAR LA IGLESIA DE "MÁS ALLÁ DE LAS MONTAÑAS"

A finales de los años cincuenta, las tensiones acumuladas tuvieron que encontrar alguna salida. Dada la situación reinante, convocar a un concilio que pudiera renovar la Iglesia se convirtió en una necesidad apremiante.

El 25 de enero de 1959 Juan XXIII declaró, poco tiempo después de su elección a papa, su intención de convocar el concilio universal después de la semana de oración para la unión de los cristianos. Esta decisión causó revuelo, en vista de que un concilio es una tarea enorme y de gran alcance, y el Papa estaba por cumplir 78 años. Como era un hombre de edad avanzada, nadie esperaba que tomara estos pasos tan sorpresivos.

Al mismo tiempo, como Obispo de Roma, el Papa decidió que el concilio universal fuera precedido por un Sínodo Diocesano. El Sínodo se efectuó, pero no trajo ninguna sorpresa, y resultó más bien una formalidad. De todas las diócesis del mundo, Roma era la más apegada a la tradición de la Iglesia "más allá de las montañas" y la más reacia a cualquier cambio. La Iglesia mundial, a diferencia de la propia Roma, había cambiado dramáticamente desde el último concilio. Los resultados en los trabajos de las misiones provocaron el surgimiento de un nuevo clero: ya no solamente los párrocos, sino también algunos obispos, provenían de la población autóctona. El número de pastores de la Iglesia desde el Concilio Vaticano I se había cuadruplicado. Para la inauguración del Concilio Vaticano II se presentaron 2,500 sacerdotes, de los cuales sólo una tercera parte representaba a Europa Occidental. Un poco más, el 35 por ciento, provenía de América (más del 21 por ciento correspondía a América Latina). Uno de cada cinco obispos era de Asia, y uno de cada diez procedía de África. De entre los obispos africanos casi un centenar eran de raza negra. Alrededor de 100 padres conciliares representaban al mundo árabe (aunque apenas constituían el cuatro por ciento del total).

Las poco numerosas representaciones de los episcopados de la Europa Central y del Este, autorizadas por los gobiernos comunistas para salir del bloque soviético, representaban una mínima parte en todo el conjunto de obispos reunidos. De los países comunistas iban a asistir 150 clérigos, pero a las diversas sesiones únicamente se presentaron entre 50 y 80 representantes de los episcopados de aquellos países.

Los preparativos para el Concilio tardaron casi cuatro años. Durante ese tiempo trabajaron 12 comisiones: nueve correspondían temáticamente a las nueve congregaciones vaticanas (que pertenecían a ministerios o secretarías), dos trabajaban sobre la liturgia y el apostolado de los laicos, y la última coordinaba los trabajos de las demás. Los funcionarios de la Curia romana elaboraron 72 esquemas de documentos conciliares, en 2,000 páginas.

Estos documentos sostenían la visión de la Iglesia como una monarquía centralizada y piramidal con el Papa en la cúspide, con un poder indivisible. Juan XXIII, quien pensaba que sus propios funcionarios representaban el obstáculo más grande para la apertura de la Iglesia, tenía la esperanza de que los obispos de todo el mundo renovaran con sus decisiones la rígida estructura que los funcionarios de la Curia habían creado y sostenían.

El 11 de septiembre de 1962, Juan XXIII pronuncia un discurso transmitido por radio y televisión, en su biblioteca privada en el Vaticano.

Reunión del Concilio Vaticano II, ecuménico, en la Basílica de San Pedro, en la Ciudad del Vaticano.

Y no se equivocó. El 11 de octubre de 1962 se llevó a cabo la inauguración del Concilio, y el Padre Santo fue llevado a la nave principal de la basílica de San Pedro, con gran pompa, en la silla gestatoria. Cuando comenzaron las sesiones, los padres conciliares unánimemente anularon todo el trabajo de cuatro años de la Curia romana. Todos los esquemas fueron rechazados por mayoría de votos. Los trabajos sobre los documentos comenzaron prácticamente desde el principio y duraron casi hasta los últimos días del Concilio.

El Concilio duró tres años. Sus participantes se reunieron en cuatro sesiones, de varias semanas, en intervalos anuales. Entre sesión y sesión trabajaban las comisiones creadas para redactar de nuevo los textos de los documentos.

Según la interpretación más sencilla y más popular, en el Concilio Vaticano II se enfrentaron dos grupos, en los cuales se dividieron

los obispos: el progresista, ala liberal de los partidarios del papa Juan XXIII, que aspiraban a abrirse al mundo y a reformar profundamente la Iglesia; y el ala conservadora, que quería bloquear todos los cambios. El ala progresista abarcaba a la mayoría de los padres conciliares, por lo cual, a pesar de los obstáculos por parte de la Curia romana, fue posible iniciar la apertura y la modernización (aggiornamento, en italiano). La aplicación de muchos de estos documentos conciliares ha llevado a la Iglesia por nuevos derroteros.

El portavoz y la figura emblemática de los conservadores fue el cardenal Alfredo Ottaviani, de avanzada edad y casi ciego, jefe del Santo Oficio, o Santa Inquisición. Al grupo de sus partidarios pertenecía, entre otros, el obispo misionero Marcel Lefèbvre. En el futuro, éste se convertiría en un crítico conservador tanto de la orden posconciliar como de la dirección en la cual iría el pontificado de Juan Pablo II, llegando a la desobediencia (por lo cual el Papa lo excluyó de la comunidad de la Iglesia). A los progresistas los representaban, entre otros, el cardenal belga Leo Jozef Suenens, al cual el Papa le encargó el discurso de apertura de la discusión sobre la Iglesia en el mundo actual, y el cardenal Giovanni Battista Montini, quien se convertiría en Paulo VI, el siguiente sucesor de

Misal en latín y polonés. Desde el Concilio Vaticano II, la Iglesia utiliza la liturgia en las lenguas nacionales.

El Concilio Vaticano II introdujo cambios sustanciales en el formato de la liturgia. Anteriormente, el sacerdote celebraba la misa mirando hacia el altar; ahora lo hace viendo a los fieles.

San Pedro, después de la muerte de Juan XXIII. Estos cardenales fueron moderadores de la primera sesión conciliar en 1962.

La novedad en este concilio fue la influencia efectiva que tuvieron los consejeros oficiales de los padres conciliares, tanto clérigos como laicos, de los cuales los más conocidos eran los jesuitas Henri de Lubac y Jean Danielou, el dominicano Yves Congar (los tres con el tiempo llegarían a ser cardenales), y el teólogo alemán Hans Küng. En los años cincuenta, durante el pontificado de Pío XII, éstos pertenecían (como algunos otros consejeros) al grupo de los pensadores católicos fuertemente criticados por Roma a causa de sus opiniones. En diversas etapas del Concilio colaboró con ellos el Arzobispo Metropolitano de Cracovia, Karol Wojtyla. El consejero del Arzobispo polonés era el profesor Stefan Swiezawski, de la Universidad Católica de Lublín.

En realidad, la división entre conservadores y progresistas no fue ni tan sencilla ni tan clara. Prácticamente en cada una de las cuestiones importantes las discusiones en el Concilio tenían perspectivas diferentes. Por ejemplo, en el caso de varios obispos de Europa Oriental, aceptar los profundos cambios en la liturgia coincidía con el apoyo al proyecto de un documento separado dedicado a la Santísima Virgen María, mientras que otros obispos, también con ideas reformadoras, apoyaron la propuesta de incluir este texto dentro de las constituciones conciliares, y ganaron.

Obispo Tadeusz Pieronek
¿Para qué preocuparse?

HASTA EL DÍA DE HOY CONSERVO EN LA MEMORIA uno de los viajes que hice con el arzobispo Wojtyla a Sicilia, en el intervalo de las sesiones conciliares. Fue en los primeros días de noviembre, para las festividades de Todos los Santos y Día de Muertos. Viajé de Polonia con el obispo Pietraszka en tren, pero Wojtyla nos alcanzó ahí. Visitamos muchas ciudades, desde Palermo hasta Catania; en el teleférico subimos hasta el volcán Etna. Había nieve y era difícil y peligroso caminar. El tiempo pasaba y se acercaba la hora de la salida del avión hacia Roma. Sin embargo, Wojtyla no parecía preocupado, de regreso se detuvo en las faldas del Etna y comenzó a rezar el breviario. Impacientes, nos acercamos y le dijimos: "Su Eminencia, dentro de un rato sale el avión y usted aquí rezando." No nos hizo caso y continuó su plegaria. Entonces comentamos entre nosotros: "No va a alcanzar el avión. Lo va a perder." Y, efectivamente, llegamos con 15 minutos de retraso, pero… el avión parecía esperarnos. El Arzobispo de Catania sabía que con él iba a ir el arzobispo Wojtyla, y detuvo el avión. En el aeropuerto, Wojtyla se acercó a nosotros y con una sonrisa dijo: "¿Ven? Todo está en orden. ¿Para qué preocuparse?"

Estuvo presente en todas las sesiones conciliares. Fue uno de los pocos que no dejaron de asistir a una sola sesión. El padre Jurek Chmiel, de Cracovia, y yo lo ayudábamos en algunos trabajos menos importantes: mecanografiábamos sus textos, arreglábamos asuntos, comprábamos las cosas necesarias, concertábamos visitas, etcétera.

A veces teníamos oportunidad de asistir a reuniones con visitantes, especialmente cuando eran del extranjero, en los restaurantes. Wojtyla tenía por costumbre invitar ahí a sus alumnos. Para nosotros era algo extraordinario porque no teníamos dinero y nunca hubiéramos podido permitirnos algo semejante. Él tampoco tenía dinero, pero siempre encontraba algún mecenas, el padre Deskur o alguien que viniera de Occidente.

Durante las sesiones posteriores, tomó parte en las juntas de diversas comisiones. A veces llegaba a casa muy tarde. Recuerdo que un día, cuando regresó, las monjas ya habían cerrado la cocina; entonces fue a mi cuarto y preguntó si tenía algo de comer. Nunca fue exigente con los alimentos, comía todo lo que se le daba. En los restaurantes a los cuales íbamos de vez en cuando, nunca prestaba atención al menú. Más bien nosotros teníamos que escoger los platos para él.

En Roma se comenzó a hablar del arzobispo Wojtyla cuando tomó parte en la Comisión XIII del Concilio. Ahí trabajó en la Constitución pastoral sobre la Iglesia para el mundo actual. Tristemente, no pude estar en Roma hasta que terminó el Concilio. Dos meses antes, a fines de septiembre de 1965, el arzobispo Wojtyla me llamó; en Cracovia faltaba un profesor de derecho y me dijo: "Por desgracia, tengo que mandarte a Cracovia, pero para compensarte, si puedo hacer algo por ti, dime qué quieres." Le pedí que me permitiera estar en Roma cuando le otorgaran el capelo, y así sucedió. En 1967, cuando fue publicada la noticia de su nominación, nos encontrábamos en la casa de mi tío, el párroco de una iglesia. Él le recordó al cardenal Wojtyla su promesa. "Desde luego que la recuerdo y con toda seguridad Tadeusz irá por ese capelo." Y cumplió su palabra.

Cuando vuelvo a mis recuerdos de aquellos tiempos, veo que Juan Pablo II es el mismo Karol Wojtyla, la misma persona que conocí hace años. He tenido mucha suerte de haberlo encontrado en mi vida. Él siempre ha sido accesible para todos; no era necesario pedir audiencia para poder llegar ante él. No existía siquiera la noción de "audiencia". Si no hubiera sido por su dignidad de Papa y por las exigencias del protocolo diplomático, estoy seguro de que siempre hubiera sido así, como antes.

Wojtyla nunca ha negado a nadie de sus conocidos anteriores a su investidura, ni aunque esa relación hubiera sido embarazosa, o alguien se hubiera perdido en la vida, o inclusive si alguien tenía mala fama. Porque finalmente, para él, lo importante siempre ha sido el hombre…

Los conflictos entre las facciones y los grupos han ocurrido en todos los concilios; finalmente es la existencia de estas controversias en el seno de la Iglesia lo que motiva que se convoque a los obispos a expresar sus ideas en las sesiones. El Concilio de Juan XXIII y el de Paulo VI fueron diferentes de los anteriores porque no condenaban ni amenazaban a nadie ni a nada, y no expresaban enojo frente al mundo cambiante. Ninguno de los documentos terminaba con una lista de errores a los cuales pudiera llevar una incorrecta interpretación de las decisiones conciliares, como había sido costumbre hasta los tiempos de Pío IX. Aquel papa, todavía antes del Concilio Vaticano I, en 1864, proclamó el *Syllabus*, un documento que mencionaba 86 equivocaciones, imposibles de ser admitidas por el catolicismo. La última de ellas decía: "El Santo Padre puede y debe aceptar el progreso, el li-

beralismo y la civilización actual." Cien años más tarde, en el Concilio Vaticano II, la tesis así expresada adquirió renovada actualidad. El Concilio, esta vez, no pensaba condenarla.

El fruto del Concilio Vaticano II fueron 16 documentos, que en conjunto forman un libro de varios cientos de páginas (sin tomar en cuenta los comentarios). Los documentos son los siguientes: cuatro constituciones (fundamentales para la Iglesia, con carácter doctrinal), nueve decretos (que precisan la postura de la Iglesia en temas muy particulares, que en su mayoría no están en la constitución) y tres declaraciones (posturas relacionadas con temas más generales).

Todas las constituciones, hasta los tiempos de Juan XXIII, tenían carácter dogmático. Cuando en el Concilio Vaticano II surgió un documento al cual se le quiso dar un rango mayor, a pesar de que no contenía ninguna verdad de fe, se le buscó una nueva fórmula. Se trata de la constitución *Gaudium et spes,* que versa sobre el papel de la Iglesia en el mundo actual. Para diferenciarla de las constituciones dogmáticas, se le llamó pastoral. Otra constitución no dogmática se refiere a la liturgia: la *Sacrosanctum concilium.* Y una de las dos constituciones dogmáticas habla sobre la Iglesia, *Lumen gentium,* y la

Primera en la historia, la peregrinación del Papa a Tierra Santa fue testimonio del interés de Paulo VI por los asuntos del entendimiento entre las religiones.

otra sobre la Revelación de Dios, *Dei verbum.* Esos cuatro documentos provocaron un cambio profundo e irreversible en la Iglesia en las siguientes décadas.

La constitución *Lumen gentium* abolió la tradicional división de la Iglesia en jerarquía, sacerdotes y pueblo de Dios. Desde entonces, toda la Iglesia –Cuerpo de Cristo y don de Dios para la salvación de toda la humanidad– es un solo pueblo de Dios, que participa en el sacerdocio de Cristo. La igualdad de todos los bautizados es resultado de un mismo destino: todos en el mismo grado son llamados a la santidad. Esta perspectiva permitió a los seglares encontrar en la Iglesia un nuevo lugar o, más bien, recuperar el antiguo, el que ocuparon en los primeros siglos del cristianismo. Sobre la relación entre la jerarquía y los sacerdotes se habla en los capítulos posteriores de esa constitución. Los decretos separados describen las tareas particulares de los clérigos, impuestas por su vocación, que es un servicio.

En cuanto los seglares encontraron un nuevo lugar en la Iglesia, hubo que modificar la forma de participar en la liturgia. Para que la oración de la Iglesia fuera la oración de todos sus hijos y no sólo de los escogidos, durante la liturgia los sacerdotes tenían que hablarle al pueblo en su propia lengua. Los cambios a este respecto fueron introducidos por la siguiente constitución, la *Sacrosanctum concilium.* Ésta se refería al rito latino, pero en este caso se subrayaba la equidad de todos los ritos que se usan en la Iglesia, incluidos los orientales.

FIN DE LA FORTALEZA SITIADA

La constitución dogmática que trata sobre la Revelación Divina, a su vez, restableció el lugar correcto para las Sagradas Escrituras. Hasta entonces, la Biblia se encontraba a la sombra de la tradición (comprendida como una de las dos fuentes de la Revelación), y su conocimiento entre los fieles era mínimo.

Los padres conciliares resolvieron el dilema sobre cuál de las fuentes de la Revelación era más importante, al reconocer que no hay dos sino una sola fuente, y ésta es la Palabra de Dios, que se manifiesta en las Sagradas Escrituras y en la tradición.

El documento más innovador del Concilio fue la constitución que explica el papel de la Iglesia en el mundo contemporáneo. Este texto conciliar está más cercano a la meditación o a un mensaje dirigido a todo el mundo (no solamente cristiano), que a una declaración fundamental. La idea partió de Juan XXIII y fue continuada por Paulo VI hasta su aprobación. Gracias a su firme apoyo, esos trabajos fueron llevados a su término.

La votación sobre el texto final se llevó a cabo un día antes del cierre del Concilio Vaticano II. Este documento no contiene ninguna doctrina: más bien describe lo que la Iglesia recibe del mundo actual, en el cual está sumergida y el cual le sirve de inspiración; por otra parte, indica lo que el mundo puede esperar de la Iglesia.

Esta singular "oferta" para el mundo es la fuerza salvadora de la Cruz de Cristo. A través de este gesto, la Iglesia Católica destruye su imagen de "fortaleza sitiada" y se abre al diálogo con otras denominaciones cristianas, no cristianas e incluso con las no creyentes.

Un camino tan difícil como el de la constitución *Lumen gentium*, por la existencia de opositores que intentaban impedir su aprobación, tuvo la constitución *Dignitatis humanae*, que fue aprobada el 7 de diciembre de 1965. Esta constitución habla de la libertad de religión, y después de las correcciones de redacción que se le hicieron entre la tercera y la cuarta sesión (en las que insistía también el Papa), finalmente fue apoyada por el 97 por ciento de los padres conciliares.

Rompía en definitiva la llamada unión de la Iglesia con el trono, que en el pasado llevó a muchos abusos en la propagación de la fe. Esta constitución establece que nadie puede ser obligado a recibir o a rechazar la fe; esta decisión hay que dejarla a la conciencia del hombre. Al mismo tiempo, este documento defiende, por un lado, la libertad de profesar la fe y, por otro, la dignidad del hombre como persona.

Los esfuerzos de algunos gobiernos de separar a los individuos de la religión y de dificultar la vida a las comunidades religiosas se consideraron una violación de la libertad del ser humano.

En el Concilio Vaticano II participaron con carácter de observadores muchos destacados representantes de otras Iglesias cristianas, separadas de Roma. Uno de ellos fue el patriarca ortodoxo de Constantinopla, Atenágoras I. En el penúltimo día del Concilio, el papa Paulo VI y él, de común acuerdo, anularon las excomuniones que fueron declaradas mutuamente en el siglo XI por los antecesores de ambos.

Esto en aquel tiempo provocó el Cisma de Oriente. El gesto de estos líderes religiosos abrió el camino para

El encuentro del papa Paulo VI y el patriarca de la Iglesia Ortodoxa, Atenágoras, en Jerusalén, terminó con la hostilidad de 900 años entre las dos Iglesias (1964).

La prensa de todo el mundo, y también la polaca, comentó en forma muy amplia la terminación del Concilio Vaticano II, así como los nuevos principios de funcionamiento de la Iglesia Católica, aprobados por los padres conciliares.

la reconciliación entre todos los creyentes en Cristo, cosa que se convirtió en uno de los objetivos más importantes no únicamente del pontificado de Paulo VI, sino también de sus sucesores en el Trono de San Pedro, incluido entre ellos el papa Juan Pablo II. ∎

Y fue así que los eminentísimos cardenales eligieron al nuevo obispo de Roma. Lo hicieron llamar desde un país lejano; lejano, pero siempre cercano por su comunidad en la fe y en la tradición cristianas.

CAPÍTULO SIETE

Habemus Papam

EL SORTEO DE LAS CELDAS QUE SERÍAN OCUPADAS POR LOS CARDENALES DURANTE EL CÓNCLAVE, CONVOCADO DESPUÉS DE LA MUERTE DE JUAN PABLO I, SE LLEVÓ A CABO EL VIERNES 13 DE OCTUBRE. EL CARDENAL KAROL WOJTYLA SACÓ LA PAPELETA CON EL NÚMERO 91. Ese número correspondía a una de las celdas pequeñas, con un catre, una mesita y un escritorio chico. Como miembro del Sacro Colegio iba a vivir ahí, aislado del mundo exterior, como los demás cardenales, hasta que se eligiera un nuevo papa. Se decidió que el Cónclave se llevara a cabo cuanto antes. La siguiente fecha señalada por el derecho canónico para el sorteo de las celdas y para el inicio del largo procedimiento de la elección del sucesor de San Pedro cayó el día 13 de octubre, fecha que coincidió con el sexagésimo primer aniversario de la sexta aparición de la Virgen en Fátima.

Mientras se efectuaba la votación, en otra parte de Roma ocurría un acontecimiento que afectó con intensidad a Karol Wojtyla; su amigo, el obispo Andrzej Deskur, sufrió un derrame cerebral. Fue llevado de inmediato a la clínica Gemelli y la noticia llegó al Vaticano minutos después de la asignación de las celdas a los cardenales. El Arzobispo Metropolitano de Craco-

via de inmediato fue a la clínica a ver a su amigo, que estaba casi totalmente paralizado y apenas podía mover la boca.

El obispo Deskur, compañero del cardenal Wojtyla del seminario y amigo suyo de los tiempos del Concilio Vaticano II, vivía en Roma desde hacía 30 años. En 1978 fue presidente del Consejo Pontificio de la Comunicación Social, y en los días anteriores al Cón-

Después de la elección de Karol Wojtyla como papa, el padre Edward Zacher hizo la anotación correspondiente en el libro de los bautismos.

clave llevó a cabo una intensa campaña, cuyo propósito era convencer a los miembros del Colegio Cardenalicio de que el cardenal Wojtyla era el mejor candidato para ser papa. Por la casa y la oficina del obispo Deskur desfilaron en aquel tiempo muchas personalidades muy importantes. Él también participaba en encuentros organizados por otros dignatarios que, en conversaciones extraoficiales, trataban de sondear las opiniones y formar alianzas. Durante el Cónclave anterior hubo alrededor de diez votos para el Arzobispo Metropolitano de Cracovia, así que parecía que su candidatura tenía posibilidades. Ahora tenían que convencerse de ello por lo menos dos terceras partes de los cardenales.

Éstos no estaban seguros de que hubiera llegado el tiempo de nombrar papa a alguien que no fuera italiano. Sin embargo, la inesperada muerte de Juan Pablo I los hizo reflexionar. Hacía apenas unas semanas que habían elegido papa al Patriarca de Venecia y el 4 de octubre lo habían enterrado en la cripta de la Basílica de San Pedro. ¿Cómo descifrar esa señal? ¿Quién debería ser el siguiente Santo Padre?

Cuando inicia el Cónclave, los cardenales rezan al Espíritu Santo, para que los ayude en la elección de la cabeza de la Iglesia. Creen que a través de sus decisiones individuales, que llevan a una decisión colegiada, se revelará en última instancia Su voluntad. Pero no se conoce el medio a través del cual se va a manifestar la voluntad del Espíritu Santo. Deben someterse a las exigencias de la democracia: llenar las tarjetas con los nombres de los cardenales y depositarlas en un cáliz, que sirve de urna, hasta que alguno de los cardenales reciba la exigida mayoría de los dos tercios de votos más uno.

POR FAVOR, CONDUZCA CON CUIDADO

Al Arzobispo de Génova, Giuseppe Siri, hubiera podido parecerle que el Cónclave le abría el camino al trono papal. Desde hacía tiempo sentía que debía defender a la Iglesia del caos, al cual había entrado, según su parecer, después del Concilio Vaticano II, postura que expresaba en sus apariciones públicas y que contaba con partidarios. Durante el Cónclave de agosto no obtuvo el apoyo suficiente; sin embargo, ahora podía esperar un mayor número de votos. Pero se encontró con un adversario importante, el arzobispo Benelli, de Florencia, quien tenía un fuerte apoyo y consideraba que la Iglesia no debía abandonar el camino que había sido trazado por las reformas del Concilio. Seis semanas atrás había decidido apoyar la candidatura concertada del cardenal Luciani. Ahora tenía que oponerse de manera personal al cardenal Siri. Ninguna de estas dos candidaturas lograba, sin

El cardenal Karol Wojtyla durante la elección papal de octubre de 1978, en la cual resulto electo y tomó el nombre de Juan Pablo II.

embargo, tener el apoyo requerido del Colegio Cardenalicio.

En esta situación, el cardenal Franz König supuso que sería posible la elección de alguien fuera del grupo italiano (quienes constituían casi una cuarta parte del Colegio). El candidato que pudiera romper con la dominación italiana de más de cuatro siglos tendría que obtener la aceptación tanto de los conservadores como de los progresistas; además no debería proceder de un país grande, por lo cual no tenían oportunidad los estadounidenses, alemanes o franceses. Ésta era una tradición no escrita, cuyo origen proviene del temor de los italianos de que tras un papa de alguno de estos países llegaran funcionarios extranjeros y eliminaran a los italianos de la Curia romana, lo que sería una catástrofe para los que crearon esta institución. Entonces, sólo se podía considerar a los países pequeños. Además, se esperaba que el candidato

Los 111 cardenales se reúnen en la Capilla Sixtina para elegir al sucesor de Juan Pablo I. El 16 de octubre de 1978 es elegido el cardenal Karol Wojtyla.

tuviera gran experiencia en el servicio pastoral y un buen conocimiento de los problemas del mundo actual.

El cardenal König conocía a un candidato con estas cualidades y el cardenal Wojtyla lo sabía. Un día, cuando tomaron juntos un taxi en Roma, König le dijo al conductor: "Por favor, conduzca con cuidado, pues lleva usted al futuro papa." Esta candidatura contaba también, aunque por otros motivos, con el

Los cardenales entran en la Capilla Sixtina antes del inicio del cónclave. Aquí, separados del mundo exterior, tienen que elegir al que puede decidir la suerte de la Iglesia, y quizá del mundo.

apoyo del cardenal estadounidense Jan Król. Para el austríaco König, Karol Wojtyla como papa garantizaba continuar con los cambios en la Iglesia señalados en el Concilio Vaticano II. Para el estadounidense, apegado a las tradiciones y bien enterado de la opinión del Arzobispo Metropolitano de Cracovia, Wojtyla significaba un papa defensor de la doctrina, en los últimos años socavada por la "izquierda" de la Iglesia. Otra vez, la inclinación de Karol Wojtyla a la síntesis de los opuestos, ya sea en filosofía, en teología o en política, resultó creativa: como *papabile* podía contar con el apoyo tanto de los conservadores moderados, como de los progresistas. Sólo que antes del comienzo del Cónclave la mayoría de ellos aún no lo sabía.

No fue un chiste

El Arzobispo Metropolitano de Cracovia no tomó parte activa en estas discusiones y reflexiones. Cuando durante una reunión organizada por el obispo Deskur, su invitado Mario Rocca, un influyente cardenal vaticano, declaró en forma abierta que su candidato a papa era el cardenal Wojtyla, éste replicó: "Dejemos algo a la decisión de la Providencia."

Después del entierro de Juan Pablo I, Karol Wojtyla visitó primero su querido santuario mariano en Mentorelli, cerca de Roma, y luego se dirigió a la residencia veraniega de Castel Gandolfo. Una semana antes de la primera sesión del Cónclave se fue con el obispo Deskur al cercano lago Vico. Los días anteriores a la votación del viernes los pasó con sus amigos de Roma. Se hospedó, como en sus tiempos de obispo, en el Colegio Polaco, mientras que el cardenal Wyszynski vivía en el Instituto Polaco, más cercano al Vaticano. Así que no se veían a diario y el Primado no sabía nada sobre la campaña dirigida por el obispo Deskur. Hasta que un día, bajo la influencia de una conversación con el cardenal König, invitó a los dos obispos poloneses de Roma, Andrzej Deskur y Wladyslaw Rubin. Cuando les preguntó quién sería el siguiente papa, escuchó: Karol

Wojtyla. El obispo Deskur era considerado la persona mejor informada en Roma, así que no era ni un chiste, ni un buen deseo sin fundamentos. A la vez, el obispo Rubin, como secretario del Sínodo de los Obispos, también disponía de información de primera mano. Para los inicios del Cónclave faltaban dos días.

EL SEÑOR TE LLAMA...

Después de visitar el viernes por la tarde a su amigo hospitalizado en la clínica Gemelli, el cardenal Wojtyla regresó al Colegio Polaco. Al día siguiente, ofició una misa por la recuperación del obispo Deskur, y luego se dirigió a la Basílica de San Pedro, para la misa en la intención del Cónclave, celebrada por el secretario del Estado, el cardenal Jean Villot. Después de la comida, por última vez como Arzobispo Metropolitano de Cracovia, entró en la Capilla Sixtina. Camino de la Basílica, pasó otra vez por la clínica Gemelli; durante su visita previa, todavía existía peligro de que el obispo Deskur no sobreviviera al derrame. En esta ocasión se enteró de que, aunque su estado de salud seguía siendo delicado, ya estaba mejor. Fortalecido por esta información, el Cardenal se fue al Cónclave.

Por segunda vez en el transcurso de unas cuantas semanas, como miembro del colegio electoral subió por la escalera al interior de la Capilla Sixtina, a la cual el maestro de ceremonias, Cesare Tucci, ya había llevado una cruz grande. Después de encontrar la celda 91 y dejar su maleta, se dirigió a la Capilla, donde los cardenales ya se levantaban para cantar solemnemente el *Veni, Creator.*

Ciento once cardenales se sentaron en dos filas frente al altar, en el orden señalado por su antigüedad. Encima de ellos se veía el fresco de Miguel Ángel que representa la creación del mundo, y enfrente, otra pintura de este artista: la visión del Juicio Final. Ahora los esperaba el paso que definiría la suerte del mundo. El elegido introduciría la cristiandad en el tercer milenio.

Los cardenales no tendrían contacto con el mundo exterior, y el uso de cualquier medio tecnológico de comunicación: teléfonos, radioteléfonos o faxes, estaba prohibido. Sólo podían conversar entre ellos. El único comunicado que podía salir de la Capilla era informar si la elección ya había terminado o no. Esta noticia se transmite a través del color del humo que sale de una estufa colocada tras una cortina en una de las esquinas de la Capilla.

Durante el Cónclave, los cardenales se reúnen en dos sesiones diarias. En cada una de ellas, normalmente se llevan a cabo dos votaciones. Después de la misa matutina del domingo 15 de octubre, los purpurados tomaron asiento en unas sillas con paleta para escribir, colocados en forma perpendicular al altar, en dos filas a los lados. En profundo silencio cada uno de ellos escribió en la papeleta el nombre de su candidato, la dobló y la depositó en el cáliz. Después, la comisión

electoral, formada por tres personas y supervisada por otros tantos cardenales, leía los apellidos escritos. Del conteo de los votos se dedujo que los dos principales candidatos italianos tenían más o menos el mismo número de partidarios, pero menos de los que se necesitaba para que uno de los dos saliera electo. La situación se repitió en la segunda votación, a pesar de que aparecieron nuevos apellidos. En la votación vespertina tampoco se resolvió nada. Pero en la cuarta votación apareció el apellido Wojtyla.

Por lo pronto, Cesare Tucci tuvo que introducir un manojo de heno húmedo con colorantes negros en la

Algunos cardenales creían que Giovanni Benelli, arzobispo de Florencia (arriba a la izquierda), sería un digno sucesor de Juan Pablo I. En cambio, el cardenal austríaco Franz König (arriba a la derecha) conocía muy bien a Karol Wojtyla e insistió en que no fuera italiano el elegido al Trono de San Pedro. Jean Villot, secretario del Estado Vaticano, también estaba a favor de la candidatura del Arzobispo Metropolitano de Cracovia.

estufa con un largo tubo que salía al exterior por una ventana colocada en lo alto. La nube negra sobre la Capilla Sixtina informó al mundo que los cardenales no se habían puesto de acuerdo.

A pesar de la orden de guardar silencio sobre lo que sucedía en el Cónclave, las escasas noticias sobre este tema llegaban de alguna forma a la opinión pública; las filtraciones eran facilitadas por el mismo reglamento, pues aunque les niega el derecho de voto a los cardenales de más de 80 años, no escatima información sobre el curso de las votaciones ni

continúa en la pág. 130 ▶

127

Moderación y entusiasmo

AL PRINCIPIO, LOS MEDIOS OFICIALES relataron la elección de Juan Pablo II con moderación. Sólo una relación amplia fue publicada en *Slowo Powszechne*, el periódico de la Asociación Pax. Para la *Trybuna Ludu* este acontecimiento tenía la misma importancia que el fin de la cosecha en los campos polacos. En cambio, para *Zycie Warszawy*, la información más importante eran los logros de Polkolor… Sin embargo, poco después apareció la opinión del Politburó: "Hay que escribir en forma cálida y amistosa, y expresar la alegría por el honor que ha sido otorgado al gran hijo de la nación polaca."

En el telegrama enviado al Papa por los representantes de las autoridades polacas leímos: "En relación con la elevación de Su Eminencia a la dignidad de papa, le transmitimos en nombre de la nación y de las más altas autoridades de Polonia cordiales congratulaciones y los mejores deseos." En dicho telegrama aparecen los nombres de: Edward Gierek, Henryk Jablonski y Piotr Jaroszewicz. La prensa oficial citó este escrito en su totalidad, constatando con satisfacción que "en el trono del Papa, por primera vez en la historia, está el hijo de la nación polaca, que edifica en la unidad y la cooperación de todos los ciudadanos la grandeza y la prosperidad de su patria socialista".

¿Y cómo reaccionaron los poloneses a la elección del Papa? La gente salió a las calles, todos llevaban velas encendidas y flores. Rezaban y cantaban. Entre ellos estaban los que conocían a Karol Wojtyla, pero también los que nunca se habían topado con él y apenas sabían quién era. En toda Polonia repicaban las campanas, a las iglesias llegaban multitudes. En las páginas del *Tygodnik Powszechny*, una de muy pocas revistas auténticamente católicas, Jerzy Turowicz escribió: "Son las tres de la madrugada. Espero que el Santo Padre Juan Pablo II esté acostado en la celda que le fue asignada por votación. Pero no estoy seguro de que duerma. El 'sí' que pronunció cuando le preguntaron si aceptaba la elección debió de ser la respuesta más difícil en su vida."

La campana Zygmunt, de la catedral de Wawel, proclamó tan gran acontecimiento, pues sólo toca en los momentos más importantes en la historia de Polonia.

en Polonia

Un día después de la elección de Juan Pablo II, tuvo lugar una misa de agradecimiento en el patio lateral de la catedral de Wawel, en Cracovia.

viene de la
pág 127 ▶ las conversaciones internas. Dado que no están obligados por el juramento que prestan los electores antes del Cónclave, hacen uso discrecional de la información que poseen. También los participantes de las votaciones revelan algún detalle, sobre todo bajo la presión de los periodistas que junto con otros reconstruyen en

La multitud reunida en la Plaza de San Pedro esperaba con paciencia los resultados del Cónclave. La alegría invadió a los presentes cuando al fin terminó la elección.

forma general el curso de los acontecimientos. En vista de la imposibilidad de elegir a un italiano, el lunes por la mañana se haría la votación por alguien que no fuera originario de Italia; en ella se mencionaron los candidatos de Holanda, Argentina y Brasil. En la segunda votación del lunes, un número importante de electores dio a conocer que deseaban apoyar al Cardenal de Cracovia. Después de la sesión, el cardenal Maximilian de Fürstenberg, rector del Colegio Belga en los tiempos en que Karol Wojtyla estudió en Roma, se acercó a su antiguo protegido y le dijo en latín: *"Dominus adest et vocat te"* (El Señor está aquí y te llama).

EL NUEVO PAPA SE HARÁ LLAMAR JUAN PABLO II

El mundo nunca sabrá lo que sintió Karol Wojtyla. Después de la comida se fue a la celda del primado Wyszynski. La tensión era enorme; alguien vio que el futuro papa lloraba y el Primado de Polonia lo abrazaba en forma paternal. En el cardenal Wyszynski se realizó una gran transformación. En la Capilla Sixtina se acercó al vacilante candidato al Trono de San Pedro y

El humo blanco sobre la Capilla Sixtina informa al mundo que los cardenales han elegido al nuevo papa.

le dijo: "Si lo eligen, por favor no lo rechace." Pero la séptima votación no trajo ninguna solución. Parte de los cardenales todavía no estaban convencidos de votar por el candidato de detrás de la Cortina de Hierro. No obstante, durante el receso sus principales partidarios tuvieron que convencer a algunos obispos alemanes e italianos indecisos. Durante la lectura de las papeletas en la octava ronda de la votación, el cardenal Wojtyla se erigió por un momento y luego escondió la cabeza entre las manos. Ya todos lo sabían: el Arzobispo Metropolitano de Cracovia recibió casi 100 votos.

Cuando se leyó el resultado de la última votación, el cardenal camarlengo Jean Villot se acercó al cardenal Wojtyla y, de acuerdo con el procedimiento, le preguntó: "¿Aceptas?" Contra los temores, el cardenal electo papa no vaciló. Ya tenía un texto preparado para la aceptación: "En obediencia de la fe en Cristo, mi Señor, confiando en la Madre de Cristo y de la Iglesia, consciente de las grandes dificultades, acepto." El cardenal Villot preguntó en seguida por el nombre que quería tomar. El nuevo papa contestó que por el apego a Paulo VI y el afecto a Juan Pablo I, deseaba que lo llamaran Juan Pablo II. Se oyeron aplausos. Cesare Tucci arrojó a la estufa otro manojo de heno. En la Plaza de San Pedro, ya envuelta en penumbras, el locutor informó a los congregados que el nuevo papa había sido elegido.

El maestro de ceremonias llevó al Santo Padre por las escaleras de piedra a un pequeño aposento, en el cual Karol Wojtyla dejaría para siempre la sotana púrpura y se pondría sus nuevas vestiduras; de los tres juegos de diferentes medidas, escogió el más grande. Ya había pasado por una gran emoción, así que el aposento en el cual se cambiaba, llamado "el cuarto del llanto" (porque con frecuencia los nuevos papas daban allí rienda suelta a las lágrimas), no merecía este nombre. Después de un momento, vistiendo la sotana blanca, apareció de nuevo en la Capilla Sixtina. Frente al altar, lo esperaba un sillón en el cual iba a recibir el *homagium* de los cardenales. Cuando el maestro de ceremonias le pidió al Papa que se sentara, éste respondió: "No, recibiré a mis hermanos de pie." Los cardenales se acercaron uno por uno y él los abrazó. Mientras tanto, las papeletas con los apuntes de los cardenales y las papeletas de la votación fueron quemadas.

La multitud de 200,000 personas reunidas en la plaza, enfrente de la Basílica de San Pedro, ya sabía que tenían papa, pero nadie conocía aún quién era. La gente esperaba tensa la aparición del Santo Padre, también Obispo de Roma, Arzobispo Metropolitano de la Provincia Romana y Primado de Italia. Primero, alrededor de las siete de la noche, la Guardia Suiza entró en la Plaza al son de la orquesta; posteriormente, en el balcón central de la Basílica apareció el cardenal protodiácono Pericle Felici, que comenzó: "*Annuntio vobis gaudium magnum... Habemus papam!*" (Les anuncio una gran alegría... ¡Tenemos papa!). Después de las vivas, llegó el momento de anunciar el apellido; el cardenal Felici lo tenía escrito en una tarjeta, junto con la pronunciación aproximada. "Carolum Sanctae Romanae Ecclesiae Cardinalem... –dijo y echó un vistazo a la tarjeta–, ...Wojtyla." Agregó que el nuevo papa tomó por nombre Juan Pablo II.

EL ADIÓS A LA PATRIA

En la Plaza había personas que sabían de quién se trataba, pero la multitud se quedó atónita. Se dieron cuenta de que el papa electo era extranjero, pero, ¿de qué país? Alguien expresó que era africano, otro más que era asiático... De los lugares donde estaban los poloneses, salió la noticia de que era su compatriota, el Cardenal de Cracovia. Juan Pablo II no los hizo esperar mucho. Antes de dar la bendición en latín, se acercó al micrófono y apartó gentilmente al maestro de ceremonias, para dirigirse a la multitud en italiano: "¡Que sea alabado Jesucristo! ¡Mis amadísimos hermanos y hermanas!"; cuando los italianos oyeron su lengua, aplaudieron emocionados. "Todavía estamos sumergidos en el dolor por la muerte de nuestro amado papa Juan Pablo I, pero los eminentísimos cardenales eligieron al nuevo Obispo de Roma. Lo llamaron de un país lejano... Lejano, pero siempre cercano por su comunidad en la fe y en la tradición cristianas."

Todos escuchaban con gran atención las razones por las cuales aceptó la elección, las mismas que presentó a los cardenales cuando el camarlengo le preguntó si aceptaba la elección. "Así pues, estoy frente a ustedes para proclamar nuestra fe común, nuestra esperanza y nuestra confianza en la Madre de Cristo y en la Iglesia, asimismo para reiniciar este camino de la historia de la Iglesia, reiniciarlo con la ayuda de Dios y de las personas."

Desde el primer momento trazó un nuevo camino, alejado del convencional, al romper gentilmente las reglas que ataban a sus antecesores. Al día siguiente se despertó como en días pasados en el catre de la celda número 91. En otras celdas dormían los miembros del Colegio Cardenalicio; les había pedido que se quedaran en ellas como si el Cónclave todavía no hubiera terminado. En la mañana, con todo el Colegio Cardenalicio, celebró la misa en la Capilla Sixtina e impartió la bendición. Durante la misa pronunció en latín la homilía que había escrito la noche anterior y afirmó que

su primera "responsabilidad" era terminar la implementación del Concilio Vaticano II, que era "el acontecimiento de mayor peso en la historia de casi 2,000 años de la Iglesia".

También habló de la necesidad de continuar la tarea del ecumenismo: "¿Cuántas veces hemos meditado conjuntamente sobre la última voluntad de Cristo, quien pidió al Padre el regalo de la unión para sus discípulos?" Finalmente, formuló la respuesta basada en la esencia de su misión pastoral: "¿Cómo será nuestro pontificado? ¿Qué suerte le espera, por la voluntad de Dios, a la Iglesia en los próximos años? ¿Qué camino recorrerá la humanidad en este siglo que está por terminar? A estas atrevidas preguntas, hay una sola contestación: 'Sólo Dios lo sabe'."

En la tarde deseó visitar otra vez al obispo Deskur en la clínica Gemelli. No preguntó a nadie si podía hacerlo, pero tampoco podía ir allá solo con su chofer; ya era Vicario de Jesucristo, Sucesor de San Pedro, Príncipe de los Apóstoles, Patriarca de Occidente y, además de todos estos títulos, también era el Jefe del Estado Vaticano. Entonces se fue en el auto Mercedes papal negro, en la formación que corresponde al Jefe de Estado.

Por la noche tuvo lugar la primera audiencia privada del nuevo papa, a la cual invitó a sus amigos.

Al día siguiente, después de la nominación, Karol Wojtyla visitó al obispo Andrzej Deskur en la clínica Gemelli.

A esta celebración la llamaron informalmente "adiós a la patria".

El 22 de octubre de 1978, los ojos de todo el mundo se tornaban hacia él, el más alto sacerdote de la Palabra que se convirtió en Cuerpo. Inauguró de una forma solemne el servicio que recibió de manos de los cardenales hacía seis días. Ahora era el gran actor sobre

continúa en la pág. 134 ▶

131

Un acontecimiento importante para todo el mundo

"CUANDO, A ALTAS HORAS DE LA TARDE DEL 16 DE OCTUBRE DE 1978, de la chimenea de la Capilla Sixtina finalmente salió el humo que anunciaba a un nuevo papa, nadie sabía que este humo era un disparo de cañón", escribió André Frossard, periodista y autor francés.

Este humo anunciaba el "rompimiento con la tradición de los papas italianos y la primera elección de un papa en la historia... de aquel lado de la Cortina de Hierro.[...] Los que estaban cerca del recién electo papa cuentan que por un momento se quedó sin movimiento, pálido, petrificado. Después, cuando expresó su acuerdo y declaró que tomaba por nombre Juan Pablo II, fue llevado a la sacristía de la Capilla Sixtina, con su vestimenta blanca, y parecía que siempre hubiera sido Papa".

El 18 de octubre de 1978, Robert Sole aseveró en el periódico *Le Monde:* "En el transcurso de un par de semanas hemos pasado de un Juan Pablo a otro, de la provincia de Venecia a la fresca Cracovia, de un párroco campesino al Papa 'de la franja fronteriza'. De pronto, el mundo católico cambia de tonalidad. Incluso para una nación tan flexible como la italiana, que sabe adecuarse a los acontecimientos más sorpresivos, esto fue como una sacudida. [...] Sólo se podía predecir el nombre que tomaría el nuevo papa. Al nombrarse Juan Pablo II evocó, parece que por primera vez en la historia de la Iglesia, a sus tres antecesores inmediatos. El papa electo, quienquiera que hubiera sido, tenía que subrayar esta continuidad. Pero en el caso del cardenal [Karol] Wojtyla, el asunto del nombre ha pasado casi inadvertido. El Papa es polonés, y en éste es lo único que importa."

El periódico italiano *Il Corriere della Sera*, en el artículo "En la Iglesia no hay extranjeros", de Walter Tobargio, citó declaraciones de los cardenales que participaron en el Cónclave:

A través de la televisión que se instaló en la Plaza de San Pedro, casi todo el mundo pudo participar en la inauguración del pontificado de Juan Pablo II.

"Angelo Rossi, un brasileño que dirige la Congregación para la Evangelización de los Pueblos, dice con una sonrisa muy amplia y llena de satisfacción: 'No lo esperaba... Pensaba que iba a ser un italiano, pero llegó el cambio. Ésta es una gran sorpresa y todos estamos muy contentos.'

"También estuvo muy sonriente Giovanni Benelli, el arzobispo de Florencia: 'Fue una elección bien pensada, se escogió al hombre correcto en el momento correcto.'

"A la pregunta de si esta elección implicaba un giro histórico, respondió: 'No veo giros históricos. El mismo Papa en su discurso expresó que desea continuar la línea trazada por

132

su antecesor y por el papa Paulo VI.'

"–¿Y el hecho de que el Papa sea extranjero?

"–En la Iglesia no hay extranjeros: todos somos hijos de Dios."

Los periódicos de Alemania Occidental subrayaron, ante todo, que los electores alemanes votaron por el candidato originario de Polonia.

El *Berliner Morgenpost* comentó que el nuevo papa era como "una fuerza propulsora de la reconciliación con la nación alemana".

En el artículo "Conmoción en Roma", del *Der Tagesspiegel*, se afirma que la elección del Arzobispo de Cracovia significa un gran reconocimiento para la nación polaca.

En Estados Unidos, país donde la mayoría de los cristianos no pertenecen a la Iglesia católica, los medios masivos dedicaron su atención al problema del acercamiento entre todas las agrupaciones religiosas.

La agencia Associated Press subrayó el encuentro del Papa con los representantes de los credos no católicos, así como la recepción en la audiencia de los representantes del Congreso Mundial Judío. Recalcó que la elección

del nuevo papa era una oportunidad para la colaboración entre las Iglesias y las religiones.

En cambio, los suizos no veían en el nuevo Papa las oportunidades para el acuerdo entre las Iglesias. El periódico liberal *Neue Zürcher Zeitung* opinó que el nuevo papa, apegado a la tradición y a la doctrina católicas, no estaría en condiciones de lograr un progreso significativo en el movimiento ecuménico.

La agencia soviética *Nowosti* aseveró: "La toma del Trono de San Pedro por el nuevo papa despierta el interés de la gente, que se pregunta qué postura tomará la nueva administración vaticana en el asunto más importante de la actualidad, es decir, en la cuestión de fortalecer la paz, detener la carrera armamentista, acabar con la tensión en todo el globo terráqueo." En su conclusión, la agencia expresó que "el espíritu de la distensión corresponde hoy a los intereses de todas las personas, sean católicas, ortodoxas, protestantes o no creyentes. El Papa, como pastor espiritual de los millones de católicos que hay en todo el mundo, puede contribuir a la solución de muchos problemas internacionales y al desarrollo de las relaciones entre las Iglesias y los que no son creyentes".

El semanario soviético *Novi Vremia* aseveró: "La elección de Wojtyla ha causado una conmoción. Por primera vez desde 1523 el Papa no es italiano; el nuevo líder de la Iglesia Católica procede de un país socialista. ¿Cómo explicar esta elección? Algunos comentaristas occidentales aseguran que los cardenales eligieron *a propósito* al Papa que, por experiencia propia, conoce el socialismo y el comunismo, y la forma de luchar contra ellos. Parece que estos comentaristas confunden sus deseos con lo que es la realidad."

Bernard Margueritte, corresponsal del semanario *Le Point*, en Varsovia, escribió: "Polonia nunca será la misma después de la elección del papa Juan Pablo II, ex Arzobispo de Cracovia, Karol Wojtyla."

La publicación *The Guardian* dijo: "Nadie puede visualizar hoy las consecuencias de la elección del cardenal Wojtyla a papa, pero es seguro que tendrá una enorme influencia en la situación de Polonia y Europa Oriental, en el futuro de los partidos comunistas y en las relaciones entre el Oriente y el Occidente." ■

viene de la ▶
pág. 131

la escena de lo temporal y lo infinito. Antes de sentarse en el trono, oró en la tumba de San Pedro Apóstol, al que Cristo le entregó el cuidado del Rebaño. Mientras tanto, 300 obispos, jefes de Estado coronados y sus representantes, así como una multitud de 300,000 fieles, esperaban bajo el sol de otoño su aparición en la Plaza de San Pedro.

El 22 de octubre de 1978, Juan Pablo II fue ordenado como papa en la Basílica de San Pedro.

Al mismo tiempo, incontables millones de ojos de todo el mundo miraban las pantallas de los televisores. La vida se detuvo en las calles de Polonia; por primera vez en la historia, la Santa Misa sería transmitida por televisión.

En el siglo XX, los tres antecesores de Juan Pablo II iniciaron sus pontificados con la colocación de la tiara en la cabeza, este tocado de los soberanos orientales adornado con tres coronas, el *trirregnum* que simboliza los tres poderes del papa. Juan XXIII la recibió de manos del cardenal decano mayor: "Eres el Padre de los príncipes y los reyes, el guía de todo el mundo y el representante de nuestro Salvador." En 1964 y durante las sesiones del Concilio Vaticano II, Paulo VI declaró a los padres conciliares y al mundo que su tiara, regalo de los fieles de Milán, la regalaría a los pobres y necesitados; luego bajó del trono y la colocó en el altar. Juan

Pablo I renunció a la coronación y a la tiara, que había acompañado a los papas durante doce siglos. Para Juan Pablo II fue preparado sólo el palio blanco con las pequeñas cruces negras, símbolo del poder eclesiástico; el mismo palio que catorce años atrás, como Arzobispo Metropolitano de Cracovia, le regalara Paulo VI.

Después de la oración, el Papa salió de la Basílica, precedido por 112 cardenales, para sentarse en el trono y recibir el palio de manos del cardenal Pericle Felici. Éste pronunció la fórmula: "¡Bendito sea Dios que te ha escogido como Pastor de toda la Iglesia, confiándote el servicio apostólico!"

Después de la entrega del poder, llegó el momento de presentar el homenaje al nuevo sucesor de San Pedro. Todo el Colegio Cardenalicio se formó tras su decano, Carlo Confalonieri, para arrodillarse ante el Papa y besar su anillo. El orden correspondía a la antigüedad en la dignidad cardenalicia, pero Juan Pablo II rompió este principio, pues deseaba destacar en forma especial al Primado de Polonia. El cardenal Stefan Wyszynski se acercó al Santo Padre y, cuando se inclinaba, el Papa se levantó del trono y lo abrazó por un largo rato.

Para subrayar que este acontecimiento en la Plaza de San Pedro no se limitaba solamente a Roma e Italia, sino que afectaba al mundo entero, la primera lectura de la Santa Misa se leyó en inglés; durante la segunda, que llenó de orgullo a todos los polaneses, el mundo oyó el idioma natal del nuevo papa. La tercera lectura fue el fragmento del Evangelio según San Juan referido a las raíces del Papado y de la Iglesia. El Santo Padre recordó las palabras que Cristo dirigió a Pedro después de la Resurrección: "Apacienta mis corderos" y "apacienta mis ovejas", que simbolizan la entrega de las llaves del Reino Celestial. Este fragmento fue leído en latín y en griego.

Unos minutos más tarde pronunció las frases que serían el mensaje de su pontificado: "No tengáis miedo. ¡Abran, abran de par en par las puertas a Cristo! Abran a su poder salvador las fronteras de los países, los sistemas económicos, los sistemas políticos, las corrientes civilizadoras. ¡No tengáis miedo! Cristo sabe 'lo que hay en el hombre', sólo Él."

El llamado: "¡Abran las puertas a Cristo!" lo encontró por primera vez en las páginas del libro de San Luis Grignion de Montfort, *Tratado sobre la perfecta adoración de la Santísima Virgen María*, que en los años cuarenta estudiaba durante las noches en la fábrica Solvay, en Borek Falecki. El mismo del cual tomó su lema cuando era obispo, y ahora también como papa: *Totus tuus.*

UN GRAN SILENCIO ANTE DIOS

Antes de proclamar el llamado al mundo para que se abriera a la salvación, pidió: "Ayuden al Papa y a todos los que desean servir a Cristo, y con la fuerza de Su Poder sirvan al hombre y a toda la humanidad." También aclaró que estaba en la Ciudad Eterna, a semejanza de San Pedro, guiado por la obediencia, para dar testimonio de la verdad y dispuesto a sacrificar su vida. Llegó como el hijo de la nación polonesa y se convirtió en romano, aunque en cierto sentido lo había sido desde el principio, pues su nación nunca se separó de la Sede de San Pedro, siempre fue fiel. Al final, expresando su gratitud y saludando en muchas lenguas, se dirigió a sus compatriotas: "Todo lo que yo pudiera decir será insignificante en comparación con lo que siente en este momento mi corazón. Y también en comparación con lo que sienten vuestros corazones. Entonces, ahorremos las palabras, que quede sólo un gran silencio ante Dios, un silencio que sea oración pura."

El 23 de octubre, al día siguiente de la inauguración, en vez de comenzar a estudiar los documentos en la Secretaría del Estado, se reunió con los polaneses que tenían que partir de Roma. Abrazó otra vez con cariño al primado Wyszynski, pre-

sente en la audiencia de despedida de los polaneses, y recordó con emoción: "No estaría en la Sede de San Pedro este papa polonés, que hoy lleno de temor de Dios, pero también de confianza, inicia el nuevo pontificado, sin tu fe, que no retrocedió ante la prisión y el sufrimiento, sin tu esperanza heroica, sin tu entrega a la Madre de la Iglesia, si no hubiera Jasna Góra, y sin todo aquel periodo en la historia de la Iglesia en nuestra patria, que está ligado con tu servicio de obispo y primado." A sus compatriotas les pidió que se opusieran "a todo lo que ofende la dignidad humana y rebaja las costumbres de una sociedad sana". Polonia, siempre fiel a Roma, sería para Juan Pablo II –con el tiempo lo comprendieron en el Vaticano– no sólo fuente de la incurable nostalgia, sino también el reducto de la resistencia al sistema que se opuso a los valores del Evangelio.

El día anterior, cuando la Santa Misa inaugural del pontificado estaba llegando a su fin, Juan Pablo II se acercó a los fieles que estaban a cierta distancia de su trono, tras las barreras de madera. De acuerdo con el protocolo, en ese momento debió haberse dirigido

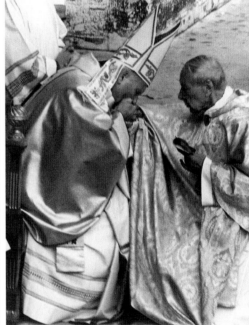

Después de una solemne entrega del poder al recién electo papa, los cardenales le ofrecieron un homenaje. Cuando el cardenal Stefan Wyszynski iba a besar el anillo del Papa, Juan Pablo II se inclinó para besar la mano del Primado de Polonia. Y luego lo abrazó por un largo rato.

hacia la Basílica de San Pedro, pero el Papa decidió romper el protocolo preparado por la Curia romana. Caminó con paso firme a lo largo de las miles de personas que lo aclamaban, las saludó y las bendijo; apretó las manos que le tendieron y a un muchachito que con un ramo de flores se abrió paso y corrió hacia él, lo abrazó y lo besó.

Cuando finalmente se detuvo frente a la Basílica, se dio vuelta y con el gran báculo pastoral de plata dibujó varias veces, sobre la multitud, la señal de la Cruz. ∎

Han sido dos mil años de logros y fracasos. La historia del Papado es un entrelazamiento de la historia sagrada y la historia humana, la unión de lo sacro con el destino del hombre.

CAPÍTULO OCHO

Dos mil años de Papado

"TÚ ERES PEDRO, Y SOBRE ESTA PIEDRA EDIFICARÉ MI IGLESIA, Y EL PODER DE LA MUERTE NO PODRÁ CON ELLA." ÉSTAS FUERON LAS PALABRAS QUE JESÚS DIRIGIÓ HACE CASI VEINTE SIGLOS AL HUMILDE PESCADOR DEL LAGO GENESARET, EN GALILEA. Simón, su nombre verdadero, no sospechaba que de esta forma daría inicio a la historia del Papado, en la cual se concentran el pasado y el presente de la Iglesia, llena de santidad y de pecado, de logros y de fracasos.

Simón, al que Jesús llamó Pedro, no era ni el más fiel ni el más amado de entre los discípulos que tuvo Jesús. Por el contrario, era un hombre de poca fe y de carácter débil. El maestro de Nazaret lo regañó más de una vez: "¡Apártate de mí, Satanás! –le dijo un día. Eres para mí un obstáculo, porque no piensas como Dios, sino como los hombres." Cuando Pedro, por orden de Jesús, dejó la barca en que estaba, le faltó fe para caminar sobre las olas del lago y Cristo tuvo que salvarlo. Y la traición más grave de Pedro tuvo lugar la noche anterior a la pasión de Jesús en la cruz.

No obstante, después de la muerte de Jesús, Pedro reapareció como líder de los apóstoles. Él fue quien entró primero en la tumba donde había sido depositado el cuerpo del Maestro, para atestiguar que estaba vacía . Después de la resurrección, Cristo reconoció a Pedro como pastor de la joven Iglesia. Tres veces le repitió: "Apacienta mis ovejas."

En consecuencia, el temeroso Pedro se convirtió en otro hombre, que sin vacilación predicaba las enseñanzas de Cristo. Fue un apóstol viajero, que visitaba las ciudades donde había comunidades judías, para crear nuevas comunidades cristianas. Finalmente llegó a Roma y aunque la Iglesia ya existía ahí, se considera que Pedro es su fundador.

Pedro murió como mártir, igual que Pablo, el segundo gran apóstol, durante las persecuciones de los cristianos iniciadas por Nerón, en el siglo I. Según se dice, Pedro fue crucificado con la cabeza hacia abajo. Su cuerpo fue enterrado en la Colina Vaticana, donde el papa Silvestre I ordenó edificar la basílica de San Pedro, en el siglo IV. La Basílica fue reedificada en varias ocasiones y hoy es el símbolo del Vaticano. Al lado se encuentra la residencia de los pontífices, los sucesores de San Pedro.

Stanisław Hozyusz.
(Rycina wyjęta z jego żywotu, opisanego przez Reszkę, wydanego w Rzymie r. 1587.)

El cardenal Stanislaw Hozjusz nació en 1504 y falleció en 1579; fue uno de los líderes de la Contrarreforma. En 1565 fue postulado como candidato a papa.

LA SUERTE DE LOS PRIMEROS PAPAS ES POCO CONOCIDA

El Trono Pontificio ha sido ocupado por representantes de diferentes naciones, estados y profesiones. Los obispos de Roma han sido elegidos de entre sirios, griegos, españoles, franceses, alemanes... Hasta 1978, los italianos habían ocupado con mayor frecuencia la Sede de San Pedro.

Sólo una vez en la historia del Papado fue electo un obispo descendiente de una familia romana judía: Petrus Pierleone, que tomó el nombre de Anakleto II, en el año 1130. Casi al mismo tiempo, la minoría del Colegio Cardenalicio eligió como papa a Inocencio II, lo cual provocó la ruptura en la Iglesia de Occidente.

Inocencio II fue apoyado por Bernardo de Clairvaux, una de las más grandes autoridades de aquellos tiempos, posteriormente canonizado. En cambio, Anakleto II contó con el respaldo de Roger II, rey de Sicilia. El problema de que uno de los dos pontífices se convirtiera en papa se resolvió con la muerte de Anakleto II, pues Inocencio II fue entonces reconocido como papa, aunque los historiadores no se han puesto de acuerdo en quién de los dos fue el sucesor legítimo de San Pedro.

Antes de ser ordenados sacerdotes, los futuros papas se dedicaban a diversas profesiones. Nino Lo Bello, autor del libro *El Vaticano sin secretos*, menciona las actividades de los pontífices; por ejemplo, Eusebio (en el siglo IV) era médico e historiador; Bonifacio VIII (en los siglos XIII y XIV) ejerció la abogacía; a Pío II (en el siglo V) le gustaba la poesía. A su vez, Clemente IX (en el siglo X) escribía obras de teatro, actividad que no abandonó al ser escogido obispo de Roma. Entre los papas también ha habido un banquero: Inocencio XI (en el siglo XVI) y un soldado, Juan XXIII (en el siglo XV).

En el transcurso de los dos mil años de su ininterrumpida existencia, la dignidad de Sumo Pontífice se ha redefinido constantemente. Este proceso de formación se ha visto influido por la doctrina eclesiástica y por la historia del mundo.

Después de la muerte del mártir San Pedro, y a pesar de que todavía seguían vivos otros apóstoles, la posición del obispo de Roma había adquirido mucha importancia. Así lo señaló Ireneo, escritor cristiano del siglo II, en *Adversus haereses:* "Con esta Iglesia, gracias a su excepcional primacía, tenían que estar de acuerdo las demás Iglesias, es decir, los fieles de todo el mundo."

Crucifixión de San Pedro, pintura de Caravaggio que se encuentra en la iglesia romana de Santa María del Popolo.

Los papas de los primeros siglos intervenían en los asuntos de las Iglesias locales. Clemente I (a finales del siglo I) amonestó a los corintios y los llamó a la concordia. Su carta es conservada casi con el mismo respeto con que se guardan las cartas de San Pablo.

La historia de los papas de los primeros tres siglos no es muy conocida; los datos sobre sus apellidos y actividades son escasos y se conocen gracias al primer conjunto de biografías de los obispos de la Ciudad Eterna, llamado *Liber pontificalis*. Muchos de ellos murieron como mártires; por ejemplo, San Ponciano murió condenado a trabajos forzados en canteras. Él fue el primer papa que renunció a su cargo, y la fecha de su abdicación es la primera fecha documentada en la historia del Papado.

La Iglesia se desgastaba con frecuencia debido a problemas internos. A principios del siglo III surgió la controversia teológica sobre la Santísima Trinidad. Un renombrado teólogo de aquel entonces, Hipólito, aseveró que el papa Calixto I era partidario de la herejía y, por primera vez en la historia del cristianismo, surgió una división seria. En la historia del

Busto del emperador romano Constantino I el Grande (280?–337), hijo de Santa Elena.

Papado hubo más de 40 antipapas, que habían sido electos por cardenales descontentos, por parte del clero y hasta por el pueblo romano, además de los gobernantes y las familias aristocráticas de la Ciudad Eterna. Como es de suponerse, había luchas entre los bandos opuestos. En el tiempo del llamado Gran Cisma de Occidente hubo hasta tres papas al mismo tiempo, y cada uno era considerado cabeza legítima de la

Fragmento de la letra C inicial o capitular, iluminada, del nombre de Calixto, tomada del *Codex Calixtinus,* que fue elaborado en el siglo XII, muy probablemente por monjes.

Iglesia. El último antipapa fue conocido como Félix V (en el siglo XV).

La situación de la Iglesia y de los pontífices cambió dramáticamente en los tiempos del emperador Constantino el Grande, en el año 313, cuando este emperador promulgó un edicto (llamado por los historiadores Edicto de Milán) en el cual reconoció la igualdad del cristianismo y proclamó la libertad de confesión.

El emperador Constantino regaló al papa Melquiades el monte de Letrán y le ordenó construir ahí una iglesia, un baptisterio y la residencia papal, en honor al Cristo Salvador. Desde aquella época, la iglesia de Letrán fue llamada la "madre y cabeza de todas las Iglesias del mundo". El Palacio Pontificio sirvió a los obispos de Roma por casi mil años, y fue sede de cinco concilios ecuménicos. En la actualidad, de este recinto de papas sólo queda una capilla, a la cual se entra por las Escaleras Santas que, según la leyenda, subió el mismo Jesús. Dichas escaleras de piedra fueron llevadas a Roma por Santa Elena, la madre de Constantino el Grande.

Los emperadores cristianos trataron de tomar, aunque de manera informal, el control de la Iglesia. Convocaban y presidían los concilios, e influían en la política de la Iglesia y en la doctrina católica. El papa Silvestre I, contemporáneo del emperador Constantino, estaba sometido a tal grado que ni siquiera tomó parte en los sínodos y concilios que él mismo convocaba.

EL SIERVO DE LOS SIERVOS DE DIOS

En el año 380, Graciano y Teodosio, emperadores soberanos de Occidente y de Oriente, elevaron el cristianismo a un rango que competía con el del Estado. Ya desde entonces, el desviarse de la ortodoxia se consideraba una violación a las leyes del Estado.

En el siglo V, en tiempos de las invasiones de los hunos y los vándalos en Roma, León I el Grande afianzó la posición del Papado. Según los historiadores de la Iglesia, fue el primer pontífice soberano en la capital de San Pedro. También en el *Liber pontificalis* se subraya que tomaba las decisiones de manera soberana, sin la intervención del emperador. Durante el pontificado de León I se decidió llamar al papa Sucesor de San Pedro.

Otro papa que mereció llamarse "el Grande" o "Magno" fue Gregorio I, que gobernó entre los siglos VI y VII. Hasta el día de hoy en todo el mundo católico se emplea el misal romano diseñado por este papa. Gregorio I no permitía que lo llamasen papa ecuménico y le negó al patriarca de Constantinopla el título de patriarca ecuménico. Ordenó que lo llamaran "el siervo de los siervos de Dios". Este título fue incorporado al conjunto de los títulos oficiales del papa, y desde entonces lo utilizan todos los sucesores de Gregorio I. Este papa administró con eficiencia los bienes de la Iglesia y gracias a la donación de tierras en Sicilia, Cerdeña y el sur de Italia, se convirtió en el propietario más rico de la península itálica y, por ende, en el soberano político *de facto* de Roma. Administró también los ingresos de la venta de trigo y se convirtió, como escribe M. David Knowles, el historiador de la Iglesia, "en el banquero y prestamista del emperador".

En el siglo VIII los lombardos amenazaron a Roma, pero esta vez el emperador de Bizancio no acudió para ayudar a la ciudad. El papa Esteban II buscó entonces la ayuda de los francos y de su rey Pipino el Breve. Esteban II le otorgó el título de patricio romano, y Pipino incorporó el Principado Romano y el exarcado de Ravena a los bienes papales. Así se formaron los fundamentos de los Estados Pontificios, que perduraron sin modificaciones importantes hasta la mitad del siglo XIX.

La Iglesia occidental rompió lazos con Bizancio una vez que contó con el apoyo y la protección del

León I el Grande

FUE PAPA DE 400 a 461. Su principal tarea era la lucha contra la herejía, y con este objetivo convocó los sínodos y pidió ayuda al Estado. También era su fin fortalecer la primacía del Obispo de Roma.

Como resultado de la insistencia de León I, el emperador Marcelo convocó el Concilio Ecuménico en Calcedonia, presidido por sus propios funcionarios. Aunque los representantes del Papa podían presentar sus posturas antes que los demás, y aunque el Pontífice era el primero en firmar las decisiones del Concilio, en realidad no tenían poder alguno. Por ello, no pudieron evitar que el Concilio elevara el rango del Patriarca de Constantinopla y lo igualara con el estatus del Obispo de Roma.

En el año 451, los hunos invadieron el norte de Italia. León I se dirigió al campamento de éstos con la misión de lograr la paz, y Atila, el jefe de los hunos, detuvo la marcha de sus ejércitos.

En el año 455 los vándalos, bajo el mando de Genserico, llegaron a las puertas de Roma. El Papa, igual que la vez anterior, se dirigió al campamento del enemigo. Esta vez no pudo evitar el saqueo de la ciudad, pero la salvó de ser quemada, protegiendo así la vida de sus habitantes. Fue reconocido como el Salvador de Italia y la posteridad le otorgó el sobrenombre de "el Grande".

Fue una gran personalidad de la Iglesia de aquel entonces. Murió en noviembre del año 461 y fue enterrado en la Basílica de San Pedro. En 1754, Benedicto XIV le otorgó el rango de Doctor de la Iglesia. Es venerado como santo.

rey de los francos. Después de la muerte de Esteban II, el Trono de San Pedro fue ocupado por su hermano, que se hizo llamar Pablo I.

La división entre Oriente y Occidente se hacía cada vez más profunda. El acto simbólico que dio lugar a dicha ruptura fue la emisión de una moneda con la imagen del papa Adriano I y no, como había sido hasta entonces, del emperador de Bizancio. El Obispo de Roma se convirtió en el soberano de los Estados Pontificios. Sin embargo, la unidad de la Iglesia estaba presente; todavía no había llegado la gran división entre la ortodoxia y el catolicismo. Mientras, los lazos del Papado con los francos se iban fortaleciendo. Esteban IV deseaba confirmar su supremacía espiritual sobre el emperador y ungió a Luis el Piadoso como emperador romano. Desde entonces, el Papado reclamó el derecho a ungir a los emperadores romanos.

EL SIGLO OSCURO

Se aproximaban nubes negras. Europa estaba dividida en reinos rivales, y éstos en múltiples dominios. Los soberanos de los nuevos estados y principados se apoderaban no sólo de los bienes eclesiásticos, sino también del poder sobre la Iglesia; otorgaban privilegios y decidían quiénes ocuparían los cargos de obispos y párrocos. La secularización provocó que las provincias, y a veces hasta las diócesis, se volvieran dependientes de los soberanos rivales y perdieran unión entre ellas. El Trono de San Pedro se convirtió también en objeto de regateos y luchas entre diversas facciones enemigas.

La familia de los príncipes Spoleto se puso en contra de Formoso I (fines del siglo IX). Formoso buscó entonces la protección del rey Arnulfo de Carintia, a quien ungió como emperador. Los ejércitos de los Spoleto conquistaron Roma y el Papa falleció poco después. La Santa Sede fue dirigida durante un breve periodo por Bonifacio VI, elegido por el pueblo romano a pesar de que en dos ocasiones había sido despojado del sacerdocio a causa de su vida inmoral. Sin embargo, Bonifacio VI murió dos semanas después de su elección, quizá envenenado por la bella y cruel princesa Agiltruda Spoleto.

Gracias al apoyo de la familia Spoleto, Esteban VI fue electo al Trono de San Pedro. Se hizo famoso por el "Sínodo del Cadáver", el acontecimiento más repugnante en la historia del Papado. Este Papa, por orden de Agiltruda, mandó sacar de la tumba el cadáver de Formoso para juzgarlo. El cuerpo en descomposición –que ya tenía nueve meses enterrado– fue vestido y sentado ante el Tribunal Pontificio. Un diácono respondía a las acusaciones de los jueces en nombre del cadáver y, como era de suponerse, Formoso perdió el juicio. El Sínodo desconoció todas las consagraciones y ordenaciones que había efectuado el papa Formoso; además, Esteban VI ordenó que le cortaran al cadáver los dedos de la mano derecha (con la cual había bendecido cuando estaba vivo), que lo desvistieran y que lo arrastraran por las calles de Roma, para después arrojarlo al Tíber.

Cuando terminó el Sínodo del Cadáver, que tuvo lugar en el Palacio de Letrán, se derrumbó la basílica papal, hecho interpretado por la multitud como expresión de la ira de Dios. Esteban VI fue detenido, despojado del poder, encarcelado y asfixiado. En los siguientes ocho años ocuparon el trono ocho papas.

Éste fue el inicio del Siglo Oscuro en la historia del Papado. Los obispos romanos llevaban una vida inmoral y sus gobiernos más de una vez terminaron con un asesinato. Sergio III (a principios del siglo X) confió la custodia del tesoro y el mando del ejército al senador Teófilo, cuya hija, Marozia, era amante de Sergio y se convirtió en la soberana de Roma. Marozia logró que su hijo fuera elegido al Trono de San Pedro como Juan XI. A éste lo depuso su hermano Alberico, quien se rebeló en contra de su propia madre. La capturó y la obligó –como aseveran unos– a encerrarse en un convento, o –como aseguran otros– la encarceló junto con su hermano, Juan XI. Alberico tomó el poder sobre Roma, terminando de esta forma el periodo de pornocracia, llamado así por el historiador ca-

Gregorio I el Grande

NACIÓ EN ROMA EN EL SENO DE UNA FAMILIA ARISTOCRÁTICA, ALREDEDOR DEL AÑO 540. A los 30 años ya era pretor (virrey) de Roma. Dos años más tarde renunció a la dignidad y transformó su casa en un convento benedictino; desde entonces vivió como un humilde monje. En contra de sus protestas, en el año 590 se convirtió en el primer monje que ocupó el Trono de San Pedro.

El papa Gregorio I consideraba prioritarias las relaciones con la Iglesia de Oriente y la restitución de la primacía de Roma, pues hasta aquel momento la primacía la reclamaban los patriarcas de Constantinopla, que ostentaban el título de patriarcas ecuménicos.

En el año de 592, cuando los lombardos otra vez sitiaron Roma, Gregorio I entabló negociaciones y pagó una importante suma para que se retiraran. El emperador de Bizancio lo criticó por esta solución y, sin embargo, esta negociación terminó la guerra con los lombardos. Gregorio I también buscó el acercamiento con los germanos.

Otro de sus grandes méritos está relacionado con la cristianización de Inglaterra, a donde mandó al prior Agustín y a 40 monjes en el año 596. El fruto de esta misión fue el bautizo del rey Etelberto. En el año 597 el Papa pudo instituir a Agustín como arzobispo de Canterbury, creando así los fundamentos de la jerarquía eclesial inglesa.

Sus cartas pastorales, leídas universalmente, influyeron profundamente en la vida religiosa de la época. Su comentario al Evangelio de San Juan, de 35 tomos, se convirtió en un manual básico de la teología moral del temprano Medievo.

Murió en Roma el 12 de marzo de 604. La Iglesia lo venera como santo.

tólico Baronius. A pesar de que Alberico logró renovar la vida monástica en la Ciudad Eterna, nunca pudo devolverle al Papado su antiguo esplendor.

Su hijo Octaviano, electo Sucesor de San Pedro, inició una nueva época. Este joven y talentoso político, conocido bajo el nombre de Juan XII, coronó a Otón I como emperador romano, comenzando así la línea de los emperadores alemanes. Desgraciadamente –como escribe Fischer-Wollpert–, "el juicio general sobre este pontificado sólo puede ser demoledor: tocó fondo". Después de muchas peripecias, Juan XII fue destronado y enjuiciado por asesinato, venta de puestos eclesiales, violación de juramento e inmoralidad.

Con el papa Juan XIII comenzó la renovación moral que, sin embargo, no fue aceptada fácilmente por los habitantes de la Ciudad Eterna. La introducción de la disciplina severa causó una revuelta entre los romanos y el encarcelamiento del mismo Papa. Llegó a Roma la noticia de que Otón I iría a rescatar al sucesor de San Pedro; entonces los romanos liberaron al Papa, le pidieron perdón y lo llevaron a la ciudad. Juan XIII era partidario del movimiento reformista en la Iglesia, que se originó en la abadía de Cluny, en Borgoña, Francia.

Durante los tiempos de León IX (a mediados del siglo XI), la rivalidad entre Oriente y Occidente llevó al Gran Cisma, que hasta hoy ha dividido el cristianismo en ortodoxia y catolicismo. Los patriarcas de Constantinopla, capital de Bizancio, el Estado más civilizado de Europa en aquellos tiempos, no querían someterse al poder del papa romano, que reclamaba cada vez mayores prerrogativas para intervenir en los asuntos internos de la Iglesia de Oriente. Ésta reconocía que el obispo de Roma tenía autoridad sobre todas las demás Iglesias, o al menos reconocía el derecho de cada uno de los clérigos de apelar al papa si se encontraba en conflicto con las autoridades de su Iglesia local. En cambio, rechazaba la concepción de primacía, que otorgaba al papa el poder más alto en toda la Iglesia cristiana.

El papa Esteban III limitó la influencia del poder civil sobre la elección del pontífice.

El papa Adriano I, descendiente de una aristocrática familia romana, introdujo la costumbre de fechar los documentos papales de acuerdo con los años del pontificado.

EL SIGNIFICADO DE UNA LETRA

La controversia entre Roma y Constantinopla, que tuvo consecuencias desastrosas, fue originada no sólo por el problema de autoridad sobre las respectivas Iglesias, sino también por ciertas diferencias teológicas. Desde el siglo VI, las dos Iglesias habían tenido una disputa, que resurgió en el siglo XI y fue una de las causas del Cisma. De acuerdo con el Concilio de Toledo, los misioneros romanos que trabajaban en Bulgaria enseñaban que el Espíritu Santo, la Tercera Persona de la Santísima Trinidad, proviene del "Padre e Hijo", mientras que en la tradición oriental se conservaba el llamado Gran Credo, aceptado en el Concilio Ecuménico de Constantinopla (en el siglo IV), que proclamaba que el Espíritu Santo proviene "del Padre a través del Hijo".

León IX envió a Bizancio una misión especial cuando otro León, uno de los jerarcas de la Iglesia búlgara, que dependía de Constantinopla, le mandó una carta ofensiva en la que criticaba a los cristianos occidentales por no utilizar pan fermentado durante la misa. El encuentro en Constantinopla de dos hombres soberbios e inflexibles, el patriarca Cerulario y el cardenal Humberto, terminó con una mutua excomunión. Poco después falleció el papa León IX. De todos modos, la trágica ruptura entre los cristianos fue resultado de la creciente enemistad entre Oriente y Occidente, la cual culminó con el saqueo de Constantinopla durante las cruzadas.

La primera cruzada fue convocada por Gregorio VII, con el fin de recuperar Jerusalén de manos de los musulmanes, pero no tuvo respuesta. No obstante, Gregorio VII pasó a la historia porque durante su pontificado se resolvió la llamada disputa por la investidura, cuya esencia se refería al problema de quién tenía la supremacía del poder: la Iglesia

por el obispo Puy Ademar. De esta forma, el Papa se convirtió en el líder del cristianismo occidental, y el ejército de la cruzada conquistó Tierra Santa. Urbano II murió dos semanas antes de que los cristianos tomaran Jerusalén, cuyo poder no duró ni cien años.

La idea de las cruzadas siguió viva en Europa durante los siguientes dos siglos. Siete veces se levantaron en armas los caballeros europeos para defender la fe. El balance final de las cruzadas fue negativo para la Iglesia. La cuarta cruzada (a principios del siglo XIII) selló la división entre la Iglesia oriental y la occidental. Los cruzados, en vez de ir a la conquista de Tierra Santa, se dirigieron a Bizancio para apoyar al pretendiente al trono imperial, Alexis IV; ocho meses después de la toma del poder por Alexis, en la ciudad estalló una rebelión.

o el Estado, el papa o el emperador. Gregorio VII se opuso a que los papas fueran aprobados por los emperadores, o los obispos lo fueran por los príncipes y los reyes. "El papa es la única persona a quien todos los príncipes besan los pies, a nadie le es permitido juzgar al papa. Solamente el sumo sacerdote romano es digno de llevar el sobrenombre de ecuménico" –escribió en *Dictatus papae*. Su postura inflexible provocó luchas entre los partidarios del obispo de Roma y los de emperadores y príncipes alemanes. Enrique IV fue excomulgado y se humilló ante Gregorio VII, pero el Papa, a cambio, tuvo que renunciar a parte de los privilegios propios del poder civil.

El objetivo principal de Gregorio VII era la renovación de la Iglesia y la centralización del poder espiritual. Se opuso a la simonía y defendió el celibato. El Sínodo romano decidió castigar a los obispos que, a cambio de beneficios materiales, permitían a los sacerdotes vivir en concubinato. Los cleros francés y alemán tardaron más tiempo en aceptar la introducción del celibato. El Papa también logró unificar la liturgia en todo Occidente.

La empresa inconclusa de Gregorio VII, la cruzada, fue retomada por Urbano II a finales del siglo XI. Su llamado a la guerra contra los turcos, que habían ocupado Tierra Santa y perseguían a los peregrinos cristianos, tuvo una respuesta inesperada. El Papa prendió una cruz blanca en el hombro derecho de los cruzados y les prometió el perdón de sus pecados. La frase "Dios lo quiere" fue el lema de los integrantes de esta guerra–peregrinación, dirigida

Retrato del papa Gregorio VII (1020-1085). El dibujo fue hecho a partir de un grabado en madera elaborado por O. Knille.

San Francisco de Asís (1182–1226), fundador de la orden de los Hermanos Menores y de los franciscanos; con Santa Clara fundó la orden de las clarisas, y para los seglares formó la llamada orden tercera.

Los cruzados, entonces, atacaron de nuevo Constantinopla. Tomaron la ciudad y la saquearon totalmente. "La cruzada terminó en un crimen que por siglos deterioró las relaciones entre Roma y la Iglesia griega; crimen que, como un fantasma, persiste en la imaginación de muchos cristianos en Oriente.", es-

144

cribió el historiador M. David Knowles.

Muchos estados y principados se apoderaron no sólo de los bienes eclesiales, sino también del poder sobre la Iglesia; otorgaban privilegios y decidían quiénes ocuparían los cargos de obispos y párrocos. La secularización provocó que las provincias, y a veces hasta las diócesis, se volvieran dependientes de los soberanos rivales y perdieran unión entre ellas. El Trono de San Pedro se convirtió también en objeto de regateos y luchas entre diversas facciones enemigas. La familia de los príncipes Spoleto terminó en un crimen que por siglos deterioró las relaciones entre Roma y la Iglesia griega, sigue diciendo el historiador Knowles.

La cuarta cruzada tuvo lugar durante el pontificado de Inocencio III, que es considerado uno de los sucesores de San Pedro más extraordinarios de todos los tiempos. Gracias a él, el Papado logró el mayor florecimiento de la Edad Media. Este papa aprobó la orden creada por San Francisco de Asís. Con la idea de hacer algunas reformas, convocó el cuarto Concilio de Letrán,

Inocencio III

LOTARIO, CONDE DE SEGNI, NACIÓ ALREDEDOR DEL AÑO 1160, y fue elegido papa a los 38 años. Era una persona con una rigurosa preparación teológica y un profundo conocimiento del derecho canónico. Estaba convencido de que su elección como papa provenía de Dios. Desde el principio se enfrentó a la tarea que lo absorbió durante todo el pontificado: en Alemania continuaba la guerra civil por el trono. En una de sus cartas, Inocencio III afirmó que la decisión en este asunto le pertenecía al papa, quien debía coronar a los emperadores. Su influencia fue fundamental para la elección de Federico II como emperador de Alemania.

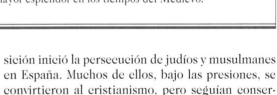

En 1210 aprobó la orden de San Francisco de Asís, y gracias a ello el movimiento de los pobres iniciado por San Francisco formó parte de la Iglesia.

Otro acontecimiento importante, al final del pontificado de Inocencio III, fue el Concilio de Letrán IV. El Papa pensaba contribuir a la reforma general de la Iglesia y garantizar la paz. En el Concilio se reformuló la doctrina sobre los sacramentos, se enfatizó la importancia de propagar la fe y del trabajo pastoral de los obispos, y se declaró la obligación de los fieles de confesarse y comulgar en Pascua.

Sus esfuerzos por organizar una nueva cruzada no tuvieron éxito. La cuarta cruzada, que correspondió a los primeros años de su pontificado, terminó con el saqueo de Constantinopla y, a su vez, profundizó la enemistad que existía entre la Iglesia oriental y Roma.

Inocencio III murió el 2 de julio de 1216 en Perugia. Su pontificado, sin duda alguna, dio al Papado el mayor esplendor en los tiempos del Medievo.

la asamblea eclesial más grande en los tiempos del Medievo. Mil doscientos obispos, clérigos y teólogos tomaron parte en ella. Desde los tiempos de Inocencio III, todos los católicos tienen la obligación de confesarse y recibir la comunión por lo menos una vez al año.

En cambio, durante el gobierno de Gregorio IX (a principios del siglo XIII) la Iglesia escribió las páginas más negras de su historia. Aunque la Inquisición existía desde tiempo atrás, fue Gregorio IX quien incluyó en el derecho canónico el procedimiento de la Santa Inquisición, con la descripción detallada de los castigos. La ejecución de los castigos se dejó en manos de las autoridades civiles, y el castigo máximo, la hoguera, fue introducido por el emperador alemán. La Inquisición se extendió también por Francia, Italia, Alemania, los Países Bajos y el norte de España, y pronto sembró el miedo en todo el mundo.

Aunque el papa Sixto IV (en el siglo XV) dejó como herencia magníficas obras de arte, entre ellas la Capilla Sixtina, fue por disposición suya que la Inqui-

sición inició la persecución de judíos y musulmanes en España. Muchos de ellos, bajo las presiones, se convirtieron al cristianismo, pero seguían conservando su fe.

En Andalucía, Torquemada llevó a la hoguera a aproximadamente 2,000 personas. Las persecuciones de los herejes se recrudecieron con Pablo IV, quien antes de ocupar el Trono de San Pedro fue inquisidor. Este papa pasó a la historia como creador del *Índice de los libros prohibidos*. Aunque en los años posteriores la Inquisición española perdió relevancia, su actividad no fue prohibida hasta principios del siglo XIX.

LA "ESCLAVITUD BABILÓNICA" DE LOS PAPAS

El pontificado de Clemente V (a principios del siglo XIII) inició la época llamada "la esclavitud babilónica". Durante 70 años, Aviñón sustituyó a Roma como sede del Papado. Clemente V, elegido por los cardenales franceses, dependía totalmente del rey de Francia. Trasladó a Aviñón no solamente la corte pontificia, que llevaba una vida excepcionalmente

Arriba, pintura que representa al papa Clemente V presidiendo el Concilio de Viena. A la derecha, Pío IV.

fastuosa, sino también la Curia romana. El Papa, privado de los ingresos de los Estados Pontificios, implantó una fuente de ingresos financieros poco común: cobró impuestos a todas las personas que entraban en la Curia romana, tanto trabajadores como visitantes. Los evasores de impuestos eran castigados con multas, amonestaciones y hasta excomuniones. Clemente V disolvió la orden de los Templarios bajo la presión del rey Felipe IV, que quería apoderarse de sus bienes. Los sucesores de Clemente, también franceses, no pensaban regresar a Roma. El papa Urbano V, aunque se mudó a Roma, permaneció ahí solamente tres años, y después regresó a Aviñón, a pesar de las amonestaciones de Santa Brígida de Suecia y de Santa Catalina de Siena. Los papas volvieron a instalarse en Roma gracias a Gregorio XI, quien fue también el último francés en el Trono de San Pedro.

LOS TIEMPOS DEL GRAN CISMA

La apresurada elección de Urbano VI como sucesor de Gregorio XI inició el Gran Cisma de Occidente. Europa se dividió en los partidarios de dos y hasta de tres papas; cada uno de ellos se consideraba el sucesor legítimo de Cristo en la Tierra.

Esta crisis fue provocada por los cardenales que primero eligieron a Urbano y, cuando éste comenzó a gobernar sin tomarlos en cuenta, se rebelaron contra él. Declararon que habían hecho la elección bajo la presión del pueblo romano, y en forma unánime eligieron a otro papa, quien tomó por nombre Clemente VII. Los historiadores aún discuten cuál de los dos fue el legítimo papa.

Ninguno de los dos papas que los sucedieron accedió a renunciar al trono, y fracasaron todos los intentos por resolver el conflicto. Finalmente el Concilio de Pisa depuso a ambos y eligió a un tercer papa, Alejandro V. Sin embargo, ni el sucesor de Clemente VII ni el de Urbano VI obedecieron las órdenes del Concilio. Un año después de subir al trono, Alejandro V murió, y lo sucedió el cardenal diácono Baltasar Cossa, marinero y soldado, que tomó el nombre de Juan XXIII. El rey Segismundo de Luxemburgo convenció a Juan XXIII de convocar el Concilio en Constanza (a principios del siglo XV). Los padres conciliares exigieron la abdicación de los tres papas. Al principio, Juan XXIII no se presentó ante el Concilio y huyó de la ciudad; pero después se sometió a la decisión del Concilio de Constanza, igual que el sucesor de Urbano VI. En cambio, Benedicto XIII, sucesor de Clemente VII, no quiso renunciar. A pesar de su negativa, Martín V ocupó el Trono de San Pedro y fue aceptado por la mayoría de los gobernantes europeos. El Gran Cisma que dividió a la Iglesia occidental terminó con la muerte de Benedicto XIII.

Nadie esperaba que unos 100 años después, la Iglesia romana viviera otra crisis. Martín Lutero, un monje alemán, protestó por la publicación de las llamadas "indulgencias", cuyo autor fue León X y cuyo fin era conseguir fondos para la reconstrucción de la Basílica de San Pedro. Cuando Lutero se negó a renunciar a las enseñanzas consideradas contrarias a la Iglesia, el Papa firmó la bula, en la cual amenazó con excomulgarlo. Lutero quemó la bula; la situación se volvía cada vez más tensa y los reformistas encontraban nuevos adeptos, entre ellos los gobernantes de los estados alemanes. Cuando las controversias de carácter religioso no se pudieron solucionar por medios legales, se emplearon los medios militares.

Adriano VI (el último Papa no italiano hasta el pontificado de Juan Pablo II) se dio cuenta de que la salvación de la Iglesia, amenazada con el nuevo cisma, dependía de la reforma interna. Las reformas se centraron en la Curia romana, pero el Papa redujo también la corte y la administración pontificias. Adriano VI creó el examen público de conciencia, un acontecimiento sin precedente en la historia del Papado, donde escribió: "Sabemos que también en la Sede Apostólica, desde ya hace muchos años, existen fenómenos abominables: abusos en asuntos espirituales, violación de los mandamientos... Todos nosotros, prelados y sacerdotes, nos hemos apartado del camino de la ley y desde hace tiempo no hay nadie que haga el bien."

LA RENOVACIÓN DE TRENTO

La necesidad de contrarrestar el movimiento protestante se extendió en buena parte del continente y fructificó en la renovación de la Iglesia con el Concilio de Trento, convocado a mediados del siglo XVI por el papa Pablo III. La labor de este organismo fue interrumpida y reanudada varias veces, por lo que duró casi 20 años. En ese tiempo murieron cuatro papas, y Pío IV clausuró el Concilio; el legado del Concilio moldeó la Iglesia hasta la mitad del siglo XX. Entre otras medidas, los padres conciliares formularon de nuevo las enseñanzas sobre los sacramentos y la confesión de fe (el llamado Credo de Trento), aprobaron decretos sobre el purgatorio, las indulgencias y los santos; obligaron a los obispos a crear seminarios y confirmaron el celibato en la Iglesia romana.

Pío V, sucesor de Pío IV, se caracterizó por su humildad y firmeza para iniciar la implementación de las reformas del Concilio de Trento. Durante su pontificado se editó el *Catecismo romano*, la interpretación de la doctrina católica que perduró durante los siguientes siglos; así como el misal que unificó la liturgia en toda la Iglesia latina. Pío V, antiguo inquisidor, introdujo en Roma una severa disciplina. La profanación del domingo, las blasfemias y la inmoralidad eran castigadas con firmeza. Uno de los diplomáticos de Venecia escribió, con cierta exageración, que el Papa había convertido la Ciudad Eterna en un claustro. Pío V tenía debilidad por la comida y publicó un libro de cocina titulado *Los secretos de la cocina del papa Pío V*. Dicha obra contiene, entre otras, una receta para preparar tarta de membrillo, el postre preferido del Santo Padre.

Después de la muerte de Pío V, Gregorio XIII y Sixto V continuaron las reformas del Concilio; Sixto V pasó a la historia como fundador de la imprenta vaticana.

Retrato del papa Gregorio XVI, que reinó de 1831 a 1846, y que se preocupó activamente por la propagación del Evangelio. Su pontificado transcurrió entre revueltas liberales.

FIN DE LOS ESTADOS PONTIFICIOS

El pontificado de Pío VI coincidió con años difíciles para la Iglesia. Los dirigentes de la Revolución Francesa (a finales del siglo XVIII) consideraban que la Iglesia era su peor enemiga. Las autoridades exigieron que los sacerdotes presentaran juramento sobre la constitución, medida a la que se opuso el Papa. Las autoridades fueron despiadadas con los opositores: tres obispos y 300 sacerdotes fueron fusilados en París, y otros 40,000 clérigos fueron desterrados. Luego el ejército francés ocupó los Estados Pontificios, Roma se proclamó república, el Santo Padre fue desterrado a Siena, y en la basílica de San Pedro se celebró una misa de acción de gracias por la instauración de la República. Algunos auguraron el fin del Papado. Pero después de un año de la muerte de Pío VI, el nuevo papa, Gregorio XVI, publicó un libro titulado *El triunfo de la Santa Sede y de la Iglesia sobre los innovadores*, en el cual señaló que era más fácil destruir al Sol que destruir a la Iglesia y al Papado.

La afirmación de Gregorio XVI sobre la permanencia de la Iglesia resultó cierta, aunque su sucesor, Pío IX (en la segunda mitad del siglo XIX), fue testigo de la destrucción de los Estados Pontificios y se convirtió en "prisionero del Vaticano". Su elección como Sucesor de San Pedro fue recibida con entusiasmo por los habitantes de Roma. Era conocido por su sentido del humor y muchos esperaban que reformara los Estados Pontificios. El Papa se declaró en contra de la unificación de Italia y tuvo que huir cuando las tropas revolucionarias tomaron Roma. Cuando se proclamó la República Romana, Pío IX excomulgó a los republicanos y regresó a la Ciudad Eterna con el apoyo del ejército francés. Sin embargo, no logró liberar a los Estados Pontificios, y su hostilidad hacia las ideas democráticas inspiró la condena de las doctrinas de la igualdad de las personas ante la ley, así como de la libertad de religión y de expresión.

El papa Pío IX convocó el Concilio Vaticano I, que nunca fue concluido porque Roma fue anexada al Estado italiano y los Estados Pontificios dejaron de existir.

Antes de estos dramáticos sucesos, los padres conciliares aceptaron la doctrina sobre la primacía y la infalibilidad del papa, lo que casi provoca un nuevo cisma. A pesar de ello, durante el pontificado de Pío IX el catolicismo se desarrollaba con inusitada fuerza, sobre todo en Estados Unidos y Canadá. El dogma sobre la Inmaculada Concepción de la Madre del Salvador, proclamado por este papa, inspiró el desarrollo del culto mariano.

Pío IX ha sido el papa más longevo en la historia de la Iglesia y su pontificado duró casi 32 años; quizá su buena salud se debiera a su afición al billar, que jugaba con los cardenales y miembros de la Guardia Suiza. Pío IX –según Nino Lo Bello– fue el último papa que organizó recepciones suntuosas en el Vaticano. Uno de los banquetes, con 300 invitados, se llevó a cabo en el techo de la Basílica de San Pedro. El Papa no se olvidaba de los más pobres e invitaba a cenar a cientos de pordioseros romanos.

PRISIONERO DEL VATICANO

León XIII, el siguiente "prisionero del Vaticano", nunca salió de Roma. También sus sucesores permanecieron tras las murallas de su ciudad, hasta el pontificado de Juan XXIII, quien tomó este nombre porque el "primer" Juan XXIII después de ser destronado desapareció de las listas papales. El nombre de León XIII se vincula con la *Rerum novarum,* la primera encíclica en la historia que abordó problemas sociales.

En cambio, Pío X se hizo famoso por la encíclica *Pascendi dominici gregis,* que condenaba el movimiento modernista. Los partidarios de este movimiento afirmaban que los dogmas de la fe debían cambiar de acuerdo con el desarrollo histórico de la Iglesia. Desde entonces, los clérigos y teólogos tenían que hacer el llamado juramento antimodernista, en el cual renuncian a los principios condenados por Pío X. Este papa fue un luchador incansable por la paz en el mundo.

Pío XI comenzó su carrera en Polonia, donde fue nuncio apostólico en la resurgida república. Demostró valor en tiempo de peligro: cuando el ejército bolchevique se acercaba a Varsovia y su ocupación parecía inminente, Achilles Ratti –su verdadero nombre– fue el único que permaneció en la ca-

Pío X, presintiendo la Primera Guerra Mundial, escribió antes de su muerte: "Con gusto entregaría mi vida si pudiera con ello salvar la paz en Europa".

Pío XI. Durante su pontificado fue suscrito el concordato entre Polonia y la Santa Sede.

pital, mientras los demás huían del peligro. Posiblemente esta experiencia determinó la postura de Pío XI frente al comunismo, que siempre repudió. El Santo Padre también entendió el peligro del nacionalsocialismo y, para condenarlo, publicó la encíclica *Mit brennender Sorge* (Con vehemente preocupación), que al parecer es la única escrita en alemán. Pío XI murió unos meses antes del estallido de la Segunda Guerra Mundial.

Su sucesor, Pío XII, resultó ser menos decidido frente al nazismo. El Papa estaba consciente de que Europa se encaminaba a la guerra. Inmediatamente después de la toma de posesión declaró la defensa de la paz como su primordial tarea. La diplomacia vaticana intervino directamente ante Hitler y ante Mussolini; incluso después de la invasión a Polonia, el Papa no dejó de llamar a la paz. Aunque nunca se pronunció en forma pública contra la exterminación de los judíos, gracias a él, 5,000 de ellos encontraron refugio en el Vaticano. Pío XII logró mantener la soberanía del Vaticano frente a Hitler; sin embargo, hay quien afirma que después de la caída de Berlín, la Santa Sede ayudó a muchos hitlerianos a escapar a

América del Sur. La culminación del pontificado de Pío XII fue la proclamación del dogma sobre la asunción de la Virgen María. También proclamó encíclicas importantes para la doctrina católica y fue el primero que utilizó la máquina de escribir para elaborar sus borradores.

Pío XII fue también el primer Sucesor de San Pedro que salió en televisión. Nino Lo Bello describe a Pío XII como un hombre ahorrativo, pues recorría sus apartamentos para apagar las luces y economizar los pagos del servicio eléctrico; para ahorrar en el uso de sobres, prohibió cerrarlos de forma que no pudieran reusarse. De hecho, su testamento fue escrito en el reverso de un sobre reutilizado.

SOY SOLAMENTE SARGENTO

Después de ser electo papa, Angelo Giuseppe Roncalli tomó por nombre Juan XXIII. Quizá quería borrar la deshonra de su tocayo, depuesto en el siglo XV, o romper la mala suerte de los Juanes, dos de ellos asesinados. Si ésta era su intención, logró su objetivo. Roncalli no solamente venció la fatalidad que pesaba sobre sus antecesores, sino que cambió radicalmente la imagen del Papado y de la Iglesia. Era amado por los italianos, que lo llamaban el "Papa Bueno".

El principal mérito de este papa fue la renovación de la Iglesia, a través del Concilio Vaticano II. Más de 2,500 obispos se reunieron en Roma en 1962. Por primera vez en la historia, 18 representantes de Iglesias no católicas aceptaron la invitación. Juan XXIII diseñó una política activa hacia los estados comunistas, cuya expresión fue la audiencia privada concedida a la hija y al yerno de Jruschov, líder de la Unión Soviética. Los críticos, a su vez, le reprochaban que hubiera contribuido al incremento de la popularidad del comunismo en Italia. Aunque en el pasado el Santo Oficio realizó una investigación en contra del sacerdote Roncalli por sus "inclinaciones innovadoras", su religiosidad era tradicional. Juan XXIII iba a ser un papa de transición, pero cambió por siempre la imagen la Iglesia.

Después de su muerte, su obra de renovación fue continuada por Paulo VI. Después de su coronación, transmitida por televisión, entregó la tiara papal para ayudar a los necesitados. Este acontecimiento auguraba un nuevo estilo de gobierno en la Iglesia. Paulo VI participó en el Concilio Vaticano II cuando era obispo y cardenal, y de inmediato reanudó las sesiones. Las constituciones y los decretos conciliares revolucionaron la Iglesia; los cambios en la liturgia fueron notables, pues luego de cientos de años del reinado del latín en la Iglesia occidental, se restableció el uso de las lenguas nacionales. También fue sorprendente el cambio de actitud hacia las Iglesias no católicas y las religiones no cristianas;

durante el Concilio, Paulo VI se reunió con el Patriarca de Constantinopla, Atenágoras I.

Para finalizar el Concilio, en diciembre de 1965 se celebró la solemne anulación de las excomuniones. El Papa retiró en Roma la excomunión impuesta a la ortodoxia desde hacía 900 años, y el Patriarca de Constantinopla anuló la excomunión proclamada contra el catolicismo. De esta forma comenzó el difícil camino de la reconciliación entre las dos Iglesias, la oriental y la occidental.

Paulo VI reformó e internacionalizó la Curia romana; introdujo reformas en la elección de sucesores y determinó que los obispos se jubilarían a los 75 años, y que los cardenales mayores de 80 no podrían ser candidatos a la elección pontificia.

Paulo VI fue un papa fiel a las tradiciones y abierto a la modernidad.

Después de 100 años "de la esclavitud vaticana", el papa Paulo VI comenzó a viajar al extranjero; dado que era bibliófilo, en cada viaje adquiría decenas de cajas de libros. También recibió a los más altos funcionarios del poder soviético y habló en una asamblea de la Organización de las Naciones Unidas (ONU). Trató de unir la apertura hacia las reformas con el respeto a las tradiciones. Bajo la vestimenta papal llevaba un hábito de penitente, que siempre le provocaba dolor. Murió en 1978.

Juan Pablo I ocupó el Trono de San Pedro por escasos 33 días, aunque su pontificado no fue el más corto de la historia. Este papa quería ser ante todo un buen pastor; renunció a la coronación y a la fastuosa ceremonia de entronización. Su repentina muerte dio origen a los rumores de un supuesto atentado. Pero –como escribiera Fischer-Wollpert–, "esto es demasiado absurdo para ocuparse de ello seriamente". ∎

CAPÍTULO NUEVE

Desde Roma

Ya no era la Roma del estudiante del Angelicum ni la Roma del arzobispo metropolitano de Cracovia, Karol Wojtyla. Era ya la Roma de Juan Pablo II. Entonces, ¿qué abarcaba su mapa privado de la ciudad?

EL NUEVO DUEÑO DEL PALACIO APOSTÓLICO OCUPA, IGUAL QUE SU ANTECESOR, EL APARTAMENTO PRIVADO QUE SE ENCUENTRA EN EL PISO SUPERIOR, EXACTAMENTE EN LA ESQUINA DEL ALA DEL PALACIO QUE LLEGA HASTA LA PLAZA DE SAN PEDRO. DOS VENTANAS DE SU APOSENTO TIENEN VISTA A LA PARTE VIEJA DE LA CAPITAL DEL ANTIGUO IMPERIO, SITUADA DETRÁS DEL TÍBER. A través de ellas, el papa "del país lejano" puede ver al sureste de la Ciudad Eterna desde una nueva perspectiva, ya no como Su Eminencia el cardenal Wojtyla, arzobispo de Cracovia, heredero espiritual del trono obispal de San Estanislao y de la milenaria tradición de la Iglesia polaca, sino como Su Santidad Juan Pablo II, Sumo Pontífice de la Iglesia Universal, Obispo de Roma y Sucesor de San Pedro. Antes, su mapa de Roma estaba estructurado en torno a la pequeñas islas polacas a las cuales arribó durante muchos años. Ahora esos lugares tienen que integrarse a Italia.

Detrás del río Tíber, el Papa puede ver el Quirinal, una de las siete colinas de Roma, sobre la cual se eleva un palacio. Tiempo atrás vivían ahí los antecesores de Juan Pablo II durante el verano. En septiembre de 1870, cuando los Estados Pontificios dejaron de existir, el Quirinal fue ocupado y Víctor Manuel II, el primer monarca de la Italia independiente y unificada, trasladó ahí su corte, que estaba en Florencia. Antes del surgimiento de la monarquía italiana en el año de 1861, Víctor Manuel vivía en Piamonte y Cerdeña, y descendía de los antiguos señores de Saboya, región en la frontera francoitaliana.

El papa Pío IX, prisionero del Vaticano por su voluntad, hasta el final de su vida no aceptó cambios históricos, y ni siquiera se permitió pensar que la incorporación de los Estados Pontificios a la monarquía de Italia sería definitiva y marcaría el final de una cierta etapa en la vida de la Iglesia. Los Estados Pontificios existían desde el temprano Medievo y habíana sido formados por el llamado Patrimonio de San Pedro, que consistió en donaciones de las grandes familias italianas al Obispo de Roma, ampliadas en el año 754 con las tierras que el rey Pipino obsequió al Papado. En aquel

El trono papal de la basílica de San Pedro está debajo de un vitral con la imagen de una paloma, símbolo del Espíritu Santo.

entonces parecía que ese Estado existiría siempre, pero después de mil años llegó a su fin.

Desde que se constituyó el Estado italiano, la situación del Papado cambió radicalmente y la ciudad alrededor de la basílica de San Pedro, que el Papa creía suya, comenzó a ser administrada por otro poder. León XIII, papa desde 1878, tampoco quiso aceptar la pérdida del reino terrenal de los papas, aunque él fue testigo del desmembramiento de los Estados Pontificios.

CUANDO EL VIEJO ORDEN SE DESPLOMÓ

Era una época de exaltación del sentimiento de identidad nacional, así que los súbditos del Papa se sentían cada vez más italianos. Muchos esperaban que el Papa encabezara la lucha por la unificación de la península italiana y por su liberación de la ocupación extranjera, sobre todo de la influencia austriaca. El Papa, en cambio, percibía su misión de distinta manera y no valoraba las aspiraciones nacionalistas de los italianos. Finalmente, el viejo orden se desplomó y en sus ruinas nacieron la nueva Iglesia y el nuevo Papado: el Reino Espiritual, privado de tierras y de ejército, pero con capacidad para unir a las personas en la misma fe.

Cuando Karol Wojtyla aceptó la elección de los cardenales, lo respaldaban 58 años de vida en Polonia y el amor que sentían por él millones de compatriotas. Ahora, en contra de la historia y la geografía, de la ideología y la política, tenía que conquistar la anuencia de los italianos, y no era fácil.

Los romanos estaban acostumbrados a que sus papas pensaran en italiano y compartieran con ellos sus dilemas nacionales. El nuevo papa Juan Pablo II era un extranjero que pensaba como los eslavos, y la historia nacional implicaba, ante todo, las vicisitudes propias de Polonia, el baluarte de la Cristiandad, la gran tradición romántica y la resistencia a la ocupación.

El Papa conocía de lejos el conflicto que existía entre el Papado y el Estado italiano, y aunque había sido testigo del problema cuando estudió en Roma, éste no formaba parte de sus experiencias personales, familiares ni sociales. Ahora, como Obispo de Roma, tenía que dejar de lado las divisiones históricas y permitir que los italianos se encargaran de los asuntos de Italia. Su misión abarcaba la Igle-

Cada año, el Papa encabeza el Vía Crucis del Viernes Santo en el Coliseo de Roma.

sia mundial, y el Quirinal en el horizonte no era más que la residencia del jefe de un Estado amigo.

La colina del Quirinal traía recuerdos a la mente de Juan Pablo II. Ahí, en el Colegio Belga, vivió Karol Wojtyla 30 años atrás cuando, recién ordenado sacerdote, estudiaba en el Angelicum dominico. En la Navidad de 1946 ocupó uno de los cuartos húmedos y sin calefacción del edificio, cerca del Palacio Quirinal. Cuando Karol Wojtyla fue electo papa, el Colegio Belga ya no existía en ese lugar; sobre el portal colgaba una inscripción que recordaba que a principios de los años setenta vivían ahí los estudiantes belgas.

Para ir a clases, el padre Wojtyla tenía que pasar a un lado del Palacio Quirinal; si desde la plaza frente al Palacio se miraba en dirección al Tíber, podía verse a lo lejos la cúpula de San Pedro y parcialmente un fragmento del Palacio Apostólico. En aquel tiempo el Quirinal cambió de dueño; la mayoría de los italianos no quería monarquía, y antes de que Wotyla saliera de Polonia, se instauró la república en 1946.

Humberto II, hijo de Víctor Manuel III y descendiente del primer gobernante de Italia y vencedor del Papado, tuvo que abandonar el país luego de un reinado de dos meses. Su padre marchó a Portugal en mayo de 1946, inmediatamente después de abdicar en favor de su hijo. Humberto II se exilió en Egipto y, en 1947, el Quirinal fue ocupado por el primer presidente de Italia.

En la actualidad, desde la recámara papal no se puede ver el Angelicum, la universidad donde el futuro Papa hizo el doctorado, porque está detrás del monumento erigido en memoria de Víctor Manuel II. Este monumento, hecho a finales del siglo XIX y principios del XX, domina los alrededores; cuando fue develado en 1911 (durante el pontificado del papa Pío X) se podía organizar un banquete para diez personas en la barriga del caballo que monta el Rey.

Víctor Manuel II, el victorioso monarca que convirtió la Roma de los papas en la capital de Italia, es honrado aquí a cada paso, y su recuerdo llega hasta los muros del mismo Vaticano. Además del monumento, tienen su nombre un palacio, una estación del metro y una calle: Corso Vittorio Emanuele II, una hermosa avenida que atraviesa la antigua Roma, está cerrada en el recodo del río Tíber y desemboca en un puente con el mismo nombre, para convertirse después en la Via della Conciliazione, calle principal que llega a la Plaza de San Pedro. Durante el reinado de Víctor Manuel II y el de sus descendientes no se logró una reconciliación entre el Vaticano y el Quirinal, y las relaciones bi-

Los papamóviles

JUAN PABLO II rompió definitivamente con el tradicional aislamiento de los papas dentro de los muros de la Ciudad Sagrada. Ha viajado sin cesar por el mundo a pesar de su edad y su precaria salud. Los primeros recorridos en Roma los hacía en una limusina, pero superar los embotellamientos romanos tomaba varias horas, y entonces se

El Papa siempre ha tenido a su disposición varios automóviles, tanto limusinas como convertibles, e incluso un todoterreno fabricado especialmente para él.

decidió que el Papa fuera al aeropuerto y volviera de él en helicóptero; el helipuerto está ubicado en los límites de los jardines vaticanos, y también lo utilizan los jefes de Estado que visitan al Santo Padre.

Los medios de transporte utilizados durante los viajes papales impresionan por su variedad; entre ellos están: avio-

En la actualidad, el Palacio Quirinal, antigua residencia de los papas, es la residencia oficial del presidente de Italia.

laterales entre el Papado y el Estado italiano permanecieron tensas y hostiles. El problema no empezó a resolverse sino hasta 1929, cuando tomaron el poder los fascistas. En 1922 Víctor Manuel III nombró primer ministro a Benito Mussolini, quien quiso mostrar una imagen extraordinaria ante el mundo. Los fascistas aprovecharon el gigantesco monumento en honor al Rey que unificó Italia para organizar ahí sus desfiles.

Los restos del rey Víctor Manuel II y de los miembros de su dinastía descansan en el Panteón, un gran templo que existe desde los tiempos paganos. En épocas antiguas este templo estaba dedicado a los dioses romanos, y después fue adoptado y modificado por los cristianos. Hoy en día es un santuario nacional que destaca entre los demás edificios romanos.

Como sucede con frecuencia, este símbolo se encuentra cerca de otro. En este caso, al lado de la iglesia de Santa María Sopra Minerva, lugar del eterno descanso de Santa Catalina de Siena, pa-

continúa en la pág. 159 ▶

nes, helicópteros, embarcaciones, góndolas, carritos y hasta el tren. Pero es el "papamóvil" el que despierta mayor interés entre la gente.

El primer papamóvil blanco fue una camioneta que el Papa heredó de Juan Pablo I, pero la historia de los automóviles papales se remonta a 1909, cuando Pío X recibió de regalo una limusina Italia 20–30. Los papamóviles se usaron de manera cotidiana en los tiempos de Pío XII. Al principio todos los vehículos eran regalos de empresas automovilísticas. El más famoso fue un Citroën negro C6 "Lictoria Sex", que en su interior tenía un trono con acabados en seda púrpura y oro, que Pío XI recibió en 1930. El primer automóvil comprado por el Vaticano fue un Mercedes negro 460 Neurburg. El papa Juan Pablo I comenzó a viajar en autos blancos.

Después del atentado en 1981, cuando las balas hirieron a Juan Pablo II en un Fiat Campagnola, se tomaron estrictas medidas de seguridad. Desde aquel momento el Santo Padre viaja solamente en vehículos especiales, tras cristales blindados. De nada sirvieron las protestas del Papa al sentirse separado de los fieles; incluso llamó a este auto la "trampa de vidrio". Él nunca viaja solo, siempre lo hace acompañado.

Casi siempre un par de días antes de una peregrinación, los autos papales llegan en un transporte aéreo especial. Su estado técnico es supervisado constantemente por los mecánicos especializados que, al igual que un conductor, acompañan al Padre Santo en sus peregrinaciones.

Juan Pablo II en la empresa Ferrari en un papamóvil inusual: un Cabriolet rojo (1988). Al lado un Lancia, diseñado para uso exclusivo de la Cabeza de la Iglesia (1999).

155

Colaboradores

La tiara y las llaves en el escudo pontificio simbolizan el poder del sumo pontífice.

EL CARDENAL JOSEPH RATZINGER

Cuando Joseph Ratzinger se reúne con el Papa, no siguen un protocolo. Se estrechan las manos y se sientan a la mesa; después de una breve charla sobre temas personales, el Cardenal relata los asuntos oficiales. Por lo general, el Papa hace muchas preguntas; le interesan sobre todo los problemas de moral, bioética, ética social y filosófica. El Cardenal visita al Papa todos los viernes por la noche y conversan en alemán.

Ratzinger nunca pregunta si su nombramiento como prefecto romano de la Congregación para la Doctrina de la Fe fue una decisión personal del Santo Padre; de todos modos está seguro de que así fue. Todavía hoy recuerda cuando el Papa le dijo una vez que pensaba llevarlo con él a Roma. Cuando Ratzinger presentó argumentos para negarse al ofrecimiento de Juan Pablo II, el Papa contestó: "Lo pensaremos otra vez." Después del atentado, el Papa reiteró su propuesta y desde 1981 el cardenal Joseph Ratzinger se convirtió en uno de los colaboradores más allegados a Juan Pablo II. El Cardenal está a cargo de vigilar la pureza de la fe católica, en su puesto de prefecto de la Congregación para la Doctrina de la Fe.

El cardenal Ratzinger, quizá el colaborador de mayor confianza del Santo Padre en la Curia, se dedica a las cuestiones más importantes y difíciles de la Iglesia actual: la teología de la liberación, el celibato de los sacerdotes, el sacerdocio de las mujeres y la legalización de los divorcios. Considera que el papel de la Congregación no es juzgar o condenar, sino buscar las respuestas y ayudar a los que se desviaron del camino. Subraya también que la defensa de la fe debe basarse, ante todo, en su divulgación.

El trabajo de la Congregación para la Doctrina de la Fe se realiza en equipos, y el estado mayor del prefecto cuenta con cerca de 40 empleados, que están a cargo de la correspondencia con los teólogos de todo el mundo, mantienen contactos con los obispos y recaban la información de las conferencias de los episcopados.

El Cardenal es miembro de otras cinco congregaciones (para los Obispos, para la Evangelización de los Pueblos, para la Educación Católica, para el Culto Divino, y para las Iglesias Orientales), dos Consejos y una Comisión para los asuntos de América Latina.

Como prefecto de la Congregación para la Doctrina de la Fe, fue el principal creador del esperado *Catecismo de la Iglesia católica*, el primero desde los tiempos del Concilio de Trento del siglo XVI. Además, en el año 2000, el cardenal Ratzinger proclamó la declaración vaticana *Dominus Iesus*, en la cual reafirma que "la Iglesia peregrina es indispensable para la salvación, porque Cristo es el único intermediario y el único camino para la salvación", y que "la Iglesia de Cristo, a pesar de la división de los cristianos, existe en su plenitud solamente en la Iglesia Católica".

Joseph Ratzinger nació el Sábado Santo del 16 de abril de 1927 en Baviera; según él "...muy buen día, que en algún sentido pronosticó mi visión de la historia y mi propia situación en los umbrales de una Pascua que todavía no llegaba". Fue el menor de tres hermanos y creció en una familia campesina pobre y muy religiosa.

Se dice que Ratzinger se distingue por tener una mente brillante y una "tenacidad bávara".

Más de una vez ha agradecido su suerte, al expresar que "precisamente en estas condiciones nacen las alegrías, que no conoce la gente adinerada".

Cuando era seminarista ingresó a Hitlerjugend, una organización juvenil hitleriana; más tarde fue enviado al servicio militar en la defensa antiaérea. Al final de la guerra estaba en el campo norteamericano de prisioneros de guerra y fue liberado en julio de 1945.

Terminó el seminario en 1951 y fue catequista en Munich, al mismo tiempo que trabajaba como investigador. Más tarde fue profesor en varias universidades alemanas, como la de Bonn y la de Munich. Fundó con otras personas la revista teológica *Concilium*, cuya actitud era muy crítica frente a la Congregación para la Doctrina de la Fe. En el Concilio Vaticano II representó a Alemania como experto del Episcopado. Fue uno de los padres intelectuales de la Constitución Dogmática sobre la Iglesia. Paulo VI lo nombró Arzobispo de Munich y Freising en 1977, y un poco después fue nombrado cardenal.

Karol Wojtyla, arzobispo de Cracovia y cardenal en aquel entonces, lo conoció en un sínodo en 1978. Poco después, durante el Cónclave en ese mismo año, tuvieron oportunidad de conocerse mejor. "Nos unió ante todo su espontaneidad, libre de cualquier complicación natural, y también la cordialidad que emanaba de él", dijo un día.

Ratzinger es amante de la música de Mozart y opina que en ella "se oye toda la tragedia de la existencia humana". También toca el piano y reconoce que escribió versos cuando asistía a la escuela primaria. Desde su juventud le interesaron la liturgia y la religión, aunque seguramente nunca pensó que llegaría a ser uno de los teólogos más destacados de su tiempo.

JOAQUÍN NAVARRO-VALLS

Es vocero de prensa de la Sede Apostólica desde el 4 de diciembre de 1984, y director de la Sala Stampa, es decir, de la oficina de prensa de la Santa Sede. Es el primer seglar en la historia designado para tan alta función. Está orgulloso de tener contacto telefónico permanente con el Santo Padre porque, gracias a ello, siempre ha tenido oportunidad de aclarar cualquier cuestión controversial. El Papa lo aprecia mucho y a veces le confía misiones diplomáticas poco comunes y delicadas.

Navarro-Valls edita los comunicados oficiales de la Santa Sede, dirige las conferencias de prensa y tiene la responsabilidad de aclarar y comentar la postura oficial del Vaticano en diversas cuestiones. Revolucionó la manera de trabajar en la Sala Stampa, donde antes los empleados consideraban que era mejor callar. La primera computadora del Vaticano fue instalada en su escritorio, y también fue el primero en tener acceso a Internet. En 1991 creó el servicio de información vaticano, que publica boletines diarios. El Papa apreció esta apertura al mundo, reflejo de una nueva visión de la Iglesia en la vida actual. El vocero, médico de profesión,

tiene a su cargo informar acerca del estado de salud del Santo Padre.

Es famoso por sus interesantes y poco convencionales expresiones sobre el Papa, como por ejemplo: "Es un hombre maravilloso, a veces se le olvida que está cargando una cruz." Un día anunció: "El 16 de octubre de 1978 se terminó Karol Wojtyla y comenzó el papa Juan Pablo II." Navarro-Valls es un deportista bien parecido y cortés, que siempre viste trajes de excelente corte.

Su biografía está llena de colorido: es médico psiquiatra, profesor en la Universidad de Madrid, periodista y corresponsal en Roma del periódico madrileño "ABC"; también fue corresponsal en Polonia, en los años ochenta, y en Israel. Subraya que en Polonia la fe de la gente es muy fuerte, sólida y arraigada.

Le gusta leer, es aficionado a la filosofía actual, viaja mucho y juega al tenis en sus ratos libres. Él y el obispo Stanislaw Dziwisz siempre acompañaban al Santo Padre en sus excursiones por las montañas.

En contra de lo que cree la mayoría de la gente, Navarro-Valls nunca fue torero, pero le gustaban las corridas cuando era estudiante. "Eso lo inventó alguien basándose en una simple asociación, porque soy español –aclara–, pero no es verdad."

Navarro-Valls pertenece al "Opus Dei" una de las instituciones más influyentes de la Iglesia. El trabajo absorbe su tiempo y con frecuencia tiene que renunciar a sus planes y cambiar la agenda. Vive en celibato y su vocación, como asevera, es la vida secular, pero en soledad. Y agrega: "Gracias a Dios, en la cristiandad cada quien escoge el camino que mejor le acomoda." ∎

Los periodistas aprecian mucho a Navarro-Valls, pues se muestra accesible y amable, y con gusto concede entrevistas.

El padre Konrad Hejmo OP

Un día en la vida de Juan Pablo II

A PESAR DE LA EDAD, Juan Pablo II trabaja intensamente. No quiere ni escuchar que haya cambios en su apretada agenda, menos está de acuerdo en tomar un descanso largo. Al contrario, año con año la agenda se llena de compromisos. Una parte importante de sus actividades son las oraciones diarias: el breviario, el vía crucis, el rosario. A pesar de las súplicas para que administre sus fuerzas, pasa más tiempo de rodillas que sentado.

El Santo Padre se levanta entre las cinco y media y las seis de la mañana. Después de bañarse, reza solo en su capilla privada. Más tarde llegan las hermanas del Sagrado Corazón, y a las ocho de la mañana se celebra la Santa Misa. El único cambio que han logrado los colaboradores del Papa es el cambio de horario de la misa matutina, precisamente para las ocho de la mañana; hasta mediados del año 2000, el Papa la celebraba a las siete y media. Por lo general, en la misa participan los in-

La Santa Misa celebrada por Juan Pablo II en su capilla privada.

vitados del Santo Padre o las personas elegidas por el obispo Stanislaw Dziwisz. Antes, el Papa daba la comunión personalmente, pero a últimas fechas lo hace el obispo Stanislaw o uno de los participantes en la misa. Algunos de los invitados se quedan a desayunar. Durante el desayuno, que se lleva a cabo en un ambiente relajado y amigable, desaparece la distancia entre Su Santidad y los demás comensales.

Después, Juan Pablo II trabaja de las nueve y media a las once de la mañana en su oficina. Lee y firma los documentos, revisa la correspondencia y prepara los discursos. Escribe a mano o dicta, aunque también dispone de una computadora; los borradores de la mayoría de los textos se originan en polonés y luego se traducen. Los documentos de mayor importancia, como las encíclicas, los firma con una pluma especial, de color dorado.

En el escritorio del Santo Padre diariamente se hallan periódicos en diferentes idiomas: italiano, francés, polonés, alemán, español. En el Vaticano los lee él mismo;, en cambio, durante las peregrinaciones recibe las síntesis de los periódicos locales e italianos.

Alrededor de las once de la mañana es cuando Juan Pablo II se reúne con sus invitados: embajadores, jefes de Estado, representantes de las Iglesias o simples fieles. A veces, en la acogedora biblioteca, el Papa sostiene hasta diez reuniones. A pesar de las dificultades que tiene para caminar, se acerca a cada uno para saludarlo personalmente. Los encuentros terminan siempre con una fotografía de recuerdo, tomada por Arturo Mariego, el fotógrafo oficial.

Todos los miércoles hay audiencias generales en la Plaza de San Pedro o en el Aula de Paulo VI, a las que asisten miles de peregrinos de todo el mundo. En una ocasión, durante una de las audiencias privadas con los peregrinos de Polonia, una monja se acercó al Papa y se presentó como la responsable de las finanzas de la congregación; el Papa sonriendo le preguntó: "Y qué, ¿no le falta dinero?" Este tipo de bromas son constantes en un día común de Juan Pablo II.

En los últimos años su agenda es cada vez más apretada y se ha llenado de eventos, y también de más audiencias que de costumbre. En el Año Jubilar, además de las tradicionales audiencias generales de los miércoles, se reunía con los peregrinos los sábados y los domingos. Antes, en las reuniones se colocaba entre los fieles para que pudieran tomarse una fotografía; ahora permanece sentado en un sillón y los grupos de peregrinos se acercan a él y lo rodean.

Siempre platica y bromea gustoso con los peregrinos. Durante las reuniones con los poloneses, le gusta recordar los tiempos de su niñez y de la vida en Cracovia; incluso a veces les hace preguntas muy detalladas. El Papa parece revivir en cada audiencia; irradia cordialidad.

Trata de tomar en cuenta a todos. En una audiencia en la que excepcionalmente había muchas personas, el obispo Dziwisz pidió que todos se colocaran alrededor del Papa para la foto, porque no había posibilidad de platicar en grupos más pequeños. Un sacerdote gritó que había llevado a su madre y pidió que ésta pudiera acercarse al Papa. El Santo Padre se en-

viene de la pág. 155 ▼

teró de eso después de salir de la Sala Clementina, me llamó y me dijo: "Uno de los sacerdotes pidió que yo recibiera a su madre. Búsquelo." De inmediato comencé la búsqueda, pero desgraciadamente el sacerdote ya había salido y sólo pude encontrarlo dos días después. Más tarde, por supuesto, el Papa los recibió a ambos.

Si un día no hay audiencia, Juan Pablo II platica con los empleados de la Curia, con los teólogos y los filósofos. Los domingos reza el *Ángelus* a mediodía. La comida está programada a la una y media de la tarde, y casi siempre en la mesa hay muchos invitados. Uno de sus colaboradores bromeaba que "con el Santo Padre hay dos cosas que uno no sabe hasta el último momento: a qué hora va a comer y con quién". Pero con toda seguridad el obispo Stanislaw sí lo sabe, pues es él quien elige a los invitados. El Papa prefiere las comidas sencillas, pero siempre ofrece menús variados a los invitados. A las hermanas del Sagrado Corazón de Jesús les gusta la comida italiana, pero siguen prefiriendo la polaca.

Después de la comida, el Santo Padre descansa un rato y luego sale a pasear al aire libre, rezando o meditando. Después de este breve paseo vuelve al trabajo. Recibe a sus colaboradores, a los prefectos de diversas congregaciones y a los jefes de distintas oficinas.

Siempre está muy activo y nunca se queja de cansancio o por sentirse mal. Durante las vacaciones en Castel Gandolfo, Juan Pablo II dedica las tardes a la lectura; a veces escoge entre diez y doce libros diarios, ya sea para hojearlos o para estudiarlos minuciosamente, sobre todo si están escritos por sus conocidos o amigos.

La cena comienza casi siempre a las siete y media de la tarde; en este momento, en raras ocasiones acompañan visitas al Santo Padre, y más bien están con él las personas más allegadas. La cena termina siempre con una oración. A veces, durante la cena, el obispo Stanislaw enciende el televisor para que el Papa pueda ver algún importante acontecimiento mundial o un partido de futbol.

Después de la cena, Juan Pablo II vuelve a su oficina a escribir o a leer, y los últimos momentos del día los pasa en su capilla privada.

La luz de su aposento se apaga alrededor de las once de la noche. Alguna vez le preguntaron al Papa si podía dormir con tantas obligaciones y con ese intenso ritmo de vida, a lo que él respondió sin vacilación: "Duermo como antes; de cualquier manera haré lo que pueda y del resto se encargará la Providencia, porque ella fue quien me eligió y me envió."

Karol Wojtyla visita con frecuencia la iglesia de San Estanislao. Celebró misas en este lugar cuando era obispo y cardenal.

trona de Italia. Santa Catalina de Siena, declarada Doctora de la Iglesia por su excepcional inteligencia, convenció al papa Gregorio XI de terminar con "la esclavitud de Aviñón" y regresar a Roma. Para Juan Pablo II, como Primado de Italia, Santa Catalina de Siena es ahora lo que varias décadas antes fuera San Estanislao, arzobispo de Cracovia, que es también el patrono de la iglesia de los poloneses en Roma. Esta iglesia, escondida entre los viejos edificios de viviendas en una de las callejuelas que llevan a la Piazza Venezia, frecuentemente acogía a Karol Wojtyla cuando era sacerdote y estudiante, y cuando ya era cardenal y arzobispo de Polonia.

En su época de estudiante, Karol Wojtyla hacía veinte minutos a pie del Colegio Belga al Angelicum. Al dejar el Quirinal, Wojtyla caminaba por la vía Quirinale y luego por la vía XXIV Maggio, o por la colina de sinuosas y estrechas callejuelas. En cualquiera de las dos rutas pasaba frente a la iglesia de San Andrés, muy querida por él porque aquí se encuentra la tumba de San Estanislao de Kostka. Este jesuita polonés murió en Roma en 1568 durante la epidemia de malaria. Fue canonizado en 1726 y proclamado patrono de la juventud. En dicha iglesia, un siglo antes, el futuro papa León XIII celebró su primera misa.

Otro edificio importante es la Universidad Pontificia de Santo Tomás (el nombre oficial del antiguo Instituto Pontificio Angelicum, dirigido por los dominicos). En 1978, el padre Karol Wojtyla se convirtió en el egresado del Angelicum más conocido en el mundo, y todo lucía como tres décadas atrás. Esta prestigiosa universidad fue edificada en las faldas de la colina, enfrente de dos antiguas plazas: el Forum Augusto y el Forum Triana. Para entrar en sus edificios y en el patio interior con una fuente, era necesario cruzar un portón y subir una pronunciada escalera de piedra. Ahí, las diversas generaciones de estudiantes y profesores discutían mientras caminaban. En los tiempos anteriores al Concilio era imposible encontrarse a un sacerdote con traje o con ropa informal; hoy en día es común verlos así entre los hábitos blancos de los padres dominicos.

No lejos de ahí, en el vecino Monte Palatino, se encuentra escondido entre múltiples edificaciones

continúa en la pág. 163 ▶

Colaboradores

EL OBISPO STANISLAW DZIWISZ

ES ORIGINARIO DE LA MISMA REGIÓN de los Cárpatos que el Papa: Raba Wyzna, en los montes Beskides. Nació el 27 de abril de 1939, cuando Karol Wojtyla estaba terminando el primer año de estudios en la Universidad Jaguelloniana. Recibió el nombre de Stanislaw en honor del patrono de su parroquia, el obispo de Cracovia y mártir San Estanislao, personaje histórico muy querido por el Santo Padre. En 1981, ya como secretario del Papa, el padre Stanislaw Dziwisz presentó una disertación relacionada con ese santo en su examen de doctorado.

Tuvo seis hermanos y su padre murió atropellado por un tren cuando Stanislaw tenía sólo nueve años; su madre falleció mucho tiempo después. Al terminar el bachillerato solicitó la admisión al seminario, donde daba clases el futuro papa. El padre Dziwisz se graduó en 1963 y fue ordenado sacerdote por el obispo Wojtyla, que en aquel entonces era vicario capitular. Pero el encuentro que los ha unido para toda la vida ocurrió años después, cuando Karol Wojtyla ya era arzobispo; entonces le propuso al joven sacerdote, vicario en Maków Podhalanski, que regresara a Cracovia para trabajar como capellán. En realidad, eso significaba ser secretario del arzobispo metropolitano, que nunca prestaba demasiada atención a los detalles prácticos. Rápidamente el padre Dziwisz se convirtió en una persona indispensable. Ambos tenían un gran sentido del humor y se entendían con medias palabras. También compartían pasiones, como caminar en las montañas y esquiar.

En Roma, como secretario particular del Papa, el padre Stanislaw Dziwisz es una de las personas más importantes y más cercanas al Santo Padre; todos lo conocen como Don Stanislao. En los eventos oficiales siempre está en la segunda fila y deja el primer lugar al maestro de ceremonias. Acompaña al Papa en todas sus actividades diarias y en las peregrinaciones: lo cubre con el abrigo, le entrega los textos de los discursos, le detiene el paraguas. El Santo Padre cayó en sus brazos cuando fue víctima del atentado en 1981. En el hospital, el padre Dziwisz lo ungió con los santos óleos, y permaneció todo el tiempo junto a su cama. De igual manera lo acompañó durante las demás estancias del Santo Padre en el hospital.

Hombre de excepcional inteligencia y fenomenal memoria, el secretario del Papa ha sido consejero, confidente y la mano derecha de Juan Pablo II, quien confía totalmente en su discreción y lealtad. Nunca concede entrevistas. Es una de las siete personas con autorización para confirmar la autenticidad de la firma papal.

En 1998, Juan Pablo II lo consagró obispo. "Desde el comienzo de mi pontificado, has permanecido fiel a mi lado como secretario, compartiendo dificultades y alegrías, inquietudes y esperanzas ligadas al servicio de San Pedro", dijo durante de la conmovedora ceremonia. "Hoy con alegría adoro al Espíritu Santo, que a través de mis manos te consagra obispo."

Al mismo tiempo, Dziwisz fue designado prefecto auxiliar de la Casa Pontificia; en ese cargo supervisa la organización de los encuentros del Papa, recibe las peticiones de audiencias, de ayuda o de recomendación, y prepara las visitas del Santo Padre en Roma y en Italia. Poco antes de la designación de Dziwisz, el Papa –rompiendo con una tradición de muchos siglos– nombró como prefecto de la Casa Pontificia al sa-

El obispo Dziwisz anota en un diario todos los detalles de las reuniones del Santo Padre.

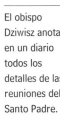

160

cerdote estadounidense James Harvey. Estas decisiones provocaron muchos comentarios, que el Santo Padre resumió irónicamente: "Prefecto, un norteamericano… ¡imposible! Prefecto auxiliar, un polonés… ¡peor todavía!"

EL OBISPO PIERO MARINI

Antes, los papas participaban en unas cuantas ceremonias litúrgicas públicas al año. Juan Pablo II lo hace cada semana, y a veces con mayor frecuencia. Por ello, era necesaria una persona de confianza, responsable del desarrollo de la liturgia durante las peregrinaciones al extranjero, las visitas apostólicas en las diócesis italianas, las parroquias de Roma o las celebraciones en la Plaza de San Pedro.

Desde mediados de los años ochenta, el puesto de Maestro de Ceremonias de las Celebraciones Litúrgicas Pontificias pertenece al apuesto obispo Piero Marini, bautizado por los periodistas como "Mister Vaticano". Él le entrega al Papa el báculo o los libros litúrgicos, y le coloca la mitra cuando la liturgia lo requiere. Es Marini quien planea con anticipación el desarrollo de toda la ceremonia, incluida la música. En vista de que las misas son generalmente concelebradas por muchos sacerdotes, le corresponde a Marini preparar el número de vestuarios litúrgicos y de sillas en el altar, pues ninguna silla puede faltar o quedar vacía si se toma en cuenta que alrededor del altar se juntan en ocasiones varios centenares de sacerdotes.

Marini dirige la Oficina de las Celebraciones, también prepara y entrega a los sacerdotes las lecturas en diversos idiomas; además, escoge a los sacerdotes que habrán de dar la sagrada comunión. Todo esto, naturalmente, lo consulta y acuerda con el Papa.

El maestro de ceremonias también determina cuántas personas recibirán la comunión de manos del Santo Padre, vela por el orden, y controla el tiempo y el apego al programa establecido.

Este hombre encantador y bien educado puede ser inflexible cuando alguien intenta cambiar algún punto de un plan ya determinado. Por supuesto, a veces se hacen modificaciones, sobre todo las hace el mismo Papa, quien tiene fama por su comportamiento impredecible.

El obispo Marini es detallista y sabe que tiene que estar preparado para cualquier situación. Toda celebración contiene elementos que el Santo Padre puede cambiar en el último momento, incluso las palabras introductorias de la misa; Juan Pablo II con frecuencia se aparta del discurso preparado con anticipación por la Oficina de las Celebraciones.

La tarea del maestro de ceremonias es difícil, principalmente cuando tiene que preparar una peregrinación al extranjero. Por lo general, Marini va al país destinado donde, junto con los sacerdotes locales, planea los detalles de cada celebración y vigila el ensayo general con la participación de los sacerdotes y los acólitos. También visita los lugares en los cuales el Santo Padre habrá de celebrar una misa o un oficio, para verificar que se cumpla con todas las exigencias litúrgicas, así como para aprobar la decoración y determinar el lugar donde se habrá de colocar el altar o la cruz.

Del mismo modo Marini prepara la liturgia oficiada por los obispos o cardenales en representación del Papa. Eso sucedió con frecuencia durante el Año Jubilar, cuando había gran cantidad de celebraciones y el Papa no podía participar en todas ellas.

Piero Marini es italiano, fue ordenado sacerdote en 1965 y unos meses más tarde comenzó a trabajar, en la Curia romana, en la comisión encargada de la reforma litúrgica, de acuerdo con las tesis del Concilio Vaticano II. En 1960 fue incorporado a la Congregación para el Culto Divino, encargada de los asuntos litúrgicos; ahí fue secretario privado del prefecto, el cardenal José Arturo Tabera. En 1985 lo nombraron subsecretario de la Congregación para el Culto Divino y Disciplina de los Sacramentos.

Ha escrito artículos acerca de la liturgia y la teología pastoral en diferentes revistas. Colaboró con la Prefectura de las Celebraciones Pontificias y a partir de 1975 es miembro del Gremio de los Maestros de las Ceremonias Pontificias. Desde el 23 de febrero de 1987 dirige la oficina de las Celebraciones Litúrgicas Pontificias, que él mismo organizó. En esta oficina trabajan tres sacerdotes y tres monjas, apoyados por cuatro sacerdotes que laboran en otras instituciones de la Sede Apostólica. El obispo Marini habla francés, alemán, inglés y español.

En 1986, Juan Pablo II lo nombró Prelado Honorario de Su Santidad y también Protonotario Apostólico Extraordinario. Marini fue consagrado obispo por el Papa, durante una ceremonia en la basílica de San Pedro, el 19 de marzo de 1998. El Santo Padre le agradeció entonces su entrega y la ayuda que le ha proporcionado durante todo el tiempo de su pontificado. ∎

Marini siempre ha estado al lado del Papa o detrás de él, durante las ceremonias litúrgicas.

La Curia romana

LOS ORÍGENES DE LA CURIA se remontan al siglo III, pero su forma actual fue creada por el papa Sixto V, a través del decreto *Immensa aeterni Dei*, del 22 de diciembre de 1588.

Dentro del marco de la Curia romana trabajan actualmente nueve congregaciones, doce consejos pontificios, tres tribunales, tres oficinas y otros dos órganos llamados dicasterios.

Cuando fue electo un papa no italiano, en la Curia se armó una verdadera revolución. Juan Pablo II estaba consciente de la hostilidad a los cambios de esta estructura petrificada, y de las tensiones que existían entre la Curia y sus antecesores. Desde el principio adoptó una postura decidida y ejecutó la política de los hechos consumados: iniciaba nuevas tareas y las encargaba a nuevos sacerdotes, muchos de ellos extranjeros, incluidos los poloneses.

La Secretaría del Estado colabora de forma más cercana con el Papa. Al mismo tiempo representa uno de los órganos más grandes de la Curia, con más de cien empleados. La reforma realizada por Juan Pablo II dividió a la Secretaría del Estado en dos partes. La primera es la Sección para los Asuntos Generales, que se dedica a las cuestiones concernientes al servicio cotidiano del Santo Padre en el marco de la Iglesia Universal y en las oficinas curiales, y prepara la forma final de las constituciones, de las cartas apostólicas y de otros documentos. El jefe de esta sección es el arzobispo Giovanni Battista Re, secretario del Estado. La segunda es la Sección para las Relaciones con los Estados, cuya tarea consiste en mantener las relaciones diplomáticas con otros países y con las organizaciones internacionales, además de participar en la designación de nuevos obispos, pues éstas requieren acuerdos con los gobiernos de los Estados correspondientes.

Las nueve congregaciones de la Curia romana son:

La Congregación para la Doctrina de la Fe, que se dedica a la doctrina eclesiástica, cuida la integridad y la pureza de la fe, y la moralidad católica. Siempre actúa en colaboración con los obispos locales y la preside el cardenal prefecto Joseph Ratzinger.

La Congregación para las Iglesias Orientales mantiene contacto con las Iglesias orientales que reconocen la autoridad del Papa y de la Santa Sede, y la preside el cardenal Achille Silvestrini.

La Congregación para el Culto Divino y Disciplina de los Sacramentos se dedica a la liturgia y la vida sacramental de la Iglesia. Al frente de esta congregación está el cardenal Jorge Arturo Medina Estévez.

La Congregación para las Causas de los Santos es la más reciente y desde 1969 se encarga de los procesos de beatificación y canonización. El arzobispo José Martins Saraiva está a cargo de ella.

La Congregación para los Obispos es una de las más antiguas y se ocupa de todo lo que atañe a los obispos: designación, cambios y asignación de tareas, así como delimitación territorial y formación de nuevas diócesis. El cardenal Lucas Moreira Neves está a cargo de su buen funcionamiento.

La Congregación para la Evangelización de los Pueblos es la oficina principal del Vaticano para las actividades misioneras. Su prefecto es el cardenal Jozef Tomko.

La Congregación para los Institutos de Vida Consagrada y Sociedades de Vida Apostólica se encarga de las órdenes religiosas en la Iglesia, tanto femeninas como masculinas. La dirige el cardenal Eduardo Martínez Somalo.

La Congregación para el Clero es responsable de todos los asuntos relacionados con los clérigos, y su prefecto es el cardenal Darío Castrillón Hoyos.

La Congregación para la Educación Católica es responsable de la instrucción y la educación católicas. Se ocupa de escuelas administradas por la Iglesia, universidades católicas y seminarios. El prefecto es el cardenal Pío Laghi.

Las actividades de las congregaciones están apoyadas por los Consejos Pontificios creados para los asuntos de los laicos, de la familia, de las comunicaciones sociales, de la cultura, del diálogo interreligioso, de la justicia y de la paz. Existen consejos: para la Promoción de la Unidad de los Cristianos, para los Textos Legislativos, Pastoral para los Agentes Sanitarios, Pastoral de los Emigrantes e Itinerantes, y "Cor Unum", el consejo que se dedica a las acciones labores caritativas. Existe además la Penitenciaría Apostólica, un tribunal interno de la Iglesia cuya competencia son los delitos graves ante la Iglesia, como las herejías y la apostasía.

En julio de 1999 entró en vigor la ley que establece que sólo pueden trabajar en la Curia los clérigos menores de 45 años. No se aplica a los prefectos ni a los presidentes, que casi siempre son mayores y poseen gran experiencia. Los empleados seglares no pueden rebasar los 35 años. El empleado que acepte trabajar en la Curia debe jurar fidelidad y confidencialidad, cuya violación puede ser causa de despido. Los empleados de la Curia tienen prohibido conceder entrevistas sin autorización previa de sus superiores, no pueden recibir regalos y deben respetar las enseñanzas de la Iglesia, incluso en su vida privada.

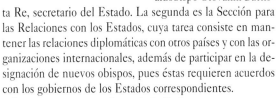

ellas, aunque situadas fuera del Vaticano, continúan bajo el poder de la Santa Sede, de acuerdo con el Tratado de Letrán.

La basílica y catedral de los obispos romanos está construida en el Monte de Letrán. Durante épocas antiguas y en el Medievo temprano fue un barrio muy populoso y el centro de la vida eclesial. La basílica fue construida durante el reinado del emperador Constantino y desde entonces compartió con Roma todas las desgracias que periódicamente caían sobre la capital del decadente Imperio.

CAYÓ NIEVE EN AGOSTO

En el año 896, la basílica quedó en ruinas debido a un terremoto, pero fue reconstruida y se le devolvió su esplendor. La actual fachada de la basílica de San Juan de Letrán corresponde a la reconstrucción hecha en la primera mitad del siglo XVIII; en cambio el altar, su parte más antigua, aún conserva su estilo gótico original.

La importancia de este lugar se debe a las valiosas reliquias que están colocadas en el altar: las calaveras de los apóstoles San Pedro y San Pablo, fundadores de la Iglesia Romana. Esta basílica, según la descripción romana, es *omnium urbis et orbis ecclesiarum Mater et Caput,* es decir, la madre y cabeza de todas las iglesias de la ciudad y del mundo. En la fiesta de la Asunción, los papas imparten desde su balcón la tradicional bendición.

De la basílica de San Juan de Letrán se llega a la basílica de Santa Maria Maggiore, construida en el Monte Esquilino. Desde la basílica de Santa María Maggiore, Juan Pablo II saludó a los romanos en mayo de 1981, a través de un mensaje grabado en la clínica donde se encontraba internado después del atentado.

Esta primera iglesia dedicada a la Santísima Virgen María se erigió en el Esquilino en el siglo V y fue inaugurada en los tiempos del Concilio de Éfeso, durante el que se aprobó el dogma sobre la Inmaculada Concepción de la Santísima Virgen María. Los mosaicos marianos colocados en la nave principal tuvieron su origen en aquel tiempo. Según la leyenda, la Madre de Dios señaló el lugar

Viene de la ▶ pág. 159

el antiguo templo de San Cesáreo, la iglesia titular de Karol Wojtyla cuando era cardenal. Al tomar posesión de ella, en 1968, se convirtió en romano honorario, mucho tiempo antes de ser elevado al Trono de San Pedro. Como cardenal, la visitó en varias ocasiones para celebrar misas y pronunciar sermones. Después de la elección de Wojtyla como papa, la iglesia cambió de titular, porque a Juan Pablo II le corresponderían cuatro basílicas romanas, llamadas patriarcales. Tres de

Las Escaleras Santas se encuentran en la Plaza de San Juan de Letrán y llevan a la antigua capilla privada de los papas. Según la leyenda, Cristo entró por esta escalera al palacio de Poncio Pilatos.

para la construcción de la iglesia cuando, varias décadas antes del Concilio, mandó nevar sobre el Esquilino, el 5 de agosto del año 353. Desde entonces la iglesia lleva el nombre de Madre de Dios de la Nieve (Santa Maria della Neve). Dicho acontecimiento tenía un gran significado para Juan Pablo II, que eligió el día 5 de agosto para ser operado de su segunda cirugía en la clínica Gemelli.

SOLAMENTE DEJÓ UN PAQUETE DE SOBRES

Desde la ventana de la habitación del Papa se puede ver el Monte Aventino, en el cual se encuentra el Colegio Polaco. Para llegar ahí, hay que tomar una escarpada y arbolada vía, que pasa tras las ruinas del antiguo Circus Maximus (el Coliseo) y desemboca en la tranquila plazoleta Remuria, también llena de árboles.

Aquí, en un edificio un tanto apartado y rodeado por un jardín, Karol Wojtyla se hospedaba cuando visitaba Roma. Tenía en él un pequeño cuarto modestamente amueblado, con la imagen de la Virgen de Czestochowa, y una salita en la cual podía recibir a las visitas. De este sitio salió en septiembre a su primer Cónclave y volvió. Un mes más tarde, partió al siguiente Cónclave y ya no regresó.

En el colegio dejó solamente un paquete de sobres blancos con un membrete púrpura: "Carolus Cardinalis Wojtyla Archiepiscopus Metropolita Cracoviensis." Sus objetos personales fueron recogidos por el padre Stanislaw Dziwisz. El Santo Padre regresó veinte años después para celebrar el jubileo de su pontificado.

Para Juan Pablo II, que una mañana de noviembre de 1978 miraba Roma desde la ventana del Palacio Apostólico, su estancia en el Colegio Polaco era un recuerdo muy fresco. Pero él ya era el arzobispo metropolitano de Roma y su relación con la ciudad había cambiado.

Más al sur, detrás del Colegio Polaco, está la basílica de San Pablo tras los Muros. Fue construida en los tiempos del emperador Constantino y quedaba fuera de la ciudad, cuyos límites señalaba en aquel entonces un muro construido en los tiempos

El 5 de agosto se celebra a la Madre de Dios de la Nieve, y la basílica de Santa María Maggiore se cubre de pétalos blancos.

del emperador Marco Aurelio. La basílica fue edificada sobre el supuesto lugar de la muerte de San Pablo, Mártir y Apóstol de las Naciones, y durante años se consideró la iglesia más bella de Roma gracias a las posteriores modificaciones. Debajo del altar hay un obelisco con unas palabras esculpidas en el siglo IV: "Paolo Apostolo Mart". En el Renacimiento esta basílica fue opacada por la belleza y las dimensiones de la basílica vaticana de San Pedro. En 1823, un incendio la destruyó casi por completo y se temió que nunca recuperaría su antiguo esplendor. Sin embargo, gracias a la generosidad de los donadores (entre ellos el virrey de Egipto y el zar de Rusia) fue reconstruida en su forma original.

Varios kilómetros más al sur se encuentra otro enclave del Estado Vaticano: Castel Gandolfo, la residencia veraniega de los papas. Gracias a que su altura es mayor que la de Roma, permite descansar del calor y de la humedad de los meses de verano, cuando la vida en la capital se vuelve insoportable. Dos semanas antes del histórico Cónclave, el Santo Padre visitó este lugar con el obispo Deskur. El Cardenal y el Obispo caminaron entonces por los jardines y admiraron el lugar de descanso de los papas.

Juan Pablo II podría haber pasado allí unas vacaciones, pero el descanso era la última cosa que ansiaba después de su elección. Cerca de Castel Gandolfo se encontraba el Santuario de la Santísima Virgen María en Mentorelli, dirigido por los monjes poloneses de la orden de los resurreccionistas y visitado con frecuencia por Wojtyla.

VEINTE MINUTOS SON SUFICIENTES

El mapa privado de Roma del Santo Padre incluye también el Colegio Pallottino, en un edificio cercano al Tíber, donde vivió, a principios del siglo XIX, el padre Pallotti, fundador de la Asociación del Apostolado Católico, cuyo fin era despertar en los laicos la responsabilidad por la Iglesia.

El padre Wojtyla pasó aquí unas semanas en el otoño de 1946, antes de mudarse al Colegio Belga. No existe ningún documento sobre la vida de Wojtyla en ese lugar, pero este episodio fue confirmado por él mismo, cuando visitó la casa pallottina en junio de 1986 y rezó ante la tumba de San Vicente Pallotti.

Veinte minutos son suficientes para ir de la casa de los padres pallottinos al Vaticano, por la orilla del Tíber; al cruzar alguno de los viejos puentes se llega a la amplia avenida que lleva a la Plaza de San Pedro. La Plaza está delimitada por dos columnatas en forma de elipse. Cuando fue construida por Bernini, cabía ahí toda la población de Roma, de un millón de habitantes, pero en el siglo XV sólo albergaba a unas 100,000 personas. La Plaza de San Pedro es uno de los lugares más conocidos del mundo.

La amplia calle que lleva a la Plaza fue trazada en los años treinta del siglo XX; antes no existía la espaciosa via della Conciliazione (calle de la Reconciliación).

Era un barrio densamente edificado y a la Plaza de San Pedro se llegaba por un laberinto de las típicamente estrechas calles de la ciudad. La Plaza destaca por su columnata, que abraza las dos fuentes colocadas en los ejes focales de la elipse, y por el obelisco que está en el centro. Aquí, la multi-

tud de fieles espera las noticias de la Capilla Sixtina y se junta los domingos para la oración del Ángelus, que se reza al mediodía.

PEDRO ESTÁ AQUÍ

La Plaza de San Pedro está delimitada por el río Tíber a un lado, y por la basílica más grande y más importante de Roma, al otro. Desde las ventanas de Juan Pablo II se puede ver la imponente cúpula, obra de Miguel Ángel, y la columnata corintia frente a la entrada, así como las grandes esculpluras de Cristo y los Apóstoles colocadas encima.

La Basílica de San Pedro se erige donde, según la leyenda, está la tumba del apóstol Pedro, al que Cristo llamó Piedra y entregó las llaves del Reino Celestial. Las excavaciones arqueológicas, iniciadas por el papa Pío XII durante la guerra y continuadas cuando el padre Wojtyla estudiaba en Roma, demostraron que no se trataba de un mito.

Cerca del obelisco del siglo II, en el cual está escrito en griego "Pedro está aquí", se encontraron los huesos de un hombre alto, de unos 60 años, que datan del siglo I. Después de muchos estudios es-

La Basílica de San Pablo era una de las Iglesias más bellas de Roma. La reconstruyeron después de un incendio, pero perdió su anterior belleza.

pecializados, Paulo VI confirmó en 1968 lo que se sospechaba en 1950: las reliquias de San Pedro habían sido confirmadas.

La Basílica de San Pedro es la única de las cuatro basílicas romanas patriarcales que se encuentra dentro del Vaticano. En los tiempos del emperador romano Nerón, en ese lugar se encontraba el circo, donde se organizaban sangrientos espectáculos.

La primera basílica bizantina fue construida en su lugar en el siglo IV, porque al parecer ahí Pedro enfrentó la muerte como mártir y fue enterrado en el año 64. En el siglo IV, tanto en Roma como en Tierra Santa, se construyeron otras grandes edificaciones sacramentales de la cristiandad.

La construcción de la Basílica de San Pedro se concluyó en los tiempos de Constancio, hijo y su-

La restauración tuvo que esperar hasta la mitad del siguiente siglo, durante el pontificado de Nicolás V, uno de los papas más ilustrados de la época del Renacimiento.

Fue el "siglo de oro" de la cultura italiana, y aunque Nicolás V llevaba un estilo de vida sencillo y modesto, decidió darles al Vaticano y a toda Roma la suntuosidad y la belleza que pudieran fortalecer la fe de los peregrinos.

Con la muerte de Nicolás V en el año 1455, los trabajos de la Basílica de San Pedro fueron interrumpidos, y el papa Julio II los continuó cincuenta años más tarde con mayor ímpetu: ordenó desmontar los muros viejos y construir una iglesia prácticamente nueva, en estilo clásico.

No fue ésta la única reconstrucción que se le hizo a la basílica, pues los sucesores de Julio II cambiaron el aspecto del templo de acuerdo con el estilo barroco; incluso modificaron el plano donde estaba ubicada. La clásica cruz griega del proyecto de Bramante, que había sido contratado por Julio II, fue sustituida por la

La vía principal del Vaticano se llama calle de la Reconciliación, y conmemora el concordato firmado entre el Vaticano y el Estado italiano en 1929.

cesor del emperador Constantino y nieto de Santa Elena. En el año 800, el papa León III coronó ahí al emperador Carlomagno, y los sucesores de éste siguieron coronándose en la tumba de San Pedro.

Desde el 13 de septiembre de 1376, cuando Gregorio VI devolvió la corte papal de Aviñón a Roma, la Basílica de San Pedro se convirtió en el escenario de los acontecimientos más importantes en la historia del Vaticano. Gregorio VI no quiso regresar al Monte de Letrán, antigua sede de la Curia romana, que mientras duró "la esclavitud de Aviñón" se había convertido en un barrio despoblado y alejado de la ciudad. El Sumo Pontífice eligió el Vaticano y desde entonces las historias de los papas se han vinculado con este monte.

La basílica bizantina de San Pedro tenía casi mil años y estaba en ruinas. Gregorio XI, que murió en 1378, no emprendió la obra de la reconstrucción.

Desde la galería se ve el interior de la Basílica de San Pedro. La entrada a la cúpula se encuentra al lado del baptisterio, bajo la estatua de María Clementina Sobieska, nieta del rey Juan III Sobieski, vencedor del Imperio Otomano en 1683.

cruz latina cien años más tarde, ahora por Carlo Moderno, el arquitecto del papa Pablo V. Gracias a esta modificación la basílica ganó espacio, al ser agrandada.

Ninguno de los cambios que se le hicieron a la basílica modificó la ubicación de la tumba de San Pedro, que permaneció en el centro. Antes podía verse la tumba desde cualquier lugar de la nave central, y en la actualidad se encuentra unos metros bajo el suelo, y el altar está encima.

En el sótano de esta iglesia descansan los restos de papas anteriores. En las grutas vaticanas, que están localizadas todavía más abajo, fueron descubiertas muchas tumbas de cristianos de los primeros siglos, testimonio de que la Iglesia romana creció de la sangre de los mártires.

Cuando el cristianismo, después de los tiempos de las persecuciones, se convirtió en la religión dominante del Imperio Romano, muchos papas formaron parte de la historia gracias a las grandes obras arquitectónicas que emprendieron. Juan Pablo II también pertenece a la dinastía de los grandes constructores.

La reconstrucción que ha emprendido Juan Pablo II en su pontificado no se limita únicamente a un edificio o a un templo, sino a toda la Iglesia romana. Esta construcción universal y edificada –como lo predijo Cristo– sobre la piedra, en la cual no existían divisiones entre judíos y griegos, fue dominada por los italianos a través de los siglos. Pero los antecesores inmediatos de Juan Pablo II la hicieron cada vez menos italiana, y más internacional. Durante el pontificado del Papa de Polonia, Roma ha quedado irreconocible. ∎

Padre Konrad Hejmo OP
Ante el trono papal

CADA MIÉRCOLES SE REÚNEN entre 15,000 y 30,000 peregrinos en la Plaza de San Pedro (en el Año Santo llegaron a reunirse hasta 50,000 personas) para esperar la audiencia general que otorga el Papa. Durante el invierno, estas audiencias a veces tienen lugar en el Aula Paulo VI, con cupo para aproximadamente 10,000 personas. En el Año Jubilar, Juan Pablo II recibía a los peregrinos los sábados, en las llamadas audiencias jubilares.

La entrada para las audiencias generales se puede obtener directamente en la Prefectura Apostólica, o con los guardias suizos en la puerta de bronce, incluso días antes del miércoles; también se pueden solicitar por correo o fax. La firma del párroco o del obispo facilita el trámite.

De 100 a 200 personas pueden acercarse al trono papal durante el curso de la audiencia general. A dichas personas se les concede el llamado *pase baccia mano* (beso en la mano). En la carta con la petición de este pase hay que agregar un breve currículum firmado por el párroco u obispo de la diócesis, quienes garantizan con su firma que la persona en cuestión tiene méritos para la Iglesia y el prójimo.

Al inicio de las audiencias generales, un vocero de un determinado grupo lingüístico lee los nombres de las organizaciones y de las ciudades a las cuales pertenecen los demás peregrinos y él. Posteriormente, el Santo Padre saluda a los grupos más numerosos y resume

El papa Juan Pablo II se dirige a los fieles desde un balcón del Vaticano, en diciembre de 1981.

en su idioma el sermón pronunciado antes en italiano. Los grupos de peregrinos tienen obligatoriamente que registrarse con anticipación en la prefectura.

Todos los domingos y días festivos aparece el Papa en la ventana de su biblioteca, a las doce en punto. Hace una corta reflexión, reza el *Ángelus,* bendice y saluda en varios idiomas a los fieles reunidos en la Plaza de San Pedro.

La distinción de reunirse con el Papa en una audiencia privada no se reserva únicamente a jefes de Estado o de Gobierno, a embajadores, a científicos o a renombrados artistas. Cualquier persona puede solicitar una audiencia privada, sin importar su ocupación. Basta con escribir una carta al prefecto de la Casa Pontificia, aunque en todo caso debe tener la recomendación de un funcionario de la Iglesia.

Últimamente sólo muy pocos son admitidos para participar en la Santa Misa, celebrada por el Santo Padre en su capilla privada.

CAPÍTULO DIEZ

Nuevo estilo, nuevos fenómenos

Juan Pablo II retoma la Iglesia del pasado para introducirla al siglo XXI. Crea un nuevo estilo en la forma de ser de los papas. Cambia el semblante del Papado.

LA NOTICIA DE QUE UN POLONÉS DE CRACOVIA HABÍA SIDO ELEGIDO CABEZA DE LA IGLESIA CATÓLICA PROVOCÓ DIVERSAS REACCIONES EN TODO EL MUNDO. Roma no fue la excepción. La sorpresa de los romanos se transformó en una creciente simpatía por el papa extranjero. En cambio, en la Curia romana reinaba el nerviosismo, porque para muchos de sus miembros, en su mayoría italianos, un extranjero en el Trono de San Pedro implicaba inseguridad respecto a los acontecimientos futuros. Esta institución —de muchos siglos, respetada, pero tan petrificada que cambiarla parecía tan difícil como mover una montaña— sería ahora gobernada por un papa de un país lejano, que, sin conocerla por dentro y sin apoyo de los jerarcas, fácilmente se dejaría dominar. Sin embargo, en la Curia había una urgente necesidad de reforma. Ya Juan XXIII había intentado subsanar esa necesidad, pero ni él ni Paulo VI lo habían logrado. Juan Pablo I tenía grandes planes de reformar la administración, y quizá lo habría logrado si hubiera tenido tiempo. Esta responsabilidad recayó, entonces, en su sucesor. La pregunta era hasta dónde llevaría el nuevo papa sus intenciones reformistas. Y eso, nadie en la Curia podía imaginárselo.

Karol Wojtyla ya se había enfrentado a una tarea similar cuando fue nombrado arzobispo metropolitano de Cracovia; pero el alcance del problema que enfrentaba ahora era mucho más grande. La Curia Metropolitana de Cracovia fue configurada por el cardenal Stefan Sapieha, heredero de las tradiciones de los cuatro Píos, y por el arzobispo Eugeniusz Baziak, que era aún más severo y menos accesible. Wojtyla conocía esta institución desde años atrás y, a su vez, todos los empleados lo conocían a él. Sería suficiente darle un nuevo espíritu y elegir a obispos auxiliares adecuados para el trabajo diario, para lograr la introducción de un nuevo estilo. La personalidad del arzobispo a cargo de la Curia Metropolitana siempre definía el comportamiento de la oficina.

La situación de la Curia romana era distinta. Esta poderosa máquina burocrática dominaba no sólo a Roma o a Italia y a toda la Iglesia del mundo, sino que también tenía un poder extraordinario en las funciones del papa. El Concilio Vaticano II restableció el carácter colegial en el manejo de los asuntos eclesiales y les dio mayor independencia a los episcopados nacionales. De esta forma liberó a la Curia de las tareas que la convertían en una especie de gobierno central de la Iglesia católica romana. Sin embargo, los curiales entregaban dichas responsabilidades de mala gana y con resistencia. Al parecer esperaban a un papa que, después de mucho tiempo "de experimentos", restableciera el viejo orden. Antes de los cónclaves en 1978 tenían la esperanza de que ese papa fuera Giussepe Siri, cardenal de Génova, llamado por la prensa "el candidato de la Curia". El tradicionalista Siri no iba tan lejos en la crítica del Concilio Vaticano II como el arzobispo francés Marcel Lefèbvre, pero solía burlarse abiertamente del Sínodo de los Obispos posconciliar y de los principios de la colegialidad, elaborada por el Concilio. "Ni siquiera sé qué es eso", respondió el día que comenzó el Cónclave cuando le preguntaron en una entrevista acerca de la colegialidad.

La tarde anterior al cierre de las puertas de la Capilla Sixtina, el texto de la entrevista fue repartido por una persona desconocida en los apartados de los cardenales (según el acuerdo con el periódico, la entrevista iba a aparecer después del inicio del Cónclave). Los autores de esta acción contribuyeron a que desapareciera la última oportunidad para los adversarios de la apertura posconciliar de la Iglesia, representada por el cardenal Siri. Los cardenales indecisos, que quizá consideraban la posibilidad de apoyar al genovés, perdieron las ganas de hacerlo después de conocer sus comentarios.

Juan Pablo II tenía cierta ventaja sobre sus antecesores que intentaron modernizar la centralizada administración eclesial, dado que Paulo VI, Juan XXIII y los papas anteriores al Concilio Vaticano —a diferencia del papa de Polonia— eran en cierto sentido discípulos de la Curia romana (excepto Juan Pablo I, que no trabajó en la Curia, pero que no pudo aprovechar esa ventaja porque su pontificado fue muy breve). Antes de ocupar el Trono de San Pedro, los papas anteriores trabajaron en las congregaciones curiales y subían los peldaños de la burocracia vaticana convencidos de que la rutina, aunque era una carga, al mismo tiempo era la razón de la existencia de la Curia, porque permitía su adecuado funcionamiento. Y finalmente, a pesar de las reformas que implantaban en mayor o menor

Por primera vez el Papa besó la tierra en Niegowic, en el año 1948. Desde ese momento y mientras su salud se lo permitía, lo hacía en todos los lugares donde llegaba con el servicio sacerdotal.

Para Juan Pablo II es sumamente importante tener contacto directo con los fieles. Hasta el atentado, un apretón de manos era práctica común.

grado, se sometían a la rutina. "Porque así se hacen las cosas en Roma", decían los empleados de la Curia, para explicar por qué procedían a su manera, incluso a veces en contra del sentido común. La idea de que los papas tenía un poder absoluto era una falacia, aunque desde el punto de vista del sistema político, el Vaticano seguía siendo una monarquía.

LA JAULA DE ORO

Aunque en la corte pontificia rige el principio de la obediencia absoluta, propia de toda la jerarquía eclesial, el proceder de los papas estaba tan limitado por el riguroso protocolo que lejos de ser monarcas más bien parecían prisioneros de la Curia. A través de largos siglos, los burócratas comunes y sus superiores se comportaron como si estuvieran cuidando una jaula de oro, dentro de la cual estaba encarcelado el papa.

La corte pontificia se convirtió a través de los siglos en una complicada red de interdependencias, en la que cada persona conocía su lugar y las obligaciones que le competían. El Santo Padre era el elemento más importante y más visible de este mecanismo, pero su autonomía era limitada. Siempre tenía que considerar qué se

Durante el pontificado de Juan Pablo II, en el Vaticano se creó el servicio informativo. Los peregrinos pueden obtener aquí la información sobre cómo funciona la Santa Sede, y cómo moverse en ella.

Con ocasión del 50° aniversario de la parroquia romana de San Tarcisio Martire, Juan Pablo II ofició ahí la Santa Misa y. jugó bolos con los fieles (1985).

podía hacer o no para mantener la estabilidad y el equilibrio construidos a través de muchos años. Paulo VI, que deseaba reducir la corte heredada de sus antecesores para lograr una mayor independencia, comenzó por suprimir las funciones más antiguas. De la nómina vaticana desaparecieron los empleados cuyas funciones eran muy especializadas (como servir al Papa el vino durante las comidas, vestirlo y servirle en la mesa), así como muchos otros puestos inútiles, por ejemplo el caballerango, aunque en el Vaticano ya no había caballerizas. De este grupo llamado "la familia", sólo permaneció el chofer particular del Papa durante el pontificado de Juan Pablo II.

LA ESTRUCTURA ADMINISTRATIVA DEL VATICANO

La Curia romana cuenta en la actualidad con 28 dicasterios, comparables a veces con los ministerios o secretarías, aunque no todos los órganos administrativos del Vaticano tienen equivalente en la estructura común de un Estado. El órgano más importante es la Secretaría del Estado, que maneja los asuntos internos e internacionales de la Santa Sede y coordina las actividades de los dicasterios, como se conocen las instancias vaticanas más importantes.

El dicasterio más antiguo es la Congregación para la Doctrina de la Fe, creada por el papa Pablo III en 1542 y conocida como Santa Congregación de la Inquisición Romana y Universal, y posteriormente renombrada como el Santo Oficio. Hoy, además, existen otras ocho congregaciones: para las Iglesias Orientales, para el Culto Divino y Disciplina de los Sacramentos, para las Causas de los Santos, para el Clero, para los Obispos, para la Evangelización de los Pueblos, para los Institutos de Vida Consagrada y Sociedades de Vida Apostólica, y para la Educación Católica. Hay otra clase de dicasterios a manera de consejos, dos con nombres latinos: Iustitia et Pax y Cor Unum. También cuenta con tres oficinas: la Cámara Apostólica, la Administración del patrimonio de la Santa Sede y la Prefectura de los Asuntos Económicos de la Santa Sede.

Los cardenales que presiden los diversos dicasterios forman algo parecido al gabinete de los ministros, aunque por la especificidad del régimen del Estado Vaticano, este gremio no funciona como en los demás países y no toma decisiones colegiadas. Durante las reuniones, los cardenales solamente informan al Santo Padre sobre los asuntos más importantes que transcurren en las instituciones a su cargo. El papa tiene el poder para decidir, pero es la Secretaría del Estado la que realiza los informes que servirán para la toma de decisiones. Por ello, no está alejada de la realidad la opinión de que los secretarios de Estado definen y dirigen la política del Vaticano, y que los papas sólo la ejecutan.

Ahora, las cosas cambiarán en la Curia

Juan Pablo II nunca formó parte de la estructura de la Curia en su camino al más alto cargo de la Iglesia. Se encontró de inmediato en la cima y, libre de lazos e influencias, pudo proceder a su manera. Cuando impuso su propia dinámica a la máquina administrativa, todos tuvieron que seguirlo, conformes o no. Así sucedió desde el principio de su pontificado. Después de su elección y de vestirse de blanco se mantuvo de pie para recibir el homenaje de los cardenales, y no sentado en el sillón, como lo hicieron sus antecesores. Ésta fue la primera señal de que deseaba romper con la rutina reinante hasta entonces. No quería ser un monarca al que los cardenales debían servir, sino un hermano que realizaría con ellos las tareas señaladas por el Concilio Vaticano II. Pero ello no significaba que sería solamente el primero entre iguales, diferente de los demás cardenales sólo por su blanco vestuario. Durante la primera homilía, pronunciada en la Capilla Sixtina, dejó muy claro que, aunque deseaba llevar la Iglesia en forma colegiada, las funciones estarían divididas: a él le correspondería señalar e in-

La dignidad de la persona

En *Redemptor hominis*, Juan Pablo II escribió: "El hombre es el camino de la Iglesia... fue pensado y escogido por Dios desde toda la eternidad." En lugar de la definición clásica de la persona como ser racional (*animal rationale*), el Papa adoptó otra, según la cual la persona es "un sujeto indivisible, de naturaleza racional". Separó con decisión el marxismo, que considera como sujeto a la clase social o a la sociedad. Tampoco estuvo de acuerdo en definir al hombre como individuo, porque el individuo no es objeto de los derechos humanos: lo es la persona. "La persona es algo más que la sustancia individual —escribió en su libro *Persona y acto*—, la persona es 'alguien'. Y este pronombre evoca por asociación y contraste el 'algo'."

Los seres humanos son llamados a desarrollarse en el marco de las relaciones interpersonales. Existe una interdependencia entre el desarrollo del hombre y el desarrollo de la sociedad. El hombre entra al mundo en forma creadora y transforma la naturaleza en la cultura. Así se revela como el sujeto y el centro del desarrollo.

Sin embargo, la sociedad no puede sostenerse en los derechos que demandan individuos concretos, porque entonces sería una simple agregación de egoísmos. Hay que adaptar las estructuras políticas y sociales para que puedan servir efectivamente al progreso. "La preocupación por el bien del individuo se une, entonces, al servicio para el bien común", escribió el Papa.

Cita tras "La Declaración de los Derechos del Hombre" que "el reconocimiento de la dignidad inherente, así como de los derechos iguales de todos los miembros de la familia humana, constituye el fundamento de la libertad, la justicia y la paz en el mundo". Él mismo aplicaba en la vida diaria los consejos que les daba a los obispos y los sacerdotes. Quería que fueran "una conciencia crítica de la sociedad" y aseveraba constantemente: "No se puede ignorar ninguna forma de violación de la dignidad humana, independientemente de cuál sea su causa, en qué forma concreta se manifieste y en dónde tenga lugar."

terpretar los objetivos, y a los cardenales, realizarlos de acuerdo con las enseñanzas papales.

Este estilo de gobierno fue reconfirmado en la primera reunión que sostuvo Juan Pablo II con los cardenales a principios de noviembre de 1979, después del Cónclave. Aquél era un acontecimiento inusual, pues por primera vez desde hacía cuatro siglos se reunieron en Roma los 120 príncipes de la Iglesia, no para elegir al papa sino para aconsejar a Juan Pablo II en tres asuntos importantes para el Vaticano y para toda la Iglesia. Ante todo le interesaba escuchar su opinión acerca de la reestructuración de la Curia romana; también les preguntó sobre la forma de estimular la actividad de la Academia Pontificia de Ciencias (creada en 1937 por Pío XI) y sobre los problemas económicos del Vaticano. A él lo inquietaba el déficit en las finanzas del Estado. Además quiso conocer los problemas que preocupaban a los cardenales.

Fue una asamblea deliberativa, las discusiones duraron cuatro días y no llevaron a decisiones definitivas, y el Papa no fue obligado a nada. Desde este mo-

continúa en la pág. 176 ▶

173

La ciencia y la fe

LA CERTEZA DE QUE NO puede haber contradicción entre la fe y la ciencia acompaña a Karol Wojtyla desde su juventud. Esa seguridad la adquirió en las clases de religión impartidas por el padre Edward Zacher en el bachillerato de Wadowice. El prefecto, o subdirector para la educación religiosa, y luego párroco de la iglesia de Presentación de la Santísima Virgen María, en Wadowice, incorporaba a sus clases los elementos de las ciencias naturales y de la astronomía, para que los alumnos concientizaran acerca de que la fe en la Revelación y el conocimiento científico podían coexistir sin conflicto. Fue el padre prefecto quien le presentó al futuro papa por primera vez el drama de Galileo Galilei, quien había sido obligado por la Santa Inquisición a retractarse en público de sus afirmaciones sobre la estructura del Universo. Medio siglo después, el papa Juan Pablo II creó en el Vaticano una comisión que se encargaría de estudiar este caso.

El conflicto entre el enfoque "científico" y el "religioso" tuvo origen en la actitud de los teólogos de aquellos tiempos, sobre los cuales pesaba la tradición escolástica del Medievo, porque no supieron interpretar los nuevos descubrimientos científicos y veían el conocimiento con desconfianza e incluso con hostilidad. Esta situación perduró hasta el siglo XIX y ambos bandos, los científicos y los teólogos, cometieron errores. Los teólogos confundieron las tesis astronómicas con las verdades de la fe, y los estudiosos de la naturaleza cuestionaron estas verdades. Algunos científicos se separaron de la fe; en cambio los que seguían fieles a Cristo vivían un conflicto de conciencia. Ése fue el caso de Charles Darwin, científico británico de la primera mitad del siglo XIX. Su teoría de la evolución de las especies a través de la selección natural se convirtió para los ateos en un arma para luchar contra los defensores de la versión bíblica de la creación del mundo, cuya descripción contenida en las Santas Escrituras tomaban en forma literal.

La mayor parte de los malentendidos, causados por querer simplificar la realidad o ignorar los hechos, poco a poco ha ido desapareciendo. Hoy, la teoría de la evolución es una de las materias que se imparten en los seminarios y los científicos católicos pueden opinar que el hombre (en su aspecto material) surgió del mundo animal.

Pero el camino para que la teología se abriera a la ciencia fue largo y difícil. Cerca de cien años después de la Revolución Francesa, en los documen-

Basílica Vaticana. El telescopio regalado al Padre Santo por los científicos. (25 de mayo de 2000.)

Los científicos todavía no pueden determinar la procedencia de la Sábana Santa (Santo Sudario) de Turín.

tos del Concilio Vaticano I de los años 1869–1870 quedó asentado que la mente nos ayuda a comprobar la existencia de Dios. Esto significaba que el pensamiento racional podía ser también el camino hacia el Creador, y no sólo su negación. La encíclica proclamada en 1879 por León XIII, *Aeterni Patris*, reconoce los planteamientos de Santo Tomás de Aquino sobre la síntesis entre la razón y la fe. Desde entonces, la nueva interpretación del tomismo se convirtió en la filosofía oficial de la Iglesia católica. "La verdad no puede […] negar a la verdad", escribió León XIII. Los datos recopilados de la experimentación e interpretados correctamente con ayuda del don de Dios, que es la razón, no pueden negar la Revelación de Dios.

Uno de los principales centros del neotomismo fue el Angelicum dominico en Roma, donde el padre Wojtyla estudió su doctorado en 1948. Más tarde, como pastor e investigador estuvo en contacto con los representantes de las ciencias exactas, sobre todo con los físicos, y reafirmó el convencimiento de que la teología y la ciencia se necesitan de manera mutua.

Sin embargo, las relaciones entre estos dos ámbitos seguían ensombrecidas por la sentencia de la Santa Inquisición que había ordenado a Galileo renunciar a la teoría heliocéntrica de Copérnico, condenada por la Iglesia. Aunque ya desde hacía años estaba trabajando la comisión formada para estudiar de nuevo "el caso de Galileo", su reporte no estaba terminado. Esta comisión fue creada por Juan Pablo II en julio de 1981, cuando se hallaba en la Clínica Gemelli, después del atentado. La Comisión estaba dirigida por el cardenal Paul Poupard, del Consejo Pontificio para la Cultura. El 31 de octubre de 1992, en los 350 años de la muerte de Galileo, Juan Pablo II se reunió en el Palacio Apostólico con los miembros de la Academia Pontificia de Ciencias para rehabilitar al gran científico en presencia del cuerpo diplomático, cardenales y otros dignatarios de la Iglesia, así como miembros del Consejo Pontificio para la Cultura. El punto principal de la reunión fue el informe de la comisión y la intervención del Papa. Los trabajos de la comisión duraron once años y abarcaron los aspectos teológico, bíblico, científico, histórico y legal. Después de estudios muy profundos, el cardenal Poupard pudo definir en forma inequívoca el error de los jueces que condenaron a Galileo: no supieron separar las verdades de la fe de las aseveraciones de la astronomía.

El Papa reconoció que, independientemente de la motivación de los jueces, había que admitir el error y expresar el pesar por la sentencia equivocada. También que era necesario aprender de esa experiencia, porque era imposible aseverar que nunca más se repetiría un conflicto semejante. Para que los conflictos de esa naturaleza pudieran resolverse a través de un debate, los científicos y los teólogos deberían estar conscientes de los límites de sus competencias, y al mismo tiempo ser capaces de enriquecer su conocimiento. La conclusión de Juan Pablo II sobre la relación entre la ciencia y

Galileo

G ALILEO GALILEI nació en 1564. Fue físico, astrónomo, filósofo y uno de los creadores del método científico basado en la experimentación. También fue profesor de matemáticas en las universidades de Pisa y Padua. Generalizó sus propias experiencias y formuló la ley del péndulo y de la caída libre de los cuerpos. En 1609 construyó el primer telescopio, que además le permitió observar los cráteres de la Luna y los satélites de Júpiter; descubrió también las manchas solares y comprobó que el Sol gira alrededor de su eje. También confirmó la hipótesis de Copérnico (quien no utilizaba telescopio) acerca de que las fases de Venus eran análogas a las de la Luna.

Proclamó la teoría heliocéntrica de la construcción del Universo, que provocó un conflicto con la Santa Inquisición. En 1616 fue sentenciado y se le prohibió afirmar públicamente que la Tierra giraba alrededor del Sol. En 1633 fue llevado de nuevo ante el tribunal y su obra *Diálogo sobre los dos máximos sistemas del mundo, tolemaico y copernicano* fue incluida en el índice de los libros prohibidos. Para evitar la tortura tuvo que negar en público la teoría copernicana. Se dice que después de negar bajo presión lo antes publicado, pronunció en voz baja: "*E pur, si muove!*" ("Y, sin embargo, se mueve"). Hasta el final de su vida trabajó bajo la supervisión de la Inquisición. Murió en 1642.

Era un hombre creyente que reconocía las verdades reveladas, pero no buscaba en ellas información sobre las leyes que gobiernan la Naturaleza. Como estudioso de ésta, se basaba en experimentos, pero no sobreestimaba su importancia en el descubrimiento de la verdad sobre el mundo. Consideraba fundamental el procedimiento lógico y matemático, que permitía descubrir las relaciones entre los hechos, pues la ciencia no se compone de hechos aislados.

la fe está en la encíclica *Fides et ratio*, publicada en 1998. Ahí se expresa el convencimiento de que el siglo XXI será testigo de la síntesis entre la fe y la razón después de varios siglos de su separación, cuyos resultados fueron trágicos. El Papa afirmó que la fe y la razón son dos alas que permiten a la humanidad elevarse hacia la contemplación de la verdad. Si los teólogos no aprecian la importancia de la razón para el conocimiento de la verdad, y si los filósofos no admiten la posibilidad de verdades reveladas, será imposible alcanzar el verdadero humanismo. ∎

viene de la ▶ pág. 173

mento quedó claro que la Curia romana ya no sería lo que fue durante el pontificado de Pío XII, ni durante el poder de los papas reformadores del Concilio Vaticano II. En los años posteriores sería cada vez menos italiana, cardenales extranjeros estarían al frente de las congregaciones y los consejos, y se arraigaría el uso de varios idiomas entre los funcionarios de la Curia. Ese acontecimiento de noviembre de 1979 fue el preludio de una nueva forma de gobernar la Iglesia: primero se consultarían las cosas y los asuntos con los cardenales, antes de que el Papa tomara una decisión definitiva.

Las conferencias de prensa también tienen lugar en el aire. Antes de aterrizar en Estados Unidos, Juan Pablo II platicó con los periodistas en el avión (10 de abril de 1995).

A NADIE LE PEDIRÁ PERMISO

Durante los primeros días de su pontificado, Juan Pablo II demostró el rasgo principal de su carácter, perfectamente conocido en los medios cracovianos: escucharía a cada uno, le otorgaría la palabra y tomaría en consideración su postura, pero cuando él decidiera hacer algo, a nadie le pediría su consentimiento. Más tarde dio a conocer su preferencia por conservar a los colaboradores que pensaban de distinta manera, para convencerlos de sus razones. Este proceder no siempre terminaba con éxito. Durante mucho tiempo Juan Pablo II tuvo diálogos con el rebelde arzobispo Lefèbvre, al cual Paulo VI le había quitado el derecho de ordenar a los sacerdotes. El Arzobispo se empeñaba en que las reformas introducidas en la liturgia y en la vida de la Iglesia después del Concilio Vaticano II eran un sacrilegio. Cuando en 1981 consagró como obispos a cuatro de sus sacerdotes, al Vaticano no le quedó más remedio que excomulgarlo.

El Papa aparece en la ventana de su biblioteca privada, para junto con los fieles rezar el Ángelus.

Juan Pablo II también era un "rebelde" frente a la Curia romana, pero nunca igual que el arzobispo Lefèbvre; se podría decir que su rebeldía era "posconciliar". Actuaba siempre a su manera; por ejemplo, durante la conferencia de prensa convocada un día antes de la solemne inauguración del pontificado, se levantó del trono y se acercó a los periodistas sin preguntarle al maestro de ceremonias, experto en el protocolo, si podía hacerlo. Sin duda hubiera dicho que no. La misma conferencia de prensa convocada por el Papa un día antes de la inauguración de su pontificado fue un acontecimiento sin precedente en la historia de la Curia romana. Juan Pablo II sin vacilación hizo a un lado al cardenal que le quiso cerrar el paso, se acercó a los periodistas y caminó entre los corresponsales de prensa de todo el mundo, respondiendo en el idioma en que le preguntaban. La Curia no pudo seleccionar las preguntas y preparar las respuestas del Papa. "Ésa es la labor que la Iglesia y la humanidad valoran", decía el Santo Padre sobre el periodismo. Cuando le preguntaron cómo veía su vida en el Vaticano, contestó que si todo seguía como hasta entonces, probablemente aguantaría. Con esta respuesta conquistó de inmediato a los medios, pues nunca antes se había visto un papa tan directo y espontáneo. Más tarde los periodistas se darían cuenta de lo mediático que era el Santo Padre, y cómo se aprovecharía de este don en la tarea de evangelización.

Acostumbrado al teatro y dotado de una gran habilidad para manejar su voz y la palabra, rápidamente se convirtió en una personalidad conocida a través de la televisión. Aprovechó este don y su popularidad personal como nadie lo había hecho antes. Quizá así eran los papas de los primeros tiempos del cristianismo, pero su voz no traspasaba los corredores de las catacumbas romanas. En forma similar a los primeros obispos de Roma, Juan Pablo II enseñaba de pie frente a las masas y, a través de la tecnología de comunicación masiva, sus palabras llegaban a todos los rincones del mundo. Catequizó las audiencias generales, instauradas a fines del siglo XIX por Pío IX, "el prisionero del Vaticano". Este Papa decidió no abandonar la Santa Sede después de la desaparición de los Estados Pontificios, y cuando quería aparecer ante el pueblo organizaba reuniones en el interior de los muros del Vaticano. A estas audiencias se les llamó generales, para diferenciarlas de las privadas, durante las cuales el Papa recibía personas en privado, en el Palacio Apostólico.

Juan Pablo II, cuya popularidad crecía día tras día, aprovechó los encuentros de los miércoles con los fieles que iban a Roma, para exponer en la Plaza de San Pedro breves enseñanzas estructuradas en ciclos temáticos. También en la selección de temas fue innovador, para algunos quizá agresivo, cuando entre 1979 y 1983 dedicó las catequesis a la teología del cuerpo.

EL PAPA ACCESIBLE

Hasta entonces ninguno de los sucesores de San Pedro había concedido entrevistas a los periodistas. Juan Pablo II rechazó la imagen de un papa inalcanzable para los medios, que revela sus pensamientos sólo a través de las encíclicas, exhortaciones o cartas apostólicas preparadas cuidadosamente por la Secretaría del Estado. Sus pláticas con los periodistas y sus propias remembranzas publicadas en forma de libros se volvieron éxitos de librería traducidos a muchos idiomas. En las intervenciones oficiales, hablando de sí mismo, dejó de usar el tradicional pronombre plural mayestático, que había sido utilizado por todos los monarcas, pero que en el siglo XXI ya era arcaico. Ya Juan Pablo I había dejado de usar "nosotros el Papa". Su sucesor continuó con la tendencia de simplificar las formas; solamente

donde el uso de la primera persona en singular le parecía incómodo utilizaba la tercera persona, diciendo sobre sí mismo sencillamente "el Papa".

También frente a los ojos del mundo rompió con la tradición de tomar los alimentos papales en forma especial. Un día se sentó a la mesa con los indigentes de uno de los albergues dirigidos por las hermanas de la Madre Teresa de Calcuta. De igual forma comió en

Lo que Juan Pablo II dejará en el Vaticano

CADA UNO DE LOS PAPAS ha dejado su huella en el Vaticano. También Juan Pablo II enriqueció este pequeño Estado con varias instituciones e instalaciones muy útiles e introdujo sus reglas en el Palacio Apostólico y en Castel Gandolfo. Uno de los primeros cambios fue la remodelación de la capilla de Santa Matilde, que se encuentra en el segundo piso del Palacio Vaticano y forma parte de los apartamentos pontificios; hoy en día lleva el nombre Redemptoris Mater.

La inversión que provocó grandes polémicas fue la construcción de la alberca en Castel Gandolfo, al principio de su pontificado. La alberca es de concreto y vidrio. En el mismo edificio se encuentran también un sauna, un solario y un gimnasio, que fueron regalo de la comunidad polaca en Estados Unidos.

Después del atentado al Santo Padre en 1981, en el Palacio Vaticano aparecieron nuevos elementos. Se instalaron vidrios blindados en el techo del palacio, alrededor de la terraza privada del Papa y en la ventana del tercer piso, desde donde Juan Pablo II se dirige a los fieles reunidos en la Basílica de San Pedro.

También en la Basílica hay huellas del papa polonés, pues durante su pontificado fue renovada la fachada del templo. Otra de las modificaciones fue motivada por la preocupación por los fieles participantes en las ceremonias litúrgicas, y durante el invierno y las principales fiestas eclesiásticas se instalan grandes pantallas de televisión en las naves laterales que permiten ver lo que sucede en el altar principal. Además se instaló un elevador. Hasta entonces, los turistas que deseaban ver Roma desde la cúpula de la basílica tenían que subir 520 escalones; ahora parte de este camino lo pueden recorrer en ascensor. Juan Pablo II también encargó la renovación de la Capilla Sixtina; el Papa llamó a esta capilla "Santuario de la Teología del Cuerpo", por los fabulosos frescos de Miguel Ángel que se encuentran ahí.

Caminando a lo largo de los muros vaticanos, detrás de la fachada del Palacio del Santo Oficio, se encuentra un edificio que tiene inscrito el número 9. Ésta es una de las instituciones más recientes en el Vaticano, creada gracias a Juan Pablo II. Una placa colocada en el edificio informa que es la Casa Regalo de María, Misionera del Amor, y al lado del interfono hay otra inscripción que explica que es la Casa de los Más Pobres. Fue inaugurada en 1988 después del encuentro del Papa con la Madre Teresa de Calculta, quien propuso la idea. Tras la hospitalaria puerta de esta construcción se encuentra un dormitorio para 70 personas, una enfermería y un comedor para 100 comensales.

Juan Pablo II no teme a los inventos de la tecnología y sabe utilizarlos eficazmente. Un ejemplo de esto es la introducción de Internet en el Vaticano. En el verano de 1995, Joaquín Navarro-Valls propuso al Papa la apertura de páginas en Internet y el 24 de diciembre del mismo año la Santa Sede las estrenó con el mensaje *Urbi et Orbi* para la Navidad.

la mesa de los pescadores de Fano y en la de los obreros que visitó el día de San José. Por otro lado, cuando comía en el Palacio Apostólico nunca esperaba que el mesero le sirviera la comida en el plato o le llenara la copa de vino; con toda naturalidad se servía a sí mismo y a sus invitados.

La tradición era excepcionalmente severa en este aspecto de la vida de los papas, y su abandono por

continúa en la pág. 180 ▶

177

Obispo Wiktor Skworc

El trabajo es la respuesta al llamado de Dios

LAS ENSEÑANZAS DE JUAN PABLO II acerca del valor del trabajo se inscriben en la tradición cristiana que continúa con la reflexión sobre el mensaje fundamental, contenido en la Creación: "Llenen la tierra y sométanla." Este mensaje se enriquece con el complejo contexto de la actualidad. Las palabras del Papa son la respuesta a las amenazas sociales que no permiten que el hombre se desarrolle espiritualmente y

se perfeccione a través del trabajo; y es precisamente gracias al trabajo —escribe Juan Pablo II en su encíclica *Laborem exercens*— que el hombre "en cierta forma se hace más hombre". Satisface sus necesidades, pero también crea bienes; responde, entonces, al llamado de Dios de transformar la tierra que recibió de Dios. Al trabajar, el hombre actúa e interactúa con los demás, y esta actividad dirigida al bien común permite comprender al ser humano.

Como se ve en este breve análisis, en las enseñanzas de Juan Pablo II se pueden encontrar muchos elementos tradicionales para abordar el fenómeno del trabajo. Sin duda alguna, el trabajo es la actividad a través de la cual el hombre se define a sí mismo, esto es, se define como el ser llamado a la consciente multiplicación de los bienes.

Durante la visita a los astilleros en Castellamare di Stabia (Italia), el Padre Santo recibió una cruz de acero, que los trabajadores habían hecho en unos cuantos minutos.

Podría pensarse, ¿por qué Juan Pablo II dedicó su primera encíclica al trabajo? ¿Significa esto un viraje en la enseñanza de la Iglesia sobre el tema?

Si se pudiera hablar de algún cambio, sería en el sentido de que, en general, nuestros tiempos significan un cambio. Pero esto no se trata de algo nuevo en el sentido absoluto, sino de una comprensión más profunda de lo que pertenece a la esencia del mensaje cristiano.

Los cambios sociales que sucedieron en Europa en el siglo XIX fueron resultado del desarrollo del capitalismo. En el siglo XX resentimos los resultados negativos de los cambios que no consideran que "el valor fundamental del trabajo es el hombre". Tanto el capitalismo como el comunismo eran amenazas para el hombre. El ser humano era degradado a herramienta para enriquecer a otros o para edificar utopías.

Los pastores de la Iglesia rápidamente vieron y valoraron los peligros procedentes de la injusta organización social. Ya lo señala la encíclica de León XIII *Rerum novarum* de 1891, y la encíclica de Pío XI *Quadragessimo anno*. León XIII mostró una gran intuición en cuanto a la dirección de los cambios sociales. Juan Pablo II recordó la dimensión personalista del trabajo, al publicar *Laborem exercens*, en 1981. Es suficiente recordar con cuánta frecuencia se han citado las palabras de esta encíclica y cómo ayudaron a muchos de nosotros a vencer los fantasmas del pasado comunista.

Las reflexiones de Juan Pablo II sobre el tema del trabajo se inspiraron en la realidad de Polonia. Siempre le preocupó la difícil situación de los trabajadores en el sistema comunista. Restablecer los valores éticos del trabajo era muy importante para renovar las relaciones sociales.

A pesar de ello, las enseñanzas de Juan Pablo II tienen una dimensión universal. Su interpretación del trabajo se fundamenta en una determinada visión antropológica, o sea, sobre una conceptualización de lo que el hombre es y de lo que le da sentido a su existencia. Es muy importante aquí subrayar la relevancia del problema del sujeto. Si alguien trabaja, entonces alguien es empleador, y a alguien tiene que servir este trabajo. Queda claro que los procesos de globalización son criticados con

Los problemas de los obreros son especialmente cercanos al Papa. Con ocasión del Día del Trabajo Juan Pablo II se reunió con los obreros italianos (1995).

El trabajo y el hombre

JUAN PABLO II publicó la encíclica *Laborem exercens* el 14 de septiembre de 1981. En ella expuso las cuestiones más importantes relacionadas con el trabajo humano. Este documento fue creado en el nonagésimo aniversario de la primera encíclica social *Rerum novarum*, escrita por León XIII en 1891. En su encíclica, Juan Pablo II subrayó que el trabajo —como elemento humano— tiene un valor mayor que el capital. Entonces es el capital lo que debe servir al trabajo. El trabajo no puede ser tratado como mercancía, pues tiene carácter personal, tanto desde el punto de vista del que lo ejecuta, como del producto fabricado que se destina a un receptor. Se establece, entonces, una relación de persona a persona. Según Juan Pablo II, la economía debe centrar su interés en la persona. Quizá esto podría lograrse si se destinara parte de las utilidades para crear y mejorar los lugares de trabajo, si se dividiera la utilidad, si se tomara en cuenta la situación familiar de los empleados y, finalmente, si se asignaran funciones sociales a los bienes privados.

Juan Pablo II retoma también el problema del trabajo de las personas discapacitadas y de los inmigrantes. Subraya que el derecho al trabajo corresponde a todas las personas y se opone a la discriminación de las personas discapacitadas, tanto si se trata del acceso al trabajo (de acuerdo con sus capacidades), como de los salarios o derechos laborales. Recuerda que los derechos de los habitantes de un determinado país deben ser compartidos con aquellos que se vieron obligados a abandonar su propia patria. Es inaceptable tratar a los inmigrantes como una fuerza de trabajo barata y negarles la seguridad social.

El trabajo moldea el cuerpo y el alma del hombre. No es una maldición, sino la participación en la tarea del mismo Creador y la aportación a la obra de Salvación. El mismo Cristo es ejemplo del hombre que trabaja.

Juan Pablo II aseguró: "Ante todo, el trabajo es 'para el hombre' y no el hombre 'para el trabajo'."

frecuencia porque anulan la importancia del sujeto. El empleador ya no es una persona concreta sino un ser abstracto formado por los propietarios y los accionistas. El empleado se convierte en un elemento más de la complicada estructura organizacional, y no puede identificarse con ella, porque lo más importante son las leyes de la economía.

El Papa siempre ha tenido una gran capacidad de empatía: con los jóvenes es joven; con los sufridos, sufre; y con los trabajadores también es uno de ellos. Siempre tiene algo que decirles, no como un extraño, sino como Vicario de Cristo que comprende a los que trabajaban duro y que comparte la fatiga del trabajo arduo. ∎

Continuador del Concilio Vaticano II

EL 16 DE OCTUBRE DE 1978 los cardenales de todo el mundo eligieron a Karol Wojtyla como papa y muchos analistas supusieron que él implementaría las decisiones del Concilio Vaticano II. Y no se equivocaron: Juan Pablo II, desde el principio de su pontificado, fue fiel a la herencia del Concilio, y lo demostró en sus encíclicas, sus exhortaciones y sus múltiples discursos.

El 17 de octubre de 1978, al segundo día después de haber sido elegido al Trono de San Pedro, en su mensaje *Urbi et Orbi* dijo: "Ante todo deseamos recordar la constante importancia del Concilio Ecuménico Vaticano II, y consideramos nuestra obligación introducirlo en la vida de la Iglesia. ¿No es acaso este Concilio Ecuménico la piedra fundamental? ¿Un acontecimiento de gran peso en la historia de casi dos mil años de la Iglesia y, por consiguiente, en la historia religiosa del mundo, que refleja también la forma de la vida humana?"

En el cuarto año de su pontificado, cuando la Iglesia festejó el vigésimo aniversario del comienzo del Concilio Vaticano II, el Papa le rezó al Espíritu Santo en las Grutas Vaticanas: "Te pedimos que la obra del Concilio [...] se realice con perseverancia, para que se convierta en realidad, año tras año y día tras día."

En la carta apostólica *Tertio millennio adveniente* se refirió al Concilio como "un acontecimiento providencial, a través del cual la Iglesia comenzó sus preparativos para el Jubileo del Segundo Milenio". En el mismo documento hizo notar que el examen de conciencia, que toda la Iglesia y todos sus miembros deben hacer con urgencia, necesita incluir la pregunta sobre la medida en que el llamado del Concilio encontró reflejo en la vida de la Iglesia, en sus instituciones y en el estilo de su proceder.

Toda la actividad de Juan Pablo II es la realización del Concilio Vaticano II, pues este Concilio llamó a todos los cristianos a acercar a Cristo y a su Evangelio al mundo. El Santo Padre cumple con este encargo durante sus numerosos viajes apostólicos. Él logró el acercamiento de la Iglesia al mundo actual y animó el diálogo con el mundo, del cual se hablaba con tanta frecuencia en el Concilio. Y su actividad en favor de la unión de los cristianos y de la paz son realizaciones del Concilio.

En 1985 y 1987, el Papa convocó dos sesiones del Sínodo de los Obispos, que tuvieron una relación especial con el Concilio Vaticano II. El objetivo del Sínodo de 1985 era "honrar, confirmar e implementar" el Concilio Vaticano II. En este sínodo se discutieron los asuntos tratados también en el Concilio: la colegialidad, la responsabilidad, el compromiso ecuménico y el diálogo con los no creyentes. El fruto de esta reunión fue el inicio de los trabajos sobre el *Catecismo de la Iglesia católica*, punto de referencia indispensable para los catecismos o compendios elaborados en diversas regiones del mundo, como han aseverado los padres sinodales. El catecismo fue elaborado en un tiempo relativamente corto. El siguiente sínodo, en 1987, fue dedicado a la vocación y la misión de los laicos en la Iglesia y en el mundo.

El Santo Padre asentó en su libro *Traspasando el umbral de la esperanza*: "El Espíritu que hablaba a través del Concilio Vaticano II no hablaba al aire. A través de todo lo que experimentamos en el transcurso de estos años, se ven nuevas perspectivas de apertura a la verdad de Dios, verdad que la Iglesia debe proclamar 'a tiempo y a destiempo'. Quien es servidor del Evangelio debe agradecer al Espíritu Santo por el regalo del Concilio y debe sentirse en constante deuda. Y esta deuda debe ser pagada a través de muchos años y muchas generaciones."

viene de la pág. 177 ▶ parte de Juan Pablo II inquietó a los curiales aferrados al protocolo. La sencillez embarazaba a los cortesanos, acostumbrados al protocolo lleno de dignidad, pero también muy artificial. A principios del siglo XVIII, el papa Pío VII comía con sus invitados sentado en una mesa aparte, puesta bajo un baldaquín. El cardenal Braschi se ponía de pie y le quitaba el solideo cada vez que Su Santidad de Nuestro Señor (título de los papas desde los tiempos de Juan XXIII en el siglo XV hasta el pontificado de Paulo VI) tomaba un sorbo de vino.

EL CANARIO SOBRE LA MESA

Más tarde, cuando el Papado vivía tiempos difíciles y los Estados Pontificios fueron incorporados al Reino de Italia, los papas abandonaron la costumbre de comer en compañía de invitados. Con Pío X comían dos secretarios. En cambio el papa Pío XII comía solo, servido por las monjas de Baviera, y ordenaba poner en la mesa la jaula con su querido canario. Era imposible pensar que alguno de ellos recibiera a alguien en los apartamentos privados. Y era parte del protocolo riguroso de las audiencias besar el pie del Papa en total silencio.

Durante los tiempos del Concilio, muchas de estas costumbres desaparecieron junto con las arcaicas formas de la corte, aunque no todas. Incluso Paulo VI, que viajaba y comía acompañado, mantenía la división entre la parte pública y la privada de los apartamentos del Palacio, y la Curia romana guardaba celosamente los secretos de la vida privada del Santo Padre. En la época del Renacimiento —desde Nicolás V, quien

Juan Pablo II cambió muchas costumbres papales. En esta foto está cenando con los invitados del hospicio de Santa Marta (1988).

edificó el Palacio Apostólico, hasta el papa Alejandro VI—, los apartamentos privados del papa se encontraban en la parte central del primer piso. Julio II, sucesor del papa Alejandro Borgia, que con su modo de vida trajo mala fama a la Iglesia, no quiso vivir en los mismos cuartos que aquél y mudó su aposento un piso más arriba.

En los siglos posteriores, el apartamento papal se fue cambiando cada vez más arriba y hacia el ala derecha, hasta que durante el pontificado de Pío X se ubicó en la esquina del tercer piso, donde era más fácil esconderse de la corte. A este lugar secreto se entraba por una escalera desde los apartamentos públicos en el segundo piso. Solamente el Papa y su secretario particular podían entrar ahí. Juan Pablo II rompió con el secretismo de los cuartos particulares y lleva a sus invitados a los apartamentos privados.

La silla gestatoria —fijada sobre dos palos, y que cargan los funcionarios de un destacamento especial— permaneció en un cuarto durante el pontificado de Juan Pablo I. La usaron Juan XXIII y Paulo VI; Juan Pablo I la usó sólo una vez a petición de los romanos que, debido a la baja estatura del Sumo Pontífice, apenas podían verlo durante las apariciones públicas. Durante el pontificado de Juan Pablo II, conocido por su modestia, desapareció el uso de la silla gestatoria.

El hasta hacía poco Arzobispo de Cracovia pronto cautivó a los romanos y a los habitantes de toda Italia. En los primeros días de su pontificado se fue en helicóptero al Santuario de Mentorella, a donde llegó una multitud de italianos de toda la región. El Papa, sorprendido y todavía no acostumbrado a su nueva popularidad, explicó a todos que Mentorella siempre había sido su lugar preferido para rezar y que, como romano, quería encontrarse ahí lo más pronto posible.

LO ITALIANO A LOS ITALIANOS

El siguiente domingo visitó los lugares de culto de los patronos espirituales de Italia. Primero fue a la basílica de San Francisco, en Asís, la ciudad a la cual Juan Pablo II invitaría a los líderes religiosos de todo el mundo a una jornada de oraciones ecuménicas. Ahí también se reunieron miles de personas y el Papa les recordó un hecho conocido por todos: que no había nacido en aquel lugar, pero que su llegada a Asís sim-

continúa en la pág. 184 ▶

181

La alianza con los medios

"LA IGLESIA CATÓLICA Y LOS MEDIOS masivos de comunicación deben caminar juntos para cumplir con su servicio en favor de la familia humana", dijo Juan Pablo II el 4 de junio de 2000. Desde el comienzo de su pontificado fue constantemente observado por los medios de comunicación, y él mismo, más que cualquiera de sus antecesores, ha estado consciente de su importancia. En Polonia siempre estuvo enterado de los resultados de la actividad de los medios dominados por los ateos y los comunistas, y de la

Los periodistas de la televisión vaticana informan al mundo sobre los acontecimientos importantes en el Vaticano y sobre las actividades del Papa.

propaganda al servicio del partido comunista y no de la sociedad. También conocía el documento del concilio *Inter mirifica*, acerca de los medios de comunicación social. Los padres conciliares valoraban en toda su magnitud los innegables aspectos positivos de los medios masivos de comunicación, pero al mismo tiempo advertían que los hombres "pueden utilizarlos contra los propósitos del Creador, provocando daño a ellos mismos". Pero desde el momento de su elección al Trono de San Pedro, Juan Pablo II esperaba mucho de los medios de un mundo libre, convencido de que eran "un moderno areópago [que] influye en la conducta y el comportamiento de las personas y realmente está moldeando una nueva cultura".

EL PAPA CONTESTA TODAS LAS PREGUNTAS

Desde el primer encuentro con los periodistas, que tuvo lugar el 21 de octubre de 1978, Juan Pablo II les propuso –como él mismo describió– una forma de acuerdo. Dijo: "Cuando relaten la vida y las actividades de la Iglesia, traten de captar las motivaciones auténticas, profundas y espirituales de su pensamiento y de su actividad. La Iglesia, por su parte, escuchará con mucha atención el testimonio objetivo de los periodistas sobre las esperanzas y las necesidades de este mundo. Esto no significa que moldeará su misión de acuerdo con la luz del mundo actual: es el Evangelio el que siempre debe inspirar su postura."

Este primer encuentro con el mundo de los medios pasó a la historia. Después de su discurso y sin tomar en cuenta las protestas de su séquito, el Papa se mezcló con los periodistas y platicó con ellos en seis idiomas. Surgieron muchas preguntas, como "¿Seguirá esquiando el Santo Padre?" "No creo que me lo permitan", respondió él. Ganó una inmensa popularidad incluso entre los periodistas más escépticos. Al día siguiente los periódicos de todo el mundo escribieron acerca de Juan Pablo II: "El Papa que contesta a todas las preguntas."

En 1979, durante su primer viaje apostólico al extranjero, a México y a la República Dominicana, Juan Pablo II platicó un buen rato con los periodistas en el avión. De esta manera retomó la costumbre de Paulo VI, que también viajaba con los representantes de los medios y se reunía con ellos durante el vuelo. Sin embargo, Paulo VI nunca dio conferencias de prensa, sólo les preguntaba a los periodistas sobre la familia, la salud, y con gusto les impartía bendiciones, pero —de acuerdo con el protocolo— los representantes de los medios tenían prohibido hacerle preguntas al Papa. Juan Pablo II rompió con este principio y estableció uno nuevo: intentar responder todas las preguntas.

Sus viajes apostólicos son para los reporteros, y gracias a ellos para la gente de todo el mundo, una perfecta oportunidad de descubrir la Iglesia Universal a través de las iglesias y sociedades locales. El periodista se convierte en testigo y partícipe de acontecimientos únicos. Es quien en primer lugar recibe los textos de los discursos papales, en él recae la responsabilidad de transmitir sus palabras y recrear el ambiente de sus encuentros con los fieles.

EN LA CELDA DE ALÍ AGCA

El papa Juan Pablo II se dio cuenta de que los medios facilitaban la transmisión del Evangelio a las multitudes de fieles. "Los medios sociales tienen hoy grandes posibilidades; la Iglesia ve en ellos la señal de la creativa y salvadora obra de Dios, que el hombre debe continuar. Los medios pueden, entonces, convertirse en potentes canales de transmisión del Evangelio", escribió Juan Pablo II en el año 1985, en su misiva para el nonagésimo Día Mundial de los Medios Sociales de Comunicación.

Cada vez que se reunía con los representantes de los medios evocaba las ideas del decreto conciliar. Subraya que la manera de informar debe ser "honesta y correcta", es decir, respetando los principios morales, los derechos y la dignidad del hombre. La responsabilidad reposa ante todo en los que actúan en el mundo de los medios, pero también es de toda la sociedad, y ésta no debe ser una receptora pasiva de la información comunicada.

Juan Pablo II demuestra una gran comprensión hacia el trabajo de los periodistas. El 27 de diciembre de 1983, el Papa iba a visitar a Alí Agca en la prisión romana y la prensa se hacía líos pensando en que la cámara no iba a poder captarlo en la celda. El Santo Padre resolvió la controversia asegurando que todo puede aparecer en los medios de comunicación si sirve para propagar el Evangelio.

NO FALTAN AMENAZAS

Juan Pablo II estaba consciente de las amenazas que implicaban los medios sociales de comunicación, como la pérdida de sensibilidad hacia los problemas fundamentales de la nación y del mundo, y la exageración de ciertos asuntos nimios, que falsean la realidad.

"La libertad de la expresión pública de las ideas es el gran bien social, pero no asegura la libertad de expresión. No sirve mucho la libertad de expresión si las palabras expresadas no son libres, si están atadas por el egocentrismo, la mentira, el engaño, e incluso el odio o el desprecio hacia las personas de diferente nacionalidad, religión o ideología –expresó Juan Pablo II en Olsztyn, Polonia, el 6 de junio de 1991–. Entonces, la responsabilidad por las palabras expresadas es excepcional, porque las palabras tienen la fuerza del testimonio: atestiguan la verdad y se convierten en un bien, o la niegan y entonces se convierten en un mal, pero también pueden ser ofrecidas de tal forma que aparenten el bien. A eso se le llama manipulación."

RADIO, PRENSA, TELEVISIÓN...

El Papa aprovechaba los medios de comunicación y esperaba lo mismo de sus colaboradores. Deseaba informar cada acontecimiento importante en la vida de la Iglesia.

Desde 1948 entró en acción (bajo diversos nombres) el Consejo Pontificio de Comunicaciones Sociales; también están Radio Vaticano, la televisión, la cineteca y el diario L'Osservatore Romano, cuyas ediciones semanales y mensuales aparecen en diversos idiomas. Desde 1995 existe la Oficina de Internet, que maneja la Intranet, que une las diversas instituciones de la Santa Sede, y la Extranet, que asegura la comunicación con las nunciaturas apostólicas y las conferencias episcopales en todo el mundo. Alrededor de 30 millones de personas al año visitan la página vaticana en Internet. En la oficina de prensa, los periodistas reciben diariamente información actualizada sobre las actividades del Papa y la Santa Sede. Ya es tradición que los nuevos e importantes documentos eclesiales sean discutidos en el Vaticano en las conferencias de prensa, dirigidas por los cardenales que están al frente de diversas congregaciones.

VERDAD SOBRE LOS HECHOS Y VERDAD SOBRE EL HOMBRE

Durante el Jubileo de los Periodistas, los días 3 y 4 de junio de 2000, Juan Pablo II pronunció las palabras siguientes: "Dado que el periodismo ejerce una influencia tan amplia [...] en la opinión pública, no puede manejarse exclusivamente con criterios económicos, de utilidad o intereses partidarios. En cambio, debe ser visto como una tarea en cierto sentido santa, realizada con la conciencia de que los poderosos medios les son dados para el bien de todos, en especial de los grupos más débiles: desde los niños hasta los pobres, desde los enfermos hasta los marginados y discriminados. No se pueden escribir ni emitir programas motivados sólo por el deseo de aumentar el *rating* y renunciar a la tarea formativa. No se puede invocar el derecho a la información sin tomar en cuenta otros derechos. Ninguna libertad, incluyendo la de expresión, es absoluta, pues encuentra límites en la responsabilidad por el respeto a la dignidad y a la libertad de los demás. No se debe escribir, crear y emitir programas que dañen la verdad. No me refiero sólo a la verdad sobre los hechos que informan, sino también a la verdad sobre el hombre, a la dignidad del hombre en todas sus dimensiones." ■

183

viene de la ▶
pág. 181

bolizaba el deseo de querer nacer ahí espiritualmente. De regreso al Vaticano, pasó a la iglesia romana de Santa María Sopra Minerva y visitó la tumba de Santa Catalina de Siena, patrona de Italia. Una semana más tarde, Juan Pablo II tomó posesión oficialmente de la basílica catedral de San Juan de Letrán, la iglesia titular de los obispos de Roma. Ahí también tuvo oportunidad de reunirse con los habitantes de la Ciudad Eterna.

Ya se había ganado la simpatía de los italianos, pero le faltaba conquistar la buena voluntad del Episcopado italiano. La situación de Juan Pablo II era algo complicada; cuando los papas eran italianos, dirigían también los trabajos del Episcopado del país. El papa polonés, aunque era Obispo de Roma, Metropolitano romano y Primado de Italia, ni siquiera tenía la ciudadanía italiana.

Si hubiera intervenido directamente en los asuntos de la Iglesia en Italia, se habría encontrado en una situación incómoda. Después de siete meses de su pontificado, Juan Pablo II les preguntó a los obispos italianos que a quién querían ver en el puesto de presi-

El Padre Santo visitó la sinagoga romana, donde se reunió con el rabino Elio Toaff (1986).

dente de la Confederación del Episcopado de Italia; cuando la mayoría señaló al obispo de Turín, Anastasio Ballestrero, el Santo Padre aprobó la elección. De este modo no violó la decisión de Paulo VI, que consistía en que el papa debía elegir al presidente del Episcopado italiano, y Juan Pablo II dejó los asuntos italianos en manos de los italianos.

LOS JÓVENES LO APOYAN

A finales de noviembre de 1978, tuvieron lugar los primeros encuentros del Papa con los jóvenes católicos. Cuando vitorearon en su honor, Juan Pablo II dijo: "El Papa cuenta con la juventud." Todavía no se sabía lo importantes que serían estos encuentros en los años siguientes del pontificado. En los meses posteriores subrayó en varias ocasiones la importancia de tener contacto con la juventud. Durante la Cuaresma, como lo hacía en sus años en Cracovia, se reunió con los estudiantes romanos.

En la misma época habló ante diez mil participantes del movimiento Comunidad y Liberación (Comunione e Liberazione), que era cercano al Partido Democristiano. En el verano participó en un encuentro con los miembros de la comunidad Sant'Egidio, el cual

Obispo Jan Chrapek

El Papa en jeep

CUANDO JUAN PABLO II comenzaba sus catequesis, que después fueron publicadas en un libro, alguien le preguntó si no las consideraba demasiado difíciles para el público. Juan Pablo II respondió entonces: "Me doy perfecta cuenta de ello, y precisamente por eso ando entre la multitud en un jeep."

Al comienzo de su pontificado, todos notaron que el Papa recorría la Plaza de San Pedro en un jeep; un acontecimiento por demás inusitado en el Vaticano. El Santo Padre entre la multitud; el Papa al que cualquiera de los presentes podía mirar a los ojos, apretarle la mano...

¿Cuál es la relación entre el jeep y el difícil lenguaje de las catequesis papales? Dicen que el Papa aclaró el punto de la siguiente forma: "El jeep como acontecimiento mediático permite que el que se acuerde de ello, busque después los textos de mis catequesis."

Esta extraordinaria presencia del Papa en los medios no fue resultado del trabajo de los especialistas, sino de un don natural. Su habilidad para comportarse frente a la multitud de oyentes quizá proviene de sus anteriores experiencias pastorales y de la actividad teatral. En el Teatro Rapsódico, que es un teatro de formas simples, Karol Wojtyla aprendió a ser el servidor de la palabra. Precisamente en el Teatro Rapsódico cracoviano, dirigido en los años de la ocupación por Kotlarczyk, el futuro papa adquirió un profundo respeto por la forma y el texto de la comunicación.

A pesar de que muchas personas piensan que cada aparición del Papa en un foro amplio es estudiada, no es verdad. Acompañé al Santo Padre durante las peregrinaciones en Polonia y puedo decir con toda seguridad que nunca pensamos en utilizar trucos propios de los medios.

Durante una peregrinación a Polonia, el Papa se hirió y los periodistas se preguntaban si los organizadores le habían pegado una curita para darle mayor interés a la peregrinación. Les aseguro que nunca usamos ese tipo de trucos.

Los investigadores de los medios del Centro de la Cultura y Comunicación de la Universidad de Toronto se preguntaron en el décimo aniversario del pontificado por qué Juan Pablo II era tan compatible con los medios. Los investigadores respondieron que Juan Pablo II era el hombre de los medios de comunicación, porque sabía aprovechar muy bien

el espacio y el tiempo. En un lugar tan grande como la Plaza de San Pedro, se movía como en una escena teatral y sabía, gracias a su forma de comportarse, aprovechar el tiempo, incluso si se trataba de un largo encuentro.

A pesar de esta habilidad no se comportaba como un actor común y corriente, no actuaba siguiendo un papel estudiado. Sus seguidores no lo veían como un actor, sino como un testigo de la realidad humana–divina, que compartía con ellos su propia experiencia.

Juan Pablo II se daba cuenta de la necesidad de cambiar el funcionamiento de la Iglesia en la época de los medios. Sabía que si no transmitía la verdad, no lograría mover el corazón de los hombres. Citó e hizo suya la observación de Paulo VI en el *Evangelium nuntiandi*, donde escribió que la Iglesia habría sido culpable ante Dios si no hubiera aprovechado los nuevos y maravillosos medios de comunicación para los fines evangelizadores.

Por eso motivaba a la Iglesia a cooperar con los medios, por ejemplo, a través de los grandes espectáculos, como lo fue el encuentro con la juventud en Roma, durante el Gran Jubileo del año 2000, el cual fue organizado para verse en televisión. Juan Pablo II estimaba mucho a los medios como coadyuvadores de la evangelización, pero nunca los sobrevalora. No pensaba que la Iglesia pudiera conquistar el mundo si influía en los medios. En la transmisión del Evangelio cuenta ante todo la experiencia directa y personal de la fe; lo más importante es el encuentro, pues desea llegar a todas partes y encontrarse cara a cara con la gente. Quizá se dio cuenta de que el mundo transmitido por los medios crea una ilusión de autenticidad y aleja al hombre de la verdadera experiencia. Esto podría ser mortal para el mensaje evangélico fundamentado en la vida personal.

Los medios, a pesar de todo, no sustituirán el encuentro del hombre con el hombre, del hombre con la naturaleza y, con toda seguridad, no podrían ser intermediarios en el encuentro del hombre con Dios.

tuvo su origen en el tormentoso año de 1968, cuando en la mayoría de los centros estudiantiles del mundo estaban activos grupos de izquierda y extrema izquierda. Esta comunidad, vinculada con la izquierda católica italiana, proporcionó ayuda evangé-

lica a los marginados, y después llevó su apoyo a los países del Tercer Mundo. Todos estos encuentros fueron el principio de los días mundiales de la juventud, eventos cíclicos en la vida de la Iglesia que surgieron más tarde.

CONQUISTÓ EL CORAZÓN DE LOS ROMANOS

Antes de las fiestas navideñas, el 3 de diciembre, Juan Pablo II visitó la parroquia de San Francesco Saverio, en el barrio romano de Garbatella. Para los romanos, ésta fue la inauguración de las visitaciones a las parroquias (el siguiente mes visitó la iglesia de Santa María Liberatrice y ya para fines de 1979 había visitado 17 parroquias). Para el Santo Padre, sólo fue la continuación de las actividades que tenía en Cracovia. También visitó el templo de Santa Ana, situado dentro del Vaticano, que funge como iglesia parroquial de esta ciudad.

La espontaneidad del Papa rápidamente contagió a los romanos. El segundo día de Navidad, la multitud reunida en la Plaza de San Pedro comenzó a gritar el nombre del Santo Padre, pidiendo que apareciera en la ventana; alrededor del mediodía la ventana se abrió y Juan Pablo II salió a rezar el Ángelus con los fieles, y después platicó con su auditorio. Dijo, en broma, que seguramente todos habían ido "para ver, si en el se-

gundo día de Navidad, el Papa se encontraba en su casa". Además agregó que no hubiera podido hacer otra cosa, porque estaba esperando ver si los romanos querían visitarlo.

El acercamiento del Papa "del país lejano" con el pueblo romano al fin fue sellado dos meses después. Todo inició un día de enero, cuando el Papa salió del Vaticano para ver el tradicional Nacimiento que los barrenderos de las calles romanas ponían cerca de los muros vaticanos. Intercambió con ellos algunas frases y la hija de uno de los barrenderos le preguntó con valentía si Su Santi-

A Juan Pablo II le encanta escalar montañas. Estando con una visita en el valle de Aosta (Italia), salió a una caminata. (7 de septiembre de 1986.)

dad podría casarla; ante el asombro de todos, el Santo Padre asintió y, a finales de febrero, bendijo el matrimonio de Vittoria Janna y su prometido, Mario Maltese, durante una misa celebrada en la capilla de San Pablo. Este acontecimiento fue relatado de inmediato por la prensa, y Vittoria y Mario se convirtieron en los recién casados más famosos de toda Italia.

Todos comprendieron que este Papa no se escondería tras las murallas del Vaticano, para estar con los fieles sólo en ocasiones excepcionales. Sencillamente, a Juan Pablo II le gustaba reunirse con la gente y estos encuentros le ofrecían la oportunidad de evangelizar a través del contacto humano directo, al mismo tiempo que le daban fuerzas para llevar a cabo su trabajo. Con esto quedó clara la diferencia entre Juan Pablo II y Paulo VI, que evadía este tipo de situaciones, y con Juan Pablo I, que sabía establecer contacto con personas desconocidas, pero era tímido ante las multitudes.

UN DÍA COMO CUALQUIER OTRO...

Al subir al Trono de San Pedro, Karol Wojtyla no cambió sus hábitos, costumbres e ideas llevadas de Cracovia y de Polonia. Seguía levantándose a las cinco y media de la mañana, e iba a la capilla para comenzar el día con una larga oración ante la cruz y la imagen de la Virgen de Czestochowa. El único cambio se reflejó en el alcance de la intención de sus plegarias, que ahora abarcaban a muchas personas de todo el mundo, que se encomendaban a su oración.

Su lugar preferido para escribir seguía siendo la capilla, cercana al altar. El número de textos salidos de su pluma es enorme si se toman en cuenta las múltiples actividades que tiene como jefe de la Iglesia y del Estado Vaticano. Es autor, por lo menos en forma de bosquejo, de todas sus encíclicas, exhortaciones, cartas apostólicas y homilías, y a todo esto le dedicaba apenas una hora y media en la mañana, y a veces unos minutos por la noche. Los textos eran escritos en latín o en polonés, pero un grupo de personas los traducían a otras lenguas. Además llevaba, a pesar de la indignación de los miembros tradicionalistas de la Curia, la correspondencia privada con sus amigos de Polonia y de otras partes del mundo, a la cual la Secretaría del Estado no tenía acceso. Hasta antes del pontificado de Juan Pablo II, cada escrito de los papas debía pasar por la cancillería, de ahí que ninguno podía mantener una relación personal con nadie. Los burócratas se resintieron todavía más cuando el Santo Padre comenzó a decidir quiénes serían los invitados a las misas privadas o a las comidas.

A las once dejaba de escribir para iniciar las audiencias oficiales y las reuniones, que duraban hasta la comida. Después de la comida tomaba un descanso físico de sólo diez minutos; el resto del tiempo destinado a este fin lo aprovechaba para caminar por los jardines del Vaticano y rezar el rosario. A veces este paseo y la oración los hacía en un pequeño jardín en el techo del palacio, construido por Paulo VI, que llegaba a sentirse incómodo por la presencia de las personas que se encontraban cerca de los senderos por donde pasaba. Juan Pablo II siempre ora: todos los días reza el breviario, y el Vía Crucis durante la Cuaresma (el resto del año lo celebra cada viernes).

El Papa dedica las tardes a los asuntos internos. Estudia los documentos de la Secretaría del Estado, firma los documentos oficiales de la Santa Sede y se reúne regularmente con los más altos funcionarios de la Curia romana, así como con los visitantes importantes del Vaticano. Lee las síntesis de noticias y artículos más importantes publicados en la prensa, que la oficina de análisis prepara para él.

Este ritmo de trabajo, en parte traído de Polonia y en parte resultado de las tradiciones vaticanas, Juan Pablo II lo ha mantenido por muchos años de su pontificado a pesar de que, como una vez lo expresó: "Me cuesta trabajo levantarme."

Y... LAS EXCURSIONES PARA ESQUIAR

La sencillez con la cual fue arreglado su apartamento en el Vaticano no es diferente de la de sus alojamientos privados en el Palacio Arzobispal de Cracovia. El apartamento papal en el Palacio Apostólico fue renovado a principios del pontificado y el Santo Padre vivió durante ese tiempo en la Torre de San Juan, que se encuentra en los jardines vaticanos y es, entre otras, residencia oficial de los invitados de la Santa Sede. Una vez concluida la construcción del departamento, éste cumplió con las funciones privadas y públicas. La oficina de Juan Pablo II, contigua al cuarto de sus secretarios, tiene dos detalles polacos. El primero es la imagen de la Madre de Dios de Czestochowa y el segundo es una fotografía del príncipe Adam Sapieha, sobre el escritorio. El detalle familiar es la fotografía de la boda de sus padres, que el Santo Padre colocó en un pequeño escritorio en su dormitorio, amueblado con armarios, una gran mesa y una cama cubierta con una colcha, separada del resto del cuarto por un biombo plegable.

Después de la elección del cardenal Wojtyla a papa, la prensa occidental publicó fotos poco comunes para el lector promedio, acostumbrado a otra imagen del Vicario de Cristo: fotografías de Karol Wojtyla junto a la fogata, jugando futbol, en kayak y en esquís. Después de mudarse al Vaticano, Karol Wojtyla, ya como Juan Pablo II, demostró que la personalidad de su infancia y juventud continuaba siendo la misma, pues no abandonó el deporte e introdujo algo de confusión a la vida vaticana, porque las salidas para esquiar en los glaciares de los Alpes no formaban parte de las costumbres de ningún papa anterior. El Santo Padre no sólo descendía a gran velocidad en los esquís, también

El Viernes Santo, Juan Pablo II se sienta en uno de los confesionarios en la Basílica de San Pedro, para escuchar las confesiones.

escalaba los Alpes, jugaba futbol y nadaba. Al Vaticano le llevó tiempo acostumbrarse a esta nueva imagen. Mientras todos los diarios importantes publicaron las fotos del Papa esquiando, *L'Osservatore Romano* se limitó a una pequeña nota. En 1979, Juan Pablo II decidió mandar construir una alberca en la residencia veraniega de Castel Gandolfo e inmediatamente recibió críticas porque esa inversión era muy alta, pero el Papa respondió que sería más caro organizar un nuevo Cónclave.

A finales del siglo XIX, unas decenas de años antes del pontificado de Juan Pablo II, la futura Santa Teresa de Lisieux obtuvo el honor de besar los pies de

Los documentos de Juan Pablo II

EL PAPA ES EL PRIMER GUARDIÁN de la fe. Preside la Oficina para el Magisterio de la Iglesia y aprovecha las homilías, catequesis y discursos ocasionales, así como los documentos oficiales, es decir, encíclicas, exhortaciones, manifiestos, cartas apostólicas, constituciones apostólicas, bulas, etcétera.

Las más importantes entre ellas son las encíclicas. Dirigidas a toda la Iglesia, o a algunos grupos de fieles, explican dogmas de la fe, aclaran cuestiones controversiales y señalan las direcciones del desarrollo de la doctrina católica.

El primer documento oficial y al mismo tiempo el que señala el programa pastoral de Juan Pablo II es la encíclica *Redemptor hominis* (Salvador del hombre) del 4 de marzo de 1979. Una de sus frases señala: "El hombre es el camino de la Iglesia, es la clave para comprender la esencia de su enseñanza." El Papa subraya ahí que gracias a la Salvación se confirma la dignidad inherente del hombre y el valor de cada persona, sin importar credo o cultura. La obligación de la Iglesia es anunciar a Cristo, establecer un diálogo con el mundo y llamar a respetar los derechos de la persona humana.

Las verdades dogmáticas están contenidas también en otras dos encíclicas: *Dives in misericordia* (Sobre Dios misericordioso) del 30 de noviembre de 1898, y *Dominum et vivificantem* (Sobre el Espíritu Santo) del 18 de mayo de 1986. Esos dos documentos junto con *Redemptor hominis* son una especie de tríptico sobre el tema de la Santísima Trinidad.

La perspicaz enseñanza de Juan Pablo II sobre el dogma fue desarrollada en el ciclo de sus catequesis de los miércoles, publicadas en la serie Librería Editrice Vaticana.

Las cuestiones prácticas y pastorales están analizadas en las encíclicas *Redemptoris Mater* (Sobre el papel de la Madre del Salvador en la vida de la Iglesia) del 25 de marzo de 1987, *Redemptoris missio* (Sobre la actividad misionera de la Iglesia) del 7 de diciembre de 1990 y *Ut unum sint* (Sobre los asuntos ecuménicos) del 25 de mayo de 1995. En esta última, el Papa llama a la unión de todos los cristianos. La encíclica *Evangelium vitae*, del 25 de marzo de 1995, enfatiza la santidad y la inviolabilidad de la vida humana desde el momento de la concepción hasta su muerte natural.

Juan Pablo II enseñó sobre el valor de la verdad en el proceso del conocimiento humano en su encíclica *Veritatis splendor* del 6 de agosto de 1993, y sobre las relaciones entre la fe y la mente en la encíclica *Fides et ratio* del 14 de octubre de 1998. En estos documentos, Juan Pablo II, además de las cuestiones de la doctrina, toca temas más relacionados con los problemas concretos de la actualidad. Y así, en *Laborem exercens*, del 14 de septiembre de 1981, escribe sobre el papel del trabajo en la vida del hombre actual. El problema del crecimiento cada vez más acelerado de la pobreza lo presenta en *Sollicitudo rei socialis* del 30 diciembre de 1987. En *Centesimus annus*, del 1 de mayo de 1991, hace un análisis de la situación en el mundo luego de la caída del comunismo.

El 2 de junio de 1985, muchos años antes de la apertura de la Unión Europea hacia el este de Europa, el Papa, que procedía de esa región, proclamó la encíclica *Slavorum apostoli*, en la cual recordó la cristianización de los pueblos eslavos realizada por San Cirilo y San Metodio, y enfatizó la unión espiritual de Europa Oriental y Occidental.

Juan Pablo II también publicó documentos legales, entre los cuales destacan las constituciones apostólicas *Sacrae disciplinae leges*, del 25 de enero de 1983, que instituye el nuevo código del derecho canónico, así como *Fidei depositum*, del 11 de octubre de 1992, que proclama el *Catecismo de la Iglesia católica*. Ambas son la realización de las decisiones de modernizar la Iglesia bajo el espíritu del Concilio Vaticano II.

El Papa publicó además varias cartas apostólicas: las que están dirigidas a los sacerdotes con motivo del Jueves Santo y las que se refieren a la preparación para la celebración del Año Jubilar 2000 (donde Juan Pablo II llama a hacer un examen de conciencia). En comparación con los documentos de otros papas, la novedad la constituyen las cartas de Juan Pablo II que están dirigidas a destinatarios concretos.

Las exhortaciones son documentos de menor rango, y contienen las conclusiones de los Sínodos de los Obispos, así como las instrucciones de diversas congregaciones propagadas por la iniciativa del Santo Padre. Las bulas papales son documentos de gran peso escritos en latín en un pergamino sellado, como *Totus tuus Poloniae populus*, que establece una nueva división territorial de la Iglesia en Polonia.

En total, los documentos elaborados por Juan Pablo II abarcan miles de páginas que, junto con los discursos autorizados, constituyen una imponente colección de textos.

León XIII y le dirigió unas frases, pero dos miembros de la Guardia Suiza le hicieron señas para que se callara y saliera; cuando vieron que no obedecía, la tomaron por los brazos y la sacaron del salón. El Papa simplemente no reaccionó. Además, en esos tiempos se amenazaba con la excomunión a las mujeres que se atrevieran a bajar a las Grutas Vaticanas.

Juan Pablo II no anima a nadie a besar su anillo (aunque tampoco se lo impide a la persona que quiere expresar su respeto de esta forma tradicional); él prefiere platicar con cada persona. Durante las reuniones oficiales es capaz de abrazar a un niño, acariciar la mejilla de alguien o repartir besos en la frente, actitudes que al principio chocaron con la exagerada dignidad de los cardenales que tienen mayor edad en el Vaticano.

Salirse de la camisa de fuerza de las tradiciones y del protocolo, cuidadosamente vigilados por la Curia romana, fue posible gracias al padre Stanislaw Dziwisz, secretario personal de Karol Wojtyla desde su época en Cracovia, cuya presencia se hizo patente desde el primer día en el Vaticano. El segundo secretario era el padre John Magee, el mismo que sirvió a Paulo VI y Juan Pablo I. Pero sólo el padre Dziwisz organizaba la vida diaria de Juan Pablo II y vigilaba que todo se efectuara de acuerdo con sus deseos.

LAS PUERTAS PARA LLEGAR AL PAPA

Muy pronto el padre Dziwisz fue conocido en Roma como Don Stanislao, la persona más cercana al Santo Padre y, por ello, la que más influencia tenía, mayor a la que correspondía a su posición formal en la jerarquía vaticana. Sin embargo, esta opinión era totalmente falsa. Las funciones del padre Dziwisz las describió muy bien el obispo polaco Tadeusz Rakoczy, que durante años trabajó en el Vaticano. "No eres más que una puerta –le dijo una vez al secretario papal–. No el que cuida la puerta, sino la puerta al Papa para las incontables personas que con mucho amor lo visitan. Y dado que son realmente incontables, alguien tiene que dirigirlas y decidir a quién le va a conceder una audiencia o cuándo dejarla para después."

La relación entre el Papa y el clérigo se basa en una confianza mutua y total; el padre Stanislaw es para el Santo Padre una especie de hijo espiritual, totalmente entregado a él. También lo protegió ante la desmesurada presión de la Curia, por si sus empleados llegaban a creer que sabían lo que era mejor para el Papa que el Papa mismo.

En vista de que Juan Pablo II rompió con la estricta división entre los inaccesibles apartamentos privados y la parte pública, y recibía a los visitantes en ambos lugares (lo que algunos representantes de la curia tomaron con indignación), se estableció que el obispo James Michael Harvey, prefecto de la Casa Pontificia, dirigiría el segundo piso (en donde se encuentran los apartamentos públicos); y el secretario particular del Papa, el padre Dziwisz, el tercero. Claro que no faltaban confusiones porque muchos invitados andaban con el

Santo Padre de un piso a otro. Este problema fue resuelto en 1998 cuando el padre Dziwisz fue consagrado obispo y nombrado proprefecto de la Casa Pontificia. Con este nombramiento se convirtió en prefecto auxiliar del obispo Harvey, bajo cuyo mando se subordinaba toda la casa. Este ejemplo ilustra el funcionamiento de la administración vaticana y para que este acuerdo entrara en vigor, además de la decisión papal, se requería la aprobación de la curia.

CABEZA DEL ESTADO VATICANO

Antes de la Navidad de 1978, el Papa recordó que los cardenales lo eligieron para estar no sólo al frente de

Roma, estadio olímpico. Juan Pablo II asiste a un juego de futbol. (octubre de 2000.)

Cada año, en Jueves Santo, en la Basílica de San Juan de Letrán, el Papa toma parte en la ceremonia del lavado de pies.

la Iglesia, sino también del Estado Vaticano. Entonces incursionó en el terreno de la política internacional; sus primeras decisiones estuvieron relacionadas con América Latina, algo que los papas no habían hecho desde hacía un siglo. El Papa recibió la petición de mediar un conflicto regional que amenazaba convertirse en una guerra entre dos países católicos: Chile y Argentina. El Santo Padre consideraba que en esta situación no podía permanecer pasivo y envió a la región del conflicto a un emisario especial (el cardenal Antonio Samore) para que comprometiera su autoridad; y ganó: no hubo derramamiento de sangre. La Secretaría del Estado Vaticano comprendió que en el ám-

continúa en la pág. 192 ▶

189

El Papa y la música

LOS ANTECESORES DE JUAN PABLO II consideraban que el rock tenía una marca diabólica y que sólo podía ser obra de Satanás, y eso, desde luego, era indigno de ser escuchado por un papa. En cambio, Juan Pablo II no pensaba de la misma manera y salió a su encuentro. Retó a la rebelde generación de Woodstock, que admiraba la idea del "amor libre", la anarquía y el uso de las drogas, y a la generación X, educada con la ensordecedora música tecno.

Es imposible enumerar aquí a todos los músicos con los que el Papa se ha reunido a lo largo de los años. Recibió en audiencias privadas, entre otros, a Bono, solista del grupo U2, uno de los grupos de rock más populares que luchaba por el respeto a los derechos humanos y el medio ambiente. Bono le regaló a Juan Pablo II unos anteojos oscuros, que solía usar durante sus conciertos sobre el escenario.

El Santo Padre se reunió también con el músico hippie Bob Geldof, iniciador del movimiento Life Aid, cuyos conciertos caritativos tenían la finalidad de ayudar a África. También tocó para el Papa el baladista Lou Reed, el maestro de la música electrónica Jean–Michel Jarre, y Eurythmics, la leyenda de la música pop de los años ochenta. El guitarrista norteamericano B.B. King, la le-

En Castel Gandolfo, el Santo Padre recibió en una audiencia a Bono, solista del grupo U2 (1999).

yenda del blues negro, no sólo cantó para el Santo Padre, sino que también le regaló su querida guitarra "Lucille", que tocaba desde hacía 50 años.

Bob Dylan, el símbolo de la generación del 68, ofreció un concierto en el Congreso Eucarístico, en Boloña. El Papa reflexionó tiempo después sobre las palabras de su famosa canción "Blowing in the Wind". "Ustedes me preguntan: ¿Cuán-

Bob Dylan cantó en Italia para Juan Pablo II y los participantes del Congreso Eucarístico (1997).

tos caminos tiene que recorrer el hombre para llegar a comprender que es hombre?", les decía el Papa a los jóvenes. "Les contestaré: Sólo uno. Solamente existe un camino para el hombre, y ese camino es Cristo."

A Karol Wojtyla le gustaba cantar en todo momento: durante la celebración de la misa, caminando por el campo, alrededor de una fogata. Durante un encuentro en Castel Gandolfo estuvo con un amigo de la escuela y tocaron y cantaron toda la tarde. Quizá por eso al Santo Padre le gustó la idea de grabar su propio disco. En el álbum *Abba Pater*, sus homilías, oraciones y discursos se combinan armoniosamente con las composiciones de Leonardo De Amicis y Stefano Mainetti, creando un efecto único.

En este álbum, la voz del Papa armoniza perfectamente con el calmado ritmo del *world music* y con los coros, el Roman Academy Choir y el Pablo Colino's Choir. El tiraje de este disco fue de 27 millones de copias, lo cual significa que es uno de los discos más vendidos en toda la historia de la industria disquera.

Juan Pablo II tiene sus preferencias musicales; uno de sus favoritos es Andrea Boccelli, el tenor ciego que ha sabido unir la música clásica con el pop. El Papa lo distinguió en una forma especial cuando "Gloria a Te Cristo Gesu", cantada por Boccelli, se convirtió en el himno oficial del Gran Jubileo del Año 2000.

El hombre viejo y la juventud

En 1984, Juan Pablo II organizó por primera vez el Día de la Juventud, pero muchos consideraban que los jóvenes no iban a querer escucharlo. A principios de los noventa, la prensa occidental escribía que el Papa desalentaba a la juventud con su conservadurismo. No obstante, ocurre un fenómeno extraño: cuanto más envejece el Papa y más enfermo está, más jóvenes quieren reunirse con él. En Manila participaron cuatro millones de muchachos; en París, un millón, y en Roma, 2,200,000.

La respuesta entusiasta de los jóvenes a las invitaciones del Papa despertó desde hace años el interés de los psicólogos y los sociólogos, quienes se ven obligados a contestar quién es realmente la juventud: una generación educada en la cultura visual, de computadoras y publicaciones que pregonan el relativismo moral. ¿Por qué pudiendo elegir una actividad común y cómoda, muchos de ellos escogen las penurias de una peregrinación? Los comentaristas occidentales los llamaron "papa-boys", la generación del pontificado. Según dijo el sociólogo Edmund Wnuk-Lipnski, el Papa "ordena las ideas de los jóvenes, los ayuda a crear jerarquías entre lo importante y lo irrelevante". El padre Adam Schulz considera: "Los valores del mundo, como el consumismo, el liberalismo y la permisividad, no satisfacen a los jóvenes. En forma incomprensible para muchos escépticos, los jóvenes buscan valores espirituales muy profundos. [...] El Papa percibió en la juventud un profundo deseo de encontrar a Dios y los ayudó a vivir de acuerdo con el Evangelio." El dominico padre Jan Gora comentó: "El Papa es el padre, y pone sus exigencias. No es para ellos un amigote, un señor de televisión que les da palmaditas en el hombro."

El Papa sabe que, aunque la juventud es una época preciosa, no está libre de preocupaciones. "Juventud significa proyecto de por vida, proyecto hecho según un criterio del sentido y de los valores; en la juventud es también indispensable preguntarse qué va a ocurrir al final." Por ello es tan importante que en esta etapa se arme una estructura moral fuerte, que permita ser un persona con conciencia.

Su receta para crear dicha columna vertebral es la oración. "Recen y aprendan a rezar. Abran sus corazones y sus conciencias al que los conoce mejor de lo que ustedes se conocen a sí mismos", enseñó el Papa. También es importante el esfuerzo físico, los deportes, gracias a los cuales "el hombre experimenta alegría de dominarse a sí mismo, de vencer los obstáculos y la resistencia del cuerpo. Un hombre nuevo y fuerte, con objetivos de vida bien definidos, es necesario para el mundo, para edificar una nueva civilización. ¡Construyan la civilización de amor!" –pidió a los jóvenes reunidos en una tarde de 1987 en Buenos Aires–. "Demuestren coraje frente a las dificultades de la vida y la injusticia. Comprométanse a luchar por la justicia, la solidaridad y la paz en el mundo".

Los analistas llaman la atención hacia las grandes exigencias morales. El Papa no evitó temas difíciles: anticoncepción, relaciones sexuales prematrimoniales, aborto y eutanasia. No temió al rechazo y —para sorpresa de los escépticos— su postura inflexible fue ganando su aceptación. Así sucedió durante el encuentro en Denver, cuando subrayó la necesidad de la defensa de la vida. Categóricamente se opuso al reconocimiento del aborto y la eutanasia como formas de resolver problemas personales y sociales. Hizo preguntas dramáticas: "¿Por qué la conciencia de los jóvenes no se rebela ante esto? [...] ¿Por qué tantos están callados frente a las posturas y comportamientos que ofenden la dignidad humana y deforman en nosotros la visión de Dios?" Pidió: "¡Jóvenes [...], no ensordezcan sus conciencias!" En la reflexión durante el encuentro en el Monte del Gozo, en Santiago de Compostela, preguntó: "¿Están listos para defender la vida humana con el mayor compromiso, en cualquier circunstancia, incluyendo las más difíciles? ¿Están ustedes listos [...] para vivir con amor y defenderlo a través del matrimonio inquebrantable, cuidar la solidez de la familia, que ayuda a la educación armoniosa de los hijos, bajo el amparo conjunto del complementario amor paternal y maternal? Éste es el testimonio cristiano que el mundo espera de la mayoría de ustedes."

El Papa decía también a los jóvenes que cada persona tiene su propio lugar en la Iglesia, que es su vocación. Para descubrirla se necesita esfuerzo y trabajo, en el cual "el humanismo se desarrolla y crece". En el manifiesto para el séptimo Día Mundial de la Juventud en 1992, observó: "La vocación cristiana implica también una misión. [...] Ésta consiste en mostrar la presencia de Cristo en su propia vida, en el cumplimiento de las obligaciones diarias, y en la toma de decisiones concretas coherentes con el Evangelio." El Papa recordó que la juventud es llamada para evangelizar, ante todo a sus coetáneos. "No es tiempo de avergonzarse del Evangelio, ya es tiempo de proclamarlo públicamente. Dejen atrás el miedo y hagan a un lado la vida cómoda, para responder al llamado de Cristo".

Durante el encuentro en Tor Vegata, el Papa dejó a un lado su báculo y cruzó un portón simbólico apoyado en los hombros de los jóvenes. ∎

Durante el Día Mundial de la Juventud en París, los jóvenes revivieron la Semana Santa. El primer día de las celebraciones el Papa evocó el Domingo de Ramos, que se inició bajo la Torre Eiffel. (21 de julio de 1997.)

viene de la ▶ pág. 189

bito de la diplomacia el Papa también iba a actuar en forma poco tradicional, a diferencia de sus antecesores, que hacían solamente lo que desde el punto de vista de la Curia romana era correcto. El arzobispo Angelo Sodano desempeñaba entonces la función de nuncio apostólico en Chile. Algunos años después se dio a conocer en todo el mundo como sucesor del cardenal Agostino Casaroli, como secretario del Estado.

El nuevo papa provocó un verdadero terremoto en la Secretaría del Estado, dirigida todavía por el cardenal Jean Villot, cuando decidió festejar la primera fiesta de Navidad en Belén; la idea era bella pero imposible de realizar. Quizá Karol Wojtyla, como arzobispo de Cracovia, hubiera podido hacer ese viaje, pero como papa tenía que tomar en cuenta el derecho internacional, pues era jefe de un Estado que no mantenía relaciones diplomáticas ni con Israel, ni con los palestinos. Dados los problemas que implicaba esta peregrinación de la Cabeza de la Iglesia y del Vaticano a aquella región, la realización del proyecto se pospuso por muchísimo tiempo, y no fue hasta el año 2000 que pudo llevarse a cabo.

Dos días antes de la Navidad estaba confirmado que el Papa no iría de peregrinación a Belén en 1978, pero los cardenales fueron informados de que el Santo Padre volaría a México en enero, pues había decidido participar en la asamblea general del Consejo Episcopal Latinoamericano (CELAM) y visitar el Santuario de la Virgen de Guadalupe.

LA PRIMERA VISITA A MÉXICO

Para el arzobispo Casarolli, dirigente de los asuntos internacionales en la Secretaría del Estado, esta tarea no fue fácil. Aunque a la Santa Sede llegó la invitación de parte de los obispos, representados por el arzobispo de Guadalajara, no recibió una invitación de las autoridades estatales. El Vaticano no mantenía relaciones diplomáticas con México, a pesar de ser un país eminentemente católico. La ruptura de relaciones ocurrió a consecuencia de la Revolución Mexicana entre 1911 y 1917. Cuando los revolucionarios tomaron el poder, relegaron a la Iglesia de la vida pública, y el Estado posrevolucionario se volvió no sólo laico, sino anticlerical al grado de que la ley prohibía a los clérigos llevar hábitos o sotanas en lugares públicos. El presidente José López Portillo, del Partido Revolucionario Institucional (PRI), partido que gobernaba México desde hacía varias décadas, no pudo enviar ninguna invitación, pues eso implicaba violar la Constitución.

La diplomacia vaticana tuvo que buscar una solución inteligente y aprovechó que la madre y las hermanas del presidente eran católicas y seguían siendo parte de la Iglesia; incluso habían mandado construir una pequeña capilla en la residencia presidencial. Ellas convencieron a López Portillo de que invitara al Papa

a México para una visita privada. La condición de dicha visita era que el Santo Padre entrara a México con visa de turista. Los diplomáticos vaticanos se sintieron muy ofendidos, pero el Papa —inflexible con la doctrina, pero abierto para lo demás— aceptó la condición. Como se trataba de un simple turista, el Presidente no estaba obligado a presentarle honores correspondientes a un jefe de Estado. El compromiso se aceptó y, gracias a ello, del 25 de enero al 1 de febrero de 1979, se realizó la primera peregrinación de Juan

Todos temían por el desarrollo de la visita a México, menos el Papa. Juan Pablo II supo suavizar fuertes debates en torno a la Teología de la Liberación (25 de enero a 1 de febrero de 1979).

Pablo II al extranjero. Esta visita permitía visualizar cómo el Papa iba a aprovechar en el futuro el hecho de ser jefe de un Estado independiente, sujeto del derecho internacional. Desde aquel momento la política internacional no sólo buscaba asegurar la permanencia de este Estado en el mundo. Ante todo, iba a ser una herramienta para la realización de la tarea que imponía a Karol Wojtyla el hecho de ser la Cabeza de la Iglesia católica. Dicha tarea consistía en la nueva evangelización y la labor pastoral entre las naciones. Ésta sería una de las características más importantes del último pontificado del siglo XX. Pero en enero de 1979, el mundo todavía no lo sabía.

Cuando López Portillo se dio cuenta del enorme interés que despertó esta visita en los mexicanos, decidió personalmente, aunque no oficialmente, recibir al visitante. En el aeropuerto donde aterrizó el Santo Padre, no había banderas nacionales, ni orquesta militar, ni políticos; el cartel que decía "Bienvenido" no informaba a quién se le daba la bienvenida. Pero el Papa no se preocupó por la falta de recibimiento oficial. En las tribunas la gente saludaba agitando miles de banderas de México, del Vaticano y de Polonia. En toda la ciudad de México, durante mucho tiempo, tocaron las campanas en todas las iglesias.

El Papa salió del avión, se arrodilló, besó la tierra y, al ponerse de pie, oyó al Presidente, acompañado por su esposa. "Señor –dijo López Portillo–, sea usted bienvenido a México; que su misión de paz y concordia, así como sus esfuerzos por buscar la justicia sean fructíferos. Sus anfitriones serán los jerarcas y los fieles de su Iglesia." Luego, después de escuchar una breve contestación del Santo Padre, se alejó.

Mientras tanto, los mexicanos estaban vueltos locos de alegría por la llegada del Papa a su país. La multitud reunida en el aeropuerto rompió el cordón de seguridad, un niño se abrazó al Santo Padre, lanzaron flores, Juan Pablo II se puso un sombrero que alguien le dio y los vivas no terminaban. El camino del aeropuerto al centro de la capital —de unos quince kilómetros— duró dos horas; en todas partes los habitantes de la ciudad de México agitaban las banderas del Vaticano y las mexicanas, adornadas con la imagen del risueño Papa. Un millón de personas se reunió a lo largo del recorrido. Los sacerdotes y las monjas ignoraron la prohibición y salieron con sus sotanas y hábitos. Al llegar a la Plaza de la Constitución y celebrar la misa en la Catedral Metropolitana, conquistó de inmediato a todos los mexicanos con su homilía: "De mi patria suele decirse 'Polonia semper fidelis', yo quiero decir: 'México siempre fiel'." Al día siguiente, en la Basílica de la Virgen de Guadalupe, el Papa habló ante 300,000 mexicanos.

México era un país gobernado por un partido, pero no era un totalitarismo al estilo soviético. Existía cierta libertad de prensa. Los periódicos influidos por el gobierno, que un día antes de la visita habían criticado al Papa y al Papado, sucumbieron al ver el entusiasmo

La llegada a Puebla con motivo de la Conferencia del Episcopado Latinoamericano. En todas partes ondean banderas con colores de Polonia y el Vaticano. (28 de enero de 1979.)

de la gente. Uno de los diarios publicó un gran encabezado al día siguiente: "Llegó y venció." Dos días después, las páginas periodísticas estaban llenas de anuncios de bienvenida, pagados por los empresarios mexicanos. También el presidente López Portillo se dejó llevar por este ambiente. La prensa informó que, junto con su familia, se reunió con el Papa en su residencia privada por más de media hora.

HABLÓ A LOS OBISPOS Y A LOS INDÍGENAS

Conquistar la simpatía de la sociedad era más fácil que conquistar los corazones y las mentes de sus pastores con ideas revolucionarias. El objetivo primordial de su visita a México era enfrentar a la Teología de la Liberación, cada vez más difundida en Latinoamérica. El Papa deseaba hacerlo en una forma nunca antes practicada, pero muy característica de él. Deseaba entrar en una discusión directa y abierta con sus creadores y ejecutores. Y lo hizo en Puebla, sede de la conferencia del Episcopado de América Latina.

El viaje a Puebla no fue distinto del trayecto del aeropuerto. De nuevo millones de entusiasmados fieles acudieron a las parroquias cercanas, sin importarles pasar la noche a la intemperie, sólo para ver y saludar al Santo Padre. En Puebla había globos y fuegos artificiales, y ondeaban miles de banderas. Un avión, volando bajo, emitía música sacra. Sonaban campanas y tocaban todas las orquestas de la ciudad. La misa tuvo lugar al aire libre en un altar colocado junto a un seminario, porque según las leyes no podía estar en un lugar público.

En medio de este escenario, el Papa entró en el Seminario Palafoxiano a las sesiones del CELAM. En el aula principal del Seminario se efectuó una sesión cerrada del Consejo del Episcopado Latinoamericano; Juan Pablo II habló a los obispos —representantes de los fieles de la Iglesia católica desde la Tierra del Fuego hasta el Río Bravo— sobre el tema de la injusticia social y su combate a través de la fuerza. Este problema lo conocía desde hacía casi 40 años. En ese momento enfatizó que la verdad sobre Jesucristo contenida en el Evangelio es la verdad sobre el Hijo de Dios vivo, y no sobre un guerrero que luchó en Palestina contra la ocupación romana y por la liberación política y social. La verdadera liberación que ofrece Cristo es la liberación a través del amor, el perdón y la reconciliación, que llevan a la salvación. Cual-

El sentido de la entrega total de sí mismo

JUAN PABLO II ha sido un poderoso defensor de la vida humana. Desde el principio de su pontificado subrayó su valor, pidió el indulto para los sentenciados a muerte y llamó a terminar los conflictos armados en todas partes del mundo. Su enseñanza sobre el valor de la vida humana está en la encíclica *Evangelium vitae*, proclamada en 1995.

El criterio fundamental es el bien de la persona, por eso sus mensajes con cuestiones éticas los dirigió no sólo a los católicos o cristianos, sino a todos los hombres. Este criterio fue consecuencia de su convicción sobre el valor especial de la vida humana, inmersa en el secreto del Dios Vivo, a cuya semejanza fue creado el hombre. El respeto a los derechos humanos constituye el tema central de los textos papales. Para el

Santo Padre, el hombre era prioritario frente al producto de su trabajo, y la solidaridad era mejor que la competencia entre los diversos grupos sociales.

El hombre —pregonaba el Papa— se desarrolla a través del amor, y como ser físico-espiritual, encuentra su consolidación precisamente en el amor matrimonial y paternal. Juan Pablo II introdujo a este discurso una categoría que podemos llamar el discurso del cuerpo. Señaló el sentido original del acto matrimonial como un lazo excepcionalmente fuerte entre el hombre y la mujer, un lazo que implica una más profunda entrega espiritual y corporal. Traicionar el sentido del acto matrimonial, el intento de romperlo o anularlo, siempre termina para el hombre en una forma trágica.

Todo lo que encierra la encíclica *Evangelium vitae* constituye la consecuencia de la tesis de que el amor matrimonial tiene carácter unificador y procreativo. Esto apareció cuando se develó, también gracias al cardenal Wojtyla, el sentido unificador de los esposos en el acto del matrimonio. Se abandonó la contraposición entre la sexualidad y la procreación. "La ética sexual cristiana libera la sexualidad de la trampa del deseo. No prohíbe el amor corporal (eros); al contrario, lo libera hacia una completa y madura […] espontaneidad."

Juan Pablo II defendió el sentido original del acto matrimonial. Por una parte apoyó la tesis expresada en la encíclica *Humane vitae*, sobre la prohibición de anticonceptivos, que violan el sentido fundamental del amor. Según el Papa, los esposos que utilizan anticonceptivos asumen la función "de jueces" de la voluntad de Dios, "manipulan" y rebajan la sexualidad humana, y con ello a su propia persona y al cónyuge, falseando el valor de la entrega total de sí mismo.

Por otra parte, se oponía a la concepción de niños *in vitro*. De la misma forma que no se puede aceptar el acto matrimonial del cual se excluye la procreación, tampoco se puede aceptar la procreación fuera de este acto. No se puede liberar al hombre de reflexionar sobre la cuestión del número de hijos y sobre el tiempo en el cual éstos nacerán. Esta decisión debe ser tomada respetando lo que Dios inscribió en la naturaleza humana, en este caso especialmente en la naturaleza de la mujer. De este modo, según Juan Pablo II, el hombre desarrolla la virtud del mutuo respeto y de la moderación. Gracias a ello, los esposos no se convierten en esclavos del deseo, y el sentido del matrimonio no se reduce a sancionar su instinto biológico.

quier otra interpretación del Evangelio es contraria a la enseñanza de la Iglesia, cuyo fundamento es el humanismo cristiano, en el cual se encierra la verdad plena sobre el hombre, y que como efecto de la fe, el hombre es la imagen de Dios y no el producto de las fuerzas naturales y sociales. Ésa era la única verdad que los obispos debían proclamar, porque la Iglesia no necesita ayuda de ninguna ideología para defender la dignidad de la persona humana y la libertad religiosa, o para exigir la participación en la vida pública.

Se basa en Cristo y proclama la verdad evangélica; el resto queda en manos de Dios.

Antes de dejar México reveló otro rasgo característico ya conocido por sus compañeros del bachillerato en Wadowice y de la universidad: su inclinación por defender a los débiles, a los que no pueden defenderse por sí solos. Se trataba de los indígenas zapotecas, antiguos habitantes de México, que fueron marginados socialmente durante la época de la Conquista. Para reunirse con ellos, el Papa voló en un helicóptero a

Cuilapan, en el estado de Oaxaca; ahí lo esperaba medio millón de indígenas. Por la tarde se sentó con un sombrero bajo un baldaquín, cerca de las ruinas de un antiguo claustro, y los indígenas le entregaron algunos regalos, entre ellos un penacho. Uno de ellos, elegido para dar la bienvenida al Papa, se quejó de las difíciles condiciones de vida. El Santo Padre después retomó este tema en su homilía y expresó que quería ser la voz de los que no pueden hablar, o de los que nadie escucha.

"El trabajador que riega con su sudor su propio desconsuelo no puede esperar más que se reconozca su dignidad. Tiene derecho a que se le respete y a que no se le prive —con maniobras que frecuentemente son un robo— de lo poco que tiene... Tiene derecho a obtener una ayuda eficaz, que no es limosna, ni migajas de justicia." Aquí el Santo Padre dirigió la voz hacia los políticos: "Para ello, hay que emprender cambios profundos. Hay que hacer, sin demora, las reformas urgentes."

Los dos discursos, para los obispos y para los indígenas, pudieron parecer contradictorios, pero ilustraron bien lo que sería desde entonces el hilo conductor en las apariciones públicas y en todas las peregrinaciones futuras del Papa. Primero Cristo y el Evangelio, después lo que debe servir al hombre en su vocación a la santidad y la salvación, incluidos la política, el arte y la economía.

El intento por mostrar al mundo el nuevo estilo de la enseñanza pastoral terminó con un éxito rotundo. Los mexicanos lo amaron. Cuando salía de la ciudad de México, miles de espejos que movían miles de personas saludaban al avión para decirle adiós. Todo el mundo recibió el ejemplo de cómo sería el apostolado de la Cabeza de la Iglesia.

NO TENGÁIS MIEDO

El 4 de marzo de 1979, poco tiempo después de su regreso de México, Juan Pablo II proclamó su primera encíclica, *Redemptor hominis,* que encierra los fundamentos teológicos de su misión apostólica, resultado de sus estudios de más de 30 años. Encierra el mensaje "No tengáis miedo", con el cual abrió su pontificado. El texto dogmático de la encíclica desarrolla este llamado.

A través de la Encarnación —nacimiento del Hijo de Dios— Dios reveló su divinidad, enraizada en el amor, y mostró la verdadera profundidad del humanismo a través del amor. Sin Dios "el hombre permanece para sí mismo como un ser incomprensible, y su vida está desprovista de sentido".

El amor de Dios permite que el mundo exista. El hombre experimenta el amor contestando al llamado de Dios y buscando la verdad. Sólo el que ha recibido la libertad puede buscar la verdad. Por lo tanto, la Iglesia, cuya misión es proclamar la Buena Nueva, debe

En el Santuario de la Virgen de Guadalupe, el Santo Padre confió a la Madre de Dios el futuro de la evangelización en América Latina. (26 y 27 de enero de 1979.)

defender la libertad humana y ésta, a su vez, debe estar sujeta a la verdad. Las amenazas a la libertad en el mundo actual proceden ante todo de la convicción sobre la esencia material del hombre; esta convicción encuentra su expresión y su realización en las ideologías y los sistemas totalitarios. Cuando estas ideologías ignoran la verdad sobre el hombre —la verdad de que el hombre es ante todo un ser moral y espiritual—, le quitan la libertad de profesar la fe en Dios, a pesar de que la libertad religiosa es un derecho inamovible. Es posible alejar esos peligros si las personas libremente reciben con amor al Cristo Salvador, que les prometió la salvación.

La encíclica *Redemptor hominis* se convirtió en uno de los manifiestos más grandes del pontificado de Juan Pablo II, pues anunció en 1979 la defensa de los derechos del hombre y la libertad religiosa, en todas partes en donde estaban amenazados, incluida la patria del Santo Padre.

195

Encuentros en Castel Gandolfo

Castel Gandolfo, palacio del siglo XVII, fue edificado por orden de Urbano VIII. Arriba, Juan Pablo II en agosto de 1996, durante su estancia veraniega en él.

A finales de julio y principios de agosto, los habitantes de Roma se escapan de la ciudad, porque el calor del verano y la humedad hacen difícil la vida. El Papa también abandona Roma para pasar la temporada de calor en la residencia veraniega de Castel Gandolfo. Este palacio, que está situado en un lugar con clima apacible, entre los montes del lago Albano, permite descansar bien.

Juan Pablo II entró por primera vez en la residencia de Castel Gandolfo en los primeros días de su pontificado, pero pasó ahí apenas un par de horas. Fue hasta el verano de 1979, cuando voló a Castel Gandolfo para disfrutar de unas vacaciones más largas. Éstas eran las primeras vacaciones de Karol Wojtyla como papa, y el Santo Padre decidió pasarlas con sus amigos. Pidió al físico de Cracovia, Jerzy Janik, su amigo de años atrás, que lo visitara junto con su familia. Janik pensó que su amigo les dedicaría un par de horas como máximo, pero no fue así, porque el Papa los retuvo en su residencia durante todas las vacaciones.

Janik era uno de los organizadores de los seminarios interdisciplinarios anuales en Cracovia, en los que participaba Wojtyla cuando era arzobispo. El último seminario tuvo que ser suspendido por la muerte del papa Juan Pablo I y la salida de Wojtyla al Cónclave.

Durante la estancia de Juan Pablo II en Castel Gandolfo nació la idea de reanudar esta tradición, ahora en la residencia veraniega del Papa. El primer seminario bajo

196

el lema "Ciencia–Religión–Historia" fue organizado en agosto de 1980, con la participación de los científicos e investigadores poloneses, representantes de las disciplinas humanísticas y de las ciencias exactas.

A finales del invierno y principios de la primavera del siguiente año hubo otro encuentro, esta vez con el sacerdote y profesor Jozef Tischner y el doctor Krzysztof Michalski, quienes también organizaban reuniones de investigadores en Polonia, las cuales luego se realizaron en Viena debido a la imposición del estado de guerra. Con el apoyo del cardenal Franz König, del Instituto de Ciencias sobre el Hombre, dirigido por Michalski, estas reuniones se convirtieron en un evento cíclico, y entonces se llamaron reuniones del Consejo Científico del Instituto de Viena.

Estos dos acontecimientos tuvieron lugar desde entonces cada dos años. En agosto de 1983 se discutió sobre "El hombre en la ciencia actual". Siguieron otros encuentros en torno al problema de la existencia de contradicción entre la ciencia y la fe.

Aunque la mayoría de los participantes en los encuentros representan a los medios intelectuales de Polonia, también los hay de otros países europeos, así como de Estados Unidos. Juan Pablo II siempre ha participado en esos encuentros, tanto como ponente como miembro de las mesas de trabajo. ∎

Cada dos años, en Castel Gandolfo tienen lugar los encuentros de científicos internacionales que se conocen como "pláticas en Castel Gandolfo".

Fabiola Moroni es la repostera–cocinera de la residencia veraniega de Castel Gandolfo.

Junto al telescopio del observatorio astronómico, el hermano Matthew Timmers y el padre Walter J. Miller.

CAPÍTULO ONCE

Nueva política oriental

Juan Pablo II no creía en la permanencia del orden de Yalta. Aspiraba a una Europa unida, fundamentada en la gran tradición cristiana.

EN OCTUBRE DE 1978 LLEGÓ AL KREMLIN LA NOTICIA DE LA ELECCIÓN DE UN CARDENAL DE POLONIA AL TRONO DE SAN PEDRO, Y EL SORPRENDIDO JEFE DE LA KGB, YURI ANDROPOV, INMEDIATAMENTE HIZO IR A MOSCÚ AL JEFE DE LOS SERVICIOS SECRETOS SOVIÉTICOS EN VARSOVIA. "¿Cómo permitieron que eligieran como papa a un ciudadano de un país socialista?", preguntó indignado. El funcionario soviético respondió rápidamente que la responsabilidad era de los camaradas de Roma. A Andropov no le cabía en la cabeza que algo semejante pudiera haber sucedido sin el conocimiento de la KGB, y encargó que se hiciera una investigación especial. La oficina de análisis le entregó una respuesta esperada: la elección de Karol Wojtyla había sido resultado de la conjura de los enemigos del socialismo, encabezada por los ciudadanos de Estados Unidos, de origen polaco: el cardenal Jan Kröl y Zbigniew Brzezinski, asesor del presidente Jimmy Carter en asuntos de seguridad nacional. El objetivo era provocar disturbios en Polonia para después debilitar el Pacto de Varsovia y todo el campo socialista.

En 1978, el bloque soviético autodenominado "comunidad socialista" era parecido a un imperio formado por una metrópoli y varios dominios. Los dominios: Bulgaria, Checoslovaquia, República Democrática de Alemania, Polonia, Rumania y Hungría, tenían cierta autonomía en los asuntos internos, pero en cuestiones de política exterior dependían por completo del Kremlin. En todos estos países gobernaban los partidos comunistas, cuyo poder estaba garantizado por la constitución, y cualquier intento de oposición se consideraba un atentado al orden establecido. También estaba prescrita constitucionalmente la amistad con la Unión Soviética.

Por lo menos cuatro de estos países intentaron rechazar el sometimiento al modelo bolchevique. En 1953, los trabajadores de Berlín se sublevaron, pero su rebelión fue brutalmente reprimida por los tanques soviéticos. En 1956 estalló la sangrienta insurrección en Budapest; los húngaros formaron su propio gobierno, que proclamaba la neutralidad, pero el ejército soviético otra vez aplastó la insurrección y ejecutó a su líder. En 1968 estalló la rebelión en Checoslovaquia y, en esa ocasión, Moscú se sirvió de los ejércitos del Pacto de

El ministro soviético Andrei Gromyko sonríe al salir de la residencia del embajador de Alemania del Este ante las Naciones Unidas, en Nueva York (5 de octubre de 1982).

Varsovia. Los poloneses se rebelaron varias veces, pero no tuvieron que sufrir una intervención del exterior. En 1956 y 1970 el ejército y la milicia sofocaron las rebeliones independientes a costa de muchas vidas humanas; en los años de 1968 y 1976 fue restaurado el orden por las fuerzas especiales milicianas.

A finales de los años setenta, en Checoslovaquia, Polonia y Hungría, los tres países más rebeldes del bloque, existían formas de oposición más o menos organizadas. En Hungría había un grupo relativamente reducido, cuyo líder era Laszlo Rajk, hijo de Laszlo Rajk, comunista húngaro ejecutado en 1949. Los opositores checoslovacos crearon la Carta 77, y su activista más conocido era el escritor Vaclav Havel. En Polonia, el grupo más conocido fue el Comité de la Defensa de los Obreros, con Jacek Kuron y Adam Michnik al frente. También existían otros grupos: Movimiento de Polonia Joven, Movimiento de la Defensa de los Derechos del Hombre y del Ciudadano, Confederación de Polonia Independiente y sindicatos libres, los cuales dirigía Lech Walesa. Sólo en Polonia, los movimientos de oposición contaban con el apoyo eficaz de la Iglesia. La Iglesia católica checoslovaca, perseguida desde la época estalinista, actuaba prácticamente en la clandestinidad. En Hungría, que era país en gran parte protestante, el catolicismo no representaba una fuerza tan significativa como lo era en Polonia.

Independientemente de las diferencias que llegaron a existir en las primeras evaluaciones del pontificado de Juan Pablo II, para los comunistas no había duda de que en la política de la Santa Sede hacia el Este, iniciada por Juan XXIII y continuada por Paulo VI, se producirían cambios fundamentales y problemáticos para Moscú. Todo parecía indicar que los problemas se iniciarían en Polonia, así que en enero de 1979, a los cuatro meses de haber iniciado el nuevo pontificado, el veterano de la diplomacia soviética Andrei Gromyko fue al Vaticano para conocer personalmente al Papa. El Santo Padre lo recibió en compañía del arzobispo Agostino Casaroli. Gromyko se comportó como solía hacerlo en encuentros rutinarios y, de acuerdo con la táctica de los diplomáticos del Kremlin, habló acerca de la "consolidación de la paz" y los medios que podrían servir para ello. Enumeró las iniciativas soviéticas para la paz y el desarme, y subrayó que la Iglesia también contribuía

Durante su segunda peregrinación pastoral a Estados Unidos, Juan Pablo II conversó con el presidente Ronald Reagan sobre los difíciles problemas del mundo actual (1987).

de manera significativa en este asunto. En cambio, Juan Pablo II prefirió hablar de lo que el Kremlin no quería: la libertad religiosa. Utilizando un lenguaje diplomático, dio a entender que dicha libertad encontraba obstáculos en la Unión Soviética. Andrei Gromyko citó entonces la constitución soviética, que garantizaba la libertad de credo, y

Demostración en favor del cardenal Mindszenty en Nueva York, en 1949, frente a la Catedral de San Patricio; fue organizada por los niños exploradores de una organización católica.

aseguró que en su país había personas creyentes que no encontraban obstáculo alguno; incluso citó el caso de Bielorrusia, donde había sido diputado. Sin embargo, aquella conversación parecía no tener sentido.

Gromyko se había reunido en varias ocasiones con otros papas: una vez con Juan XXIII y cinco veces con Paulo VI, y el tema de las discusiones siempre fue el "fortalecimiento de la paz". Pero en esta ocasión se enfrentaba a Juan Pablo II, quien había vivido en el sistema soviético. Su experiencia ahora servía para todo el mundo. Juan Pablo II no pensaba iniciar una cruzada anticomunista. Los sistemas totalitarios forjaron en él la convicción de que no se podía combatir el mal con la fuerza, porque este procedimiento sólo creaba otro mal. La única arma eficiente era el bien, y esa arma era el Evangelio. Cambiar al hombre en el espíritu evangélico sig-

Jozsef Mindszenty, primado de Hungría, fue sentenciado a cadena perpetua en 1949. Liberado durante la insurrección húngara en 1956, se refugió en la embajada de Estados Unidos en Budapest.

nificaba hacerlo resistente al mal que encerraba la ideología comunista.

POLÍTICA DE PASOS PEQUEÑOS

El arzobispo Casaroli participó en el encuentro con el canciller Gromyko; en aquel entonces era Secretario del Consejo para los Asuntos Públicos de la Iglesia, que equivalía a la posición de ministro de asuntos exteriores, y toda la política hacia el Este de los papas anteriores era prácticamente obra suya. Dicha política era típica de la diplomacia vaticana, que lograba sus objetivos mediante arduas negociaciones secretas y pláticas de gabinete, que permitían un progreso a pasos pequeños. Casaroli era maestro de esta diplomacia; su política empleada desde hacía varios años descansaba en la suposición de que el orden de Yalta y la división de Europa serían permanentes. Esta variante vaticana de la *Realpolitik* del papa Juan XXIII se basaba en aceptar el estado existente de las cosas para obtener el mayor beneficio posible para la Iglesia del Este. Durante el Concilio Vaticano II proclamó la apertura de la Iglesia al mundo, incluidos los territorios gobernados por los comunistas, y esto significaba la aceptación de la división de Europa.

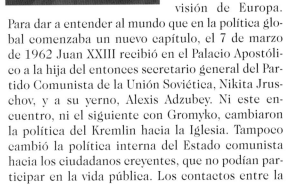

Para dar a entender al mundo que en la política global comenzaba un nuevo capítulo, el 7 de marzo de 1962 Juan XXIII recibió en el Palacio Apostólico a la hija del entonces secretario general del Partido Comunista de la Unión Soviética, Nikita Jruschov, y a su yerno, Alexis Adzubey. Ni este encuentro, ni el siguiente con Gromyko, cambiaron la política del Kremlin hacia la Iglesia. Tampoco cambió la política interna del Estado comunista hacia los ciudadanos creyentes, que no podían participar en la vida pública. Los contactos entre la

URSS y el Vaticano dieron por resultado un beneficio principalmente político: Moscú no criticaba abiertamente al Papado, y el Vaticano no condenaba el régimen ateo, como lo hicieron Pío XI y Pío XII. Además, gracias a esta "normalización", los regímenes de Europa Central liberaron a los principales jerarcas católicos y les permitieron salir a Roma. De esta forma, el cardenal Josef Beran abandonó Checoslovaquia en 1965, y el cardenal Jozsef Mindszenty salió de Budapest en 1971. El cardenal croata Stepinac murió en 1960, antes de poder salir de Yugoslavia. El cardenal griego católico Josip Slipiy, de Ucrania, fue liberado del gulag y exiliado en 1963, después de la audiencia que Juan XXIII le otorgó a Adzubey. Para los puestos vacantes, el Vaticano nombró administradores apostólicos con posturas más conciliadoras en relación con los gobiernos comunistas. El resultado de este deshielo fueron las visitas de altos funcionarios comunistas en la época del papa Paulo VI: Josip Broz Tito, de Yugoslavia; Nicolai Podgorny, de la Unión Soviética; Teodoro Zivkov, de Bulgaria; Janos Kadar, de Hungría, y Edward Gierek, de Polonia.

NO HAY CONSENTIMIENTO PARA LA DIVISIÓN DE EUROPA

La llegada a Roma del Papa proveniente del otro lado de la Cortina de Hierro significaba la destrucción del equilibrio formado por sus antecesores. Juan Pablo II solicitó que se le entregara toda la documentación correspondiente a la política de Paulo VI hacia el Este. Tan pronto la conoció, cuestionó en forma abierta sus hipótesis, ya que el Papa de Polonia nunca estuvo de acuerdo con la división de Europa establecida en el Tratado de Yalta.

El arzobispo Casaroli, durante tantos años fiel a las directrices de los papas anteriores y convenci-

Agostino Casaroli

NACIÓ EL 24 DE NOVIEMBRE DE 1914 en la localidad italiana de Castel San Giovanni. Después de terminar en el Colegio Alberoni en Piacenza entró en el Pontificio Ateneo Lateranense en Roma, donde obtuvo el doctorado en derecho canónico. El 27 de mayo de 1937 fue ordenado sacerdote en Piacenza, y en 1940 comenzó a trabajar en la Secretaría del Estado. Obtuvo su primera nominación eclesiástica el 4 de enero de 1945, cuando fue nombrado chambelán particular de Su Santidad, es decir, prelado. En aquel entonces comenzó su actividad en la política internacional de la Iglesia.

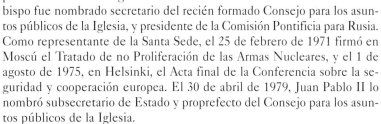

En 1961 fue nombrado subsecretario de la Congregación para los asuntos extraordinarios de la Iglesia. En marzo del mismo año fue miembro de la delegación de la Santa Sede en la Conferencia de la ONU sobre relaciones diplomáticas, con sede en Viena; también tomó parte en muchas otras reuniones y conferencias internacionales, como representante de la Santa Sede. Firmó tratados bilaterales con Túnez, Hungría (1964) y Yugoslavia (1966).

El 4 de julio de 1967, Paulo VI lo nombró arzobispo titular de Cartagena y, doce días más tarde, personalmente le otorgó las sacras. El nuevo arzobispo fue nombrado secretario del recién formado Consejo para los asuntos públicos de la Iglesia, y presidente de la Comisión Pontificia para Rusia. Como representante de la Santa Sede, el 25 de febrero de 1971 firmó en Moscú el Tratado de no Proliferación de las Armas Nucleares, y el 1 de agosto de 1975, en Helsinki, el Acta final de la Conferencia sobre la seguridad y cooperación europea. El 30 de abril de 1979, Juan Pablo II lo nombró subsecretario de Estado y proprefecto del Consejo para los asuntos públicos de la Iglesia.

El 30 de junio de 1979, el mismo Papa lo nombró cardenal, al mismo tiempo que secretario de Estado y prefecto del mencionado consejo, así como presidente de la Comisión Pontificia para el Estado Vaticano. Como cardenal, Casaroli participó en muchas reuniones del Sínodo de los Obispos y con frecuencia lo enviaban a diversos eventos eclesiásticos importantes. Por ejemplo, el 31 de mayo de 1981 viajó a Varsovia y representó al Santo Padre (que convalecía a causa del atentado en la Plaza de San Pedro) en los funerales del Primado de Polonia, el cardenal Stefan Wyszynski.

Murió en Roma el 9 de junio de 1998 y fue sepultado bajo el altar mayor en la iglesia de los Doce Apóstoles. Dejó tras de sí el recuerdo de un gran estadista y, al mismo tiempo, de un humilde hombre de la Iglesia.

do del carácter permanente de los cambios de la posguerra en Europa, se encontró en una situación difícil. No estaba de acuerdo en definir públicamente el sistema soviético como el Mal; prefería evitar el tema, para no empeorar la situación de los episcopados locales.

continúa en la pág. 206 ▶

Fin de la Iglesia del Silencio

EN NOVIEMBRE DE 1978, Juan Pablo II asistió al homenaje a San Francisco de Asís. Ahí, de pronto escuchó que alguien gritó: "¡No te olvides de la Iglesia del Silencio!" A lo que el Santo Padre contestó de inmediato: "La Iglesia del Silencio ya no existe, porque ahora habla con mi voz". Para entonces, los católicos de Europa Central y del Este ya llevaban 30 años viviendo bajo el yugo del gobierno comunista, cuyos principales objetivos fueron la propagación del ateísmo y la lucha contra las instituciones religiosas.

De acuerdo con el modelo elaborado en la Unión Soviética, donde la brutal represión destruyó por completo la débil estructura de la Iglesia existente todavía en los años veinte, los comunistas en todos los países dominados por el Kremlin comenzaron la lucha contra las "supersticiones religiosas". Los comunistas consideraban que la Iglesia católica era especialmente peligrosa por su carácter internacional y porque su centro de poder estaba fuera de la región controlada por la URSS.

Aunque Stalin despreciaba al Estado Vaticano —como lo demostró con la famosa pregunta sobre el número de divisiones del ejército al mando del Vaticano—, los servicios especiales constantemente subrayaban la posibilidad de aprovechar las estructuras eclesiásticas para sus fines de diversión y espionaje. Las autoridades del sistema totalitario veían con recelo la obligación que tenían los obispos diocesanos de mantener contacto directo con la Curia romana.

Después de la Segunda Guerra Mundial había católicos en todos los países conquistados por la URSS. La mayoría de ellos vivían en Polonia y después en Hungría, Checoslovaquia, Alemania del Este y Lituania, anexada a la URSS en 1940. Las persecuciones sufridas por la Iglesia católica en estos países fueron mucho más severas y persistentes que en Polonia.

CADENA PERPETUA PARA EL PRIMADO DE HUNGRÍA

Al final de la Segunda Guerra Mundial, alrededor de 60 por ciento de los habitantes de Hungría se declaraban católicos, y su suerte fue simbolizada por el primado Jozsef Mindszenty. En diciembre de 1948 fue arrestado por su categórica oposición a las autoridades comunistas. Después de la detención siguió un juicio humillante y la sentencia de cadena perpetua. Su destino fue compartido por gran parte del episcopado húngaro y por muchos otros sacerdotes, sobre todo de órdenes religiosas. Fue creada una estructura colaboracionista llamada Comité de los Sacerdotes Católicos para la Paz, cuya finalidad era sustituir las auténticas instituciones católicas.

El cardenal Mindszenty fue liberado durante la insurrección húngara, en octubre de 1956, y después de su derrota se refugió en la embajada de Estados Unidos en Budapest, donde permaneció los siguientes quince años.

Después de 1956, la situación de la Iglesia en Hungría mejoró un poco, pero no logró una autonomía tan amplia como la que tenía la Iglesia polaca durante el periodo de Gomulka. En 1964, el gobierno húngaro firmó con la Santa Sede un acuerdo que facilitó, entre otras cosas, un compromiso en las nominaciones de obispos a las diócesis vacantes. Este acuerdo fue resultado de la política hacia el Este del Vaticano, iniciada por el papa Juan XXIII y continuada por Paulo VI. Su esencia consistía en aprovechar la liberalización de los regímenes comunistas después de la muerte de Stalin, para lograr aunque fuera una mejoría parcial en la situación de la Iglesia católica. En Hungría se lograron algunos resultados, como el acuerdo de 1975 que regulaba la asistencia de los niños a la clase de religión y, dos años después, el acuerdo sobre las visitas *ad limina Apostolorum* (obligación de los obispos de reunirse con el papa cada cinco años) de todos los obispos húngaros al Vaticano. Cuando comenzó el pontificado de Juan Pablo II, la Iglesia católica en Hungría seguía sin libertad de acción, pero su situación era la mejor en todo el bloque soviético, sin contar a Polonia.

LA CONSPIRACIÓN DE LOS SACERDOTES

Mucho peor era la situación de los católicos en Checoslovaquia, donde las persecuciones padecidas por la Iglesia comenzaron después del golpe de Estado comunista en febrero de 1948. Fue cerrada la mayor parte de las instituciones católicas, como las escuelas, hospitales y establecimientos caritativos. La Acción Católica, organización de los laicos, fue infiltrada por los servicios secretos y muchos sacerdotes fueron detenidos. En junio de 1949, después de la dramática homilía en defensa de los derechos de la Iglesia, Josef Beran, primado de Bohemia y ex prisionero del campo de concentración hitleriano en Dachau, fue detenido.

En 1951, el número de sacerdotes encarcelados sobrepasaba los tres mil, lo cual equivalía a la tercera parte de los clérigos católicos en Checoslovaquia. En aquel tiempo ya no existían las órdenes religiosas, porque sus miembros se hallaban en los llamados campos de reeducación. Los seminarios fueron sustituidos por dos "escuelas para sacerdotes", controladas por las autoridades estatales. Ante dicha situación, la Iglesia en Checoslovaquia se veía obligada a trabajar de manera clandestina. Con los poderes especiales otorgados por el Papa, se consagró en secreto a nueve obispos, para sustituir a los obispos titulares que habían sido encarcelados. Pronto el trabajo pastoral se reanudó gracias a los cientos de sacerdotes ordenados clandestinamente.

Después de muchas intervenciones de la Santa Sede, el primado Beran fue liberado en 1965, con la condición de que se fuera a Roma para siempre. La solución del conflicto en torno al Primado hizo posible que se nombrara al obispo Frantiszek Tomaszek como nuevo administrador de la arquidiócesis de Praga. Sin embargo, ni este acontecimiento ni el breve deshielo en la Primavera de Praga en 1968 cambiaron de manera sustancial la difícil situación de la Iglesia en Checoslovaquia. A principios de los años setenta, más de la mitad de las parroquias de Moravia estaban sin párroco, y en Eslovaquia no existía ni un obispo reconocido oficialmente. Aunque en 1973 el gobierno expresó su consentimiento para consagrar a tres obispos eslovacos, había entre ellos activistas de la organización de los sacerdotes Pacem in terris, dirigida por los servicios secretos especiales.

LOS CATÓLICOS BAJO LA VIGILANCIA DE STASI

En contraste con Polonia, Hungría e incluso con Checoslovaquia, en Alemania oriental el catolicismo era una religión minoritaria. Sólo un millón y medio de los cató-

licos de la RDA fueron sometidos a una estrecha vigilancia por parte de un amplio aparato de la policía política Stasi. El control fue tan severo que las autoridades ni siquiera tuvieron que arrestar a los obispos para lograr su completa subordinación. En la primavera de 1990, después de la caída del régimen de Erik Ho-

Las hermanas carmelitas cambian varias veces al año los vestuarios de la figura del Niño Jesús, que se encuentra en la iglesia de la Madre de Dios Victoriosa, en Praga.

necker, el ministro de Cultura, Klaus Gysi, que durante años fue responsable de la relación con las iglesias, declaró en forma abierta: "Esta Iglesia adoptó respecto al régimen una postura de distanciamiento, de no mezclarse; una postura de absoluta lealtad."

LOS REBELDES DE LITUANIA

Los católicos de Lituania eran menos dóciles, aunque este país era parte de la Unión Soviética. En los años cuarenta, la policía secreta destruyó la estructura eclesiástica básica y lo que quedó de ella fue infiltrado por sus agentes, pero para más de dos millones de católicos lituanos, permanecer en la fe de sus antepasados era cuestión de identidad nacional. De ahí que en los años setenta se publicaran clandestinamente periódicos o documentos católicos, como la carta abierta al Secretario General de la ONU, firmada por 17,000 católicos que protestaban por la falta de libertad religiosa.

CONTINUIDAD, CONFLICTO Y CAMBIO

Hansjakob Stehle, especialista en la política del Vaticano para Europa Central y del Este durante el pontificado de Juan Pablo II, describió la política con tres palabras: "Continuidad, conflicto y cambio." El Papa eslavo rechazaba en parte las aspiraciones de ciertos círculos eclesiásticos de iniciar una cruzada anticomunista, sin considerar los posibles costos. El cardenal Josip Slipiy era partidario de dicha política; él pasó muchos años en los gulag, hasta que fue exiliado en Roma a partir de 1963. Por otra parte, al continuar la política moderada de sus antecesores, Juan Pablo II no compartía las ilusiones sobre la esencia de los regímenes comunistas, ilusiones a las que algunos representantes de la diplomacia vaticana habían sucumbido.

Polonia estaba en el centro de la política oriental de Juan Pablo II. No era sólo consecuencia del amor del Santo Padre por su patria, sino también el convencimiento de que este país era el eslabón más débil del sistema comunista, gracias a la fuerza de la Iglesia católica. Cuando inició la *perestroika* en la URSS y después el proceso de liberación en los países satélites, que culminó con el "otoño de las naciones" (1989), la Iglesia tuvo mayor libertad de acción y la Santa Sede apoyó el proceso de la democratización pacífica y la transformación de los regímenes de toda la región.

"La Iglesia católica ve, con enorme respeto y amor, la gran vitalidad de la herencia de los pueblos eslavos orientales", escribió Juan Pablo II en una carta a Mijail Gorbachov en junio de 1988, en la que pedía al líder soviético que resolviera la difícil situación de los cristianos en el territorio de la Unión Soviética. Los acontecimientos de los años futuros demostraron que fueron fructíferos los esfuerzos de Juan Pablo II orientados a restablecer en su totalidad los derechos de los fieles de Europa Central y del Este. Sin embargo, la mayoría de la información relacionada con este asunto sigue guardada celosamente en los archivos vaticanos. ∎

Angelo Sodano

NACIÓ EL 23 DE NOVIEMBRE DE 1927 en la población italiana de Isola d'Asti, en Piamonte. Fue el segundo de seis hijos de una familia campesina, muy participativa en la vida de la Iglesia. Su padre, Giovanni, fue diputado del Parlamento Italiano, por parte del Partido de la Democracia Cristiana, durante tres periodos que abarcaron de 1948 a 1963.

Al terminar el seminario, Angelo Sodano continuó sus estudios en Roma; en el Gregorianum obtuvo el doctorado en teología, y en la Universidad Lateranense, el doctorado en derecho canónico. El 23 de septiembre de 1950 fue ordenado sacerdote en Asti, y trabajó ahí hasta 1959 como maestro y pastor de la juventud. En 1959, el arzobispo Angelo dell'Acqua, que conoció en su época de estudiante en Roma, lo llamó al Vaticano; tiempo después, Angelo Sodano entró en el servicio diplomático.

Durante algunos años estudió en la Pontificia Academia Eclesiástica, que formaba a los diplomáticos vaticanos. En junio de 1962 obtuvo su primera nominación como secretario en la nunciatura en Ecuador, y después en Uruguay y en Chile. En 1968 regresó al Vaticano y trabajó casi diez años en el Consejo para los asuntos públicos de la Iglesia.

Paulo VI lo nombró nuncio apostólico en Chile y lo elevó, al mismo tiempo, a la dignidad de arzobispo titular de Albano. Ocupó dicho puesto durante casi nueve años, hasta el 23 de mayo de 1988.

Juan Pablo II lo nombró secretario del Consejo para los asuntos públicos de la Iglesia, y el 1 de diciembre de 1990 lo ascendió a subsecretario de Estado de la Santa Sede, en lugar de Agostino Casaroli, que renunció por su avanzada edad. En el consistorio del 28 de junio del año siguiente, el Santo Padre elevó a Angelo Sodano a la dignidad cardenalicia, por lo que se convirtió automáticamente en secretario de Estado.

Fue así como el hijo de aquel campesino de Piamonte ha llegado a ser, desde hace trece años, la segunda persona más importante en la jerarquía vaticana. Por lo general, acompaña al Santo Padre en sus viajes al extranjero. También ha representado a la Santa Sede en diversas reuniones y conferencias, donde siempre demuestra sus extraordinarias dotes diplomáticas.

queños pasos diplomáticos. Sin embargo, no iba a ser ésta la estrategia principal de la política vaticana. La meta del nuevo papa no era mantener la división de Europa, sino construir o, mejor dicho, reconstruir una Europa unida, apoyada en el fundamento cristiano. Las culturas de Occidente y de Oriente, el cristianismo latino y el bizantino, iban a ser dos pulmones del mismo organismo. Además, el Papa introdujo en la esfera de la política, con reglas bien establecidas, los planteamientos evangélicos como la defensa de la dignidad de la persona humana y el respeto al derecho del hombre para una vida en condiciones de libre elección y libertad de credo. Para estos objetivos las negociaciones secretas no servían, el Papa quería ir directamente a los sujetos de esta política.

Estas verdades proclamadas en voz alta eran una chispa capaz de encender inmensas regiones del mundo, donde la ideología marxista-leninista apoyaba un falso humanismo. Estas verdades podían cambiar a Europa y al mundo entero.

UN RETO PARA MOSCÚ

Moscú formuló su respuesta para la política hacia el Este de Juan Pablo II después de un año de observación. En este tiempo, el Papa lanzó tres retos al "socialismo real". En México, durante su primera peregrinación pontificia, criticó la llamada Teología de la Liberación, a través de la cual la ideología marxista se infiltraba en la Iglesia latinoamericana y proponía reemplazar la evangelización con la lucha armada y la modificación de las estructuras sociales. En su primera peregrinación a Polonia, su patria, cuestionó el orden de Yalta y demandó respeto al derecho de la nación a su autodeterminación. En Nueva York, durante su discurso en la Asamblea General de la ONU, criticó el sistema que violaba las libertades fundamentales del hombre y el derecho a la libertad de religión. Y aunque no lo llamó por su nombre, todos sabían a qué sistema se refería.

viene de la pág. 203 A pesar de las diferencias con Juan Pablo II acerca de la política hacia el Este, el Arzobispo no abandonó la diplomacia vaticana. Por el contrario, cuando murió el cardenal Jean Villot, secretario de Estado, en marzo de 1979, el Papa nombró en su lugar a Casaroli y lo elevó a la dignidad de cardenal. El puesto vacante "de ministro de asuntos exteriores" lo tomó su colaborador cercano, el prelado Achille Silvestrini, nombrado en esa ocasión arzobispo titular. De esta manera, la nueva política oriental iba a ser llevada a cabo por los mismos diplomáticos que sirvieron a los antecesores de Juan Pablo II.

El Santo Padre no tenía nada en contra de los diálogos de gabinete ni del método de avanzar con pe-

Otro de los retos implicó el gran apoyo moral que el Papa le brindó al cardenal Frantiszek Tomaszek,

206

primado de Checoslovaquia, cuando apenas había iniciado su pontificado, y que luego confirmó en la carta pastoral leída en las iglesias de Bohemia y Eslovaquia, en la Navidad.

A principios de marzo de 1979, en el aniversario de los 250 años de la canonización de San Juan Nepomuceno (asesinado a finales del siglo XIV por orden del rey de Bohemia y Alemania, Wenceslao de Luxemburgo), el Santo Padre escribió una carta en la que presentó a este santo checo como ejemplo de la fe cristiana. Dichas acciones modificaron la política conciliadora del cardenal Tomaszek, de 80 años, que antes criticaba la participación de los católicos en el movimiento opositor de la Carta 77. Con el apoyo del Santo Padre (se conocían desde el Concilio Vaticano II), el Cardenal se convirtió en un implacable crítico del régimen comunista.

El Papa también le envió una carta al cardenal Josip Slipiy, exiliado en Estados Unidos, con motivo del milenio de la cristianización de Rus de Kiev, que simboliza la cristianización de los eslavos del Este, cuando no existía todavía la división entre católicos y ortodoxos. El Papa recordó también en esta ocasión el derecho a la libertad religiosa, uno de los derechos fundamentales del hombre, en clara alusión a la situación extremadamente difícil de los católicos griegos en Ucrania, que a pesar de muchos años de persecuciones no rompieron el contacto con Roma.

Al principio, el estilo del nuevo Papa inquietó al Kremlin, pero luego lo llenó de pánico cuando en las regiones de la influencia directa del imperio —Polonia, Checoslovaquia y Ucrania— fueron publicadas las palabras del Papa: "No tengan miedo, abran las puertas a Cristo."

EL CONTRAATAQUE DEL KREMLIN

En noviembre de 1979, una comisión especial de la KGB elaboró un documento que tenía directrices para contrarrestar la influencia del Vaticano en los países socialistas. El mismo partido, la televisión y la prensa tuvieron que intensificar la propaganda contra la política del Vaticano en las repúblicas soviéticas habitadas por católicos (Lituania, Letonia, Ucrania y Bielorrusia). Una tarea similar fue encargada a los partidos comunistas en Europa Oc-

cidental y América Latina, quienes además tenían que informar a los funcionarios de las embajadas soviéticas sobre cualquier señal de apoyo a la política de Juan Pablo II. La cancillería y la KGB iban a organizar una intensa campaña en los medios de comunicación para insinuar que la política de Juan Pablo II era peligrosa para la Iglesia.

Mientras tanto, en noviembre de 1982 murió Brezhnev y su lugar fue ocupado por Yuri Andropov, alto funcionario de la KGB y enemigo acérrimo de la Iglesia en Polonia. Andropov estuvo en el poder hasta 1984, y antes de su muerte quiso dejar como sucesor a Gorbachov, pero la mayoría del Politburó decidió entregar el poder al viejo y enfermo Constantín Chernienko, por lo que fue necesario elegir otro secretario general un año después, y esta vez sí fue Gorbachov. Con él inició la era de transparencia *(glasnost)* y reconstrucción *(perestroika)*, que pretendía fortalecer al Estado, pero terminó por destruir el orden de Yalta en Europa.

Unas semanas después de la elección de Mijail Gorbachov como Secretario General del Partido

Entre las personas que le dieron la bienvenida a Juan Pablo II en Washington, se encontraba Zbigniew Brzezinski, asesor del presidente Carter (1979).

Comunista de la Unión Soviética, a finales de marzo de 1985, el canciller Gromyko habló al Vaticano para explorar la posibilidad de establecer relaciones diplomáticas entre Moscú y el Vatica-

La visita a Lituania (1993) fue para Juan Pablo II una peregrinación al país de los mártires. Ahí fueron arrestados y encarcelados, o deportados al interior de la URSS, más de 270,000 católicos entre los años de 1945 y 1955.

A NOSOTROS TAMBIÉN NOS BAUTIZARON

El festejo del milenio del bautizo de Rus de Kiev se convirtió en la primera oportunidad de un contacto directo entre el Papa y el líder soviético. La participación personal de Juan Pablo II en las festividades en Moscú no fue posible debido a la oposición de la Iglesia ortodoxa rusa, así que a la capital de la Unión Soviética llegó la delegación de la Santa Sede, con el Secretario de Estado. El cardenal Agostino Casaroli llevaba consigo la carta del Santo Padre a Mijail Gorbachov, en la cual el Papa presen-

no, y propuso que las autoridades soviéticas en conjunto con la Santa Sede estudiaran la situación de los católicos en la URSS.

En marzo de 1985, Gorbachov —de quien años después diría Juan Pablo II: "A este hombre nos lo dio la Providencia"— era poco conocido, incluso en el bloque comunista. Los jefes de los Estados comunistas lo conocieron realmente a fines de abril en Varsovia, en la reunión del Comité Político del Pacto de Varsovia. Ahí, tras una conversación de varias horas, el jefe de Estado polaco, Wojciech Jaruzelski —tratado con desconfianza por el Kremlin, desde principios de los años ochenta—, se convirtió en aliado de Gorbachov para llevar a cabo la *perestroika*, el programa de reformas que iba a transformar la decadente Unión Soviética en un país moderno, respetuoso de los derechos humanos y socialista. Más tarde Jaruzelski, que conocía en persona al Papa, se convertiría en intermediario entre la Santa Sede y el Kremlin.

Cuando el cardenal Casaroli le entregó a Gorbachov una carta del Papa, el secretario general del partido comunista mencionó que en su casa escondían un icono sagrado detrás del retrato de Lenin (1988).

taba su punto de vista sobre los problemas más importantes en las relaciones bilaterales entre la Santa Sede y el Kremlin, y sugería la conveniencia de una reunión personal. Esta carta fue entregada el último día de la estancia de la delegación vaticana en Moscú, en presencia del canciller Eduard Shevardnadze, quien ocupó el puesto del fallecido Andrei Gromyko.

Ésa era la primera vez, desde que el Kremlin fue ocupado por los bolcheviques en el año de 1917, que un cardenal del Vaticano entraba en el Kremlin. El cardenal Casaroli, vestido con la sotana cardenalicia con ribetes color púrpura, se sentía algo incómodo a pesar de que ya había viajado por todo el mundo.

Gorbachov intentó suavizar la tensión y le hizo una broma: "No se ponga nervioso; de niños, tanto el ministro Shevardnadze como yo fuimos bautizados." En seguida leyó la carta que le había enviado Juan Pablo II, pero no dio ninguna respuesta en ese momento.

La respuesta del líder soviético al Santo Padre llegó catorce meses después, cuando el sistema comunista en Europa estaba desmoronándose. Polonia había concluido las negociaciones de "la mesa redonda" y tuvo elecciones parcialmente libres.

A pesar de su derrota, el partido comunista permanecía en el poder gracias al acuerdo con la oposición. En julio, ese poder transitorio renovó las relaciones diplomáticas entre Polonia y la Santa Sede. Los demás países de la región se estaban preparando para el "otoño de los pueblos". Mijail Gorbachov, que hasta hacía poco marcaba el ritmo de los cambios, ahora era un simple espectador.

ES ESLAVO, IGUAL QUE NOSOTROS

Mijail Gorbachov, acompañado de su esposa Raisa, cruzó la puerta del Palacio Apostólico del Vaticano el 1 de diciembre de 1989, y todas las cámaras observaban cada paso suyo y cada movimiento de su rostro.

Raisa Gorbachov fue invitada a conocer la Capilla Sixtina, mientras que su esposo se dirigió a los apartamentos pontificios. El Santo Padre lo recibió con cordialidad, como a alguien a quien se respeta aunque no se compartan los mismos puntos de vista. La conversación privada tuvo lugar en la biblioteca y duró una hora y media. Después se reunieron con Raisa, y Gorbachov se dirigió a ella: "Tengo el honor de presentarte a la más alta autoridad moral en la Tierra". Luego agregó, como si se hubiera tratado de un descubrimiento: "Es eslavo, igual que nosotros."

En el discurso oficial, Juan Pablo II mencionó su objetivo de la política hacia el Este; lo que hacía poco parecía un sueño y ahora ocuparía su agenda en los próximos años. Habló sobre la libertad de conciencia, la libertad religiosa y el trabajo pastoral en las tierras en donde ya antes se había empezado a construir un Estado ateo. La visita del secretario general Mijail Gorbachov fue el preludio de estas reformas.

"Llegó la hora de realizar 'la ya anunciada, por usted, modificación de la legislación interna' sobre la libertad religiosa" –dijo el Papa a Gorbachov durante su visita oficial en el Vaticano (1989).

Gorbachov declaró que el encuentro con el Papa había sido posible gracias a los cambios que se habían suscitado en muchos países y naciones. Consideró un hecho el restablecimiento de las relaciones diplomáticas entre Moscú y el Vaticano, y se comprometió a supervisar que se garantizara la libertad religiosa. Al final de la reunión, en forma inesperada, invitó a Juan Pablo II a visitar la Unión Soviética.

Las relaciones diplomáticas fueron restablecidas en marzo del siguiente año. La peregrinación papal no se pudo realizar, porque a un escaso año de aquella reunión en el Vaticano, el Estado cuyo presidente era Gorbachov dejó de existir. Se desmoronó después del fracasado golpe de Estado, que quería revertir el curso de la historia. En los mapas del mundo reapareció Rusia. Las palabras de la profecía de Fátima comenzaron a cumplirse. ∎

El 13 de mayo de 1981, en la Plaza de San Pedro, mientras el Papa bendecía a la multitud entusiasmada, dos disparos salieron de una pistola. Nadie los oyó, nadie se dio cuenta de lo que había pasado. En un momento se decidiría la suerte del Pontificado, la suerte de todo el mundo.

CAPÍTULO DOCE

Los disparos en la Plaza de San Pedro

EL MARTES 12 DE MAYO DE 1981 LLEGABA A SU FIN. PARA EL PAPA HABÍA SIDO UN DÍA DE TRISTEZA; EL SECRETARIO PARTICULAR DEL SANTO PADRE ACABABA DE REGRESAR DE VARSOVIA Y LLEVABA CONSIGO UNA CARTA DEL CARDENAL STEFAN WYSZYNSKI. EL PRIMADO DE POLONIA, DE 79 AÑOS, ESTABA EN EL LECHO DE MUERTE; SUS DÍAS ESTABAN CONTADOS. No había nadie que pudiera reemplazarlo; en aquel entonces, la única autoridad capaz de sostener y fortalecer el papel estabilizador de la Iglesia en Polonia sumergida en el conflicto era el mismo Juan Pablo II. Al Santo Padre lo esperaban días difíciles.

El miércoles amaneció soleado y caluroso. La Plaza de San Pedro esperaba a unos 25,000 peregrinos y turistas que llegarían para encontrarse con el Papa. En el curso de las audiencias generales de cada semana, el Papa recorría la plaza parado en un jeep bendiciendo a los fieles y estrechando sus manos.

De acuerdo con su costumbre, se levantó muy temprano; después de oficiar la misa matutina desayunó y trabajó hasta las once en su despacho. Antes de la comida recibió en la biblioteca a las personas que llegaron para las audiencias privadas. Durante la comida lo acompañaron Jérôme Lejeune, reconocido profesor de genética, y su esposa. Más tarde, el Papa se sumergió en la contemplación.

Juan Pablo II, con una herida en el vientre, se desvanece en los brazos del obispo Dziwisz, que estaba detrás de él. El automóvil papal se dirigió rápidamente hacia la ambulancia.

Exactamente a las cinco de la tarde el papamóvil blanco salió del Palacio Vaticano por la Puerta de las Campanas, y empezó a circular lentamente por la Plaza llena de una multitud alegre. Como era habitual, después de recorrer la Plaza, en ocasiones hasta dos veces, el automóvil se acercaba a la Basílica de San Pedro, donde el Santo Padre se dirigía a los fieles desde un podio. El miércoles 13 de mayo de 1981 el recorrido por la Plaza duró apenas quince minutos. El Papa alcanzó a entregar a los padres a una niñita llamada Sarah, que hacía un momento había tomado en sus brazos y besado, cuando de la multitud salieron dos disparos. Una bandada de palomas voló hasta el cielo, pero nadie se dio cuenta de lo que había pasado, con excepción de las personas que estaban cerca del hombre armado. De pronto, el papamóvil rodeado por los guardaespaldas aceleró. A nadie se le ocurrió que aquel sonido fueran disparos. Hasta después de unos momentos la noticia recorrió la Plaza, y la alegría se tornó en horror y desesperación. De pie junto al Papa, el obispo Stanislaw Dziwisz no pensaba que la suerte del Papa, del Pontificado y hasta del mundo, se encontraba en sus manos. Relató aquel momento de la siguiente manera:

"Cinco con 17 minutos. Mientras daba la segunda vuelta a la plaza, se escucharon los disparos contra Juan Pablo II. Mehmet Alí Agca, asesino profesional, disparó con una pistola, hiriendo al Santo Padre en el vientre, en el codo derecho y en el dedo índice. Un proyectil traspasó el cuerpo del Papa y cayó entre él y yo. Oí dos detonaciones. Las balas hirieron a otras dos personas. A mí no me alcanzaron, aunque tenían tanta fuerza que pudieron haber atravesado a varias personas.

"Le pregunté al Santo Padre:
"–¿En dónde fue?
"–En el vientre – respondió.
"–¿Le duele?
"–Me duele.

"Y en ese momento comenzó a agacharse. Logré sostenerlo porque estaba detrás de él. Hoy puedo decir que en aquel instante actuó una fuerza invisible, que permitió salvar la vida del Santo Padre, que corría peligro de muerte. No había tiempo para pensar; no había un médico al alcance de la mano. Una sola decisión equivocada podía tener efectos catastróficos."

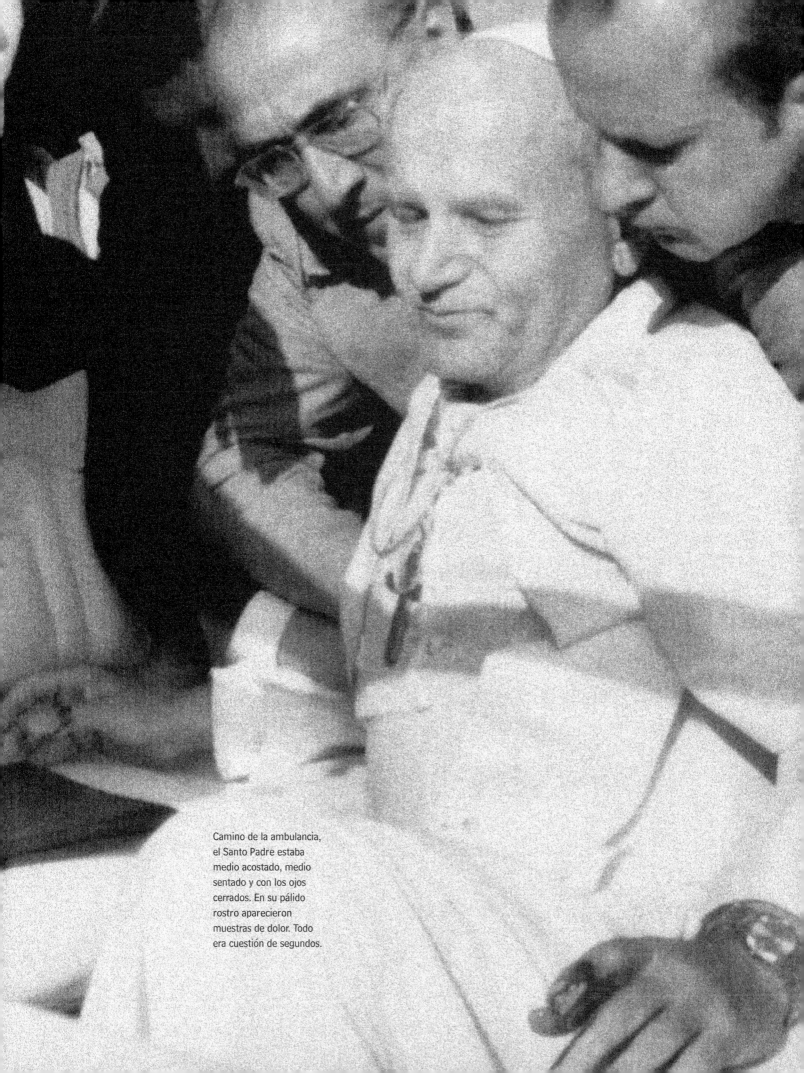

Camino de la ambulancia, el Santo Padre estaba medio acostado, medio sentado y con los ojos cerrados. En su pálido rostro aparecieron muestras de dolor. Todo era cuestión de segundos.

El médico particular del Santo Padre, el doctor Renato Buzzonetti, apareció casi de inmediato; el herido fue trasladado a la ambulancia y, como relata el obispo Dziwisz, "con gran premura nos dirigimos a la clínica Gemelli".

La ambulancia recorrió en ocho minutos los seis kilómetros desde la Plaza de San Pedro hasta la clínica. El Papa estuvo consciente todo el tiempo y rezaba en voz baja. Pero al llegar a la clínica perdió el conocimiento.

Desde el inicio de su pontificado, Juan Pablo II expresó el deseo de que, en caso de que padeciera alguna enfermedad, fuera atendido en un hospital y no, como sus antecesores, en los apartamentos papales, en una habitación especialmente acondicionada para ese fin. El personal de la clínica estaba consternado, lo que no era de extrañar. El herido fue trasladado al décimo piso, a una habitación reservada para situaciones extraordinarias, y de ahí lo llevaron sin tardanza a la sala de operaciones.

Mientras tanto, el profesor Francesco Crucitti, cirujano de la clínica Gemelli, luchaba contra el denso tránsito de la ciudad. Se enteró del atentado por la radio, y de inmediato aceptó realizar la cirugía. Apartó con violencia a los guardias, pues no deseaba perder el tiempo en explicaciones innecesarias, e irrumpió en el quirófano del noveno piso.

En el sillón vacío enfrente de la Basílica de San Pedro, en el cual debería estar el Papa pronunciando la catequesis, los peregrinos de Polonia colocaron la imagen

Alí Mehmet Agca fue arrestado por haber intentado asesinar al papa Juan Pablo II, en la Plaza de San Pedro, el 13 de mayo de 1981.

de la Virgen de Czestochowa, que ese día habían llevado para regalársela al Santo Padre. Una ráfaga de viento tiró la imagen y los que estaban cerca vieron la inscripción: "Madre de Dios, cuida al Santo Padre, defiéndelo del mal."

El quirófano estaba lleno; el herido se estaba desangrando porque su organismo no aceptaba la sangre de la transfusión. Al fin, unos médicos tenían el tipo de sangre adecuado, y sin vacilación la donaron para salvar la vida del Papa.

"Hubo un momento en que el doctor Buzzonetti se dirigió a mí —cuenta el obispo Dziwisz— pidiéndome que administrara al Papa la unción de los enfermos, dado que su estado era de suma gravedad: la presión estaba disminuyendo y los latidos del corazón apenas se escuchaban."

La transfusión permitió iniciar la cirugía. Cuando el pulso del paciente comenzó a estabilizarse, la clínica pudo emitir el primer comunicado tranquilizante, que poco después de las ocho de la noche llegó a los fieles reunidos en la Plaza de San Pedro, quienes rezaban el rosario. "El Papa sobrevivió al atentado"; poco a poco regresaba la esperanza.

A la clínica llegaron los cardenales, los empleados de la Curia y los políticos, incluido el presidente de Italia, Sandro Pertini, que se quedó con el Santo Padre hasta las dos de la madrugada; no quiso retirarse hasta que el Papa saliera del quirófano. La cirugía duró cinco horas con veinte minutos. A las 12:45 se publicó el segundo comunicado: la operación había terminado con éxito, y el estado del paciente era satisfactorio.

Durante la cirugía se constató que una de las balas, disparada a unos metros con una pistola semiautomá-

214

tica, tipo Browning, calibre nueve milímetros, había herido al Papa en el vientre y le había atravesado todo el cuerpo. La segunda bala no tocó ninguno de los órganos internos; en cambio, fue hacia la multitud e hirió a dos turistas. En teoría, cada una de las balas pudo haber matado a alguien, pero ninguna lo hizo. La primera bala alcanzó el dedo y lo rompió, lo que desvió su trayectoria por unos milímetros. Esa desviación fue suficiente para que la aorta, que se encontraba precisamente en la línea del disparo, quedara intacta. Si eso no hubiera ocurrido, el Santo Padre se habría desangrado en un momento. La segunda bala tenía la misma trayectoria, pero alcanzó el codo y se deslizó por el hueso.

REZO POR EL HERMANO QUE ME HIRIÓ...

Después de terminada la cirugía, el herido fue trasladado a la sala de cuidados intensivos, para evitar cualquier complicación. A la mañana siguiente, cuando el Papa recobró el conocimiento, preguntó: "¿Hemos rezado las Completas?" (O sea, la oración que se reza para terminar las horas canónicas del día.)

Durante dos días sufrió mucho, pero la esperanza se fortalecía cada minuto. Después de cuatro días de permanecer en terapia intensiva, su voz estaba presente de nuevo en la Plaza de San Pedro; en la clínica se grabó un mensaje para que fuera escuchado por los fieles que se reunirían en la Plaza. Las palabras que pronunció conmovieron al mundo: "Rezo por el hermano que me hirió, al que sinceramente perdono." Ofreció su sufrimiento por la Iglesia y por el mundo, y luego agregó: "A ti, María, repito: Totus Tuus ego sum." El Papa estaba convencido por completo de que había sobrevivido gracias a la intervención de la Santísima Virgen María. "Una mano disparó, pero otra mano condujo la bala", afirmó más tarde.

El autor de tal acto era Mehmet Alí Agca, un terrorista turco. Unos momentos después de que disparó el arma fue arrestado. Después del segundo disparo, trató de huir entre la multitud, pero la hermana Lucía, una monja franciscana que estaba cerca, se arrojó sobre el terrorista. Otros acudieron para ayudarla y juntos lo tiraron al suelo. Poco después llegó la policía y Alí Agca fue esposado. Si existía algún plan de huida para luego asesinar a Agca y proteger a los autores intelectuales —lo que se consideró probable—, éste había fracasado. El autor del atentado fue llevado a la prisión Rebibbia, de alta seguridad, donde permaneció hasta que terminaron las averiguaciones. Éstas duraron apenas unas semanas, y el 20 de julio comenzó el juicio. Agca

confesó ser el autor del atentado, pero se negó a ampliar sus declaraciones. Esta actitud del acusado facilitó la tarea de los jueces y, el 22 de julio, el tribunal presidido por Severino Santiapichi lo sentenció a cadena perpetua.

Agca era un terrorista conocido incluso antes de dispararle al Papa en la Plaza de San Pedro. En su país apareció dos veces en los encabezados de los periódicos. La policía lo conoció a finales de los años setenta cuando era estudiante de economía en Estambul y participó en las protestas estudiantiles, por lo que fue encarcelado durante poco tiempo. La prensa volvió a ocu-

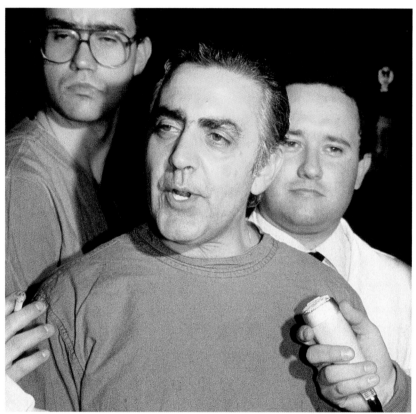

La cirugía terminó a las 23:25 horas. Momentos después el profesor Francesco Crucitti informó a los periodistas que el estado del Papa era satisfactorio. El mundo respiró con alivio.

parse de él cuando, al salir libre, protagonizó uno de los asesinatos políticos más sonados en Turquía. Su víctima, Abdim Ipekci, era un conocido periodista liberal, redactor general y analista político del periódico *Milliyet* de Estambul. La policía lo detuvo y Agca confesó haber matado a Ipekci, pero no quiso revelar su filiación política. Antes de terminar el juicio, logró escapar de la prisión más custodiada del país, disfrazado de militar. Las averiguaciones revelaron que un grupo de militares le facilitaron la huida al proporcionarle documentación falsa.

Todo esto ocurrió durante los últimos preparativos de la visita de Juan Pablo II a Turquía. El Santo Padre

continúa en la pág. 218 ▶

El Papa que sufre

LAS FOTOGRAFÍAS DE JUAN PABLO II tomadas en la Plaza de San Pedro el día del atentado mostraron al mundo una nueva imagen del Santo Padre. Hasta entonces mostraban al Papa sonriente, enérgico, deportista y saludable. La imagen de Juan Pablo II desvaneciéndose en su papamóvil en los brazos del obispo Stanislaw Dziwisz, con expresión de dolor en el rostro, inició la imagen del Papa que sufre. Con el correr de los años, esta imagen fue opacando con mayor frecuencia el rostro anterior del papa Juan Pablo II, y el sufrimiento fue marcando cada vez con mayor fuerza su pontificado.

Tres años después del atentado, en las últimas semanas del Año Santo, proclamado por los 1,950 años de la Salvación, Juan Pablo II dirigió a los fieles la carta apostólica *Salvifici doloris*. Este documento papal explicaba el sentido del sufrimiento humano para el cristiano, y fue publicado el 11 de febrero de 1984. "El Secreto de la Salvación del mundo está enraizado de manera especial en el sufrimiento; y en forma recíproca, el sufrimiento encuentra en Él su punto de referencia más alto y más seguro", escribió el Papa. El cristiano que vive el sufrimiento, cuya explicación no encuentra en sus propias culpas, siempre puede comparar su sufrimiento con el martirio del Hijo de Dios. Hay que decir que entonces "el hombre que sufre de manera especial se vuelve el camino de la Iglesia. [...] Eso ocurre, como es sabido, en diversos momentos de la vida, y se presenta de distintas maneras; el sufrimiento parece ser —es— inseparable de la existencia terrenal del hombre". En el siguiente decenio, el Papa daría testimonio personal de estas afirmaciones.

JUAN PABLO II SE PREPARA PARA LA MUERTE

En la primera mitad de julio de 1992, Juan Pablo II comenzó a sentir dolores en el abdomen que se intensificaban de manera constante. El profesor Francesco Crucitti, el mismo que hacía once años, el 13 de mayo de 1981, sacó del cuerpo del Papa la bala disparada por Agca, llegó al Palacio Apostólico y, después de revisar al Santo Padre, recomendó que se hicieran unos estudios clínicos. El siguiente domingo a mediodía, Juan Pablo II se despidió de los fieles que se habían reunido en la Plaza de San Pedro diciéndoles, después del Ángelus, que tendría que pasar un tiempo en el hospital. El 13 de julio, en la clínica Gemelli, se supo que su situación era muy seria, pues los estudios revelaron la presencia de un tumor en el colon sigmoide del intestino grueso. Cuando se tomó la decisión de operar y se informó al Papa sobre la gravedad de la situación,

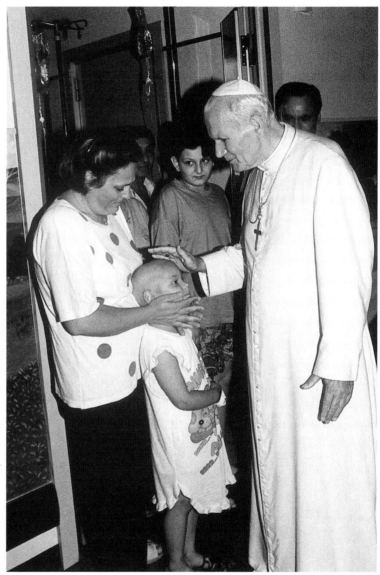

Al abandonar la clínica Gemelli, Juan Pablo II se despidió y bendijo a los pequeños pacientes (3 de junio de 1981).

el Santo Padre recibió el sacramento de los enfermos, para prepararse para la muerte, como declaró Joaquín Navarro-Valls, vocero de prensa del Vaticano. El 15 de julio, cuando los cirujanos abrieron el vientre del paciente, decidieron extraer también la vesícula porque tenía algunos cálculos. Después de cuatro horas, la intervención quirúrgica terminó. El tumor, de gran tamaño, contenía —como lo confirmaron estudios posteriores— células cancerosas, pero por suerte benignas. A pesar de que el Papa había cumplido 72 años, su organismo resistió la cirugía y al día siguiente se levantó de la cama y se sentó en el sillón. A finales de julio dejó la clínica y se trasladó a Castel Gandolfo. A principios de octubre salió en peregrinación a América Latina.

¿DE DÓNDE VIENE LA SIGUIENTE AMENAZA?

En aquel tiempo, en los medios de comunicación comenzaron a aparecer especulaciones sobre el futuro del Pontificado, ligadas con la pregunta sobre el estado de salud del Papa. Los comunicados tranquilizadores de los médicos no disiparon las dudas sobre la clase del tumor, y el silencio del Vaticano fue interpretado por la prensa como un intento por ocultar la verdad. Sin embargo, la verdadera amenaza era la osteoporosis progresiva, que provoca fragilidad de los huesos, y la enfermedad de Parkinson, que se manifiesta con temblor de manos y rigidez de músculos.

El 11 de noviembre de 1993, después de una audiencia otorgada a los empleados de la oficina romana de la Organización de las Naciones Unidas para la Agricultura y la Alimentación, Juan Pablo II salía del Aula de Bendiciones del Palacio Apostólico y tropezó con una alfombra nueva; rodó varios escalones y se dislocó el hombro derecho.

Es seguro que este accidente debió haberle provocado un dolor intenso, pero dejó el aula, extendió la mano izquierda para saludar, y bromeó en italiano: "Sono saduto, ma non sono caduto" (Me caí, pero no fui degradado). En la clínica Gemelli le acomodaron el hombro bajo el efecto de la anestesia, pero el Papa tuvo la mano inmovilizada en un cabestrillo durante un mes. En ese tiempo no podía escribir y le dictaba los textos al padre Stanislaw Rylko, quien había llegado de Cracovia y trabajaba en la Curia romana. El padre Rylko los transcribía en una computadora portátil, los imprimía y se los entregaba al Santo Padre para su revisión y correcciones. Esta forma de trabajar se hizo sumamente útil, sobre todo cuando el Papa comenzó a tener cada vez más dificultad para escribir.

La noche del 28 de abril de 1994, Juan Pablo II se cayó y se fracturó el fémur a causa de la osteoporosis, pero el Santo Padre, tomando esos acontecimientos como señales

El 25 de diciembre de 1995, el Papa estaba pronunciando el mensaje "Urbi et Orbi". De pronto, después de bendecir en francés, suspiró profundamente. Trató todavía de decir la bendición en inglés, pero ya no pudo, y desapareció de la ventana del Palacio Apostólico. En la noche, en un comunicado se informó que sólo se trataba de una gripe.

que le daba la Providencia, consideró que los sufrimientos causados por este accidente eran un Don de Dios. Pasó toda la noche en su apartamento con el hueso fracturado y en la mañana fue trasladado a la clínica Gemelli. Ahí, los cirujanos le hicieron una intervención quirúrgica de dos horas y le implantaron una prótesis en la cadera, para reemplazar parte del fémur destruido. De todos modos, la prótesis no funcionó a la perfección y desde ese tiempo el Papa comenzó a moverse con visible dificultad y a cojear, por lo que no dejaba su bastón.

Permaneció cuatro semanas en la clínica y al salir, después de rezar el Ángelus dominical, compartió con los fieles sus reflexiones dentro del hospital: "Había comprendido [...] que tenía que introducir la Iglesia de Cristo al tercer milenio a través de la oración y de las obras, pero me convencí más tarde de que no era suficiente. Debo introducirla a través del sufrimiento". Según el Santo Padre, su sufrimiento se inscribía en el contexto del Año de la Familia, que se celebraba en esa época, y de los ataques dirigidos a ella por los defensores del "control demográfico".

En 1984, en la carta *Salvifici doloris*, cuando casi toda la experiencia de dolor y sufrimientos estaba todavía por delante, Juan Pablo II escribió sobre la conversión, que puede ser resultado de vivir los sufrimientos en forma cristiana:

"El fruto de esta conversión no es sólo el hecho de que el hombre descubra el significado salvador del sufrimiento sino, ante todo, que en el sufrimiento se forme un hombre totalmente nuevo. Un hombre que encuentre una nueva medida de toda su vida y de su vocación. Dicho descubrimiento es una reafirmación de la grandeza del espíritu, que en el hombre supera al cuerpo. Entonces, cuando el cuerpo está muy enfermo, totalmente discapacitado, el hombre parece ser incapaz de vivir y de actuar, pero la madurez interior y la grandeza del espíritu resaltan aún más y se convierten en una enseñanza para la gente sana y normal." ∎

217

viene de la ▶ pág. 215

expresó desde el inicio de su pontificado el deseo de reunirse en Estambul con Dimitrios, patriarca ecuménico de Constantinopla. El Papa anhelaba abrir el siguiente capítulo del diálogo del catolicismo con la ortodoxia, comenzado por Paulo VI. Estambul es el nombre que los turcos otomanos dieron a Constantinopla, la antigua Bizancio, capital del Imperio Romano de Oriente, y primera metrópoli de la ortodoxia. El encuentro con Dimitrios tenía la finalidad de indicar que el nuevo papa estaba abierto a las hermanas Iglesias orientales, a los cristianos de la Segunda Roma, como llamaban a Constantinopla, y a los hermanos de la Tercera Roma, es decir, de Moscú. En aquel entonces, el Papa ni siquiera podía pensar en la peregrina-

talista: "Los imperialistas occidentales, temerosos de que Turquía y sus hermanas las naciones islámicas se conviertan en una potencia militar, política y económica del Medio Oriente, envían a Turquía al líder de la cruzada antiislámica, que se esconde bajo la máscara de un líder religioso. Si la visita no se cancela, con toda seguridad mataré al Papa." Juan Pablo II fue informado de dicha carta cuando se encontraba ya en el avión que volaba hacia Ankara. "Todo está en las manos de Dios", fue lo único que dijo.

Sin embargo, Agca no intentó matar al Papa en aquella ocasión. Más tarde explicó que deseaba centrar la atención del aparato de seguridad en la protección del Papa, para poder salir de Turquía. Y lo logró; primero se fue a Alemania y Bulgaria, después al norte de Chipre que está bajo el control turco, y luego a Líbano. Los viajes se multiplicaban, y también visitó Irán y Suiza. A pesar de que el turco no trabajaba, gastaba mucho dinero en pasaportes falsos para poder viajar.

El 17 de mayo se organizó "La marcha blanca", en Cracovia. Los jóvenes vestidos de blanco marcharon por las calles de la ciudad. El color blanco expresaba la protesta contra el mal que envolvía al mundo.

A principios de 1981 se instaló en Italia. En enero —declaró años después, durante uno de los interrogatorios— planeó matar en Roma a Lech Walesa, líder de Solidaridad, que había asistido a una audiencia con el Santo Padre. El plan era colocar una bomba en su automóvil, pero falló porque,

ción a Rusia, pero el gobierno de Turquía accedió a su visita, con la condición de que antes de reunirse con Dimitrios, el Papa llegara primero a Ankara, para un encuentro oficial con el gobierno. Esta peregrinación ecuménica, un pequeño paso en dirección hacia el Moscú ortodoxo, tuvo lugar en noviembre de 1979. Agca escapó de la prisión cinco días antes de la llegada del Papa a Turquía. Antes de que Juan Pablo II se encontrara con Dimitrios, llegó una carta firmada por Agca a la redacción del periódico *Milliyet*, en la que informaba que estaba escondido en Turquía y que había escapado de la prisión porque su objetivo era asesinar al Papa. El discurso de la carta era una mezcla de la retórica izquierdista y la fundamen-

Al enterarse del atentado, los poloneses se sumergieron en oraciones. En las iglesias se celebraron misas durante toda la noche.

218

como aseguró Agca, había demasiados policías en el lugar. Más tarde se sirvió de un pasaporte falso con el nombre de Faruk Ozgun y, sin hablar ni media palabra de italiano, se inscribió en la Universidad de Peruggia, gracias a lo cual pudo moverse libremente por toda Italia, pues sólo asistió a la primera clase.

EL LOBO GRIS

Al principio, Agca declaró que era miembro de Bazkurlar (Bozkurt), los Lobos Grises, la organización terrorista nacionalista de Turquía. Los Lobos Grises estaban convencidos de que sus mayores enemigos eran los imperialistas occidentales y los comunistas orientales, pero el más grande de todos era el Papa. La carta de Agca publicada por el *Milliyet* reflejaba muy bien la ideología de esta organización. En Milán, uno de los miembros de los Lobos Grises le dio a Agca la pistola con la cual éste intentó matar a Juan Pablo II antes de su salida a Roma.

Vagaba por la Plaza de San Pedro, mientras observaba la llegada de los peregrinos y de las fuerzas del orden. A un monje le preguntó en inglés por cuál puerta saldría el papamóvil; el benedictino Martino Sciliani, sin querer, le dio una respuesta equivocada, señalando la Puerta de Bronce. El terrorista se colocó cerca de los barandales y esperó. A su lado se paró una monja; a pesar del calor, Agca tenía puesto el saco para disimular el arma. Antes, el día del asesinato del periodista turco se acercó en la calle a su automóvil, como si quisiera decirle algo; cuando Ipekci bajó el vidrio, Agca sacó la pistola y le disparó directamente en la cara. Ahora la tarea le parecía aún más fácil. El hombre al que quería matar iba a llegar despacio y en un carro abierto, y como iba a saludar a la gente, quedaría totalmente al descubierto. Pero a las cinco de la tarde, el jeep blanco salió por otra parte. Agca permaneció tranquilo y de pie entre la multitud, mirando al hombre de blanco. Cuando sacó el arma, nadie se dio cuenta.

Después de escuchar la sentencia del tribunal italiano, Agca regresó a la prisión Rebibbia, donde sus cómplices no podrían alcanzarlo. Ni los jueces ni la opinión pública recibieron contestación a las preguntas básicas. Nadie sabía quién le había ordenado a Agca apretar el gatillo. Los Lobos Grises tampoco se adjudicaron el atentado.

Al principio, Agca trató de convencer al juzgado de que él era el autor material e intelectual del atentado. Después habló acerca de la cooperación con una organización terrorista internacional indefinida, ni izquierdista ni derechista. Finalmente declaró que no era

Alí Agca

NACIÓ EN 1958 en el seno de una familia pobre de mineros en Yesiltepe, en el norte de Turquía. Cuando cumplió seis años murió su padre y, desde entonces, la familia integrada por la madre y tres hijos vivían de una renta muy pequeña. Primero estudió para ser maestro, después se inscribió en la Universidad de Ankara, la capital de Turquía, con la intención de estudiar literatura y geografía.

Pero eran tiempos difíciles, pues la política absorbía más a los estudiantes turcos que los mismos estudios. En la universidad conoció los movimientos izquierdistas y nacionalistas, opositores entre sí. Después de un año se mudó a Estambul, para continuar los estudios en la universidad de aquella ciudad, pero esta vez también la política fue más importante que los estudios. Uno de sus amigos de la infancia lo introdujo al grupo que organizó el atentado en contra del periodista liberal Abdim Ipekci. Después de la detención y su huida de la prisión, Agca se fue a Europa Occidental. Entonces, en circunstancias todavía poco claras, comenzó a prepararse para atentar en contra de la vida de Juan Pablo II. El atentado tuvo lugar el 13 de mayo de 1981. Detenido y sentenciado en Italia a cadena perpetua por intento de asesinato, pasó 19 años en las prisiones italianas.

En el año 2000, cuando el Papa cumplió 80 años, Agca le pidió que lo ayudara a conseguir su libertad. El 13 de junio de 2000 dejó la prisión Rebibbia, en Roma, y fue deportado a Turquía. Ahí está cumpliendo la pena de diez años a la que fue condenado mientras estuvo ausente.

su intención matar al Papa y que por eso sólo había disparado dos veces, aunque tenía el cargador lleno. Durante el juicio intentó también cuestionar la jurisdicción del tribunal porque, como sostenía su defensor, el atentado tuvo lugar en el territorio del Estado Vaticano, y entonces él debía ser juzgado por un tribunal vaticano. Cuando el juez le explicó que el Tratado de Letrán reconoce la jurisdicción de los tribunales italianos para este tipo de casos, Agca dejó de contestar las preguntas que se le hacían. Después de que se dictó la sentencia, no presentó apelación. A pesar de que la sentencia fue ejecutada, las investigaciones para descubrir a los autores intelectuales del atentado siguieron adelante.

Mientras Mehmet Alí Agca estaba en su celda esperando el juicio, la vida de Juan Pablo II de nuevo se vio amenazada.

CITOMEGALOVIRUS, EL SEGUNDO ENEMIGO

La permanencia del Papa en terapia intensiva terminó el día en que él cumplió 61 años. El 18 de mayo fue trasladado al décimo piso de la clínica. El pequeño departamento constaba de una habitación, un baño, un dormitorio para el secretario particular y una sala de juntas. En ella, se reunía diariamente el concilio médico internacional: los especialistas de la clínica Ge-

continúa en la pág. 222 ▶

219

Jacek Moskwa

En un mundo lleno de dolor

EL PENÚLTIMO DÍA DE SU VISITA A CUBA, el Papa llegó al santuario El Rincón, cerca de La Habana. Enfrente de una iglesita típicamente latinoamericana, cuyas paredes parecían todavía más blancas a la luz lilácea del atardecer, no había ninguna multitud. Tocaba una orquesta de aficionados de una cercana institución para invidentes. Al Papa lo esperaban los niños ciegos y los niños leprosos con las caras deformadas por la enfermedad.

Antes de comenzar a hablar, se acercó al sillón colocado frente al altar. Su rostro mostraba un gran cansancio, producto de los cuatro días de esa visita con un intenso ritmo de trabajo.

Leyó despacio, con voz monótona:

"El significado de la parábola del buen samaritano, así como de todo el Evangelio, es que el hombre debe sentirse llamado a dar el amor en el sufrimiento."

No quedó en simples palabras, pues se acercó a los leprosos, tratando de tocar y bendecir a cada uno. Con la cara hinchada y movimientos inseguros, parecía que era uno de ellos. Vi cómo las lágrimas corrían por el rostro de una niña ciega y él la acarició en la cabeza; un momento más tarde todos estaban llorando.

Ésta era la octava peregrinación a la que yo lo acompañaba. Durante cada una de sus visitas, el Santo Padre aludía al sufrimiento de diferentes maneras. Repetía que éste fortalecía el espíritu. Lo escuché muchas veces y también cada vez con mayor frecuencia lo he visto sufrir. Pero fue ahí, en Cuba, donde empecé a comprender el sentido del mensaje papal. Es un mensaje que deben oír y tratar de comprender todos: los fieles y los no creyentes.

El Papa eligió el encuentro con los niños leprosos para abordar el problema de otros rechazados: los prisioneros políticos en Cuba. Sobre ellos dijo: "Existe también el sufrimiento del espíritu, el que vive la gente en lugares de aislamiento, perseguidos, condenados […] por sus ideas, aunque pacíficas, no aceptadas. Están condenados al aislamiento y al castigo que su conciencia no acepta, pues desean integrarse a la vida activa, encontrar un lugar donde puedan expresarse y proponer sus opiniones con respeto y tolerancia."

SEÑALES DEL SUFRIMIENTO

Karol Wojtyla tenía apenas ocho años cuando murió su madre y era aún muy pequeño cuando la enfermedad le causó la muerte a su amado hermano; maduro para sus doce años, sólo dijo: "Fue la voluntad del Señor."

Algunas personas cercanas a Karol Wojtyla confirman la existencia de "señales del sufrimiento" en torno del futuro papa. El cardenal Andrzej Maria Deskur está parcialmente paralizado y pasa la vida en silla de ruedas; no obstante, trabaja en varias congregaciones vaticanas.

Después de la guerra, Deskur estudió en el mismo seminario de Cracovia que Karol Wojtyla, pero tuvo que salir a Roma, donde ya como obispo y cardenal se hizo amigo cercano del Papa. A estas dos personas las une algo más que el origen polonés y el camino a las cumbres de la jerarquía de la Iglesia. Tres días antes del Cónclave de 1978, el obispo Andrzej Deskur quedó paralizado como consecuencia de un derrame cerebral.

Al día siguiente después de la elección, la primera visita que el Papa hizo fuera del Estado Vaticano fue a la clínica Gemelli a ver a su amigo enfermo. Después de salir de la habitación, Juan Pablo II se dirigió a otros enfermos: "En el umbral de mi pontificado, deseo apoyarme siempre en los que sufren y en los que unen sus sufrimientos, su martirio y su dolor con la oración."

EL DON DEL SUFRIMIENTO

Después del atentado en la Plaza de San Pedro, el Papa pasó muchas semanas en la clínica Gemelli. Aquel atentado y el tratamiento posterior —difícil, pero exitoso— confirmaron la imagen de un hombre fuerte, al cual ni siquiera las balas podían vencer.

En julio de 1992, el profesor Francesco Crucitti, el mismo que operó al Papa en 1981, le quitó una considerable parte del intestino grueso, pues tenía un tumor benigno, como se afirmó en un comunicado.

Los allegados al Papa se preguntaban cómo pudo aguantar con tanta paciencia el dolor. "El Papa sabe transformar su dolor en oración", aseveró André Frossard, autor del libro *¡No tengan miedo! Pláticas con Juan Pablo II.*

En el otoño de 1996, el Papa de nuevo se encontró en la clínica Gemelli a causa de una apendicitis crónica. El día de la cirugía recibió la carta–poema "Al amigo que sufre". "En los días de la enfermedad pude comprender mejor el valor del servicio al cual me llamó Dios", reflexionó en el patio de la clínica, cuando se sintió ya mejor. "Este servicio se lleva a cabo también a través del don del sufrimiento, gracias al cual es posible completar en mi cuerpo lo que les falta a las heridas de Cristo."

Antes de abandonar el hospital, Juan Pablo II visitó a los pacientes de oncología infantil; la mayoría de estos niños estaban desahuciados y a algunos les quedaban escasos meses de vida.

¿Cómo puede ser compatible el sufrimiento del niño con la misericordia de Dios? Ésta es una de las preguntas más difíciles que puede hacerse un teólogo. Juan Pablo II se acercó a los pequeños pacientes que tenían su propio dolor, pero también una esperanza. Recorrió las cuatro salas y se detuvo junto a cada cama.

"¿Ves? Yo estuve enfermo, pero voy a regresar a casa. Tú también dentro de poco estarás en la tuya", repetía.

A Antonio Ramón, uno de los niños visitados, peruano, de nueve años y con pelo negro y corto, le habían hecho cinco cirugías complicadas. Padecía de columna bífida y fue quien le escribió al Santo Padre la carta–poema. Los papeles se ha-

bían invertido: ahora el niño quería ayudar al hombre mayor. Del sufrimiento nació la compasión.

EL SENTIDO DEL SUFRIMIENTO

Le pregunté algo acerca del sentido del sufrimiento al profesor Stanislaw Grigiel, quien goza de la confianza de Juan Pablo II. En vez de responder, me proporcionó su artículo "El sentido del sufrimiento en el mundo actual". Lo leí y encontré esta idea: "El sufrimiento y la muerte llevan al hombre hacia el futuro, y sólo en esta perspectiva es posible comprenderlo. No debe preocuparnos el hecho de que hay muchas personas que sufren, sino que hay otras tantas que no saben sufrir."

"El sufrimiento es un problema que es mejor analizar desde cierta distancia", confesó el Papa al cineasta polonés Krzysztof Zanussi, cuando conversó con él en 1984, acerca de la carta apostólica *Salvifici doloris*. Dicha carta fue escrita con base en su propia experiencia.

Al recordar el ejemplo bíblico de Job, del siervo que sufría, del buen samaritano y del mismo Cristo, el Papa aseveró que "el sentido del sufrimiento es trascendental y realmente humano. Es trascendental porque está enraizado en el misterio divino de la Salvación del mundo. Al mismo tiempo, es profundamente humano porque en él se encuentra el hombre a sí mismo, su humanidad, su dignidad y su misión".

Me vienen a la memoria las palabras de la carta *Salvifici doloris:* "Cristo le enseñó al hombre a dar testimonio a través del sufrimiento al mismo tiempo que ayuda al que sufre."

Las personas que ven a Juan Pablo II durante las largas ceremonias y audiencias bajo el ardiente sol de Roma, en la Basílica de San Pedro y en diversos lugares del mundo, se preguntan con frecuencia: ¿Es realmente necesario que sufra tanto?

El Papa habla despacio, se joroba, cojea y, a pesar de ello, se entrega al mundo. Si alguien está cerca de él, puede ver que sus manos están hinchadas y rozadas porque todos quieren tomárselas y apretarlas.

"Existen diversas formas de comunicación. Una de ellas es la palabra, esto es, lo que el Papa dice en sus sermones", asevera el cardenal austriaco Christoph Schoenborn. También hay silencio cuando el Santo Padre comunica algo a través de su propio cuerpo. Mientras mayor es el Papa, con más fuerza transmite sus mensajes silenciosos.

"Vivimos en una sociedad que trata de borrar el dolor, el sufrimiento, la enfermedad y la muerte de la memoria, tanto individual como colectiva": Juan Pablo II dirigió estas palabras en junio de 1998 a los pacientes y al personal del Hospicio Rennweg, administrado por Caritas Socialis, en Viena.

El Papa no pronunció este discurso; su texto fue repartido durante el encuentro en la capilla. Después visitó a los más enfermos, atados a las camas en los últimos días de sus vidas. Fue un encuentro sin testigos que la televisión solamente pudo registrar desde lejos, sin sonido.

Veía la imagen de un hombre jorobado, cansado y de sotana blanca, que se inclinaba sobre las delgadas figuras de los pacientes, mientras pensaba cuáles serían las palabras que él iba a pronunciar.

Quizá no dijo absolutamente nada. Sólo dio testimonio con su propia persona.

¿Por qué la clínica Gemelli?

Hasta los tiempos de Juan Pablo II, el estado de salud de los papas siempre había sido un secreto. Todas las intervenciones médicas se hacían en el Palacio Apostólico o en la residencia de Castel Gandolfo, en el departamento especialmente acondicionado para esos fines. Karol Wojtyla cambió esta costumbre de inmediato, al pedir que en caso necesario fuera atendido en un hospital. Por eso, un momento después del atentado en la Plaza de San Pedro, la ambulancia lo llevó directamente a la clínica Gemelli.

No es, en realidad, un hospital común y corriente, sino un gran complejo médico equipado con los más modernos aparatos. Es la clínica que eligió el Santo Padre. Puede ser que su elección haya estado influida por un acontecimiento anterior al Cónclave, el 13 de octubre de 1978. Entonces, un amigo del cardenal Wojtyla, el obispo Andrzej Maria Deskur, sufrió una embolia cerebral y sobrevivió gracias al rápido traslado a la clínica Gemelli. En el caso de alguna enfermedad del Papa, la clínica tiene siempre listo uno de los quirófanos en el noveno piso y, un piso más arriba, un apartamento donde pueda pasar el tiempo de la recuperación. El hospital resultó ser una medida necesaria el 13 de mayo de 1981.

del aparato era demasiado corto para que contestara desde la cama; de modo que la conversación se pospuso para el día siguiente. El 25 de mayo hablaron y el Primado tuvo que hacer un gran esfuerzo para dominar el dolor y poder solicitar la bendición pontificia. Juan Pablo II bendijo su "boca y manos", para expresar así el homenaje a sus palabras y a sus obras. Tres días después, el cardenal Wyszynski falleció.

Un día antes de la muerte del Primado, Juan Pablo II comenzó a tener dificultades para respirar y dolores en el pecho, además de que la fiebre era cada vez más alta. Al día siguiente, su estado mejoró sin que los médicos pudieran precisar las causas. El 31 de mayo escuchó la transmisión por radio del funeral del cardenal Wyszynski, en Varsovia, y celebró la Santa Misa por su eterno descanso. Agregó: "Me hará falta; era mi amigo y necesitaba su presencia."

Dos días después, los médicos estuvieron de acuerdo en que la recuperación continuara en casa y el Papa regresó al Palacio Apostólico. El 7 de junio apareció unos minutos ante los fieles en el balcón de la Basílica de San Pedro.

Su estado empeoró abruptamente el 9 de junio; la fiebre subía y bajaba, y el pulmón derecho se estaba infectando. El 20 de junio su estado de salud era tan malo que de nuevo fue ingresado a la clínica Gemelli; sin embargo, ni la tomografía ni los rayos X revelaron nada grave. El Papa se moría día con día y los médicos no sabían qué hacer.

Al fin, un virólogo estableció un

viene de la pág. 219 ▶ melli y los médicos más destacados de Europa Occidental, Estados Unidos y Polonia, invitados por el cardenal Casarolli. Entre ellos estaba el profesor Gabriel Turowski, amigo del Papa en sus excursiones en kayak, que trabajaba como cirujano en la Academia Médica de Cracovia. Al principio, los comunicados de este concilio médico eran optimistas: Juan Pablo II se recuperaba con rapidez.

De pronto, el 24 de mayo se inició una misteriosa fiebre. A pesar de ello, el Papa quiso hablar por teléfono con el Primado de Polonia, el cardenal Stefan Wyszynski. Éste no pudo acercarse al teléfono y el cable

diagnóstico: la sangre que le habían transfundido al Santo Padre durante la cirugía estaba infectada. El segundo "enemigo" podía ser más eficiente que Alí Agca. El citomegalovirus había entrado en el organismo de Juan Pablo II. Debido a su grave estado, los cirujanos no habían tenido más remedio que transfundir la sangre recién tomada. Si hubiera sido posible esperar un día, el virus habría muerto.

El citomegalovirus resultó inmune a los antibióticos y sólo quedaba fortalecer el organismo y esperar que éste venciera al intruso. En vista de ello, los médicos cambiaron el tratamiento e iniciaron la administración

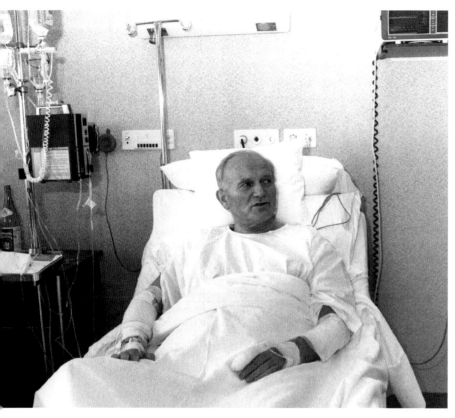

El 18 de mayo había mejorado el estado de salud de Juan Pablo II. Lo trasladaron de terapia intensiva al cuarto papal en el décimo piso.

semana más tarde el Papa se reunió con los médicos para pedirles que lo operaran. Algunos médicos estaban de acuerdo y otros no, pero accedieron al deseo de su paciente.

Propusieron el mes de septiembre, cuando el clima en Roma es más fresco. Pero el Papa adelantó la fecha para el 5 de agosto, día de la fiesta de la Virgen de las Nieves. El profesor Crucitti realizó la cirugía con la asistencia de otros médicos. La operación se inició a las siete de la mañana y duró una hora, y el Santo Padre sintió un gran alivio. El 14 de agosto, Juan Pablo II regresó al Palacio Apostólico y al día siguiente encabezó las festividades en honor de la Virgen María en la Plaza de San Pedro, adonde acudieron 50,000 personas. Posteriormente salió a la residencia veraniega de Castel Gandolfo, para pasar ahí el resto del caluroso y húmedo verano.

AGCA COMENZÓ A HABLAR

de vitaminas, glucosa, antipiréticos y analgésicos. En unos días, el Santo Padre comenzó a recuperarse.

Como no podía abandonar la clínica Gemelli, el cuarto papal en el décimo piso se convirtió en la oficina de la Cabeza de la Iglesia. La decisión más importante que tenía que tomar el Papa en esos momentos afectaba a su patria y no podía esperar más. Tenía que elegir al sucesor del fallecido primado cardenal Wyszynski.

En aquel momento, la situación se volvía cada vez más tensa en Polonia. El Partido Comunista estaba perdiendo el poder real y, dividido por los conflictos internos entre el ala de los "reformadores" y la de los "duros", esperaba la asamblea. Solidarnose, cada vez más radical, se preparaba también para su asamblea y, poco a poco, estaba convirtiéndose en el poder alternativo. La impaciencia de Moscú crecía y la Iglesia en Polonia no tenía a su más alto dignatario. Unos días antes de la asamblea del Partido Comunista, el Papa, todavía bajo el cuidado de los médicos, consultó al Episcopado polaco y nombró como primado de Polonia a Jozef Glemp, obispo de Warmia y antiguo secretario del cardenal Wyszynski.

El estado de salud de Juan Pablo II mejoró y los médicos programaron una segunda operación, que tendría por objeto cerrar el intestino. Pero el 10 de julio reapareció el citomegalovirus. Seis días después pasó la crisis y una

Las averiguaciones sobre el atentado contra la vida de Juan Pablo II continuaban. En 1982, cuando el Santo Padre se fue de peregrinación a Fátima, Alí Agca co-

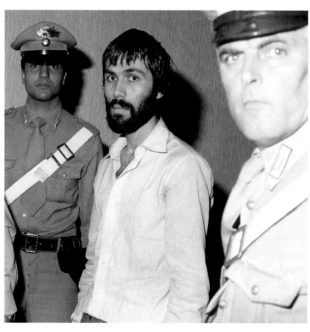

Agca fue condenado a cadena perpetua. Lo culparon, entre otras cosas, de atentar contra la vida del Papa, de herir a dos personas y de posesión ilegal de armas.

menzó a hablar de pronto. Reveló información acerca de sus contactos después de que perdió la esperanza de que sus protectores lo sacaran de la prisión, como ocurrió después del asesinato de Abdim Ipekci. Dio el

223

El 27 de diciembre de 1983, Juan Pablo II celebró la Santa Misa en la prisión Rebibbia y luego visitó a Agca, que cumplía ahí su condena. Abajo, un reporte especial sobre el atentado al Santo Padre publicado en *Reader's Digest* (septiembre de 1982).

estaba la KGB. Esta pista, a su vez, indicaba que el Kremlin había sido el autor intelectual del atentado. Sin embargo, el empleado de las líneas aéreas búlgaras, Serguei Antonov, negó lo dicho por Agca y se declaró inocente. Según Antonov y sus abogados, la información que reveló Agca fue proporcionada por los servicios secretos italianos. Antonov fue liberado y Agca siguió cumpliendo su sentencia de cadena perpetua.

La revista *Reader's Digest* publicó en agosto de 1982 un artículo sobre "la pista búlgara". Claire Sterling, una periodista estadounidense, presentó ahí la hipótesis de que el atentado fue preparado con la participación del Kremlin. La autora recopiló material con la colaboración de la procuraduría italiana y del mismo terrorista. Cuando Agca comenzó a declarar, se entrevistó con él y le mostró decenas de fotos de empleados de la embajada búlgara, para saber a quién reconocía. El turco señaló sin titubeos los retratos de tres hombres cuyos apellidos mencionó en las averiguaciones.

nombre de siete cómplices; cuatro eran turcos y tres búlgaros. Los búlgaros tenían pasaportes diplomáticos y los turcos estaban ligados con grupos terroristas. Uno de los cómplices iba a provocar confusión después de los disparos para concentrar en sí mismo la atención de la gente y de las fuerzas de seguridad, y así facilitar la huida de Agca. Al día siguiente, Agca abandonaría Italia en un contenedor cerrado que iba a ser trasladado en un camión con placas diplomáticas; nadie lo hubiera examinado en la frontera. Pero el plan falló gracias a la intervención de la hermana Lucía. Se piensa que, en vista de este acontecimiento imprevisto, la ruta de escape fue aprovechada por Oral Celik, el otro participante en el atentado. En el curso de las averiguaciones se estableció que, en efecto, al día siguiente salió de la embajada de Bulgaria un contenedor lleno de muebles rumbo a Yugoslavia.

Se multiplicaban las pruebas que confirmaban "la pista búlgara", pero también existían muchas dudas. Si el atentado lo preparó Dyrzawna Sigurnost, el servicio de seguridad búlgara, era claro que detrás de todo

Juan Pablo II no estaba muy interesado en el curso de las investigaciones. Cuando los medios de comunicación señalaron la complicidad del Estado búlgaro, el Papa declaró que no creía en la conexión búlgara. En cambio, los funcionarios del Vaticano compartían la opinión de que la idea del atentado había surgido, en general, en el este de Europa. El cardenal Casarolli, secretario del Estado Vaticano, y Achille Silvestrini así lo declararon públicamente. Silvestrini dijo: "No se puede olvidar la situación que vivían en aquel entonces Polonia y Europa Oriental. Si el atentado hubiera tenido éxito, habría implicado una tragedia para Polonia, para todos los adversarios de la dominación soviética y para el mismo sistema soviético."

FUE OBRA DEL DIABLO, Y YA

Poco después de la Navidad de 1983, el Papa se dirigió a la prisión Rebibbia, para visitar a su fallido asesino. Este asombroso encuentro se desarrolló ante los ojos del mundo entero, pues lo acompañaron periodistas y cámaras de televisión. Pero cuando Juan Pablo II atravesó las puertas de la celda, los medios se quedaron fuera. "Ésta es mi casa", dijo Agca al saludar e invitó al Santo Padre a pasar.

La conversación tuvo lugar en la esquina de la celda, debajo de la ventana enrejada, donde estaban el sillón para el visitante y la silla para el preso. Hablaron cara a cara y realmente nadie sabe sobre qué. Las cámaras sólo captaron la escena de dos hombres hablando en voz baja: el asesino y su víctima.

Estando en prisión, Agca aprendió italiano y en esta lengua se llevó a cabo el diálogo. Juan Pablo II, en un intento por animar al preso, le apretó el brazo y le tomó la mano; charlaron alrededor de treinta minutos. Los especialistas en leer los labios trataron después de reconstruir la conversación, aunque fuera fragmentariamente. Lograron apenas unas palabras: "¿Quién lo mandó?", al parecer preguntó el Santo Padre; Agca contestó algo y en el rostro del Papa se notó una fuerte conmoción. Al final, Agca se arrodilló y besó la mano del Santo Padre. "El Papa ahora lo sabe todo", comentó Agca más tarde. Pero, ¿él mismo realmente lo sabía todo? ¿Sabía quién era el autor intelectual del complot? Su comportamiento y sus declaraciones caóticas dejan entrever que no era más que un instrumento alquilado, al que se le dio un arma y se le ordenó apretar el gatillo.

A Juan Pablo II pareció no importarle conocer la identidad de la persona que deseaba quitarle la vida. "Bien es sabido que fue obra del Diablo, y de quién se ha servido éste es totalmente indiferente", comentó una vez al cardenal Deskur. ∎

¿Quién protege al Papa?

CAMILLO CIBIN, EL JEFE DE LA SEGURIDAD DEL PAPA, no se separa de él. Lo acompaña durante las audiencias, las misas y las peregrinaciones dentro y fuera de Italia. También cuida la seguridad de Juan Pablo II durante su permanencia en la residencia veraniega de Castel Gandolfo y, cuando el Santo Padre todavía tenía fuerzas para escalar las Dolomitas italianas, él mismo se encargaba de organizar las excursiones papales.

Oriundo de Venetto, es casado, tiene varios hijos y trabaja en la seguridad papal desde hace varias décadas. Cuando el 13 de mayo de 1981 las balas de Agca hirieron al Papa, muchos fueron testigos del prolongado llanto de Camillo Cibin.

Después del frustrado atentado, la seguridad se reforzó. El papamóvil fue cerrado y equipado con vidrios blindados. Desde hace mucho tiempo, el Papa se ha opuesto a esta medida, porque limita el contacto con los fieles. "Cuando me aparezco vestido todo de blanco, de todos modos soy el objetivo más visible", ha bromeado acerca de las medidas de protección.

Durante las peregrinaciones, Juan Pablo II ha tenido que viajar a diferentes ciudades, y entonces usa un helicóptero. En cambio en el Vaticano, tiene a su disposición varios automóviles. Antes del atentado en la Plaza de San Pedro no se tomaban medidas especiales en cuanto a los vehículos papales.

Además de Camillo Cibin, la seguridad y la organización de los viajes del Papa están a cargo del padre jesuita Roberto Tucci. A su destino lo acompañan la seguridad vaticana y los oficiales de la Guardia Suiza, vestidos de civil, sin sus tradicionales uniformes.

Se hace una revisión de todos los vehículos que están estacionados cerca del trayecto donde va a pasar el Papa, así como de las casas cuyas ventanas dan a la calle. Los moradores de estas casas no pueden invitar a otras personas durante la peregrinación, porque el equipo de seguridad debe saber quién está en el balcón o detrás de la ventana.

Los miembros de seguridad cuentan con dispositivos electrónicos que imposibilitan la detonación de una bomba a control remoto. Además, el médico revisa los alimentos del Papa.

Los conductores de los vehículos papales estudian con mucha anticipación el trayecto y miden con precisión el tiempo del recorrido. También se preparan rutas alternas y casas de seguridad, por si es necesaria una evacuación.

No sólo el papamóvil está equipado con vidrios blindados. También los tiene el altar, aunque son invisibles para el ojo inexperto, porque forman parte del decorado.

El espacio de la protección inmediata del Papa se llama "Zona Cero". En la Iglesia es de unos treinta metros alrededor del altar; al aire libre son cincuenta metros y en el aeropuerto son sesenta. El papa Juan Pablo II está regularmente rodeado por los agentes de la seguridad vaticana, que cooperan estrechamente con la seguridad de cada zona o país que visita. Cada uno de los guardias tiene asignada una función precisa para cada situación previsible o inesperada que pueda presentarse, y todo se ensaya con semanas de anticipación.

Mucha gente creía que detrás de la elección de Karol Wojtyla como papa se escondía una intención particular de la Providencia, y que este pontificado había sido anunciado por medio de muchas señales.

CAPÍTULO TRECE

Profecías y secretos

Un día de invierno, durante la ocupación hitleriana en Cracovia, Juliusz Kydrynski, en cuya casa vivió Karol Wojtyla después de la muerte de su padre, llevaba consigo una profecía escrita en verso. En aquellos tiempos circulaban muchos textos semejantes entre los poloneses. La gente los leía y los distribuía entre sus conocidos con el fin de levantarles el ánimo. El poema que llevaba el joven Kydrynski había sido escrito en 1893 y se supo de él por primera vez en los dominios de Wladyslaw Wieloglowski, en Tegoborz. De acuerdo con la perspectiva del siglo XIX, los versos predecían el futuro de Polonia: la liberación del Estado polaco del yugo extranjero. Hasta la invasión del Ejército Rojo en septiembre de 1939, el texto original de esta profecía se encontraba en Lvov, en la colección de la biblioteca de los Ossolinski; luego se le perdió el rastro.

LA PROFECÍA DE TEGOBORZ

Dicha profecía anunciaba que Polonia iba a levantarse en medio de la "debacle mundial", cuando "las dos águilas caigan destrozadas", lo que se puede interpretar como el presagio de la Primera Guerra Mundial, que terminó con la derrota de las tres potencias que subyugaban a Polonia y que tenían un águila en su escudo. En las palabras de la profecía de Tegoborz se encontraba también, de manera alegórica, el anuncio de la Segunda Guerra Mundial. Por ello, en los años cuarenta se consideró una profecía cumplida, porque además auguraba la derrota final de Alemania y el retorno de Mazuria y Gdansk a Polonia.

Las palabras de la profecía: "Al oriente del Sol, el martillo será quebrado", fueron interpretadas como la visión de la posterior caída de la URSS. Con el tiempo se descubrió también que la profecía hablaba de la llegada de un polonés al trono pontificio.

Cuando Karol Wojtyla escuchó por primera vez la profecía de Tegoborz, ni siquiera pensaba en ser sacerdote. Pasados los años, Juliusz Kydrynski escribió en sus memorias: "Recuerdo muy bien aquel momento; estábamos Karol y yo en mi estudio y ante nosotros se hallaba el texto de esa profecía; un fragmento decía que 'Tres ríos del mundo otorgarán tres coronas al ungido de Cracovia'. Leí esas palabras y, tratando de ser bromista, le di unas palmaditas y le dije: 'Vamos, Karol, el ungido de Cracovia soy yo. Y tú, ¿quién serás?'"

En octubre de 1978, resultó que el "ungido de Cracovia" a

quien le fueron entregadas las tres coronas (es decir, la tiara) fue el Cardenal de Cracovia, elevado al Trono de San Pedro. Claro, nadie lo vio con esta corona, porque el último papa que se ciñó la tiara fue Juan XXIII. Pero hay que recordar que, desde los tiempos de Clemente V en el siglo XIV, la tiara era el símbolo y el escudo del Papado.

LA VISITA AL PADRE PÍO

Millones de personas están convencidas de que la elección de Karol Wojtyla al trono papal no fue obra de la casualidad, sino de la voluntad de la Providencia. Como pruebas se pueden citar varios textos misteriosos y testimonios orales conocidos con anterioridad, pero reinterpretados después del Cónclave de octubre de 1978.

Una de las pruebas —no confirmada oficialmente— se remonta al periodo que el joven Wojtyla pasó en Italia como estudiante. En aquella época, Karol se dirigió a San Giovanni Rotondo para reunirse ahí con el padre Pío, famoso estigmático y clarividente. Muchos años antes, en 1918, después de la Santa Misa en la Iglesia de Santa Maria delle Grazie, en San Giovanni Rotondo, el padre Pío se hallaba rezando cuando vio por un momento la figura de Cristo en el fondo del coro, con las llagas sangrando. El padre Pío, entonces de 31 años, ya había tenido experiencias místicas, pero ninguna comparable con lo que vio en aquel momento. Un rato después la visión se repitió y en las manos, los pies y el costado izquierdo del monje aparecieron manchas marrones. Debilitado y temeroso se dirigía con paso vacilante a su celda, cuando sintió que manaba sangre de las manchas. Vivió con los estigmas hasta su muerte y sólo entonces las heridas abiertas cicatrizaron con rapidez.

El padre Pío fue famoso por su capacidad de predecir acontecimientos, muchos de ellos del futuro cercano y fácilmente comprobables. Por ejemplo, predijo la derrota de Italia en la Segunda Guerra Mundial y la ocupación de su país.

Karol Wojtyla participó en la Santa Misa celebrada por el padre Pío y vio cómo sufría el gran estigmático cuando comenzó a brotar sangre de sus heridas, durante el servicio de la eucaristía. Esos sufrimientos, que el padre Bernard Romagnoli, postulador general del proceso de canonización del padre Pío, comparó con los de Cristo en la Cruz, aparecían cada vez que transformaba el pan y el vino en el cuerpo y la sangre del Señor.

La profecía de Tegoborz fue olvidada durante muchos años. Pero el periódico Ilustrowany Kurier Codzienny hizo mención de ella en marzo de 1939, durante la Segunda Guerra Mundial, cuando gozaba de gran popularidad.

Después de la coronación de la imagen de la Madre de Dios Misericordiosa en la catedral de Kielce (1991).

En aquel entonces, durante la estadía del joven sacerdote de Polonia en San Giovanni Rotondo, el famoso capuchino, según se dice, predijo que un día Karol sería papa. También agregó: "Veo sangre en tu pontificado." Este relato fue muy conocido después de la elección de Karol Wojtyla al Trono de San Pedro y antes del atentado contra su vida. Pero el Papa nunca confirmó este hecho.

SOBRE QUIÉN ESCRIBIÓ SLOWACKI...

En 1848, el papa Pío IX dejó el Palacio Apostólico y huyó de Roma ante el avance del ejército revolucionario italiano. Se refugió en Gaeta, cerca de Nápoles. El rey de las Dos Sicilias simpatizaba con Austria, mientras que los revolucionarios italianos demandaban al Papa que, como jefe de los Estados Pontificios, declarase la guerra contra los Habsburgo de Austria, que dominaban la parte nororiental de Italia. Pero el Santo Padre no quiso hacerlo y regresó

a Roma dos años más tarde gracias a la ayuda del ejército francés.

Juliusz Slowacki, el célebre poeta polonés, vivía en aquel tiempo en París y ya estaba muy enfermo de tuberculosis. Cuando estaba al borde de la muerte, recibió la noticia de la huida de Pío IX y, profundamente conmovido por este hecho, escribió:

Imagen de la hermana Maria Faustina Kowalska, en la fachada de la Basílica de San Pedro, el 30 de abril de 2000. La canonización de esta monja fue la primera canonización del Año Jubilar efectuada por el papa Juan Pablo II. A la ceremonia asistieron unos 200,000 creyentes y el primer ministro polonés, Jerzy Buzek.

"Entre discordias Dios golpea
la gran campana.
El trono quedó libre
para el Papa eslavo,
quien no huirá de las espadas
como el italiano.
Él, con valor, como Dios,
se enfrentará a las espadas.
¡El mundo, para él, es polvo!"

Pasaron más de 130 años y la visión de Slowacki se cumplió. ¿Fue una casualidad o Slowacki —el poeta preferido de Karol Wojtyla— realmente predijo la elección de un polonés al Trono de San Pedro? Si leemos hoy el poema escrito en 1848 podríamos pensar que en verdad se trata de una profecía.

Más adelante se lee:
"Él distribuirá el amor,
como hoy los poderosos distribuyen las armas.
Él enseñará la fuerza sacramental
tomando el mundo en su mano."

Podemos interpretar este fragmento como una alusión a la "civilización del amor" y a las incontables peregrinaciones papales.

Por último, el fragmento que sigue es muy cercano a la imagen de Juan Pablo II en los inicios de su pontificado:
"Su cara encendida de Sol radiante
es lámpara para los servidores;
tras él irán las naciones
hacia la luz donde está Dios."

LA LISTA DE LOS 112 PAPAS DEL SIGLO XII

Existe otra profecía digna de mencionarse, cuyo origen se remonta a la Edad Media. Su autor es el obispo irlandés Malaquías, de la ciudad Armagh, que fue canonizado. A principios del siglo XII elaboró una lista que incluía a los 112 futuros papas y mencionaba que después del último Sucesor de San Pedro vendría el fin del mundo.

El obispo Malaquías presentó al papa Inocencio II la lista de los futuros sucesores del trono; no contenía nombres reales, pero sí una breve caracterización alegórica en latín. El Papa no mostró mayor interés en la profecía del obispo irlandés y su lista fue archivada.

Reapareció en 1595 durante el pontificado de Clemente VIII. Entonces muchos comenzaron a relacionar aquella profecía con los papas históricos. Es importante considerar que el texto del siglo XVI no es el manuscrito original, y en este sentido no hay seguridad de que se trate de la profecía de San Malaquías. Si así fuera, Juan Pablo II sería uno de los últimos papas, descrito con el nombre *De labore solis* (Del trabajo del Sol). La interpretación sería que, en el año en que Juan Pablo II fue electo papa, la actividad del Sol fue excepcional, o también que fue un papa que trabajó intensamente. Sus antecesores serían:

Juan Pablo I pudo haber sido *De medietate lunae* (Luna dividida en dos). Su nombre, Albino Luciani, significa "luz blanca"; además nació en la diócesis de Belluno (en latín,

Adam Bujak

Es lo que estaba esperando...

DESPUÉS DEL ATENTADO EN LA PLAZA DE SAN PEDRO, el Santo Padre fue a Fátima a dar gracias por su salvación milagrosa. Oró durante mucho tiempo frente a la milagrosa imagen de la Madonna y, antes de salir, dejó como voto la bala que había tenido como objetivo el quitarle la vida.

El padre Luciano Guerra, decano del Santuario de Fátima, y sus consejeros no sabían dónde colocar el regalo que había dejado el Papa: ¿lo colgarían del cuello de la Madonna o lo pondrían en una cavidad entre los pies de la Santísima Virgen María?

Su preocupación principal era que la escultura abandona a veces el santuario y recorre las calles entre la multitud. Si la bala, siendo tan pequeña, estuviera mal colocada, sería muy fácil que se perdiera durante la procesión.

De pronto, el padre Guerra tomó entre las manos la corona de la Madonna, le dio vuelta y notó que el orfebre había dejado hasta arriba una pequeña cavidad. Guiado por un impulso, el padre decano introdujo la bala en el interior de la cavidad y se dio cuenta de que embonaba perfectamente. Los reunidos se miraron con asombro. La corona había esperado 35 años para su ornamento final.

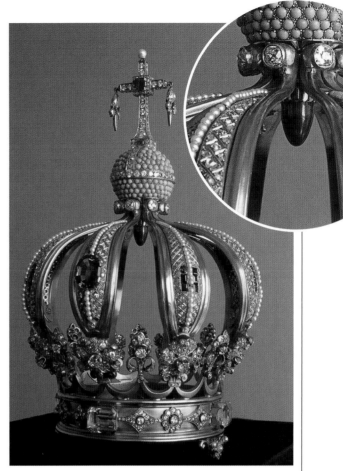

luna significa "luna"). Su nacimiento, su ordenación sacerdotal y episcopal, y la elección al Trono de San Pedro coincidieron con noches de media luna.

Pablo VI: *Flos florum* (Flor de las flores). Su escudo tenía una flor de lis, considerada la flor de las flores.

Juan XXIII: *Pastor et nauta* (Pastor y navegante). Fue cardenal de Venecia, ciudad de navegantes, y condujo a la Iglesia al Concilio Vaticano II.

Pío XII: *Pastor angelicus* (Pastor angelical). Es de las caracterizaciones más generales y puede referirse a cualquier papa del siglo XX.

Después del Papa de Polonia, faltarían sólo dos nombres en la lista: *De gloria olivae* (De la gloria del olivo), que podría referirse a una época de paz; y *Petrus romanus*, el segundo Pedro, con el cual terminará la historia de la humanidad en la Tierra. Sin embargo, la profecía no especifica si los papas de la lista son continuos o si puede haber otros papas intercalados entre éstos.

EL PADRE MARKIEWICZ ESCUCHÓ...

Otra profecía que habla especialmente del Papa de Polonia se atribuye al padre Bronislaw Markiewicz. El 3 de mayo de 1863, este vicario de la parroquia de la ciudad de Przemysl tuvo una visión en la Iglesia Gora Zamkowa y oyó las siguientes palabras relacionadas con los poloneses:

"No sólo se ayudarán mutuamente, sino que también ofrecerán auxilio a otras naciones y pueblos, incluso a sus enemigos de antaño. Y de este modo van a impulsar la hermandad de los pueblos. Dios verterá en ustedes gracias y grandes dones, saldrán de entre ustedes santos y sabios, grandes maestros que ocuparán lugares distinguidos en todo el mundo [...] Dios los elevará cuando den ustedes al mundo al Gran Papa. Tengan fe en el Señor".

La visión del padre Markiewicz y la profecía nacieron durante los tiempos de repartición de Polonia entre las tres potencias vecinas, cuando en los mapas del mundo no existía el Estado polaco. Przemysl era una ciudad de Galitzia, que se encontraba bajo la ocupación austriaca. En la parte ocupada por los rusos seguía la insurrección. En la zona invadida por Alemania se perseguía a los católicos. Aunque seguía vivo el deseo de reconquistar la patria independiente, pensar que los enemigos eternos se convertirían en aliados parecía una fantasía, así como parecía un sueño que un polonés ocupara el Trono de San Pedro. ■

231

Collevalenza

NTRE ROMA Y PERUGIA, en el corazón de Italia, se encuentra la localidad llamada Collevalenza. Es un pueblo antiguo, no muy grande, ubicado entre las montañas de Umbría. Karol Wojtyla lo visitó en dos ocasiones y aunque representaron episodios de los más interesantes de su vida, no se mencionan en las biografías papales escritas hasta la fecha.

Juan Pablo II visitó por primera vez el Santuario del Amor Misericordioso, en Collevalenza, a finales de octubre de 1964, cuando era arzobispo de Cracovia y participante del Concilio Vaticano II. Diecisiete años después, en noviembre de 1981, bajó de un helicóptero de las Fuerzas Aéreas Italianas, como Cabeza de la Iglesia católica, para su segunda visita en Collevalenza. Ésta era la primera peregrinación de Juan Pablo II luego del atentado contra su vida.

La primera visita de Karol a este lugar ocurrió por casualidad. Lo habían invitado a participar en las festividades de Cristo Rey, las cuales iba a dirigir el cardenal Wyszynski. Pero el Primado de Polonia no podía asistir por razones de salud, y decidió enviar a su representante personal, el arzobispo Karol Wojtyla.

En aquella época, en Collevalenza trabajaban dos órdenes religiosas: las Hermanas Servidoras del Amor de Dios, y los Hijos del Amor Misericordioso, ambas instituidas en España por la Madre Esperanza de Jesús. La invitación dirigida al Episcopado polaco fue enviada por el superior de la orden de los Hijos del Amor Misericordioso, el padre Alfredo Di Penta.

La Madre Esperanza llegó a Italia en 1936, y en 1951 fundó el Santuario del Amor Misericordioso en Collevalenza. Con el tiempo, y por las visiones que tenía la Madre Esperanza, se convirtió en centro de culto. Dichas visiones eran muy similares a las que en ese mismo tiempo (finales de los años veinte y principios de los treinta) tenía la hermana Faustina, una monja polonesa de la orden de las Hermanas de la Madre de Dios de Misericordia.

La Madre Esperanza provenía de la provincia española de Mur-

La Madre Esperanza (María José Palma) nació en 1893 en el seno de una familia campesina de escasos recursos. A los 22 años se consagró a la vida religiosa.

Cruz del Amor Misericordioso, que se encuentra en la Capilla del Crucifijo.

cia. En 1915, fascinada por la personalidad de Santa Teresa de Ávila, a quien quiso imitar, entró en el pequeño convento de las Hijas del Calvario, que poco tiempo después se unió con la orden mayor de las Misioneras Clarisas.

A consecuencia de sus experiencias místicas, sobre las cuales informaba a sus superiores, estuvo bajo la observación del Santo Oficio. En 1929, durante la oración en la capilla, vio la figura de Cristo en la Cruz. Como escribió en su diario espiritual, el buen Jesús le permitió entonces comprender cómo debía verse "la imagen de Su Amor Misericordioso y los símbolos adjuntos". El escultor español Lorenzo Cullot y Valera se basó en las indicaciones de la monja y creó una figura muy sugestiva de Cristo crucificado. En el pecho de Jesús moribundo, con la mirada fija en el cielo, colocó un corazón rojo con la leyenda "Charitas", y a sus pies la corona real con la inscripción "El Amor Misericordioso". Poco después, un acontecimiento semejante sucedió en Vilnus, donde Eugeniusz Kazimirowski pintó, según las indicaciones de la hermana Faustina Kowalska, el cuadro de Jesús Misericordioso, con la leyenda "Jesús, en Ti confío".

La primera visita del arzobispo Wojtyla a Collevalenza dejó algunas huellas. En la revista *L'Amore Misericordioso*, edi-

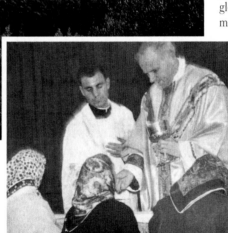

El Santuario del Amor Misericordioso con el campanario de la basílica.

tada por el santuario, apareció el breve discurso del Arzobispo Metropolitano de Cracovia.

En el archivo de Collevalenza hay dos viejas y borrosas fotografías de las festividades de Cristo Rey, en las cuales aparece el arzobispo Karol Wojtyla. En una de ellas aparece en el momento de dar la comunión a unas mujeres que se ven de espaldas, y en la segunda escucha en su acostumbrada pose, con la cabeza apoyada en la mano.

El padre Ennio Fierro, de la orden de los Hijos del Amor Misericordioso, está firmemente convencido (y su opinión ha sido confirmada por el cardenal eslovaco Jozef Tomko, secretario del Sínodo de los Obispos) de que la encíclica de Juan Pablo II, *Dives in misericordia*, publicada en noviembre de 1980 y dedicada a la Divina Misericordia, se inspiró en la visita del futuro papa a Collevalenza. El visitante de Polonia sostuvo entonces una larga conversación con la Madre Esperanza.

Un año después, el 8 de septiembre de 1965, la Madre Esperanza escribió en su diario unas palabras que hoy se leen como una profecía: "Se me ha dicho que un día el Vicario

de Cristo visitará este santuario. Quisiera que esto sucediera muy pronto…"

Pero no fue así. La Madre Esperanza fue recibida en audiencia por Pío XII y Juan XXIII, y posteriormente Pablo II la bendijo en el Palacio Apostólico. Pero ninguno de ellos visitó el santuario de Collevalenza. En 1975 estuvo ahí el patriarca de Venecia, el cardenal Albino Luciani, pero todavía no se convertía en Juan Pablo I.

En 1981, la vida de la Madre Esperanza pendía de un hilo. A pesar de que su salud era delicada, vivió muchos años, pero en la noche del 12 de mayo llegó a pensarse que pronto moriría. Unas horas antes del atentado contra la vida de Juan Pablo II, tuvo un acceso de vómito con sangre y comenzó a debilitarse con rapidez; los médicos no sabían qué hacer. Por la tarde se conoció la noticia sobre el atentado contra el Papa.

En Collevalenza, los médicos consideraron la necesidad de hacerle una transfusión de sangre, en vista de que el nivel de glóbulos rojos bajaba rápidamente, pero la Madre Esperanza les informó que se sentía mejor. Unos días después, los niveles de los glóbulos rojos volvieron a la normalidad.

Medio año más tarde se cumplió lo que la Madre Esperanza había escrito en su diario espiritual. El papa Juan Pablo II, que entre otros lleva el título de Vicario de Cristo, visitó el santuario del Amor Misericordioso en Collevalenza. Como lo había

En 1964, el arzobispo Karol Wojtyla visitó por primera vez el santuario en Collevalenza, durante las celebraciones de Cristo Rey.

hecho 17 años atrás, entró en el templo el día de la fiesta de Cristo Rey y oró frente al crucifijo de Jesús Misericordioso, hecho en España. Antes de orar el Ángelus, explicó su presencia en aquel lugar y aludió a la encíclica *Dives in misericordia*, proclamada hacía un año, y a los acontecimientos del 13 de mayo cuando, como dijo, experimentó la Divina Misericordia. Cinco meses más tarde, en abril de 1982, otorgó a la iglesia de Collevalenza el título de basílica menor.

La Madre Esperanza murió en febrero de 1983, cerca ya de los noventa años de edad. Fue enterrada en la cripta de la basílica de Collevalenza. En Roma está en curso el proceso de elevarla a los altares. ■

CAPÍTULO CATORCE

Guardián de los mandamientos

Cualquier don se puede utilizar para el bien o para el mal. La razón y la libertad son grandes dones de Dios.

"ES MÁS FÁCIL QUE PASE UN CAMELLO POR EL OJO DE UNA AGUJA, QUE UN RICO ENTRE EN EL REINO DE LOS CIELOS": ESTA FRASE DE CRISTO CONTENIDA EN LA BIBLIA ES DE LAS MÁS CONOCIDAS Y CITADAS. DEMUESTRA QUE EL CRISTIANISMO CONTENÍA UNA ENSEÑANZA SOCIAL DESDE SUS INICIOS. Sin embargo, las Sagradas Escrituras no son un manual de economía, política, teología o historia, sino un manual de la salvación, puesto que muestran las verdades que llevan hacia Dios.

La Iglesia y sus pastores se preocupan por cada uno de los hombres, y el hombre vive en un mundo donde hay sistemas económicos y políticos. Cada uno de los cristianos debe conservar la moral, tratar de no hacer el mal y hacer lo posible para mejorar el mundo.

La enseñanza de la Iglesia en los ámbitos de la fe y de la moralidad es unívoca. No sucede lo mismo con la enseñanza social, que siempre cuenta con varias soluciones posibles. Juan Pablo II no pregona una teoría económica o un sistema político como si fueran lo único admisible. El Papa sólo describe condiciones, proporciona algunas indicaciones o denuncia la maldad y la injusticia.

EL DIAGNÓSTICO VISIONARIO DE LEÓN XIII

A finales del siglo XIX, el papa León XIII proclamó la encíclica *Rerum novarum*, la cual fue reconocida como un documento de gran relevancia, que hablaba de los problemas a los que se enfrentaría la humanidad en el siglo XX. Esta advertencia fue elaborada en la época del capitalismo radical y desalmado, y peor aún, de la fe ciega en que los mecanismos del mercado pensaban resolver todo por sí solos. El Papa advertía del peligro de un sistema injusto que, si no se modificaba, crearía serios problemas sociales provocados por la injusticia y la explotación. Y esto a su vez provocaría una reacción: consolidaría el movimiento socialista en su peligroso radicalismo. Las palabras del Papa fueron confirmadas por la Revolución Rusa. En los países donde se construyó el régimen socialista, en vez de los ideales de belleza, igualdad, fraternidad y solidaridad social, nació un sistema no sólo ineficaz, sino peligroso, causante de la miseria y la degradación del ser humano. Dicho movimiento constituye uno de los sistemas más criminales en la historia de nuestro mundo.

La encíclica *Rerum novarum* proclamada por León XIII fue una advertencia para el mundo del siglo XIX. *Centesimus annus*, de Juan Pablo II, se ha convertido en un reto para todas las sociedades que entraban al siglo XXI.

Las afirmaciones de León XIII fueron precisas y visionarias. Juan Pablo II evocó aquellas advertencias en la encíclica *Centesimus annus*, proclamada en 1990 después de la caída del comunismo en Europa Central y del Este, y cuyo objetivo era también advertir sobre algunos peligros, pero del siglo XXI. En ella, el Papa hace algunas preguntas: ¿Cómo se ve hoy el mundo de la política y de la economía? ¿Qué se puede proponer a los países que se han liberado de la opresión del comunismo? ¿Qué sistema y qué principios políticos y económicos permitirán que en estos países se desarrolle una sociedad vigorosa?

EL RÉGIMEN QUE NO COMPRENDE AL HOMBRE

Los antecesores de Juan Pablo II dirigieron su atención a la funcionalidad de los sistemas y con este criterio los analizaron. Juan Pablo II, que unió las experiencias de los dos regímenes totalitarios, evaluó los sistemas económicos y políticos desde el punto de vista del bien para el hombre. Su criterio son los derechos del hombre. En sus reflexiones de los años noventa, el socialismo ocupa un espacio reducido, pues en 1989 ya se encontraba al margen de la historia. Juan Pablo II señaló que la caída del socialismo fue provocada por un error antropológico. Este régimen no comprendió al ser humano, lo subordinó a la colectividad, a la sociedad; no lo consideró como un ser autónomo y creativo, sino como una pieza anónima del organismo social. La errónea conceptualización de la naturaleza del hombre creó una falsa vida social, y un sistema basado en la falacia necesita coerción para mantenerse.

LOS PELIGROS DEL CAPITALISMO

Desde el mismo punto de vista antropológico, el Papa observa el mundo capitalista. Y éste es mucho más interesante como una opción para los países de Europa Central y del Este, que se liberaron del socialismo después de 1989. Juan Pablo II llama la atención al hecho de que también el capitalismo esconde peligros, pues existe un modelo de él adaptado a las necesidades de un individuo egoísta, un ser que lucha por lo suyo y lo cuida, y es importante mientras pueda producir y consumir. Este capitalismo degrada al hombre a nivel del consumidor, cuya felicidad radica en el número de canales televisivos que pueda tener y en la posesión de automóviles rápidos y ropa muy lujosa. El hombre en busca de los bienes materiales trabaja 20 horas al día y no se da cuenta de que existen valores como la amistad, el amor, la belleza del mundo que lo rodea y la felicidad familiar. El consumismo puede convertirse en una adicción que lo hace infeliz.

El capitalismo se apoya en la creatividad humana, que con frecuencia aspira a hacer algo nuevo, algo mejor. Pero este sistema cae a veces en una aberración, pues produce lo nuevo sólo por ser nuevo y crea la demanda de manera artificial. Y esto, a fin de cuentas, es un mal que ejerce una fuerte presión sobre la persona, quien se siente infeliz si no compra lo más reciente de la moda, aunque tenga repleto el armario.

En el mismo documento, el Papa advierte sobre la tentación de esclavizarse a las cosas temporales, que de ninguna forma son el camino de la felicidad. El hombre es un ser más profundo y más complejo.

El capitalismo también es un reto para la religiosidad de las sociedades, pues hace crecer el bienestar, y las personas saciadas y autosuficientes con frecuencia están tan autocomplacidas que no sienten la necesidad de acercarse a Dios. La reflexión surge hasta que acontece algo: cuando sobreviene la enfermedad, la muerte o la desgracia, el hombre comienza a hacerse ciertas preguntas fundamentales.

El Santo Padre también ve que el sistema capitalista representa un peligro del economicismo, del cálculo estricto de pérdidas y ganancias. Si una empresa es manejada con un estricto enfoque economicista, existe la posibilidad de cosificar al hombre, de considerarlo parte de la maquinaria que produce dinero. Mucha gente acepta esta situación porque necesita trabajar, y entonces firma contratos que más tarde lo convertirán en una máquina sin voluntad. El hombre siempre es explotado en nombre de un contrato.

Luego hay que rechazar este capitalismo. Juan Pablo II no habló acerca de la tercera vía o tercer sistema, distinto del socialismo y del capitalismo, como lo interpretaron algunos economistas y teólogos. El concepto de la tercera vía implica construir un sistema ideal, y crearlo no está en las funciones de la Iglesia. Ésta sólo tiene la tarea de preservar los principios y los mandamientos, y de cuidar que sean guardados. Señala cómo aplicarlos en el mundo contemporáneo, aunque los mismos principios se emplean de diferente manera en las sociedades con culturas y organización socioeconómica distintas. La encíclica *Centesimus annus* revela dichos principios.

Arzobispo Ignacy Tokarczuk

El estilo pastoral de Karol Wojtyla

¿QUÉ ES UN SACERDOTE? Un sacerdote es alguien que ayuda a las personas a llegar a Cristo, a través de la proclamación del Evangelio y la vida sacramental.

Karol Wojtyla siempre ha sido un sacerdote. Sólo cambió el alcance de su acción y de su responsabilidad pastoral. Al principio tenía las responsabilidades de un vicario joven, más tarde las de un profesor, un escritor y un poeta, luego las propias de un obispo de la diócesis cracoviana y, finalmente, las de papa.

¿Cuál ha sido el estilo pastoral de Wojtyla? Su lema de obispo era: *Totus Tuus*. Y él dedicaba todas sus fuerzas, su talento y sus habilidades al bien del hombre. Karol Wojtyla fue un sacerdote guiado por el amor al hombre. Y no era un amor verbal, abstracto, o un amor para aparentar, sino una entrega total de sí mismo al servicio de las personas, sin mirar el sacrificio de su tiempo y de su vida personal. Pero al mismo tiempo era realista, y esto era muy importante, pues sabía muy bien hacia dónde dirigir a los que estaban dispuestos a seguirlo. Karol Wojtyla era un sacerdote exigente con sus semejantes, pero todavía más consigo mismo.

No tenía miedo a las dificultades. Encontraba adversarios, pero no se desanimaba y se oponía a las corrientes dominantes, creyendo profundamente en lo que enseñaba. Por eso se puede decir sobre él que era al mismo tiempo un maestro y un testigo, pues él mismo dio el testimonio a través de su profunda y auténtica religiosidad.

Trabajé con el Santo Padre durante varios años. En aquellos tiempos él era obispo de Cracovia y yo de Przemysl. Lo invitaba a retiros, conferencias, cursos y encuentros con los fieles, incluida la juventud. Consagró varias iglesias a petición mía, como la de Stalowa Wola, por la cual luchamos con las autoridades comunistas durante años. Participó en las festividades de aniversarios, así como en las ceremonias de los 600 años de Przemysl.

Era uno de los obispos que visitaba con frecuencia mi diócesis. A pesar de sus múltiples responsabilidades, siempre aceptó con gusto las invitaciones. Era universal, siempre estaba muy ocupado en muchos asuntos, de los cuales ninguno descuidó porque siempre trabajaba con esmero. De él aprendí a luchar con valor por las convicciones, sin mirar las consecuencias.

Karol Wojtyla, como sucesor de San Pedro, también influyó en mi postura y mi estilo pastoral. Pues Juan Pablo II siguió siendo sacerdote, aunque, naturalmente, en escala global. Con su preocupación y amor ha abarcado no sólo a los católicos y cristianos, sino a toda la humanidad. Él es el sacerdote del mundo, el párroco del mundo.

EL SISTEMA QUE RESPETA LA LIBERTAD

Existe también una versión buena y creativa del capitalismo en la cual la economía responde a las necesidades reales del hombre. En él no existe la miseria; al contrario, es un sistema que produce riqueza, basado

Presbítero Jaroslaw Bucholz

El párroco de la Tierra y sus alrededores

ME CONVERTÍ EN SACERDOTE. No puedo decir exactamente cómo sucedió, porque hay en ello un misterio al que ni siquiera yo tengo acceso. Unos años después de ser ordenado, cuando trabajaba en Bélgica, supe que pertenecía a los sacerdotes de la "generación de Juan Pablo II", es decir, a los sacerdotes que entraron al seminario y fueron ordenados en el tiempo de su pontificado. Sin embargo, yo creo que lo de la "generación" se trata más bien de un estilo de vida de este grupo de sacerdotes. La generación de los sacerdotes que vivió los acontecimientos de 1968 es considerada en Europa Occidental como una generación de activistas sociales o incluso de revolucionarios. Por desgracia, la mayoría de esos sacerdotes se quedaron solos en sus parroquias porque no tuvieron la fuerza suficiente para competir con todas las atracciones modernas de la vida de los potenciales parroquianos.

"La generación de Juan Pablo II" está integrada por sacerdotes que rezan el breviario, que sacan del viejo armario de la sacristía la custodia para exponer el Santísimo Sacramento, que enseñan a los parroquianos a rezar de nuevo las letanías y, al mismo tiempo, que no tienen miedo de utilizar los medios modernos para enseñar el catecismo a los niños. La dimensión social de su obra cede lugar a la dimensión espiritual. Aunque parece una simplificación, demuestra un hermoso hecho: la generación joven se inspiró en un hombre viejo, un hombre que recuerda que uno de los aspectos más bellos del sacerdocio es la labor pastoral.

Para mí, ha sido el Párroco de la Tierra y sus alrededores. Juan Pablo II celebraba la Santa Misa, pronunciaba homilías, bautizaba a los niños, bendecía matrimonios y presidía vísperas, rosarios y celebraciones de mayo. Todo esto lo hacía con un gran compromiso, como si hubiera deseado que la humanidad fuera partícipe de la santidad.

Nunca ha tenido miedo de encontrarse con la pobreza extrema o con la infelicidad más profunda de este mundo, y tampoco sembró inquietud o tristeza. Trata a los adversarios con seriedad y respeto. Su sacerdocio es testimonio de un apostolado poco común, y al mismo tiempo de un verdadero misticismo. A muchos sacerdotes nos mostró la forma de vivir el servicio sacerdotal que acerca la santidad a las personas de buena voluntad. Dicho servicio despertaba el valor de enfrentar los retos de la fe. Así vemos la figura del Papa los sacerdotes de "la generación de Juan Pablo II". Él es para nosotros una gran fuente de inspiración.

en la creatividad del hombre, que protege y respeta la libertad, y enseña los valores de valentía, prudencia, cooperación y confianza. Entonces, queda claro que mientras más se basa el sistema en la confianza, es más barato; y mientras más barato, más efectivo. Si el patrón está consciente de que el socio de la empresa cumple con las fechas y cuida la calidad, sabrá en-

tonces que no necesita controlarlo. Es así como el capitalismo promueve las virtudes morales.

Es muy importante que, en esta versión mejorada del capitalismo, la empresa sea considerada como un conjunto de personas asociadas en la actividad cuyo objetivo no se reduce sólo a la utilidad, sino que busca otros fines. Se trata de que las personas encuentren en el trabajo vínculos de amistad y alegría de cooperación con otras personas. La empresa que respeta la dignidad del empleado puede promover muchos valores.

El Papa subrayó también que la posesión de bienes materiales y su sabio aprovechamiento es bueno; y para comprenderlo, es suficiente ver la historia. Si comparamos la vida de los campesinos que viven en el territorio de la actual Francia o en Alemania, veremos que sus condiciones de vida cambiaron muy poco desde el siglo II a.C. hasta el siglo XIX d.C. En cambio, entre los años 1800 y 2000 se logró un enorme progreso. En el transcurso de los últimos doscientos años ha habido más cambios que en los dos mil años anteriores. Gracias al funcionamiento del capitalismo, ahora hay más riqueza.

Juan Pablo II ha afirmado que eso fue muy bueno. Las Sagradas Escrituras no condenan el enriquecimiento, y la advertencia sobre el rico y el ojo de la aguja no se puede interpretar de manera sencilla. En la época de Cristo, la riqueza por lo general se conseguía a través de guerra, saqueos y especulaciones. La economía no se desarrollaba; por lo tanto, "ser rico" significaba "arrebatarle sus bienes a alguien". Dichos bienes podían ser heredados, pero los otros métodos de enriquecimiento eran inmorales, de ahí la frase sobre el rico y el ojo de la aguja. Pero Jesús se refería a otro problema. Él quiso decir que es falso creer que si a alguien le va bien en la vida terrenal, entonces Dios lo ayudará; esto es, el hombre no es mejor por tener riquezas.

Juan Pablo II condicionó la riqueza de los cristianos. Primero hay que enriquecerse de manera honrada y moral, sin violar las leyes. En el capitalismo incipiente existe una fuerte tentación de hacer negocios en contra de lo establecido. En Polonia hay un dicho: el primer millón hay que robarlo. La contestación del cristiano debe ser: en ninguna parte se ha escrito que haya que conseguir el millón de un solo golpe.

Hay muchas personas que no han robado un millón, en cambio sí han pagado impuestos y han hecho crecer su negocio; han llegado a ser ricos sin corrupción, sin violar los principios éticos. Quizá el camino para una riqueza bien ganada sea más largo y difícil, pero existe, y para el cristiano es un verdadero reto.

La segunda condición indica que el deseo de poseer riquezas no debe convertirse en una adicción. La tercera condición señala que los bienes pueden compartirse con alguien más. El Papa subrayó la necesidad de la solidaridad social. El peligro del capitalismo es la creación del cuarto mundo, que está constituido por las personas que se encuentran al margen de la vida social, como los discapacitados, los enfermos o los viejos. Ellos no saben obtener bienes, pues son débiles. Entonces, los que tienen deben contribuir al mantenimiento de este cuarto mundo. Éste es el ideal, el capitalismo que debe construirse.

El Papa siempre recuerda que las personas del tercero o cuarto mundo, con las cuales tenemos la obligación y la responsabilidad de compartir, pertenecen a la gran familia humana.

LA AYUDA TIENE QUE LLEGAR A LOS POBRES

Juan Pablo II habla con frecuencia de las personas pobres o de escasos recursos y apunta que el resto de la gente debía preocuparse por ellas. Por ejemplo, no es necesario condonar una deuda externa, pero sí es posible ayudar a los países del llamado Tercer Mundo. El Papa opina que no tiene que cancelarse la deuda de inmediato a todos los países. Sólo hay que manejar el problema de manera sabia. Juan Pablo II lo propuso

como una solución general. Los políticos y las organizaciones humanitarias deben elaborar los detalles y asegurarse de que la ayuda llegue a las sociedades pobres, y de que no se fortalezcan los regímenes de los países del Tercer Mundo. El Papa también ha indicado que las sanciones

Asociación Católica de Círculos Económicos: Club de San José, cuya actividad se inspira en las enseñanzas de Juan Pablo II.

económicas causan sufrimientos principalmente a la gente humilde y no influyen en el estatus de los ricos.

La condonación de las deudas debe cumplir ciertos requisitos y el dinero dedicado a la ayuda debe servir para fines concretos, según las necesidades. Se puede condonar una deuda a condición de que el país ayudado asigne las cuotas indultadas a programas concretos de alivio de la pobreza. El realismo es indispensable, y debe originarse en la fe, la esperanza y el amor.

LA CRÍTICA DEL ESTADO BENEFACTOR

En la encíclica *Centesimus annus*, Juan Pablo II indicó que el Estado benefactor es una solución inadecuada. Expresó que el sistema estatal debe ayudar a veces, cuando nadie más lo hará. Pero esta ayuda debe ser inteligente, orientada a fines específicos y limitada en el tiempo. En cambio, las instituciones del Estado que prestan ayuda despilfarran el dinero y deshumanizan las relaciones interhumanas. La persona necesitada se transforma en un cliente. Otros miembros de la sociedad no se sienten responsables por su suerte, pues los "sustituye" el Estado.

El sistema benefactor desaprovecha la energía humana, porque las personas se hacen dependientes de la ayuda y no revelan su propia iniciativa. Por ello es mejor que el Estado no se involucre directamente, sino que apoye las iniciativas de diversas asociaciones o fundaciones, y las actividades caritativas de la Iglesia. Esta solución es más humana e implica menor inversión.

Cuanta más autoorganización haya, más fuerte será la sociedad. La sociedad que se preocupa por sus miembros desarrolla el lado humano de las personas.

Las utilidades de la venta de las velas "Cáritas" se emplean para ayudar a los pobres y necesitados.

El pago de impuestos es parte de la creación del bien común y reflejo de la preocupación por el bien de la comunidad en la cual vivimos. Pero es responsabilidad de las autoridades elaborar un sistema fiscal razonable y moderado. Los impuestos excesivos e injustos provocan que la actividad económica huya de las regiones humildes y las condene a vivir en la miseria.

LA FAMILIA TAMBIÉN ES MEDIO AMBIENTE

Al Papa le llamaba la atención que el deterioro del medio ambiente fuera el resultado del rápido crecimiento de la civilización. Las Santas Escrituras dicen: "Dominen la tierra"; la tierra tiene que servirnos y darnos frutos, pero el hombre debe cuidarla, no degradarla ni destruirla. Juan Pablo II dice que los seres humanos tienen que dominarla a fuerza de comprensión y no forzarla con brutalidad. La ecología, como movimiento, nació apenas en los años sesenta; el hombre, a través de cientos de años, y sobre todo en el

curso del siglo XX, se ha encargado de destruir el medio ambiente. Las tragedias ecológicas son sólo resultado de esta actividad humana.

En la fiesta de San Juan Bautista, Juan Pablo II bautiza cada año a varios niños en la Capilla Sixtina.

El Papa tiene un amplio criterio acerca de la ecología. Asevera que el medio ambiente del hombre no se limita al mundo de la naturaleza: los árboles que crecen, los pájaros que cantan, los ríos limpios. El hombre recibe también muchos estímulos y significados de su círculo más cercano, que es la familia. Su desarrollo depende de los estímulos que influyen en su conciencia y en su subconsciente. El niño que sólo escucha palabras grotescas y vulgares ya tiene destruida la ecología del oído; los jóvenes que acuden a ver películas cada vez más crueles y atroces tienen trastornada la sensibilidad y la afectividad. La crueldad deja huellas profundas en el espíritu de los seres humanos. Los niños pequeños se vuelven crueles a medida que crecen. Por ello, cuando se trate de reconstruir el medio ambiente natural, se debe empezar primero por cuidar el medio fundamental del hombre, que es la familia.

El sistema capitalista implica varios peligros para la familia. Primero, la tentación de renunciar a ella por la carrera profesional. Segundo, dedicar al trabajo el mayor tiempo posible, a costa de las relaciones familiares y de la educación de los niños. El Papa ha dejado claro que el trabajo no debe apoderarse de toda la vida de una persona.

La familia enseña a construir los lazos sociales. Enseña cómo sobreponerse a las tensiones gracias al amor recíproco y la confianza mutua.

Es un hecho que los niños de familias divorciadas se divorcian con mayor frecuencia que aquellos que se criaron en un ambiente estable. Los niños de familias desintegradas son más propensos a sufrir accidentes porque tienen problemas de concentración. También, con mayor frecuencia, llegan a hospitales psiquiátricos y a prisiones, o se vuelven víctimas del alcoholismo y de la drogadicción. El joven que proviene de una familia desintegrada no siente el apoyo de las personas más cercanas que lo rodean; en cambio, se siente inútil, desamparado e impotente.

CADA UNO DE NOSOTROS TIENE SU NOMBRE

La sociedad que se desintegra en partículas indiferentes es el gran drama de la modernidad. Juan Pablo II advirtió que cada hombre es excepcional, llamado para ser alguien único; cada uno de los seres humanos es irrepetible y por ello es tan significativo el acto de darle nombre propio.

Los totalitarismos destruían la excepcionalidad, masificaban al individuo y le inculcaban la idea de que no era más que algo equivalente a una hormiga. El ser humano se convertía en un número en cuanto ingresaba en un campo de concentración. Quitarle el nombre significaba despojarlo de su individualidad y particularidad. El totalitarismo cayó, pero el peligro del anonimato perdura.

Incluso si no tiene experiencias tan terribles como los campos de concentración o la masificación comunista, continúa el peligro de que el hombre se convierta en un pequeño engranaje que forma parte de la maquinaria que crea utilidades. Nadie lo conoce y él no conoce a nadie. Tampoco le interesa al Estado, siempre y cuando pague los impuestos. El anonimato significa la desintegración de los lazos sociales y la aniquilación de las relaciones interhumanas. El anonimato es el causante de la infelicidad.

LA PROPIEDAD NO PUEDE LLEVAR A LA IDOLATRÍA

La versión positiva del capitalismo responde a las necesidades reales del hombre, pues se basa en la propiedad privada, que es defensora de la dignidad humana. La propiedad aumenta la paz social: cuando las personas no tienen nada, aumenta la probabilidad de los disturbios. Además, gracias a la propiedad, la gente aprende a cuidar sus bienes. Si las personas viven en una casa ajena, no la cuidan. Si no pagan la electricidad, no se fijan que tienen prendidas las luces sin necesidad. Sin embargo, el Papa enseña que la propiedad no puede llevar a la idolatría. La ideología liberal habla del derecho "sagrado" de la propiedad. Dios ha dado la tierra a todas las personas; la propiedad privada es sólo una forma de poblarla, de hacer que sirva

Marcin Przeciszewski, redactor general de la Agencia Católica de Información

El máximo y exigente sacerdote

JUAN PABLO II presentó al mundo secularizado un estilo de servicio pastoral poco común. El Santo Padre consideraba que el radicalismo evangélico de la vida de los sacerdotes era el fundamento de una nueva evangelización.

El mundo fue conmovido por el testimonio excepcional y personal de Juan Pablo II que acompañó a la celebración de sus 50 años de sacerdocio.

"Con profunda emoción me veo postrado en el suelo de la capilla privada del cardenal Sapieha; escucho cantar *Veni, Creator* y la letanía a Todos los Santos, esperando la imposición de manos. Recibo el llamado para proclamar la Buena Nueva, para guiar al pueblo de Dios y para ejercer los misterios de Dios", dijo el Papa entonces. Reconoció —y éste es el principal tema de su extraordinario libro *Don y misterio*— que la esencia del servicio sacerdotal está en la relación personal con Jesús.

El sacerdote —según el Papa— nunca puede ejercer sus obligaciones con el sentimiento de su propia perfección. "Si tenemos que ayudar a que otros se transformen, debemos hacerlo con constancia en nuestra vida propia", escribió en la Carta a los Sacerdotes para el Jueves Santo de 1979.

"¡El mundo de hoy reclama sacerdotes santos!", les dijo en Roma a los obispos poloneses. "En el mundo actual, cada vez más secularizado, sólo un sacerdote santo puede convertirse en testigo de Cristo y del Evangelio (...) El sacerdote puede ser guía y maestro, siempre y cuando sea un testigo auténtico."

El éxito del apostolado del Santo Padre en cualquier lugar del mundo se debe al hecho de que él fue un testigo de lo que proclamaba, y el mundo actual, resistente a cualquier discurso ideológico, sigue siendo sensible al testimonio.

"El testimonio de su vida es indispensable para hacer presente a Cristo en el mundo, para llevar el Evangelio a las personas de nuestros tiempos, que están dispuestas a escuchar más a los testigos que a los maestros, y que son más sensibles a los ejemplos que a las palabras."

Juan Pablo II ha expresado en muchas ocasiones su inquietud acerca de que los sacerdotes perderán la credibilidad ante la sociedad si no son fieles a la virtud de la pobreza. "Únicamente la pobreza es la garantía de que el sacerdote estará dispuesto a ir adonde su trabajo sea más útil y urgente, aunque esto implique privaciones personales. Es la condición indispensable y la premisa de la sumisión del apóstol al Espíritu, que lo prepara para 'ir', sin trabas ni ataduras, para cumplir únicamente la voluntad del Maestro."

Con frecuencia, los sacerdotes olvidan esa virtud; ante esto, el Papa explicó en Szczecin, en el año 1987: "Deben ser solidarios con la nación. Su estilo de vida debe ser cercano al de una familia promedio, e incluso al de una familia con carencias. De eso les pedirá cuentas Dios." Además aseveró que "sería un verdadero drama si la situación de la vida de los sacerdotes, libre de muchas mortificaciones diarias que enfrentan los laicos, hiciera surgir distancia entre los sacerdotes y los fieles".

El Papa también recordaba a los sacerdotes la constante obligación del servicio a los hermanos pobres y débiles. "La libertad interior que es posible gracias a la pobreza evangélica le permite al sacerdote estar al lado de los pobres, demostrar la solidaridad con sus esfuerzos de construir una sociedad más justa, ser sensible y comprender mejor los fenómenos económicos y sociales, y apoyar la opción preferencial por los pobres. Esta última, sin excluir a nadie de proclamar el evangelio y sin privar a nadie del don de la salvación, demanda que los sacerdotes se inclinen ante los hermanos más pequeños, los pecadores, los marginados, porque éste fue el ejemplo que nos dio Jesús cuando cumplía su misión de sacerdote y de profeta."

Juan Pablo II alerta a los sacerdotes a leer los "signos de los tiempos", a "reconocer hacia dónde va la sociedad de hoy, a descubrir sus profundas necesidades espirituales, a definir tareas concretas y enfrentarlas a través de los métodos pastorales capaces de responder a las expectativas humanas". Llama a los sacerdotes a que encuentren en la oración el fundamento de su vida y de su misión. Él mismo es ejemplo del hombre y del sacerdote cuya labor se inspira en la oración. Aunque con toda seguridad es una de las personas más ocupadas del mundo, todos los días dedica varias horas a la oración. Durante sus peregrinaciones por el mundo, y a pesar del cansancio, se levanta una hora antes que sus colaboradores, para sumergirse en la meditación.

a los demás. Por eso el Papa, respetando la propiedad privada, habla del destino social de los bienes.

AL CÉSAR LO QUE ES DEL CÉSAR

El Papa asevera que la política no puede dominar al hombre. La Biblia explica en forma inequívoca cómo debe actuar el cristiano en relación con el mundo de la política. Cristo dijo: "Entreguen al César lo que es del César, y a Dios lo que es de Dios." La Iglesia y el Estado deben estar separados, igual que deben estarlo el poder político del Estado y el poder espiritual. En determinadas épocas de la historia el poder espi-

continúa en la pág. 244 ▶

La verdad nos hará libres...

EN SU PRIMERA ENCÍCLICA, *Redemptor hominis*, el Papa afirmó: "Jesucristo sale al encuentro del hombre de cualquier época, incluida la nuestra, con las mismas palabras: 'Conozcan la verdad, y la verdad los hará libres'." Muchos analistas consideraron que estas palabras del Papa eran un reto para los gobiernos de aquellos países en los cuales la libertad de los ciudadanos no existía o era muy limitada; ante todo, de países gobernados por el comunismo. Pero muy pronto se reveló que Juan Pablo II era el heraldo de la libertad para todo el mundo.

El Papa ha hablado de la libertad en todos los países que visita en sus viajes apostólicos, y sus palabras siempre fueron muy significativas, especialmente el 23 de junio de 1996, frente a la Puerta de Brandenburgo, en Berlín.

"Este lugar simboliza mejor que cualquier otro el anhelo de la unión que acompañó la división impuesta de su país. La Puerta de Brandenburgo fue ocupada por dos dictaduras. Para los gobernantes del nacionalsocialismo servía de fondo a sus desfiles con antorchas; los tiranos comunistas la clausuraron por miedo a la libertad, sus ideólogos transformaron la puerta en un muro."

Helmut Kohl, canciller de Alemania en esa época, dijo aquel memorable día: "Santo Padre, de ti tomaba el valor, a todos nos ofreciste tu apoyo moral, el movimiento de libertador que no sólo ocurría en Polonia, sino también en otros países de Europa Central y del Este. Pues sabías que el sistema comunista, aparentemente indestructible, no podría sobrevivir la prueba de la historia, porque no formaba parte de la naturaleza humana."

El mismo Santo Padre en la entrevista con Jas Gawronski, publicada el 2 de noviembre de 1993 en *La Stampa*, subrayó que si se podía hablar de algo que tuviera un papel decisivo en el proceso de devolver la libertad a los países del bloque comunista, tendría que hablarse del cristianismo en general, de su mensaje religioso y moral, de su inquebrantable defensa de la persona humana y sus derechos. "Yo únicamente recordaba, repetía y subrayaba los principios que hay que obedecer y respetar", dijo el Papa.

El Papa resumió lo anterior en Praga, el 21 de abril de 1990: "La pretensión de edificar el mundo sin Dios resultó ser una ilusión. ¡No podía ser de

otra forma! Lo único que quedaba por definir era el momento y la forma en que se iban a dar cuenta de eso."

PRINCIPIOS CRISTIANOS DE LA LIBERTAD

Juan Pablo II ha apelado a las verdades bíblicas fundamentales, que definen la libertad humana y la enseñanza social de la Iglesia. Con frecuencia subraya que la libertad sin fundamento en la verdad sobre el hombre no es una libertad real.

En Czestochowa, el 13 de junio de 1987 dijo que "El difícil don de libertad del hombre (...) hace que constantemente nos estemos debatiendo entre el bien y el mal; entre la salvación y el rechazo. Pues la libertad puede transformarse en libertinaje. Y el libertinaje —como sabemos también por nuestra propia historia— puede embaucar al hombre en la ilusión de la 'libertad dorada'. Con frecuencia somos testigos de cómo la libertad se transforma en el inicio de diversas esclavitudes del ser humano y de las sociedades. La esclavitud de la soberbia, la esclavitud de la avaricia, la esclavitud del sensualismo, la esclavitud de la envidia, la esclavitud de la pereza (...), la esclavitud del egoísmo y del odio".

El punto de partida de las enseñanzas papales sobre la libertad está contenido en las palabras de la Carta de San Pablo a los Gálatas: "Para ser libres, nos ha liberado Cristo." La liberación hecha por Cristo es la liberación del pecado, el cual es fuente de todas las esclavitudes humanas. La libertad humana es un don y una obligación fundamental de cada cristiano. "Pues ustedes no han recibido el espíritu de la esclavitud", expresó el mismo San Pablo en su Carta a los Romanos.

Juan Pablo II se dio cuenta de que en muchos países del mundo con frecuencia se le recomienda al hombre actual la concepción de la libertad total e irrestricta, separada de la moralidad, desligada de la verdad. La libertad aparente lleva al hombre a la esclavitud. "La libertad es difícil —dijo el Papa el 7 de junio de 1991, en Plock, Polonia. Es necesario aprenderla, aprender a ser realmente libres, de tal forma que nuestra libertad no se convierta en nuestra propia esclavitud ni esclavice a otros."

La fuente de la vida cristiana en libertad —señala el Sumo Pontífice— son los sacramentos y la oración. A través de ellos es como el hombre experimenta la presencia del Dios vivo, que es libertad y obsequia su libertad al hombre. Para el cristiano, la santidad es la máxima expresión de la libertad.

Desde el inicio de su pontificado, Juan Pablo II ha subrayado que el hombre tiene derecho a la libertad de religión. El fundamento de este derecho no es el relativismo o la indiferencia religiosa, que sugieren que no existe la verdad única y que

---

Presbítero Jozef Tischner
A la sombra de Auschwitz y Kolyma

JUAN PABLO II es "hijo de los tiempos de desprecio". Gran parte de su vida estuvo a la sombra de Auschwitz y Kolyma. Auschwitz es símbolo del totalitarismo nazi, Kolyma es símbolo del totalitarismo comunista. Juan Pablo II experimentó directamente los modos y las formas del gobierno totalitario, y también conoció a fondo los mecanismos de su nacimiento y su permanencia. Vio cómo estos sistemas se sostuvieron gracias a que presentaban la mentira como verdad. En esta situación especial, él mismo pudo experimentar la fuerza social de dos valores: la verdad y la solidaridad. "La solidaridad en la verdad" y "La verdad en la solidaridad" se han convertido, gracias a él, en la "fuerza de los débiles", que finalmente derrocó a la violencia. Pero en el mundo actual, fuera de Kolyma y Auschwitz, ¿será posible olvidar esas experiencias aunque se haya edificado la democracia?

Juan Pablo II ha estado consciente de todas las debilidades de la democracia. Conocía los caminos por los cuales el hombre se escapa de la libertad. La democracia parece ser el único sistema que puede aniquilarse a sí mismo, mientras que los regímenes totalitarios existen incluso ahí donde la gente no los quiere. La amargura de la huida de la libertad la conocieron un día los alemanes, cuando permitieron que Hitler tomara el poder. Hoy están experimentando la libertad las sociedades que apenas ayer derrotaron al comunismo. ¿Cómo es posible? A lo mejor fue resultado de menospreciar la verdad sobre el hombre y de olvidar la real solidaridad humana.

De ahí viene la voz de Juan Pablo II: "La historia enseña que la democracia sin valores se convierte fácilmente en un totalitarismo abierto o encubierto."

Fragmento del libro *En el país de la imaginación enferma*, Znak, Polonia, 1997.

---

cualquier elección tiene el mismo valor. Los cimientos de la libertad religiosa están en la dignidad de la persona humana, que por su propia naturaleza tiene derecho y obligación de buscar la verdad, y puede hacerlo de manera humana sólo cuando es realmente libre.

El Papa subraya que quien busca el bienestar y el desarrollo integral del hombre no puede ignorar su dimensión religiosa, ni tratar la religión con desconfianza o recelo, como si ella fuera fuente de discriminación o de intolerancia. El rechazo a la religión socava el derecho a la libertad religiosa, que es uno de los derechos fundamentales del hombre. ∎

Hillary Clinton pronuncia un discurso durante la conferencia dedicada a los problemas del "control demográfico", en La Haya (1999).

viene de la ▶ pág. 241

ritual dominó al político, y en otras, el político al espiritual. Pero el principio de la separación de la Iglesia y el Estado descrito en el Evangelio poco a poco abría el paso. En otras religiones esta separación no es tan clara. De ahí resultan, por ejemplo, los problemas en Israel o en los estados islámicos.

El que haya separación entre la Iglesia y el Estado no quiere decir que la sociedad deba estar separada de la religión. Esta separación constituye hoy en día el mayor peligro. Los actuales césares dicen: entréguennos todo lo que es temporal, y recen por ahí en silencio. Ésta es la forma en que la modernidad quiere relegar la religión de la vida pública. Se puede rezar en privado, pero no está permitido demostrar la religiosidad en la vida social.

El Papa enseña que la democracia es un valor, un bien, y el cristianismo contribuyó a su desarrollo. Por ejemplo, en el siglo XVIII, la orden de los dominicos introdujo la democracia. El cristianismo ha tenido un papel muy importante en la introducción de la democracia actual. Asimismo, instituyó un mensaje universal de la igualdad de los hombres. El acto de fe de cada una de las personas es diferente, pero todas ellas son iguales, porque fueron creadas a semejanza de Dios.

La democracia iba venciendo poco a poco las barreras sociales. La democracia moderna tomó posiciones enemigas frente a la Iglesia; de ahí también que la Iglesia guardara cierta distancia frente a ella. Esto cambió con Pío XII, en el contexto del surgimiento del socialismo y el comunismo. Juan Pablo II ha desarrollado su pensamiento. De acuerdo con el Santo Padre, el valor de la democracia consiste en que, más que cualquier otro sistema, les brinda a los ciudadanos la posibilidad de participar en el mundo de la política. El voto no es suficiente, pero hay sistemas donde éste ni siquiera existe. La misma integración de las personas en el proceso de decisión tiene un valor positivo.

La democracia sabe aprovechar la energía humana, hace posible el cambio de élites sin que se derrame sangre. La historia del mundo enseña que antes de que la democracia dominara, no se aprovechaba la energía humana. Tampoco se hace hoy en día donde no existe el sistema democrático.

Sin embargo, el Papa ha dicho que la democracia no es un sistema que resuelva todos los problemas. Ha advertido sobre las aspiraciones teocráticas de la democracia, fenómeno que está relacionado con el hecho de que algunos quieren tomar todas las decisiones a través del voto.

No obstante, existen verdades que son innegables, independientemente de los resultados que tengan las votaciones. En la ciencia no se decide por referéndum a qué velocidad gira la Tierra alrededor del Sol. De igual manera, no se decide por votación sobre las verdades morales. Pues la democracia no es Dios; es sólo una buena estrategia política.

Por lo tanto, el Papa asegura que los principios morales no pueden ser establecidos de manera democrática. Si se propusiera someter a votación la expulsión de una minoría étnica, aunque los sondeos señalen que el 98 por ciento de los ciudadanos está en contra, el solo hecho de participar en el referéndum sería un acto inmoral.

En la actualidad se discute sobre el significado de la democracia. El Papa dice que la democracia que no se fundamenta sobre los valores éticos puede convertirse fácilmente en un totalitarismo abierto o disfrazado. Si se rechaza la ética, llegarán al poder los que tienen más dinero, lo cual es un peligro del sistema democrático.

La democracia en manos de personas sin preparación, sin educación, frustradas y agresivas, se convierte en una amenaza. Hay que recordar que Hitler obtuvo el poder por vías democráticas. En Europa, el último caso de una persona quemada en la hoguera tuvo lugar en la democrática Génova.

En dicho sistema democrático es muy importante la educación de los ciudadanos, puesto que ella hace disminuir el riesgo de manipulación. Es muy importante conocer a las personas que participan en el proceso democrático; es necesario saber acerca de su cultura, de su actitud hacia la economía y al prójimo, de la comprensión de su misión y de su comprensión de Dios, pues de ello dependerá la forma que tendrá el mundo.

LA LIBERTAD ES UNA TAREA

Algunos teólogos estadounidenses han llamado a Juan Pablo II el Papa de la libertad, pues él ha elaborado la teoría de la libertad desde el punto de vista filosófico y así la proclamó. Juan Pablo II cree en el hombre; cree que las decisiones que éste toma acerca de su vida son correctas. El apoyo del Santo Padre al libre mercado y a la democracia es resultado de la fe en que las personas saben utilizar su libertad.

Dios creó al hombre a su semejanza, y esto significa que lo creó para la libertad.

Pero cualquier don se puede utilizar para el bien o para el mal. La razón es un gran don de Dios, que permite al ser humano convertir un automóvil en ambulancia. Pero también puede cambiar la posición del escape hacia el interior del vehículo y transformarlo en una cámara de gas. Lo mismo pasa

Juan Pablo II viajó a Francia por dos motivos: quería apoyar el catolicismo francés, que estaba en crisis, y pronunciar un discurso en la UNESCO acerca de la prioridad de la cultura en la formación del hombre del futuro (1980).

con la libertad. El hombre decide en qué emplear su energía y cómo aprovechar el don de Dios.

El Papa aconseja que nuestra tarea sea utilizar este don de manera sabia, pues previene contra un falso entendimiento de la libertad, cuando el hombre no respeta las limitaciones de las normas éticas y considera que puede hacer todo libremente. Previene contra la libertad que daña a otro hombre.

El Papa señala cómo proceder. Hay que aprender a ser libres. Juan Pablo II ha puesto muchas esperanzas en la cultura, en la cual el hombre crece.

La cultura debe educar, pues de ella nace la filosofía de la elección. De ella tomamos los ejemplos de los procederes correctos; ella es la que determina cuáles conductas no son éticas. En algunos países, copiar en las escuelas es un fenómeno generalizado y natural. En cambio, en otras se considera un grave delito. Entonces, en una cultura los niños aprenden instintivamente los comportamientos no éticos, y en otra crecen respetando las normas. En pocas palabras, se trata de crear una cultura que ayude al hombre a crecer en la libertad.

LA GLOBALIZACIÓN PUEDE SER UNA OPORTUNIDAD

El Papa no ha ofrecido soluciones apriorísticas al problema de la globalización. No se ha dejado influir por la visión unilateral, sino que ha visto en ella un reto real y una oportunidad para el hombre.

La globalización puede convertirse en una aplanadora, controlada por el poder y el dinero, que pretende hacer desaparecer la diversidad de culturas y la riqueza de sensibilidades. Pero también puede ser una oportunidad. El mundo puede transformarse en una gran familia y las personas pueden sentirse cada vez más responsable de ella.

Todavía hace 60 o 70 años, las personas se interesaban únicamente por su pueblo o por la pequeña ciudad en la que vivía. Hoy, toda la gente conoce los asuntos de los países distantes y ajenos, y no sólo en el aspecto económico.

Los medios nos ofrecen la información y las imágenes. El hombre se involucra emocionalmente en la vida de los demás y tiene la firme intención de ayudarlos cuando ve que viven una tragedia.

Por ejemplo, hace algunos años fue posible evacuar a muchas personas de los territorios amenazados por el conflicto en Kosovo, y éste es un aspecto positivo de la globalización. Poloneses, holandeses y belgas han viajado a África para ayudar a la gente y encargarse de atender hospitales. Ésta es una manifestación de fraternidad en el espíritu muy católica.

También son posibles las reuniones de personas mediante Internet, para conocer y retomar la riqueza de las distintas culturas. También es posible viajar sin restricciones. Vivimos en un mundo, en el cual cada punto del globo terráqueo está al alcance de nuestra mano. Sin embargo, constantemente se nos presenta la pregunta: ¿Qué sentido dará el hombre a su actividad? El Papa aconseja: "Busquen la respuesta en el corazón del hombre." ∎

Las peregrinaciones de Juan Pablo II lo han llevado a diversos continentes, desde Europa, a través de las dos Américas, hasta Asia. Han cumplido dos grandes tareas: la nueva evangelización de los países católicos y la labor ecuménica, incluida la reconciliación entre los creyentes del cristianismo, el Islam y el judaísmo.

CAPÍTULO QUINCE

Pastor de pueblos

En la Angola devastada por una cruenta guerra civil, el Papa reza frente al Cristo negro.
En su homilía declaró que había participado en el vía crucis que llevó a Angola a su independencia (del 4 al 10 de junio de 1992).

ODOS EN EL MUNDO CONOCEN BIEN LA IMAGEN DEL PASTOR DESDE HACE MUCHOS AÑOS: EN EL AEROPUERTO INTERNACIONAL DE ALGÚN PAÍS ATERRIZA UN AVIÓN ITALIANO; DE ÉL SALE UN HOMBRE DE SONRISA CÁLIDA, SOTANA BLANCA, SOLIDEO, QUE SE HINCA DE RODILLAS Y BESA LA TIERRA. Es verdad que desde hace unos años Juan Pablo II ha dejado de arrodillarse por motivos de salud, pero sigue besando o por lo menos bendiciendo la tierra que los niños le ofrecen en un gran recipiente. Ello no ha modificado la esencia de esta práctica original que Paulo VI introdujo durante sus viajes, y que desarrolló y popularizó Juan Pablo II.

Hace muchos años, cuando apenas comenzaba su extraordinaria serie de viajes, alguien le preguntó al Papa por qué salía con tanta frecuencia. El Santo Padre, con su buen humor, respondió que era más fácil peregrinar a diferentes países que lograr que los cristianos fueran a Roma. Pues cada uno de los fieles tiene derecho, y hasta obligación, de encontrarse por lo menos una vez en la vida con su obispo, mientras que el obispo debe conocer a los fieles de su diócesis. Y en la estructura jerárquica de la Iglesia católica, el obispo de la Ciudad Eterna, que es cabeza de toda la Iglesia, es obispo de cualquier católico.

En cambio, en algunas declaraciones a la prensa, Juan Pablo II dijo que al principio, inmediatamente después de su elección, no tenía planes de viajar con regularidad fuera del Vaticano, aunque agregó de inmediato que sí tenía la disposición de peregrinar y seguir el ejemplo de Paulo VI, que realizó nueve viajes.

Las constantes peregrinaciones alrededor del globo se han convertido en una de las características más importantes del pontificado de Juan Pablo II que, además, recibe muchas invitaciones de las iglesias locales, de los gobiernos y de los países. Al Santo Padre le llamó la atención un detalle inesperado: "Durante las audiencias generales en el Vaticano, los fieles me preguntaban que cuándo iría con ellos. Cada vez llama más la atención esta forma del servicio misionero, pastoral, o más bien esta misión colegial del Obispo de Roma", subrayó el Papa en una charla con el periodista italiano de origen polaco, Gian Franco Svidercosch. Estuvo de acuerdo con la afirmación del periodista acerca de que "estos viajes se han convertido en la expresión de la autorrealización posconciliar de la Iglesia".

En otra entrevista, el Santo Padre hizo notar que sus peregrinaciones a diferentes países han rendido frutos en los campos de la conciencia religiosa y el acontecer político; por un lado crece el sentimiento de la universalidad de la Iglesia; por el otro, revive la valoración de las iglesias locales y la conciencia religiosa de los fieles, se activa la vida espiritual y se suceden profundos cambios políticos, incluso de regímenes.

El Papa ha rechazado las críticas, frecuentes sobre todo durante los primeros años de su pontificado, acerca de sus reuniones con los jefes y los líderes políticos de las naciones que visita: "Hubiera sido una visión equivocada de la esencia sobrenatural de la Iglesia, como si se tratara de algo pecaminoso. Puede ser que a veces la política sea pecaminosa. Tal vez en ocasiones sean los pecadores quienes están en el poder, pero no se puede pasar por alto la dimensión política de la vida de una nación", dijo en una entrevista que se publicò en *L'Osservatore Romano*.

Juan Pablo II varias veces ha subrayado que sólo trata de continuar con las actividades de sus antecesores, Juan XXIII y Paulo VI, que fueron los primeros papas que salieron del Vaticano (el papa Roncalli visitó los santuarios italianos de Loreto y Asís en 1962). Los viajes eran la respuesta a las nece-

Cuando Juan Pablo II llegó a Papua–Nueva Guinea, fue recibido por danzantes que bailaban al ritmo de los tambores (1995).

sidades de la Iglesia actual, y también tenían como finalidad retomar la misión de los apóstoles que en los tiempos del Nuevo Testamento recorrían el mundo pregonando la palabra de

Mapa de las peregrinaciones de Juan Pablo II (Hasta diciembre de 2000.)

1979
1: República Dominicana, México, Bahamas; 2: Polonia; 3: Irlanda, Estados Unidos; 4: Turquía.

1980
5: Zaire (República Democrática del Congo), Congo, Kenia, Burkina Faso (Alto Volta), Costa de Marfil; 6: Francia; 7: Brasil; 8: Alemania Federal.

1981
9: Pakistán, Filipinas, Estados Unidos (Guam y Anchorage), Japón.

1982
10: Nigeria, Benin, Gabón, Guinea Ecuatorial; 11: Portugal; 12: Gran Bretaña; 13: Brasil, Argentina; 14: Suiza; 15: San Marino; 16: España.

1983
17: Portugal, Costa Rica, Nicaragua, Panamá, El Salvador, Guatemala, Honduras, Belice, Haití; 18: Polonia; 19: Francia; 20: Austria.

1984
21: Estados Unidos, Corea del Sur, Papua–Nueva Guinea, Islas Salomón, Tailandia; 22: Suiza; 23: Canadá; 24: España, República Dominicana, Puerto Rico.

1985
25: Venezuela, Ecuador, Perú, Trinidad y Tabago; 26: Holanda, Luxemburgo, Bélgica; 27:

Togo, Costa de Marfil, Camerún, República Centroafricana, Zaire (República Democrática del Congo), Kenia, Marruecos; 28: Suiza, Liechtenstein.

1986
29: India; 30: Colombia, Santa Lucía; 31: Francia; 32: Bangladesh, Singapur, Islas Fiji, Nueva Zelandia, Australia, Islas Seychelles.

1987
33: Uruguay, Chile, Argentina; 34: Alemania Federal; 35: Polonia; 36: Estados Unidos, Canadá.

1988
37: Uruguay, Bolivia, Perú, Paraguay; 38: Austria; 39: Zimbabwe, Botswana, Lesoto, Suazilandia, Mozambique; 40: Francia.

1989
41: Madagascar, Islas Reunión, Zambia, Malawi; 42: Noruega, Islandia, Finlandia, Dinamarca, Suecia; 43: España; 44: Corea del Sur, Indonesia, Mauricio.

1990
45: República de Cabo Verde, Guinea Bissau, Malí, Burkina Faso, Chad; 46: Checoslovaquia; 47: México, Curazao; 48: Malta; 49: Malta, Tanzania, Burundi, Ruanda, Costa de Marfil.

1991
50: Portugal; 51: Polonia; 52: Polonia, Hungría; 53: Brasil.

Dios, y gracias a ello el cristianismo pudo extenderse y desarrollarse.

Naturalmente eso no significa que después de haber visitado durante casi 25 años de su pontificado (hasta el año 2000) a más de cien naciones, el Santo Padre haya conocido personalmente a cada uno de los fieles y todas las iglesias locales. Pero con toda seguridad se puede decir que esta inusitada actividad del Papa le ha permitido, más que a cualquier otro de sus antecesores, conocer los problemas y los retos de las diversas iglesias y del mundo actual.

LA POLÍTICA DE PEREGRINACIÓN DE JUAN PABLO II

Juan Pablo II salió a su primer viaje al extranjero —a América Latina— poco después de tres meses de la toma de posesión del más alto cargo en la Iglesia. Pero el 20 de octubre de 1978, es decir, una semana después del inicio oficial de su pontificado (y a menos de dos semanas después de ser electo), dejó Roma para dirigirse al santuario mariano en Mentorella, cerca de Roma. Una semana después, el 5 de noviembre, visitó el gran santuario de Asís, relacionado con la figura de San Francisco.

1992
54: Senegal, Gambia, Guinea;
55: Angola, Santo Tomé y
Príncipe; 56: República
Dominicana.

1993
57: Benin, Uganda, Sudán; 58:
Albania; 59: España; 60:
Jamaica, México, Estados
Unidos; 61: Lituania, Letonia,
Estonia.

1994
62: Croacia.

1995
63: Filipinas, Papua–Nueva
Guinea, Australia, Sri Lanka; 64:
República Checa, Polonia; 65:
Bélgica; 66: Eslovaquia; 67:
Camerún, Sudáfrica, Kenia; 68:
Estados Unidos.

1996
69: Guatemala, Nicaragua, El
Salvador, Venezuela; 70: Túnez;
71: Eslovenia;
72: Alemania; 73: Hungría; 74:
Francia.

1997
75: Bosnia-Herzegovina, 76:
República Checa; 77: Líbano; 78:
Polonia; 79: Francia; 80: Brasil.

1998
81: Cuba; 82: Nigeria; 83:
Austria; 84: Croacia.

1999
85: México, Estados Unidos; 86:
Rumania; 87: Polonia; 88:
Eslovenia; 89: India, Georgia.

2000
90: Egipto; 91: Jordania, Israel,
Autonomía Palestina, Jerusalén;
92: Portugal.

Por supuesto que los viajes pontificios no han sido viajes comunes a países que invitan al sucesor de San Pedro. Como cualquier otro elemento de su servicio, también éstos están supeditados a una visión pastoral y evangélica general, que ejerce Juan Pablo II. Se pueden señalar algunos puntos importantes de esta particular política de "peregrinaje".

En ella se intenta, ante todo, visitar a los países, o más bien a las iglesias locales, que por diversos motivos preocupan especialmente al Santo Padre. Puede tratarse de las comunidades católicas que viven crisis en diversos aspectos de la vida eclesial, como por ejemplo las iglesias de los países ricos de Occidente, afectados por el secularismo y la descristianización. Pero también puede tratarse de las iglesias jóvenes del Tercer Mundo, casi siempre dinámicas, que se distinguen por la fe viva de sus miembros, pero que trabajan en países pobres y atrasados, e intentan, con diversos resultados, salir de las dificultades. También ha sido prioritario visitar a los fieles en países donde la mayoría de los habitantes no son católicos, por ejemplo, los países musulmanes. Estos fieles sufren los problemas propios de convivir con personas de otra religión.

251

EL SANTO PADRE VISITA AMÉRICA LATINA

Si los viajes del Papa se analizan de manera específica, podrán notarse las preferencias no sólo por determinados países, sino por algunas regiones y continentes enteros. Sin duda alguna hay que mencionar la importancia de América Latina en la agenda papal, pues en la actualidad es el continente más católico y con más católicos del mundo. Lo más probable es que su valor crezca todavía más en los años por venir. Según las últimas estadísticas disponibles, actualmente aquí vive más o menos la mitad de los católicos de todo el planeta, y este porcentaje se irá incrementando de manera significativa en las próximas décadas.

En Europa y en Estados Unidos y Canadá, ya desde hace tiempo, han saltado a la vista diversos síntomas de crisis de la fe: la secularización, el debilitamiento de la vida religiosa y, al mismo tiempo, la propagación de nuevos movimientos religiosos, que socavan a la Iglesia tradicional. En América Latina, en cambio, aunque tampoco está libre de problemas, la fe católica se ha desarrollado con una gran fuerza en muchas regiones. A pesar del insuficiente número de sacerdotes y de la generalización de las llamadas "sectas", puede decirse que hoy América Latina es la enorme región de la esperanza y el futuro del catolicismo, incluso del cristianismo en general.

El Papa viajó a México en su primera peregrinación. En las calles, los fieles entonaron la canción "Amigo" (1979).

Por ende, no es casual que, como objetivo de su primer viaje al extranjero, Juan Pablo II haya elegido esta parte del mundo (México, República Dominicana y las islas Bahamas). Más tarde visitó por lo menos una vez todos los países de lenguas romances de Sudamérica y Centroamérica, incluido Belice (cuya población habla inglés), así como algunos lugares del Caribe, como Cuba. En total, el Santo Padre ha realizado 17 viajes a esta parte del mundo, y siete a los Estados Unidos y Canadá.

En México Juan Pablo II habló en defensa de las personas pobres y discriminadas. Aquí, en la visita al pueblo Cuilpán (1979).

252

Ha visitado varias veces algunos países de América Latina. Por ejemplo, en México ha estado cinco veces; en Brasil, cuatro; en República Dominicana, tres; en Argentina, Uruguay, Perú y Venezuela, dos. También ha visitado dos veces Guatemala, Nicaragua y El Salvador.

FRENTE A LA TEOLOGÍA DE LA LIBERACIÓN

Uno de los resultados más importantes del primer viaje al extranjero del nuevo papa fue la inequívoca condena a la Teología de la Liberación, es decir, a la participación de la Iglesia local en la política, incluyendo a veces la lucha armada. La dureza del Santo Padre al tratar estos asuntos causó una gran impresión en los comentaristas de aquella peregrinación; sorprendió a algunos e irritó a otros, y reafirmó la opinión de que el sucesor de Paulo VI era conservador, y hasta retrógrado, en sus convicciones ideológicas y políticas. Los analistas pasaron por alto el hecho de que el nuevo papa emitió una condena clara y decidida a todas las formas de opresión e injusticia sociales; asimismo, declaró que la Iglesia se ponía al servicio de los pobres y oprimidos de forma incondicional.

El Santo Padre condenó la Teología de la Liberación, deseando recordar a sus ardientes seguidores, incluidos los sacerdotes, que no se pueden introducir elementos ajenos a la teología y las enseñanzas de la Iglesia. Quedó claro que el marxismo era una ideología ajena.

Además, el Papa agregó que la tarea del sacerdote es la propagación del amor, la reconciliación y el perdón, incluso en el trato con los adversarios, y no apoyar las luchas y el odio. Si la Teología de la Liberación se convirtiera en la base de la enseñanza de la Iglesia, el sacerdote podría convertirse en político, soldado o líder, descuidando y dejando en el abandono las obligaciones pastorales fundamentales.

Durante el vuelo rumbo a México, en conversación con los periodistas Juan Pablo II apuntó que la teología

Presbítero Stanislaw Skobel
Teología de la Liberación

LA TEOLOGÍA DE LA PRESENCIA comprometida del cristiano en el mundo es corriente típica del pensamiento de América Latina en la Iglesia. Aunque pudiera imaginarse que sería pasajera, la historia actual ha demostrado que dejará huella. Lo que sucedió fue que se invirtió la lógica propia de la teología. En vez de cuestionar la realidad desde la Revelación, la Teología de la Liberación vuelve a mirar la Revelación desde una situación concreta y para una situación concreta.

La Teología de la Liberación es precisamente esta reflexión que creció en tierras de América Latina. Varios países de esta región están no solamente en condiciones de subdesarrollo económico, sino que grandes grupos de la población viven en condiciones de pobreza extrema y opresión política. En otras palabras, su sistema político se caracteriza por el autoritarismo, por cuidar de los intereses de los ricos y recurrir con frecuencia a la violencia. La pobreza es general, la mayor parte de la gente vive en condiciones sociales precarias; en cambio, un porcentaje muy elevado de la riqueza se encuentra en manos de minúsculos grupos de privilegiados.

La opresión económica y social existe aquí desde hace siglos, pero hasta ahora no había sido cuestionada. Parecía algo natural e inevitable. La actividad de liberación comenzó en las últimas décadas del siglo XX, cuando creció la conciencia de la injusticia, la dependencia y la opresión, las que cada día eran más evidentes. En esta situación fue necesario proclamar la Buena Nueva de la salvación.

Este intento fue obra de teólogos como Rubén Alves y Joseph Comblin, Gustavo Gutiérrez, Juan Segundo, el futuro cardenal Eduardo Pironio, José Miguez Bonino, y uno de los más radicales, Leonardo Boff. Las intuiciones de estos teólogos fueron retomadas en gran medida y confirmadas por la Conferencia del Episcopado Latinoamericano (CELAM) en Medellín, en 1968. En el documento final de esta Conferencia se asevera que la lucha por la sociedad justa es en gran medida parte de la historia de la salvación. Por lo tanto, la Iglesia tiene que participar en el proceso de la liberación del hombre de cualquier situación de opresión.

El desarrollo teórico posterior de la Teología de la Liberación quedó determinado por su fundamentación en el análisis marxista de la sociedad, que encontró expresión latinoamericana en el pensamiento de José Carlos Mariátegui. De ahí que en algunas reflexiones teológicas comenzaran a usarse conceptos como "lucha de clases" y hasta "revolución", como el último, pero permisible, medio de restablecer la justicia. Precisamente por ello, la Congregación para la Doctrina de la Fe proclamó dos documentos oficiales en los que se señalaban ciertos peligros que implicaba para las actividades pastorales de la Iglesia la aceptación de las soluciones radicales propuestas por el marxismo, y abiertamente aceptadas por la Teología de la Liberación. Se trata de la *Instrucción sobre algunos aspectos de la "Teología de la Liberación"* (1984) e *Instrucción sobre la libertad cristiana y la liberación* (1986).

La aportación importante e incuestionable de esta corriente al pensamiento actual es la aceptación de que la teología no puede quedarse en la reflexión sobre el mundo, sino que debe formar parte del proceso que lo está transformando.

—como lo indica el término— debe ocuparse de Dios y no, como sucede en la Teología de la Liberación, sólo del hombre, porque entonces se negaría a sí misma.

EN NOMBRE DE LOS POBRES Y DISCRIMINADOS

La Teología de la Liberación no ha sido el único problema retomado por el Santo Padre durante sus viajes a América Latina: también fue el centro de la polémica al principio del pontificado de Juan Pablo II; luego su relevancia disminuyó con rapidez y al fin fue aniquilada por la caída del comunismo en la Europa del Este.

Algunos problemas muy serios que afectan a todos los continentes, comenzando por África, son la pobreza, la injusticia, las divisiones sociales y los regímenes totalitarios, entre otros. Si en Europa los problemas políticos y sociales no se relacionan de manera directa con la religión y la Iglesia, en los países de América estos lazos son muy fuertes y estrechos. También es cierto que muchos activistas políticos están ligados de alguna forma a la religión, o viceversa: muchos miembros de la Iglesia, incluidas las más altas jerarquías, están muy metidos en los asuntos políticos y, sobre todo, en cuestiones de carácter social. El Santo Padre no podía dejar pasar por alto estos temas.

La problemática social aparece con frecuencia en las enseñanzas pontificias, sobre todo donde las dificultades surgen con mayor fuerza. Por ejemplo, el Papa visitó por primera vez Brasil en julio de 1980, y durante su estancia se dio cuenta de que había muchos problemas nue-

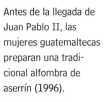

Antes de la llegada de Juan Pablo II, las mujeres guatemaltecas preparan una tradicional alfombra de aserrín (1996).

El Papa visita las favelas, barrios pobres en los suburbios de la ciudad Vitoria, en Brasil (1991).

vos, a los que no se había enfrentado en las peregrinaciones anteriores, o que al menos no tenían un carácter tan fuerte; se trataba sobre todo del problema de la participación de los religiosos y los católicos laicos en los asuntos sociales, como la existencia de las llamadas Comunidades Eclesiales de Base, muy difundidas en la Iglesia de aquel gran país.

Sin temor a equivocarse, el Papa apoyó, en nombre de la justicia social, la opción de la Iglesia brasileña que estaba en favor de los pobres y de los discriminados, y al mismo tiempo advirtió al Episcopado y a los sacerdotes del peligro de descuidar las tareas pastorales por atender cuestiones políticas. Subrayó, no por primera ni única vez, que mientras las actividades sociopolíticas puedan y deban realizarlas los seglares, el servicio religioso y las tareas propias del sacerdocio sólo pueden ser ejercidos por sacerdotes ordenados, y la Iglesia no autoriza que nadie pueda reemplazarlos.

En cuanto a las Comunidades Eclesiásticas de Base, cuyas actividades eran controvertidas a los ojos de una parte de la jerarquía eclesiástica y la Santa Sede, por su marcada politización, el Santo Padre les dio su apoyo. Subrayó que estas co-

munidades tienen fuertes raíces en la Iglesia y realzó el papel que desempeñan en la profundización de la vida religiosa y la conciencia de fe ahí donde faltan sacerdotes (es decir, en la mayor parte del territorio brasileño), y reconoció el papel de los laicos en la creación de dichas organizaciones. Según su interpretación, este hecho demostraba sentido de responsabilidad y conocimiento de las necesidades de la Iglesia. Al mismo tiempo, Juan Pablo II dejó a los obispos locales en libertad de tomar decisiones concretas en relación con los posibles abusos en las actividades de estas comunidades.

Otros problemas se presentaron durante la visita de Juan Pablo II a Chile, en abril de 1987. En aquel entonces, este país era gobernado con mano dura por el general Augusto Pinochet, que llegó al poder gracias a un sangriento golpe de Estado que tuvo lugar el 11 de septiembre de 1973. Muchos países trataron con hostilidad, o al menos con reserva, a Chile, que en un grado importante se vio aislado de la comunidad internacional. Y en este contexto, el Santo Padre lo visitó en el marco de su octavo viaje a Sudamérica. Por supuesto que era imposible no reunirse con el jefe de Estado, Augusto

En una amplia entrevista publicada en *Tygodnik Poszechny* el 16 de julio de 1980, el Santo Padre aseveró: "Pienso que este viaje [...] me permite, y hasta cierto punto permite a toda la Iglesia [...] ubicar a la Iglesia brasileña en la colectividad universal de la Iglesia, con su propia problemática, su vida, sus experiencias, sus esperanzas y también sus dificultades. Ello permite una mayor unidad en la oración, pues en todo el mundo se ha orado más por la grey católica de Brasil. También permite construir en la unión de vivencias comunes de la Iglesia y la conciencia de que somos uno solo con los brasileños, así como somos uno con los habitantes de África o los de México, o con los polaneses y franceses."

Al estadio de Manila asistieron cuatro millones de fieles para participar en el Día Mundial de la Juventud. El Papa tuvo que llegar en helicóptero (1995).

Pinochet. Esto despertó una actitud crítica ante todo en los países comunistas, pero también en los llamados círculos progresistas eclesiásticos de Occidente. Tanto en los encuentros con el dictador chileno, como durante la Santa Misa y otros actos litúrgicos con la sociedad chilena, el Papa demandó el esclarecimiento de la suerte de los perseguidos por la junta militar, de los desaparecidos, y en la Nunciatura Apostólica de Santiago de Chile (que tiene el rango de embajada) recibió a representantes de 19 grupos políticos, incluidos los opositores del régimen.

Hay que entender que el aspecto político de los viajes papales es secundario a la dimensión espiritual y religiosa del peregrinaje pontificio. De todas maneras, las visitas de Juan Pablo II a los países gobernados por dictadores han contribuido en varias ocasiones al derrocamiento del régimen dictatorial, aunque el proceso no haya sido inmediato. Por ejemplo, así sucedió en Haití (el Papa visitó este país el 9 de marzo de 1983), en Filipinas (1983), en Chile (que vivió cambios democráticos en 1990) y en su propia tierra natal, Polonia.

LAS SECTAS ATACAN

Otro importante problema que enfrenta la Iglesia en toda América Latina, como en otras partes del mundo, es el problema de las llamadas sectas o, como también se les conoce, los nuevos movimientos religiosos. Se trata de comunidades religiosas por lo general pequeñas, pero muy activas y casi siempre agresivas, que han surgido como resultado de las ambiciones personales de los líderes de diferentes denominaciones protestantes, o motivadas por diversas interpretaciones de las Sagradas Escrituras. Estos nuevos grupos, que se dedican al estudio específico de las Sagradas Escrituras —como los Testigos de Jehová—, con frecuencia interpretan la Biblia de manera literal. Esto los lleva a doctrinas extremas y fundamentalistas, que se traducen en mandatos y prohibiciones intransigentes en la vida cotidiana, social o política. Ocurre también que algún grupo proclama verdades totalmente nuevas. Por ejemplo, los mormones reconocen, además de la Biblia, el llamado Libro de Mormón, que anteponen a las Sagradas Escrituras, aceptadas por todos los cristianos.

Además de las diferencias, que muchas veces son muy profundas y de franca rivalidad, estos grupos comparten la hostilidad, y a veces el odio, hacia las creencias tradicionales de las Iglesias cristianas, y sobre todo de la Iglesia católica. Como se mencionó, el continente más católico en este momento es América Latina, y es a donde han dirigido las sectas sus principales esfuerzos. En algunos países de esta región, por ejemplo en México o en los de América Central, existen en la actualidad regiones enteras con un gran porcentaje, a veces hasta la

La visita del Santo Padre a Estados Unidos en 1979 fue llamada "la peregrinación al mundo", porque su objetivo fue participar en las sesiones de la Organización de las Naciones Unidas.

mitad de los habitantes, que pertenecen a diferentes sectas.

Es particularmente significativo el hecho de que la gran mayoría de los nuevos movimientos religiosos hayan nacido en Estados Unidos, o sea en el país que desde el siglo XIX considera a América Latina como su propia zona de influencia, aspiración que sigue vigente y aumenta la peligrosidad de las sectas, que pueden ser una herramienta útil para presionar a los gobiernos de la región.

No hay que olvidar que esos nuevos movimientos disponen generalmente de grandes cantidades de dinero, que les sirven para "comprar" a los indígenas y a los pobres campesinos y obreros latinoamericanos, sobre todo en los pequeños países de América Central, donde reina la pobreza.

Otro peligro de las sectas es su fundamentalismo, que obliga a sus miembros a romper con los lazos familiares y amistosos, así como con su comunidad parroquial. Ésta es una exigencia de los líderes de dichos movimientos, quienes aspiran a tener un control total sobre los miembros de su congregación, incluida su vida personal.

SINÓNIMO DEL "PARAÍSO EN LA TIERRA"

Si se habla del continente americano no se puede pasar por alto la región del norte, zona con riquezas que es sinónimo del paraíso en la tierra, pero que también tiene sus propios problemas, no pequeños, pero incomparables con los que se viven en la parte del sur.

El Santo Padre ha visitado en varias ocasiones Estados Unidos y Canadá, y sus viajes han sido acontecimientos importantes. En el caso de Estados Unidos ha realizado visitas a la sede de la Organización de las Naciones Unidas y de la Organización de los Estados Americanos.

Juan Pablo II ha conquistado la simpatía de sus habitantes, y hay que recordar que Estados Unidos ha sido y es el baluarte del protestantismo. De hecho, cualquier estadounidense podría ser llamado WASP, White Anglo-Saxon Protestant (blanco, anglosajón y protestante). Este modelo de habitante ha estado perdiendo fuerza desde hace muchos años, pero aún existen fuertes camarillas políticas, sociales, económicas y militares, que muestran hostilidad al catolicismo y al Papa como su líder. Sin embargo, el Santo Padre conquistó casi de inmediato aun a los más hostiles con su personalidad, sabiduría y competencia en todos los asuntos teológicos y por su firme defensa de las enseñanzas tradicionales de la Iglesia católica romana en el ámbito de la doctrina y de la ética sexual.

Durante los viajes a Estados Unidos surgió por primera vez en forma abierta el cuestionamiento de las enseñanzas pontificias, por parte de algunos grupos de intelectuales católicos. El 7 de octubre, último día de la peregrinación pontificia, durante el encuentro con las religiosas, la hermana Theresa Kane, presidenta de la Conferencia de las Superioras de las Órdenes Femeninas de Estados Unidos

Una multitud de jóvenes entusiastas le dieron la bienvenida al Santo Padre en Denver. Durante su homilía, Juan Pablo II habló acerca de la crisis en la Iglesia y del aborto y la eutanasia, que son problemas agudos en Estados Unidos (1993).

pronunció un provocativo discurso, en tono de combatiente feminismo, en el que exigía que el Santo Padre aprobara el sacerdocio de las mujeres. Juan Pablo II la escuchó con calma y luego leyó un discurso preparado con anterioridad que, sin referirse directamente a sus demandas, recordó el punto de vista tradicional sobre el lugar y la misión de las mujeres en la Iglesia. Hizo especial hincapié en la grandeza e importancia de esta misión, al tiempo que subrayaba la diferencia del papel de la mujer y del hombre en la vida. Puntualizó también la trascendencia del testimonio que están dando las monjas al mundo, uno de cuyos elementos más importantes es el hábito.

En un largo discurso a los representantes de los países de la ONU, el Papa tocó una amplia gama de los problemas del mundo actual.

LAS MIGAJAS DE LA MESA...

La visita en agosto de 1993 coincidía con el Día Mundial de la Juventud, que se celebraba en Denver. El Santo Padre había llegado ahí unos días antes, por invitación del Episcopado de Estados Unidos. Antes de las celebraciones no faltaron en la prensa internacional, especialmente en la estadounidense, las expresiones de temor o de maliciosa satisfacción por el posible fracaso del encuentro mundial de la juventud. A pesar de ello, en Denver se reunieron alrededor de 200,000 jóvenes, y el evento en la capital de Colorado se convirtió en un acontecimiento de gran resonancia.

Tanto durante del Día de la Juventud, como en ocasión de otras visitas a tierra norteamericana, el

257

Papa tocó las cuestiones de la fidelidad a Dios y su enseñanza, proclamada por la Iglesia sin modificaciones desde hace casi 2,000 años, incluido el tema de la castidad prematrimonial. También expuso su crítica hacia el consumismo. Consideró la realidad estadounidense y no exigió una renuncia total a la riqueza y los bienes materiales; más bien llamó la atención a la necesidad de compartir estos bienes con las demás personas, de aprovecharlos para proporcionar ayuda a los que más lo necesitan. "¡No dejen a los pobres sólo las migajas de la mesa!", pidió en la homilía durante la Santa Misa en el estadio de los Yankees, en la ciudad de Nueva York, en octubre de 1979.

Subrayó también la importancia del apego tradicional de los estadounidenses a la libertad de palabra, conciencia, credo, prensa y otras libertades

que Estados Unidos puede y debe "exportar" en primer lugar. Al mismo tiempo, advirtió sobre el peligro del mal uso del don de libertad. Aseveró que "la libertad debe basarse en la verdad".

Pero Estados Unidos no está formado sólo por las li-

Los fieles reunidos frente al Palacio del Pueblo, en Kinshasa, reciben la bendición del Papa. Luego de la Santa Misa, la multitud se repartió los pedazos de caña con la cual se construyó la capilla donde estuvo el sillón de Juan Pablo II (1980).

bertades ciudadanas, sino también por la multiplicidad de iglesias, credos y religiones. De ahí el enorme significado del ecumenismo y el diálogo interreligioso. En cada visita a Estados Unidos, el Santo Padre ha retomado el trabajo ecuménico, aunque ningún viaje se dedicó en exclusiva a éste.

Como consecuencia de la numerosa e importante presencia de la comunidad judía en Estados Unidos, el Papa se ha reunido en cada viaje con sus representantes, en encuentros separados o en eventos de carácter ecuménico.

CREEMOS EN UN SOLO DIOS

El ecumenismo y el diálogo interreligioso son todavía más importantes en el caso de África. Fuera de algunas excepciones, los católicos de esas tierras no constituyen una mayoría, por lo que el problema de la convivencia diaria con los miembros de diversas iglesias, credos y religiones es un asunto de suma importancia. Durante todas las visitas al Continente Negro, el Santo Padre se ha reunido con los líderes de las religiones no cristianas, sobre todo del Islam y (aunque no siempre) de las ancestrales religiones animistas.

El discurso del Papa dirigido a los jóvenes musulmanes en Casablanca en 1985 causó un efecto excepcional. Durante su tercera peregrinación a África, Juan Pablo II visitó Togo, Costa de Marfil, Camerún, República Centroafricana, Zaire (actualmente República Democrática del Congo) y Kenia, así como Marruecos, un país islámico de África del Norte. Precisamente ahí, en un estadio de Casablanca, el Papa pronunció un discurso sobre la necesidad del diálogo y de la mutua comprensión entre los fieles de las religiones más grandes del mundo. Este discurso fue recibido con gran entusiasmo por más de 90,000 participantes que acudieron al encuentro no sólo de los países de África del Norte, sino también de otros países del Continente Negro, en los cuales los musulmanes constituyen un porcentaje importante de la población.

Juan Pablo II subrayó que esta religión tiene mucho en común con el cristianismo. "Abraham es para nosotros el mismo ejemplo de la fe en Dios, de la entrega a Su voluntad y la confianza en Su bondad. Creemos en el mismo Dios, Dios único, Dios Vivo, Dios que creó al mundo y que lleva a sus criaturas hacia la perfección", dijo. Más tarde llamó a dar un mismo testimonio sobre Dios y la dignidad del hombre, y subrayó la necesidad de responsabilidad y acciones conjuntas de los jóvenes a favor de un mundo más humanitario.

El discurso de Juan Pablo II, enraizado en la fe y en los problemas religiosos, aludía también a la situación del mundo actual. Habló sobre la necesidad de mantener la igualdad entre todos los hom-

bres, de la apertura, de la tolerancia, de actuar en favor de condiciones dignas de vida para todos y de la necesidad de crecer en la vida espiritual. Al final rezó: "Dios, Creador de la justicia y la paz, danos la verdadera alegría y el verdadero amor, así como la permanente hermandad entre las naciones. ¡Y sácianos para siempre con tus dones. Amén!"

El problema de África no es nada más la cuestión del ecumenismo y la relación entre las religiones; también es, ante todo, la problemática de las misiones y la adecuación del cristianismo, para que pueda enraizarse en las sociedades locales. Éste es un proceso relativamente reciente y no es fácil; consiste en proporcionar las verdades de la fe cristiana a los pueblos que la desconocen, de tal forma que deseen recibir las enseñanzas de Cristo y, al mismo tiempo, que vean las diferencias entre la

Calcuta, cuya patrona es Kali, la diosa de la muerte, es una ciudad marginada y miserable.
Aquí el Padre Santo se reunió con la Madre Teresa y visitó su centro Asram Nirmal Hriday (La Casa del Corazón Limpio), en 1986.

nueva religión y las creencias anteriores. En el curso de la evangelización de África, que ha durado siglos, los misioneros pudieron inculcar la fe a incontables naciones y tribus, y elaboraron métodos interesantes y eficientes para proclamar la Palabra de Dios. Sin embargo, la búsqueda de nuevos y cada vez más eficientes métodos de evangelización de las naciones no ha concluido.

Los problemas de las misiones, la adecuación de la fe católica a las culturas locales y el diálogo interreligioso son también muy importantes en Asia, el continente más grande y poblado del mundo, así como en Oceanía y en Australia. El Papa ha visitado esta parte del mundo siete veces y estado en 17 países; ha realizado dos visitas a Filipinas, India y Corea del Sur. Estas peregrinaciones podrían parecer pocas si se comparan con las estancias en los 40 países africanos (de 53 que forman el continente) que hasta ahora han hospedado al Obispo de Roma, o con casi todos los países de América y con la mayor parte de los países de Europa. Pero también hay que recordar que Asia es un continente con menor porcentaje de católicos, pues éstos constituyen un escaso tres por ciento del total de la po-

259

blación, y solamente en Filipinas integran la mayoría. En tales condiciones es de admirar que el Santo Padre haya visitado tantas veces el continente asiático.

En Asia adquiere gran significado un problema distinto de los analizados anteriormente: la tole-

rancia y la libertad religiosa. En este continente existe el mayor número de seguidores de diversas religiones, como el Islam, el hinduismo y el budismo, entre otros sistemas religiosos y conceptualizaciones del mundo. En general, éstos no se distinguen por el apego a la libertad de conciencia y credo, y esto está latente sobre todo en el Islam y el hinduismo, cuyos creyentes no toleran a su lado a fieles de otras religiones, especialmente si son cristianos. Ven en el cristianismo una amenaza a su poder en ese territorio, pero también lo asocian con la influencia extranjera, con frecuencia de origen colonial y por ello ligada a épocas dolorosas de la historia. Es difícil defender esta postura porque aunque el cristianismo llegó a muchas regiones de Asia desde los primeros siglos de la existencia de esta religión (por ejemplo, los cristianos de Santo Tomás, en el sur de la India), el fundamentalismo lucha, casi siempre con medios violentos, contra los católicos y cristianos de otras denominaciones.

Consciente de estos problemas, Juan Pablo II los ha mencionado con frecuencia durante sus viajes.

El Santo Padre se reunió en el centro de convenciones Vigyan Bhawan, Nueva Delhi, con representantes de diferentes credos y religiones de la India, como el hinduismo, el Islam, el budismo, el jainismo, el zoroastrismo, el judaísmo y el brahmanismo (1999).

Tiempo antes de la segunda visita del Papa a la India, en noviembre de 1999, este país vivió una ola de terror contra los cristianos, principalmente los católicos. Los fanáticos hinduistas acusaban a la Iglesia de proselitismo y de querer convertir a las personas por la fuerza al cristianismo. Acompañaban a esta acusación carente de bases actos terribles contra los cristianos, como golpes y asesinatos de sacerdotes, monjas y activistas laicos, así como la destrucción de las iglesias. Las grupos hinduistas demandaban la cancelación de la visita del Papa y, como el gobierno de Delhi no cedió a estas presiones y mantuvo la invitación al Santo Padre, boicotearon la visita con manifestaciones, marchas de protesta y actos abiertamente delictivos.

De todos modos, Juan Pablo II visitó la India. Realizó un amplio programa; se reunió, entre otros, con los obispos de este país y de otros lugares de Asia; también firmó la exhortación apostólica posconciliar *Ecclesia in Asia*. Tomó parte en una jornada de oración interreligiosa, en la que participaron líderes moderados hinduistas, musulmanes y budistas, y con representantes de otras comunidades religiosas. En el discurso, el Santo Padre subrayó que la religión debe ser fuente de bien, de concordia y de paz, y no de enemistad y guerras.

Muchos observadores, sobre todo católicos, tanto de la India como del extranjero, temían que el Santo Padre omitiera la importancia en la labor misionera de la Iglesia para mantener buenas relaciones con los hinduistas. Pero no sucedió así; durante los cuatro días de la visita en el segundo país más poblado del mundo, Juan Pablo II subrayó la necesidad de respetar la libertad de religión y el derecho de cada hombre a elegir libremente su credo, así como el derecho de la Iglesia católica a cumplir su misión de un modo u otro.

Durante la Santa Misa en el estadio capitalino de J. Nehru, el Santo Padre dijo: "En el primer milenio la cruz se arraigó firmemente en la región de Europa; en el segundo, en las tierras americanas y africanas; espero que el tercer milenio de la cristiandad nos traiga abundante cosecha de fe en vuestro continente amplio y lleno de vida."

VIAJES A LAS FUENTES DEL CRISTIANISMO

Los dos viajes del Papa en el año 2000 tuvieron diferentes características. Los dos se vinculaban con el Gran Jubileo del Año Santo 2000, e implicaban peregrinaciones a las fuentes de la Iglesia, del Antiguo y el Nuevo Testamento.

En febrero, Juan Pablo II se dirigió a Egipto para visitar el monte Sinaí. Pero antes pasó dos días en El Cairo, donde se reunió con los cristianos de diversos credos y ritos; asimismo con los líderes musulmanes y con Al-Azhar, el rector de la universidad más prestigiada del mundo islámico.

Un mes después de su estadía en Egipto, el Papa visitó Tierra Santa y realizó, con ello, uno de sus más fervientes deseos. Durante muchos años, sobre todo por cuestiones políticas, esta peregrinación parecía imposible de llevarse a cabo por las tensiones entre judíos y árabes, en las que también se mezclaban grupúsculos cristianos. Se temía asimismo un ataque terrorista y, además, hacía muchos años que Israel y la Santa Sede no mantenían relaciones diplomáticas.

Los acontecimientos más relevantes de esta peregrinación tuvieron lugar en Israel y en la Autonomía Palestina. El Santo Padre fue a visitar todos los lugares relacionados con el nacimiento y las actividades públicas de Cristo, María, los apóstoles y la Iglesia Universal. Se reunió con judíos y palesti-

EUROPA: CUNA DEL CRISTIANISMO Y EL ATEÍSMO

Al dedicarse a viajar por todo el mundo, el Santo Padre no ha olvidado la cuna de la Iglesia: la vieja Europa. A pesar de los acontecimientos que marcaron la historia y de la cada vez más amplia incorporación de otros continentes a los sucesos mundiales, Europa sigue siendo el centro de la política y de la vida económica, cultural y religiosa. El mayor número, casi la mitad, de las peregrinaciones apostólicas se han realizado en el Viejo Continente, y algunos países de Europa (como Polonia y Francia) han hospedado al Obispo de Roma en varias ocasiones. Si América Latina, África o Asia enfrentan problemas como falta de desarrollo, atraso económico, problemática social, diferencias económicas y pobreza masiva, el Viejo Continente también tiene sus problemas, entre los que destacan: el envejecimiento de la sociedad, la secularización, el consumismo y, por consecuencia, el debilitamiento de la unión del cristianismo y la Iglesia. Los viajes del Santo Padre por el continente europeo han sido

nos, y también visitó un campo de refugiados. Estas reuniones añadieron relevancia política a la dimensión espiritual y religiosa, que es el principal objetivo de sus viajes, aunque tanto Juan Pablo II como sus colaboradores en diversas ocasiones han subrayado el carácter profundamente religioso de este peregrinaje.

Según la Biblia, desde el monte Nebó en Jordania, Dios le mostró a Moisés la Tierra Prometida. Aquí la ve Juan Pablo II (2000).

———

siempre los más difíciles. Ahí, el Papa se enfrentó por primera vez con los brotes de contestación, la crítica y hasta la negación de su autoridad como Cabeza de la Iglesia, aunque hay que recordar también los casos de ardiente entusiasmo y respeto.

Sin contar Italia, en cuyo territorio se encuentra el Vaticano, Polonia fue el primer país europeo que hospedó a Juan Pablo II. El Santo Padre ha visitado casi todos los rincones del Viejo Continente, incluyendo la mitad de los países que surgieron de la desintegración de la Unión Soviética, Yugoslavia y Checoslovaquia, y muchos de ellos varias veces.

La gran cantidad de viajes por Europa no sólo ha sido resultado de la relativa cercanía del Vaticano, residencia permanente del Papa. Es importante mencionar que este continente puede considerarse la cuna del cristianismo, el primer sitio donde esta religión se arraigó, después de su nacimiento en el Cercano Oriente, y determinó su enfoque en mayor grado. En ninguna otra parte del mundo la cultura y la civilización están tan impregnadas de la fe en Dios en su Trinidad como en Europa. Pero allí también existe gran desarrollo de fenómenos que socavan las verdades de la fe, y hasta de lucha abierta contra la Iglesia. Los viajes pontificios a diversos rincones de Europa, si se comparan con otras peregrinaciones, han tenido una gran diversificación tanto por la temática como por el público al cual se dirige Juan Pablo II.

LA PRIMOGÉNITA DE LA IGLESIA

Si tomamos en cuenta el número de visitas papales, el segundo país europeo más visitado, después de Polonia, es Francia. Entre 1980 y 1997, Juan Pablo II la visitó en seis ocasiones y siempre abordó un tema diferente. Cuando visitó por primera vez Francia el 1 de junio de 1980, formuló a sus habitantes una dramática e inquietante pregunta durante la Santa Misa en el aeropuerto Le Bourget: "Francia, tú que eres la hija mayor de la Iglesia, ¿eres fiel al juramento de tu bautizo? [...] Francia, hija de la Iglesia, maestra de los pueblos, ¿eres fiel a la alianza con la sabiduría eterna, para el bien del hom-

Juan Pablo II visitó Lourdes como peregrino. Durante mucho tiempo rezó en la gruta donde la Santísima Virgen María, vestida de blanco, se le apareció a Bernadette (1983).

bre?" Este país fue el primero en Europa, después de los Estados italianos, que recibió el bautizo como Estado (principios del siglo VI), de ahí que con frecuencia se le llame la Primogénita de la Iglesia. También fue el primer país que, durante la Revolución de 1789, introdujo en su constitución el principio de laicismo.

Como hemos dicho, Juan Pablo II ha ido a Francia en varias ocasiones tratando de despertar y consolidar la fe en muchos fieles locales, a pesar de amenazas y peligros.

Durante su primera y corta visita estuvo en París y Lisieux, y cumplió con un programa intenso de actividades, incluyendo la Organización de las Naciones Unidas para la Educación, la Ciencia y la Cultura (UNESCO). Por primera vez en la historia de esta Organización participó la Cabeza de la Iglesia católica, y fue uno de los acontecimientos más importantes de este viaje. El Santo Padre subrayó en un amplio discurso el papel de la cultura y la educación en la vida de las personas y las sociedades. Indicó también que la Iglesia sigue haciendo aportaciones de manera ininterrumpida a la cultura y a la educación mundial. Además, aseveró que la nación de la cual él mismo procede conservó su identidad en los tiempos de la ocupación extranjera gracias a su cultura.

Esta primera visita a tierras francesas fue también memorable por el encuentro con la juventud de este país. Más de 50,000 jóvenes franceses se reunieron con el Santo Padre en el estadio parisiense de Parc des Princes. El Papa respondió más de veinte preguntas, que habían sido escogidas con anterioridad entre las miles que enviaron los muchachos. Su característica principal fue la prolongación *sui generis* de esta charla de Juan Pablo II, en agosto de 1997, con motivo de las celebraciones del Duodécimo Día Mundial de la Juventud. Fue sorprendente no sólo el número de personas que acudieron, sino también la profunda seriedad, religiosidad y espiritualidad que imperaron en el encuentro.

En septiembre de 1996, el Santo Padre visitó el centro y el noroeste de Francia, y tomó parte en las celebraciones de los 1,500 años del bautizo del rey Clodoveo, que la historia francesa marca como el principio de la cristianización del país de los francos, y de los 1,600 años de la muerte de San Martín de Tours.

Los círculos laicos y anticlericales emprendieron entonces una furiosa campaña contra la Iglesia, el Papa y el cristianismo, alegando que el financiamiento del viaje papal con el presupuesto público violaba la constitución y los principios del Estado laico. Además aparecieron opiniones acerca de que no era seguro que el rey Clodoveo hubiera sido bautizado, lo cual cuestionaba el objetivo formal de la visita.

De todos modos, el Santo Padre no se desalentó con tan particular bienvenida por parte de los liberales y viajó a Francia, y resultó ser una de las más bellas peregrinaciones pontificias a ese país. Su programa contemplaba, entre otras actividades, un encuentro con las familias jóvenes, que se convirtió en una manifestación de valores y en un análisis del significado de esta célula básica de la sociedad. También fue extraordinario el encuentro de Juan Pablo II con las personas "heridas por la vida": indigentes, abandonados, alcohólicos, drogadictos, enfermos de sida y prostitutas. Cuando habló durante el oficio especial en la Catedral de San Mar-

tín, en Tours, el Santo Padre recordó que nada puede borrar en el hombre la imagen y la semejanza con Dios.

Las peregrinaciones del Papa a Europa también han abarcado Alemania. Primero visitó la República Federal y, más tarde, el país ya unificado. El primer viaje en 1980 tuvo, más que cualquier otro, un carácter ecuménico porque fue marco de reuniones, charlas y oficios religiosos con la participación de los representantes de otras denominaciones, sobre todo protestantes. Pero también hubo eventos relevantes y novedosos, como el encuentro del Papa con los representantes de los trabajadores extranjeros, muchos de los cuales se establecieron décadas atrás en la República Federal y han contribuido a su crecimiento. En su discurso, el Papa señaló que, aunque eran extranjeros, tenían derecho a la dignidad, a un salario decoroso y a los beneficios sociales. Al mismo tiempo apeló para que conservaran su identidad nacional y religiosa, cuidaran a las familias que dejaron en su patria y trata-

El duodécimo Día Mundial de la Juventud reunió en París a casi un millón de jóvenes de todo el mundo; dicha cifra rebasó varias veces lo esperado por los organizadores (1997).

ran de transmitir las tradiciones nacionales y culturales a las siguientes generaciones.

BEATIFICACIÓN DE EDITH STEIN

Un acontecimiento muy relevante del siguiente viaje a Alemania, en 1987, fue la beatificación de los siervos de Dios y mártires de la Segunda Guerra Mundial: Santa Teresa Benedicta de la Cruz, es decir Edith Stein, y el padre

continúa en la pág. 266 ▶

El viajero

EL AVIÓN BLANCO DE LA LÍNEA AÉREA ALITALIA está detenido en el aeropuerto de Fiumicino, en Roma. En la plataforma del aeropuerto siguen los últimos preparativos para la salida del Papa. Parece una escena de una película de acción. A través de la plataforma del aeropuerto van los transportes blindados con los policías armados vigilando con mucha atención cualquier movimiento en la pista. Dentro de un momento se detendrán junto al avión pontificio y, hasta el momento del despegue, vigilarán por la seguridad de la Cabeza de la Iglesia católica.

El Papa llega del Vaticano al aeropuerto de Fiumicino en helicóptero, luego sube al automóvil. Sale de él unos minutos antes de la partida, saluda a todos los reunidos. Un grupo de religiosos del Vaticano, algunos miembros del gobierno y autoridades de Roma despiden a Juan Pablo II. El Santo Padre parte a una de sus peregrinaciones al extranjero. El viento agita las sotanas negras de los dignatarios eclesiásticos. Alrededor la escolta, los guardias suizos vigilan discretamente; para despedir al Papa, los guardias lo saludan levantando las espadas sobre la cabeza.

Juan Pablo II siempre sale a sus viajes en el avión de la línea aérea italiana, y regresa en el avión del país que lo hospeda. El avión papal que despega del aeropuerto de Fiumicino está dividido en tres partes. No cuenta con el saloncito, típico en los aviones de los dignatarios. El Papa es una persona modesta, le es suficiente con una pequeña cabina en la parte delantera del avión, y una mesita con cuatro cómodos sillones. Generalmente toma un lugar junto a la ventana, encima de la cual se encuentra una cruz.

En seguida se encuentra un espacio mayor, destinado al secretario de Estado, el cardenal Angelo Sodano, que acompaña al Papa en la mayor parte de sus viajes, así como para el resto de los dignatarios del Vaticano, alrededor de treinta personas. Conforman el grupo, entre otros: el maestro de ceremonias, obispo Piero Marini; el subsecretario de Estado, arzobispo Giovanni Baptista Re; el director de la oficina de prensa de la Santa Sede, Joaquín Navarro-Valls; el médico del Papa y director del Servicio de la Salud del Vaticano, Renato Buzzonetti; un miembro de la Casa Pontificia, Angelo Gudel; el inspector general de la Oficina de Seguridad del Vaticano, Camillo Cibin, y el fotógrafo Arturo Mari, quien durante cada audiencia o reunión con el Papa toma cientos de fotos, que posteriormente se venden. Esto reditúa considerables ganancias al presupuesto del Vaticano, pues todas las personas que aparecen en una fotografía con Juan Pablo II quieren comprarla. En esta parte del avión están también los guardias suizos con su comandante, el padre jesuita Rober-

to Tucci, que siempre acompaña al Papa. A través del micrófono pegado a la solapa de la chaqueta, da órdenes a sus guardias. Al mirar la fina silueta de este hombre canoso de sesenta y tantos años de edad, es difícil creer que tareas tan importantes estén sobre sus hombros. Éste es el hombre responsable de todo el curso de la visita.

CON EL PAPA POLONÉS SIEMPRE HAY APUROS

Después de acordar la ruta de la peregrinación, Roberto Tucci entra en acción. Más o menos medio año antes de la visita llega al país que visitará el Papa para analizar *in situ* su desarrollo. Revisa todos los puntos peligrosos en la ruta del Papa, valora los posibles riesgos, anota el tiempo del recorrido, re-

visa minuciosamente los lugares de las reuniones con los fieles, el altar y el sillón del Papa.

Con base en sus observaciones y anotaciones, se elabora un programa detallado de la peregrinación. El documento, de varios cientos de páginas, contiene toda la información sobre el programa de la visita: dónde y a qué hora se desplazará el Papa, cuánto tiempo tiene que durar cada encuentro, quién y qué lugar tomará, en dónde van a estar colocadas las cámaras, quién y cuándo tomará fotografías. El itinerario y la agenda del Papa se distribuyen entre todos los que tienen el privilegio de viajar con el Santo Padre, lo que es muy útil no solamente para la seguridad, sino también para los periodistas acreditados.

Gracias al programa tan minuciosamente preparado, todas las visitas del Papa se desarrollan por lo general sin contratiempos, siempre y cuando el propio Juan Pablo II no sucumba a algún capricho, y esto sucede con cierta frecuencia. Así sucedió, por ejemplo, en Cracovia en 1992, cuando el

Santo Padre anunció de repente que quería dar vuelta a la Plaza Mayor. La seguridad tuvo que asegurar en un abrir y cerrar de ojos los alrededores. Con el papa polonés siempre hay apuros, nunca se sabe cuándo ni con quién va a comer, sobre todo cuando visita su patria. En Cracovia, el "capricho papal" duró apenas unos minutos, pero el programa de este día ya no se realizó completo.

Otro espacio en el avión se destina a los empleados del Vaticano de menor rango y, finalmente, la tercera parte la ocupan los periodistas de todo el mundo que acompañan al Papa, miembros de los equipos de televisión, fotógrafos, reporteros, camarógrafos, etcétera.

El equipo que acompaña al Papa durante las peregrinaciones básicamente no se modifica. Todos se conocen y a bordo del avión papal, a pesar de las vestimentas de rigor, hay una atmósfera relajada. A los periodistas papales los "dirige" el auxiliar de Navarro-Valls, Vik Van Brantegem. Cuidadosamente se apega a cada punto del programa del *volo papale* (el vuelo papal), escrito con precisión hasta el último minuto, y que reciben los periodistas con su acreditación.

Inmediatamente después de iniciar el vuelo, se envían telegramas a los jefes de los Estados que sobrevuela el Papa, y los periodistas reciben sus copias. Todos tienen un texto parecido:

"Vuestra Excelencia, estoy comenzando mi siguiente peregrinaje a (aquí aparece el nombre del país). Al pasar por el espacio aéreo de su país, deseo expresar por su conducto mis saludos para toda Vuestra Nación.

"Juan Pablo II, Papa".

¿POR QUÉ VIAJAS CONSTANTEMENTE?

El programa de las peregrinaciones al extranjero normalmente es tan apretado que al Papa frecuentemente le es difícil ser puntual. Le gusta bromear sobre este problema, como en Irlanda cuando dijo: "El retraso de dos horas es prueba de que la peregrinación es todo un éxito." Y cuando el programa de la visita en Canadá resultó imposible de cumplir por demasiados eventos, Juan Pablo II con una sonrisa contestó los reproches: "No es mi pecado, sino de los organizadores de la peregrinación."

El Papa está en camino la mayor parte del año. "¿Por qué viajas constantemente por el mundo?", preguntó un día Alessandro Monno, un muchacho de once años, durante la visita del Santo Padre a la parroquia romana de San Benedicto.

–Porque todo el mundo no esta aquí –contestó el Papa.

–¿Y a veces viajas como turista? –preguntó el muchacho.

–Hubiera sido bello, pero al Papa lo obliga un protocolo. ¿Y por qué tu pregunta?

El muchacho no contestó. Juan Pablo II terminó entonces su pensamiento:

–¿Has leído lo que dijo Jesús? "Vayan y proclamen el Evangelio a todo el mundo"; entonces yo también voy al mundo.

EL PALIO Y LOS ZAPATOS

De igual manera que el programa de peregrinación se prepara el equipaje del Papa. Para cada viaje Juan Pablo II lleva

consigo el crucifijo con el cual viajaba Paulo VI, y en el dedo se pone el anillo pontificio con un escudo. Hay un baúl especial para guardar los textos de las homilías y los discursos. En otro baúl se encuentra el guardarropa papal, preparado por

Angelo Gudel, quien cuida que en el baúl se encuentren las vestimentas necesarias para diferentes ocasiones, y adecuadas para el clima y el tiempo del lugar. El baúl lo empaca él mismo o la hermana Matilde, una de las cinco hermanas Siervas del Sagrado Corazón de Jesús de Cracovia, que viven actualmente en el Vaticano. Necesariamente hay que empacar, entre otras cosas, varias sotanas, solideos, sombreros y ropas litúrgicas, aunque estas últimas el Papa generalmente las recibe como obsequio durante el peregrinaje. En una caja especial está el palio, símbolo del máximo poder eclesiástico. Es una cinta blanca de lana, de aproximadamente cinco centímetros de ancho, con seis cruces negras bordadas. En el equipaje no pueden faltar los cómodos zapatos del número nueve. Los zapatos de uso diario están hechos de piel suave de color marrón rojizo. Al Papa le gustan también los zapatos resistentes, por ello no pueden faltar en su vestuario los zapatos hechos especialmente para él, como regalo, por la empresa británica Airwair Ltd. El equipaje lo complementan las pantuflas de piel blanca y varios pares de calcetines blancos.

No es suficiente con preparar el equipaje; también Juan Pablo II tiene que prepararse para sus viajes, pues él mismo escribe la mayoría de sus sermones, discursos de bienvenida y otras intervenciones públicas. No se trata solamente de los discursos; el Santo Padre siempre trata de dirigirse en su propio idioma a las personas que le dan la bienvenida. Por eso antes de cada salida, trata de conocer y aprender aunque sea unas palabras en el idioma de los que lo acogen en su país. Antes del viaje a Brasil en 1980, diariamente celebraba la misa en portugués, también hablaba con las monjas de Brasil y Portugal pidiéndoles que le corrigieran sus errores. Al final, como siempre, sorprendió a los fieles por su fluido portugués.

El papamóvil dentro de un camión de carga, listo para el siguiente viaje papal.

continúa en la pág. 272 ▶

265

separó de sus raíces y renegó de su propio yo, todo eso en el umbral de la gran tragedia de la nación judía. No es de extrañar que los judíos de muchos países (por suerte, no todos y no en todas partes) mostraran recelo y frecuentemente una abierta hostilidad hacia la elevación de su compatriota a los altares.

Esto no detuvo la planeada beatificación. La ceremonia se realizó el 1 de mayo de 1987 en el estadio de Colonia, la misma ciudad en la cual Edith y su hermana ingresaron a la orden de las carmelitas en 1933. El Papa llamó a la nueva beata "un regalo, un llamado y una promesa para nuestros tiempos. Se ha entregado a Dios como 'ofrenda por la verdadera paz' y sobre todo por su amenazada y humillada nación judía", dijo el Santo Padre durante la ceremonia de beatificación.

El tercer viaje de Juan Pablo II, en 1996, tuvo un carácter especial. Era su primera visita al Estado alemán unificado. El acto de mayor simbolismo fue cuando el Papa, en compañía del canciller alemán Helmut Kohl, atravesó la Puerta de Brandenburgo, que anteriormente dividía a Berlín en dos partes, y simbolizaba la división del continente europeo. En esta ocasión, la Puerta ya no solamente no dividía, sino que unía estas dos partes de la capital de Alemania unificada. Con este acto, el Papa bendecía no sólo la integración del hasta hace poco dividido Estado, sino también la unificación de todo el continente.

Durante esta corta peregrinación de dos días, el Santo Padre se reunió, como en ocasiones anteriores, con representantes de otras denominaciones cristianas y con el Consejo Central Judío. Además, proclamó beatos a dos sacerdotes alemanes, los padres mártires Bernard Lichtenberg y Karol Leisner. Fue una ceremonia muy significativa: el Papa elevó a los altares a dos sacerdotes asesinados por el régimen nacionalsocialista, sacerdotes alemanes que, en nombre de la fe y los valores humanos, supieron oponerse al sistema inhumano.

En el discurso dirigido a los judíos, Juan Pablo II subrayó que los cristianos tienen la obligación de defender la dignidad de cada persona. En cambio, fue menos conciliador el discurso del líder del Consejo Judío, Ignatz Bubis, quien reconoció que la Iglesia católica contribuyó a ayudar a sus compatriotas durante la última guerra, pero agregó de inmediato que el fenómeno del antisemitismo apareció también después de la última guerra y mencionó el caso de Polonia en los años cuarenta.

Otro país que también ha hospedado al Santo Padre en tres ocasiones es Austria. Durante su primera visita Juan Pablo II subrayó ante todo el significado de los trescientos años de la victoria sobre los turcos otomanos en Viena, así como la unidad

viene de la pág. 263 ▶ Ruperto Mayer. La beatificación de Edith Stein provocó violentas protestas de los círculos judíos, tanto dentro de Alemania como en muchos otros países. Desde el punto de vista del judaísmo, el judío que se convierte a otra religión, especialmente al cristianismo, deja de ser judío, o por lo menos pierde mucho de su identidad nacional; se convierte en alguien ajeno en su propia casa. Edith Stein no solamente se convirtió al catolicismo, sino que se sumergió profundamente en la nueva religión, ingresó al convento y aceptó nuevos nombres. Tenemos que recordar que en el judaísmo los nombres tienen un significado y un papel muy importante; cambiarlos significa cambiar toda la personalidad. Así, Edith Stein convirtiéndose en Teresa Benedicta de la Cruz, para los judíos se

Durante la tercera visita a Alemania, el Papa y el canciller Helmut Kohl pasaron por la Puerta de Brandenburgo, que hasta hacía poco constituía la frontera entre Oriente y Occidente (Berlín, 1996).

266

europea. Naturalmente aparecieron muchos acentos polacos, dado que la victoria en Viena se debió principalmente al rey polaco Jan Sobieski (el Papa visitó, entre otras, la iglesia polaca en Kahlenberg), pero no menos importante fue el aspecto ecuménico e interreligioso de este peregrinaje. La histórica victoria de Viena significó en aquel tiempo la victoria de las armas cristianas sobre las musulmanas, y la salvación de Europa (por lo menos de esta parte) de la expansión del Islam. Sin embargo, en nuestros tiempos su remembranza debe convertirse en oportunidad de una nueva valoración de la coexistencia interétnica e interreligiosa en la actual Austria y Europa. Por eso también, parte importante del programa de este primer viaje de Juan Pablo II a Austria fueron los encuentros ecuménicos con la participación de los religiosos y seglares de diversas iglesias y denominaciones cristianas, así como de diversas religiones. Estuvieron presentes los jerarcas de casi todas las Iglesias orientales y ortodoxas, entre otros los patriarcas serbio, rumano, ruso y búlgaro, así como de las Iglesias anglicana, armenia, copta y siria, y asimismo de las Iglesias evangélicas y bautistas.

EUROPA, ¡SÉ TÚ MISMA!

Precisamente durante esta peregrinación tuvieron lugar en la catedral vienesa las vísperas europeas. En su discurso, el Santo Padre subrayó la unidad en la cultura de las naciones de ese continente, que creció a partir de las raíces cristianas comunes. Habló sobre ello mucho tiempo antes de la caída del Muro de Berlín, cuando la división de Europa después de la guerra y el orden de Yalta parecían ser inalterables. Por entonces, pocos (si es que acaso existían tales personas) admitían siquiera la posibilidad de un cambio político en el continente. Pero Juan Pablo II ya tenía la visión de una Europa unida y, ante todo, unida mediante la común tradición cristiana.

La tercera visita a Austria ocurrió en el año 1998, cuando habían desaparecido las divisiones políticas, pero surgido otras nuevas, esta vez invisibles, a causa de las diferencias económicas. Los discursos pontificios durante este viaje expresaban la alegría y el agradecimiento por la libertad y el fin de las divisiones políticas, pero al mismo tiempo advertían sobre nuevos peligros: el materialismo, la permisividad, la indiferencia a los problemas del prójimo y, sobre todo, el proceso de descristianización del Viejo Continente.

España ha hospedado al Papa cuatro veces, en dos de las cuales —en 1989 y 1993— estas visitas coincidieron con acontecimientos significativos para la Iglesia en general. El primero de ellos fue el Segundo Día Mundial de la Juventud en Santiago de Compostela; y, el segundo, las celebraciones del XLVI Congreso Eucarístico Internacional en Sevilla. Durante el primer viaje, en 1982, Juan Pablo II visitó en diez días 17 localidades en todo el país, y pronunció muchos discursos. El más importante, sin duda alguna, fue el llamado Acto Europeo, leído por el Santo Padre para concluir la visita en uno de los más antiguos centros de peregrinaciones europeos: en la ciudad de Santiago Apóstol, Santiago de Compostela.

El Papa recordó que "los peregrinajes a Santiago eran unos de los acontecimientos más significativos, que ayudaron al común entendimiento de diferentes pueblos europeos, como los romanos, germanos, celtas, anglosajones y eslavos". Subrayó que "la historia de la formación de las naciones europeas se desarrolla en forma paralela a su evangelización, a tal grado que las fronteras de Europa coinciden con el alcance de la penetración del Evangelio". Después Juan Pablo II llamó "a la vieja Europa" a que se encontrara a sí misma: "¡Sé tú misma! Descubre tus raíces. Haz que renazcan tus raíces. Revive los valores auténticos que han hecho que tu historia esté llena de gloria, y tu presencia en otros continentes sea beneficiosa."

En agosto de 1989, el Papa volvió a visitar Santiago de Compostela, en el marco del Segundo Día

El papa Juan Pablo II da la bienvenida a multitud de personas, en la ciudad de Ávila, durante su visita a España en 1982.

Mundial de la Juventud. Aunque en comparación con acontecimientos anteriores y posteriores se considera que éste fue pequeño, ya que "apenas" alrededor de medio millón de personas se inscribieron en forma permanente en la historia de los Días Mundiales de la Juventud, la peregrinación pontificia se llevó a cabo en la víspera de los grandes cambios en el Viejo Continente. Se desmoronó el orden de Yalta.

Otra novedad de este viaje fue la última parte del trayecto, más de medio kilómetro, que lleva al santuario que el Papa recorrió como los auténticos peregrinos: a pie, con ropas de penitente y apoyándose en un báculo de peregrino. Lo acompañaron en esa ocasión setecientos jóvenes vestidos en forma semejante, y toda la procesión tuvo carácter expiatorio, reafirmado por el canto de la Letanía a Todos los Santos.

En el discurso a los jóvenes, el Papa destacó que este camino es, igual que para los antiguos peregrinos, "la expresión de un profundo espíritu de conversión", y llamó a su joven audiencia a amar la verdad y a seguir con ella por todos los caminos en la vida. Recordó en esta ocasión que "el camino que señala el llamado de Cristo no es fácil, pues puede llevar hasta la cruz", pero no hay otro trayecto "que lleve a la verdad y dé la vida".

HOLANDA, DIFÍCIL

En 1985 Juan Pablo II visitó Holanda y otros países del Benelux. Sobre todo este primer país se hizo famoso por la gran cantidad de volantes y escritos que criticaban a Juan Pablo II. La crítica tomó diversas formas: desde el análisis serio pero polémico respecto a ciertos aspectos de las enseñanzas del Papa (sobre todo relacionados con la educación sexual, el aborto, la eutanasia y el sacerdocio de las mujeres), pasando por artículos ofensivos y satíricos en los que se criticaba al Papa y frecuentemente a toda la Iglesia católica, hasta manifestaciones callejeras con los carteles "Pope: Go Rome" (Papa, vete a Roma), o el lema de los años sesenta: "Cristo, sí; la Iglesia, no". Hay que añadir a todo ello muchos programas de televisión que ridiculizaron el gesto papal de besar la tierra a su llegada o la bendición de la gente.

El Santo Padre no trató de halagar a los anfitriones. En todos sus discursos subrayó la enseñanza tradicional de la Iglesia. Al mismo tiempo, consciente del ambiente, en todas partes hizo gran hincapié en los méritos de la Iglesia holandesa, y habló sobre el glorioso pasado de mil quinientos años de cristianismo en estas tierras.

No eran sólo palabras amables para agradar a los anfitriones, sino ante todo una confirmación del estado de los hechos. La Iglesia en los Países Bajos tiene de qué estar orgullosa, principalmente de su acción social, así como de la gran cantidad de misioneros que trabajan en todo el mundo (más de cinco mil). Pero al mismo tiempo esta Iglesia ha atravesado, sobre todo en los tiempos del Concilio Vaticano II, por una crisis de identidad que se reflejó, entre otras cosas, en la socavación de diversos aspectos de las enseñanzas tradicionales católicas, en especial la moral. También ha enfrentado

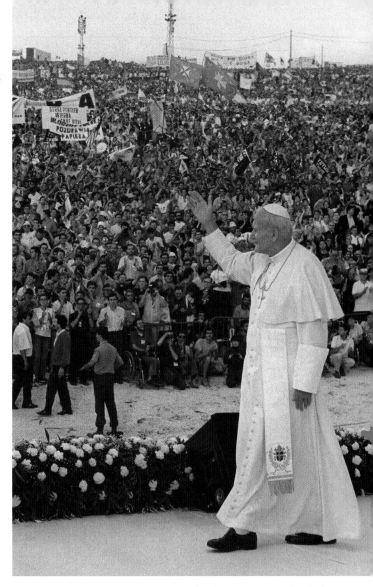

El Papa saluda a los participantes del Segundo Día Mundial de la Juventud, en Santiago de Compostela, España (1989).

la dramática caída de las vocaciones sacerdotales y órdenes religiosas, y varias corrientes poco ortodoxas, como el ejercicio de las tareas reservadas a los sacerdotes por laicos y mujeres, o algunas prácticas sincréticas con otras religiones, no autorizadas por las autoridades eclesiásticas.

El Santo Padre comentó todos estos asuntos de una u otra forma en sus discursos. Por ejemplo, en el discurso a los maestros y educadores católicos en Den Bosch recordó los principios educativos basados en los valores cristianos; llamó la atención a los nuevos retos y tareas que enfrentan los maestros, y finalmente rindió homenaje al sistema educativo holandés, que —como se expresó— envidian a los católicos holandeses muchos cristianos en todo el mundo. "Conservad este sistema, y renovadlo, para el bien de vuestra Iglesia y de toda la sociedad", finalizó.

Durante el encuentro con las personas ordenadas en Utrecht, el Papa habló sobre la vida en las órdenes religiosas como "señal de oposición" al

268

mundo actual. Recordó que a pesar de las cambiantes condiciones exteriores, frecuentemente desfavorables a la vida consagrada, los miembros de las órdenes tienen que seguir dando testimonio de su vocación y misión al mundo de hoy. Subrayó el significado de la vida comunitaria, la virtud de la obediencia y el espíritu de oración, tan importantes en la vida consagrada.

Es necesario mencionar también las conversaciones que Juan Pablo II sostuvo con los miembros del gobierno holandés, y su visita al Tribunal Internacional de Justicia de La Haya, así como los encuentros con el Episcopado y las monjas.

Durante la breve permanencia de dos días en el pequeño Luxemburgo, el Papa se reunió con enfermos, los que confió a la Santísima Virgen María. También visitó las instituciones de la Unión Europea y llamó la atención de sus representantes a la necesidad de unificar los intereses económicos y del mercado con los valores espirituales. Habló además con incontables inmigrantes, religiosos y laicos comprometidos.

En Bélgica, Juan Pablo II habló sobre la misión de los laicos en la Iglesia, la dimensión religiosa del arte, las tareas de la universidad católica de Lovaina, y sobre el lugar y las tareas de los cristianos que viven en una gran y moderna metrópoli, cuyo ejemplo es Bruselas. En vista del carácter multiétnico del país, el Papa dedicó atención especial a los problemas de la convivencia de diversas nacionalidades para el bien común, dirigiéndose a los oyentes en dos idiomas: francés y flamenco.

Un elemento interesante de la peregrinación por Bélgica fue el mensaje dirigido a los presos. A causa del apretado programa de visitas, al Papa no le alcanzó el tiempo para pronunciar personalmente este mensaje. Lo dejó por escrito, y subrayó en éste la dignidad de la persona humana, "que nunca es aniquilada totalmente, y siempre puede encontrar su fuerza y su resplandor".

PADRE, HAZ QUE SEAN UNO...

Un carácter diferente tuvo la peregrinación del Papa por los cinco países escandinavos en 1989. Esta particularidad se debió sobre todo a la dimensión ecuménica, porque Escandinavia es mayoritariamente luterana, por lo menos formalmente, porque ante todo es laica.

Cuando se estaba preparando la visita del Santo Padre, se hicieron evidentes los viejos prejuicios anticatólicos y antipapales, todavía fuertes en muchos círculos de la sociedad. A pesar de ello, también este viaje terminó con indudable éxito del Papa. Aunque la asistencia era menor que en otros países, de todos modos llegaban miles de personas a los encuentros con él.

Resumiendo este viaje durante la audiencia general el 14 de junio de 1989 en el Vaticano, el Papa dijo que su tema principal e inspiración eran las palabras de Cristo: "Padre, haz que sean uno."

Enfatizó que "fue la peregrinación a los inicios de la cristiandad y de la Iglesia en la Europa nórdica", que data del siglo IX. "La recepción sincera y cordial con la que nos encontramos durante esta visita, frecuentemente parecía un alegre encuentro de hermanos que se reúnen después de muchos años. El amor renovado y afianzado, que se expresa en la oración común, afirmó la esperanza que es inspiración del movimiento ecuménico. De ella nació el fuerte compromiso de hacer todo lo posible para vencer las diferencias existentes."

La cuestión del ecumenismo y de la unión de los cristianos se manifestó en casi todos los discursos pronunciados durante esta visita. Fue claro que, aunque la prioridad del Santo Padre es el acercamiento con el cristianismo oriental, sobre todo ortodoxo, el Papa no descuida las relaciones con las

Durante la visita a los países del Benelux, hubo personas que hicieron todo lo posible para que el Papa sintiera que no era bienvenido (1985).

demás Iglesias cristianas y busca el acercamiento con todos.

Hay que añadir que no en todas partes los esfuerzos de Juan Pablo II encontraron la misma comprensión. Así, por ejemplo en Roskild, Dinamarca, los obispos luteranos no le permitieron al Papa pronunciar su discurso. Sólo podía expresarse a través de los sermones ecuménicos, celebrados en templos católicos locales. En cambio, encontró una bienveni-

da más calurosa en Suecia y Finlandia, lo que sin lugar a dudas es consecuencia de la existencia en estos países de comunidades católicas relativamente numerosas y de la convivencia entre religiones más prolongada. En todos sus discursos, pronunciados durante su estadía en el gélido Norte (no solamente desde el punto de vista meteorológico), el Santo Padre subrayó la necesidad de la apertura de los cristianos de diversos credos, señaló los logros obtenidos hasta entonces, y aseguró que la Iglesia católica va irrevocablemente por el camino del diálogo y los contactos ecuménicos.

Independientemente de las diferentes interpretaciones de estos viajes, se puede asegurar que fueron acontecimientos muy importantes, tanto para los cristianos anfitriones, sobre todo para los de las

A pesar de que en Suecia hay una minoría de católicos, en la misa pontificia celebrada en Upsala participaron diez mil fieles (1989).

pequeñas comunidades católicas de aquellos países, como para el mismo Papa, quien pudo verificar la existencia de puntos de vista diversos, y frecuentemente opuestos, entre los protestantes, sobre su cargo y servicio pastorales.

EL PAPA VISITA A LOS COMUNISTAS

Por más de diez años, el único país comunista que había hospedado al Santo Padre había sido Polonia. Esto es comprensible hasta cierto punto: Polonia es la patria de Juan Pablo II, el país en el cual la Iglesia católica pudo desempeñar un papel social muy importante y tuvo relativa libertad durante todo este tiempo.

No fue sino hasta principios de los años ochenta cuando se insinuó, tímidamente, la posibilidad de un viaje de Juan Pablo II a Yugoslavia. Parecía tan probable, que a principios de 1984 el entonces arzobispo de Zagreb y presidente de la Conferencia Episcopal de Yugoslavia, cardenal Franjo Kuharic, dijo en una entrevista para un semanario católico croata que habían iniciado los preparativos para la visita del Santo Padre. Pero el tiempo pasaba y las perspectivas de la visita pontificia se alejaban cada vez más. Finalmente llegó a los Balcanes, pero sólo después de la caída del comunismo y la desintegración de la Federación Yugoslava en 1994. Antes, en los años 1990 y 1991, Juan Pablo II había visitado ya Checoslovaquia y Hungría.

Las circunstancias de ambos viajes fueron diferentes y cada uno de ellos tenía su propia especificidad. El Papa deseaba primero dirigirse a Hungría, donde fue invitado conjuntamente, desde agosto de 1988, por la Conferencia Episcopal y por el gobierno comunista, fijando ya entonces como fecha el año de 1991. Pero en otoño de 1989 cambiaron los regímenes en toda Europa Central y del Este. El 29 de diciembre del mismo año, el disidente Vaclav Havel fue electo presidente de Checoslovaquia, poco después se dirigió al Vaticano y la noticia de que el Papa visitaría Checoslovaquia los días 20 y 21 de abril de 1990 recorrió el mundo.

De esta forma se llevó a cabo una visita de dos días a Checoslovaquia, país que hasta hacía poco era de los más anticatólicos de Europa y especialmente hostil al papa polonés. La visita fue un acontecimiento relevante no sólo desde el punto de vista religioso. El Santo Padre visitó Praga, Bratislava y Welehrad, un pueblo de Moravia vinculado con la actividad de los apóstoles de los eslavos, Cirilo y Metodio. En la catedral de Praga homenajeó al clero y a los religiosos que perseveraron en la fe a pesar de las duras persecuciones, y los llamó a enfrentar los retos en las condiciones de la libertad recuperada. Durante un encuentro con los intelectuales, habló sobre la necesidad de revalorar la persona de

Jan Hus, quemado en la hoguera en 1415, durante el Concilio de Constanza.

La peregrinación a Checoslovaquia fue también un reconocimiento al Primado de este país, el cardenal Frantisek Tomasek, de 90 años, quien ya cercano a la muerte pudo dar la bienvenida en su propio país a la Cabeza de la Iglesia católica.

Después de la desintegración de Checoslovaquia, el Santo Padre ha visitado tres veces más estas tierras: dos veces la República Checa y una vez Eslovaquia. Aunque siempre han sido acontecimientos importantes para la Iglesia, ya no despiertan tanto interés como el que despertó la primera peregrinación, sobre todo en el caso de la República Checa, porque en el de Eslovaquia se interpretó como una manifestación de apoyo al papel internacional de este nuevo Estado.

Debe agregarse que la primera visita del Papa a la República Checa estuvo acompañada de un conflicto en torno a la canonización del sacerdote mártir, padre Jan Sarkandra, asesinado en 1619 por protestantes checos. Los protestantes actuales se sintieron agredidos, y cuando Juan Pablo II decidió no suspender la ceremonia, boicotearon un oficio ecuménico. Más tarde, el Papa escribió de su puño y letra la carta con explicaciones al superior del Consejo Ecuménico Checo, lo que en nada ayudó.

Juan Pablo II entonces tuvo un gesto fuera de lo común: al final de la misa de canonización en Olomuniec, pidió a todos los cristianos de otras denominaciones el perdón por los pecados cometidos contra ellos por los católicos en cualquier época, asegurando al mismo tiempo que también la Iglesia católica perdona a todos aquellos que en cualquier forma la hayan lastimado. Este pronunciamiento del Santo Padre conmovió a los presentes, pero en esencia —como lo demostró el futuro— no modificó la postura negativa de los no católicos frente al catolicismo, tanto en la República Checa como en otros países.

En agosto de 1991 el Papa se dirigió a Hungría, un día después de las celebraciones del Día Mundial de la Juventud en Czestochowa, Polonia. El presidente Árpád Gönch recordó durante la bienvenida a Juan Pablo II los largos lazos de amistad entre polacos y húngaros. En esta peregrinación, el Santo Padre recorrió prácticamente todo el país y visitó los principales centros religiosos, incluyendo los greco-católicos. También se reunió con protestantes y judíos.

El Papa visitó Hungría por segunda vez en 1996, con ocasión de los mil años de haberse construido la abadía benedictina en Pannonhalma. El obispo de ese lugar deseaba que este antiguo claustro, que recuerda todavía los tiempos de unión de toda la cristiandad, fuera el lugar de reunión de los superiores de dos Iglesias hermanas: la católica y la ortodoxa, Juan Pablo II y el patriarca de Moscú, Alexis II. El Santo Padre, que desde hacía mucho tiempo soñaba con un viaje a Rusia para tener un encuentro con el jerarca de aquella Iglesia, aceptó con alegría esta propuesta. Pero el Patriarca moscovita buscó pretextos desde el principio para evitarlo, y terminó declarando que era necesario posponer el encuentro con el fin de prepararlo con la debida anticipación.

Juan Pablo II y Vaclav Havel, presidente de la República Checa. Desgraciadamente, el encuentro ecuménico en Praga fue boicoteado por los hermanos checos (1995).

LA IGLESIA QUE RESUCITÓ

El 25 de abril de 1993 el Papa visitó Albania, que hacía un cuarto de siglo, desde 1967, se proclamaba como el primer estado del mundo totalmente ateo. Uno de los acontecimientos más importantes de esta peregrinación fue el acto de consagrar a cuatro obispos albaneses en la catedral en Shkodra, apenas restituida al culto. Así fue también restaurada en este país la jerarquía de la Iglesia católica devastada por el régimen comunista.

En el sermón pronunciado en esa ocasión, el Papa habló de la Iglesia que resucitó. Haciendo referencia al trágico pasado de los creyentes en Albania, dijo: "¡No debemos olvidar lo que sucedió! Es justo pensar en el futuro para edificarlo en la libertad y a la medida del hombre. Sin embargo, hay que recordar las experiencias pasadas para evitar los errores de este periodo tan lamentable."

Subrayó también que "lo que sucedió en Albania no tuvo precedente en la historia del mundo. [...] Albania se había sumergido en un abismo y solamente un milagro permitió que saliera de él sin que hubiera derramamiento de sangre. Cuando parecía

continúa en la pág. 274 ▶

El viajero

viene de la ▶ pág. 265

LAS PEREGRINACIONES PONTIFICIAS SE planean generalmente con un año de anticipación. El mismo Papa decide dónde y cuándo viajar; el Secretario del Estado Vaticano se ocupa, en cambio, de todas las formalidades.

Antes de cada peregrinación, el Papa analiza minuciosamente la realidad del país que va a visitar. La información la consigue a través de medios y caminos diferentes: revisa la prensa, estudia la historia y la cultura del país, conoce la vida de personalidades importantes. Aprovecha, entre otros, los análisis preparados por sus representantes diplomáticos, nuncios apostólicos o enviados especiales.

EL HOMBRE SABIO...

Cada visita tiene lugar después de los acuerdos con las autoridades locales eclesiásticos y gubernamentales. Todos los viajes se realizan por invitación de los episcopados y gobiernos de un determinado país. A veces la relación con los gobiernos implica muchos problemas para los organizadores, como fue el caso de la primera peregrinación de Juan Pablo II a Polonia.

En el momento de la inauguración del pontificado fue evidente que la visita del Papa a su patria era inevitable. Durante las ceremonias inaugurales en Roma, el Santo Padre expresó su deseó de ir a Polonia para las festividades del 900° aniversario de la muerte de San Estanislao. Se iniciaron negociaciones difíciles y complicadas con el gobierno comunista de Polonia, que declaró que los altos funcionarios no tenían nada en contra de la visita y que quienes se oponían, en cambio, eran "las bases del partido". El 11 de enero de 1979, Juan Pablo II trató de acelerar el asunto y en realidad se invitó él mismo.

Declaró a las autoridades de Polonia, que "es mi obligación participar en las ceremonias del aniversario del martirio de San Estanislao". Edward Gierek, primer secretario del partido comunista, respondió que las autoridades de Polonia darían la bienvenida al papa Juan Pablo II "en forma digna y con respeto".

Pero de inmediato reaccionó el líder soviético Leonid Brezhnev, que consideraba que la llegada del Papa provocaría problemas. "Digan al Papa, que es hombre sabio, que declare públicamente que no puede venir por razones de salud. Gomulka (Primer Secretario del Partido Comunista Polaco anterior a Gierek) se negó a recibir a Paulo VI en Polonia y nada terrible sucedió", dijo Leonid Brezhnev. Pero finalmente, el líder soviético permitió la visita del Santo Padre, bajo la responsabilidad de Edward Gierek y del Partido Comunista Polaco.

A las autoridades del Vaticano les quedó todavía la negociación de la fecha y el programa de la visita, en la cual tampoco faltaron cuestiones controvertidas, disputas y alteraciones. De los preparativos de la peregrinación pontificia se encargó por completo la Iglesia polaca, incluidas las decoraciones, el manejo de las multitudes de fieles y hasta la preparación de los alimentos.

Los motivos de la visita pueden ser diversos; con mayor frecuencia son jubileos, ceremonias de canonización, congresos eucarísticos y peregrinaciones a lugares santos. Las peregrinaciones también pueden relacionarse con la situación de un determinado país. Para Juan Pablo II tiene importancia especial la participación en los Días Mundiales de la Juventud, instaurados por él mismo en 1986; el primer encuentro tuvo lugar en 1987. Este evento bianual es una verdadera celebración y ocasión para rezos comunitarios, pero también de diversión. Así, por ejemplo, en el Parque Nacional en Colorado, la figura de Juan Pablo II, que dirigía el encuentro con la juventud, apareció en las enormes pantallas, a semejanza de las estrellas de rock, y en las festividades participaron cantantes, grupos y la orquesta sinfónica.

Las peregrinaciones del Papa siempre van de acuerdo con el guión establecido durante su primera salida en enero de 1979 a la República Dominicana y a México. Después de la llegada, el Papa se inclina y besa la tierra del país que lo acoge como señal de la presencia de Dios en ese lugar (hoy, a causa del mal estado de salud del Santo Padre, esta costumbre ha sido eliminada). Las reuniones con los jefes del Estado o los representantes del gobierno se desarrollan de acuerdo con los principios y las normas del protocolo diplomático. Durante el recorrido en el papamóvil, al Papa casi nunca lo acompañan políticos o dignatarios gubernamentales, sino solamente el obispo de la localidad o la cabeza del episcopado del país. Las visitas tienen siempre un carácter litúrgico o religioso, pero nunca político, y el posible impacto de la visita pontificia en los problemas internos del país, Juan Pablo II lo deja en la gestión... del Espíritu Santo.

Es verdad que al planear sus peregrinaciones el Papa polonés favorece a su país natal. Es comprensible: en su patria se siente mejor. Aunque no oculta que le gusta el estilo de vida en... el principado de Liechtenstein.

Para él no es importante el prestigio o el poder del Estado que visita. No duda en viajar a las regiones del mundo sumergidas en guerra (por ejemplo, Sarajevo). Con ocasión de sus salidas le gusta citar las palabras de Jesús a San Pedro: "Afirma en la fe a tus hermanos." En febrero de 1985, en Perú, bromeó que dejaba Roma solamente con el permiso de San Pedro.

–¿Y San Pedro está satisfecho por sus viajes? –preguntó al Santo Padre el director de los programas de Radio Vaticano, el padre Pascuale Borgomeo.

–Ya veremos que me dirá al final: fuiste un vagabundo o...

fuiste un apóstol –fue la contestación del Santo Padre.

Los viajes pontificios requieren muchísimos esfuerzos y acuerdos, organización precisa y gastos significativos. Los costos se cubren tanto por el Estado vaticano como por las Iglesias que hospedan al Papa. Para el Vaticano los gastos son mayores cuando el Papa se dirige a un país en el que la religión católica romana no es mayoritaria, como los Estados protestantes o países no cristianos.

Los vuelos del Papa son, ante todo, una excelente publicidad para las líneas aéreas; por tanto, éstas se pelean por el privilegio de tenerlo a bordo. Las visitas internacionales del Papa, además de carácter religioso, tienen también carácter interestatal, como la visita de cualquier jefe de Estado. Por ello, los gastos relacionados con la seguridad del Papa, la vigilancia del orden durante los encuentros o recorridos por la ciudad y la atención médica a los peregrinos, corren por parte del país o la entidad local de que se trate.

SENCILLAMENTE DUERMO POR LAS NOCHES

Durante sus peregrinaciones al extranjero Juan Pablo II ocupa, generalmente, un apartamento en la nunciatura apostólica de ese país. Durante el viaje, a pesar de un programa muy intenso, el Papa no elimina del orden del día ninguna de las prácticas diarias acostumbradas.

Como es su costumbre en el Vaticano, el Santo Padre se levanta a las cinco y media de la mañana ("No sin dificultad",

En el avión papal cuando inició la peregrinación a Tanzania, Burundi, Ruanda y Costa de Marfil (1990).

como ha dicho). Posteriormente se dirige a la capilla, donde reza y medita. A las ocho de la mañana celebra la Santa Misa y después de un corto encuentro con los participantes en ésta, desayuna con sus colaboradores más allegados y comenta el programa de trabajo del día. Si sus ocupaciones durante la peregrinación lo permiten, dedica tiempo a modificar o perfeccionar sus discursos, haciéndolo con mayor gusto frente al Santísimo Sacramento.

En la mayoría de los casos, él mismo prepara la primera versión de sus textos, que después evalúan las personas de su confianza. A veces aprovecha también las versiones preparadas por la Curia o por sus consejeros, pero el Papa siempre añadirá algo personal. Posteriormente dan comienzo las actividades de acuerdo con el programa del día o del viaje. A las siete y media de la noche el Papa cena platos vegetarianos, después trabaja y reza hasta aproximadamente las once de la noche, hora en que se dirige a descansar. Todas sus ocupaciones las entrelaza con la oración. En determinados momentos del día, de acuerdo con la tradición litúrgica, reza el breviario. Nunca descuida las visitas al Santísimo Sacramento ni el vía crucis de los viernes. Reza varias veces el rosario a lo largo del día. Durante una peregrinación al extranjero le preguntaron:

–Su Santidad ¿cómo es posible que un hombre que ya tiene más de sesenta años y que resultó herido de gravedad en el atentado de 1981 tenga tantas fuerzas para mantener este ritmo agotador de la peregrinación?

El Papa contestó:

–Sencillamente duermo por las noches. ■

fe —religiosos y laicos— y al mismo tiempo presentaba las nuevas oportunidades y los retos que enfrentan estas Iglesias. Era el caso sobre todo de Lituania, el país más grande y más católico de esta región; sin embargo, las demás repúblicas bálticas afrontaban problemas semejantes. En sus discursos pontificios no faltaron tampoco referencias a las relaciones entre diversos grupos nacionales en esta región. En Lituania existen numerosas comunidades polacas, las cuales tienen que padecer políticas discriminatorias.

Un acontecimiento importante en esta peregrinación fue la visita realizada al Monte de las Cruces, cerca del poblado de Szawly. Ahí hay un bosque de miles de cruces, que los peregrinos de toda Lituania han llevado durante décadas. Incluso las autoridades comunistas no pudieron terminar con él, porque después de destruir unas, casi al día siguiente aparecían nuevas. Este lugar —aseveró Juan Pablo II— es testimonio del misterio y la fuerza de la cruz, que "se convirtió para toda la nación y la Iglesia en fuente providencial de bendición y señal de reconciliación entre la gente".

viene de la pág. 271

que todo estaba perdido, llegó la liberación".

Los discursos del Santo Padre durante sus viajes a los tres países bálticos, Lituania, Letonia y Estonia, en septiembre de 1993, contenían un mensaje similar. Estas ex repúblicas soviéticas se vieron privadas de su independencia política durante casi medio siglo, y la Iglesia, así como la religión, al igual que en toda la Unión Soviética, fueron sometidas a diversas limitaciones y discriminaciones. La posibilidad de la peregrinación a Lituania fue considerada todavía en los tiempos de la URSS de la *perestroika* de Gorbachov. En aquella época, cuando se hablaba de una posible visita a Lituania, de inmediato se agregaba que el camino que llevaba al Báltico pasaba por Moscú, que dominaba estos territorios. No obstante, en 1993, el papa Juan Pablo II aterrizó en el aeropuerto de Vilnus, sin pedir el consentimiento del Kremlin, y fue recibido por el Presidente, el Primer Ministro y los obispos de Lituania independiente, quienes acudieron a darle la bienvenida.

HOMENAJE A LOS MÁRTIRES

Durante la estancia en los tres países bálticos, el Papa se refirió con mucha frecuencia al pasado reciente, ofreciendo homenajes a los mártires por la

Al beatificar al cardenal Alojzije Stepinc, el Papa señaló algunos valores dignos de imitar: "Fe en Dios, amor que permite perdonar, unidad con la Iglesia." (Croacia, 1998.)

En Letonia, el Papa puso en las manos de la Madre de Dios al pueblo letón y a los pueblos vecinos. Llamó la atención el hecho de que en Lituania, donde el 10 por ciento de la población es de origen polaco, el Santo Padre rara vez hablara en polonés (los discursos los pronunciaba en lituano o en italiano), para no molestar a los nacionalistas lituanos. En cambio, en Letonia, con frecuencia utilizaba su idioma natal, aunque ahí hay menos poloneses que en Lituania.

En Estonia, el país más pequeño y menos católico de esta región, el Santo Padre permaneció solamente diez horas. A pesar de ello, Juan Pablo II pudo reunirse con una comunidad católica de unos centenares de personas, y participó en el oficio ecuménico en la iglesia luterana de San Nicolás, y concelebró la misa en la plaza principal de Tallin, capital de Estonia.

En el transcurso de los siguientes años de peregrinación, los senderos del Papa lo llevaron a los Balcanes. No era una tarea fácil, pues durante la pri-

274

mera mitad de los años noventa esta región se sumergió en una guerra sangrienta y cruel, en la cual tomaron parte casi todos los países (con excepción de Macedonia) que surgieron después del derrumbe de Yugoslavia. En muchas ocasiones, el Papa pidió que se terminaran las luchas y que regresara la justa paz, reconociendo al mismo tiempo los derechos de cada nación a tener su propio Estado. La Santa Sede fue también el primer sujeto del derecho internacional que reconoció a los nuevos países: Eslovenia y Croacia, y más tarde también a Bosnia-Herzegovina.

POR EL SENDERO DE LA GUERRA SANGRIENTA

El primer viaje a las tierras de la antigua Yugoslavia no fue posible hasta septiembre de 1994. Al principio parecía que el primer país que hospedaría al Papa sería el más castigado por la guerra: Bosnia; pero prácticamente un día antes de la visita planeada para el 8 de septiembre, fue necesario cancelarla, en vista de que las fuerzas de paz de la ONU

no estaban en condiciones de garantizar la seguridad del Papa. Por tanto, dos días más tarde se dirigió en breve visita a Croacia, en cuyo territorio todavía hacía un año se gestaban batallas encarnizadas y se hallaba bajo la ocupación serbia. El Santo Padre, recibido calurosamente por las autoridades

Cuando llegó a Albania para consagrar a cuatro obispos, Juan Pablo II proclamó al mundo que la Iglesia albanesa, desangrada y casi aniquilada, estaba resucitando de la sangre de los mártires (1993).

gubernamentales y eclesiásticas, así como por todos los habitantes, presentó un homenaje a la nación croata y, al mismo tiempo, llamaba constantemente a la reconciliación y la reconstrucción de la mutua confianza en esta región. En 1998, durante su segundo viaje a Croacia, Juan Pablo II dedicó atención muy especial al cardenal Alojzije Stepinac, una de las figuras más trágicas del catolicismo de Croacia, perseguido tanto por los alemanes en la Segunda Guerra Mundial como por los comunistas después de la guerra. Este inquebrantable defensor de la dignidad humana pasó muchos años en una rigurosa prisión y posteriormente estuvo bajo arresto domiciliario en su pueblo natal. Durante la Santa Misa en Zagreb, el Papa lo proclamó beato.

En abril de 1997 el Papa se dirigió por fin a Sarajevo. Esta visita, que prácticamente duró un solo día, fue un gran acontecimiento tanto para el propio Papa como para los habitantes de la destruida capital de Bosnia. El mensaje principal del viaje papal fue el llamado a una paz sólida y perdurable en esa tierra. Además, el Santo Padre se reunió con los representantes de todos los grupos religiosos y nacionales de ese país: ortodoxos, musulmanes y judíos.

Para finalizar, debemos mencionar otro viaje que fue sumamente importante, el que el Santo Padre realizó a Rumania, el primer país de mayoría ortodoxa que Juan Pablo II ha visitado. Durante mucho tiempo, la peregrinación parecía imposible debido a las tensas relaciones entre los ortodoxos y los greco-católicos, pero en 1998 hubo una distensión y en mayo de 1999 el Papa logró pisar tierra rumana. Fue recibido con mucho cariño tanto por los católicos de ambos ritos como por los ortodoxos, y el mensaje principal del Papa fue el llamado a la unidad de los cristianos. Al finalizar la liturgia en la plaza principal de Bucarest, los fieles empezaron a gritar en forma espontánea: "*Unitate!*" (unidad). Como era natural, el Santo Padre presentó un homenaje a los fieles que en los años del régimen comunista sufrieron persecuciones. La situación más difícil fue la de los greco-católicos, cuya Iglesia fue disuelta por los comunistas en 1948 y cuyos bienes fueron entregados a los ortodoxos. El hecho de que la Iglesia ortodoxa se hubiera aprovechado de estas persecuciones para apoderarse de los bienes de sus hermanos en la fe provocó una profunda división, incluso odio, entre estas dos Iglesias muy cercanas, tanto en lo litúrgico como en la doctrina. La llegada del Santo Padre fue posible sólo después de que las dos Iglesias empezaron el acercamiento. ∎

América Latina ha ocupado un papel muy importante en la agenda pontificia. Brasil, Argentina, Cuba, la República Dominicana, entre otros muchos países, han sido objeto de las visitas papales. Pero es en México donde el Sumo Pontífice y el pueblo mexicano se han volcado en una intensa relación, que vigoriza la labor apostólica del Vicario de Cristo.

CAPÍTULO DIECISÉIS

Peregrino en América Latina

EL 16 DE OCTUBRE DE 1978 LOS MEXICANOS CATÓLICOS NO IMAGINABAN QUE CUANDO LA CHIMENEA DE LA CAPILLA SIXTINA COMENZÓ A ARROJAR LAS VOLUTAS DE HUMO QUE ANUNCIABAN LA ELECCIÓN DE UN NUEVO PAPA, se iniciaría una relación armoniosa y fuerte entre el máximo representante de la Iglesia católica y ese pueblo fervoroso que jamás había tenido contacto directo con un sumo pontífice.

México aguardaba una visita pontificia desde que el papa era Paulo VI, quien había prometido visitar el continente americano para inaugurar los trabajos de la III Conferencia General del Episcopado Latinoamericano (CELAM). Estos actos estaban programados para octubre de 1978, pero la muerte de Paulo VI, ocurrida el 6 de agosto de ese año, obligó a cambiar los planes.

El anhelo de este acercamiento renació cuando fue elegido como sucesor Albino Luciani, quien en homenaje a sus antecesores, Juan XXIII y Paulo VI, adoptó el nombre de Juan Pablo I. Pero la esperanza duró poco, pues murió a escasos 33 días de haber sido elegido.

Nuevamente la incertidumbre reinó sobre el panorama eclesiástico y la ilusión de una visita papal a México se desvaneció, pero no por mucho tiempo. La tarde de ese lunes 16 de octubre de 1978 alrededor de 300,000 fieles congregados en la Plaza de San Pedro, y millones de televidentes en todo el mundo, recibieron con júbilo la noticia de la designación de un nuevo papa.

POR ENCIMA DE LAS EXPECTATIVAS

Desde que supo que Juan Pablo II visitaría tierra azteca, el pueblo de México esperó con singular entusiasmo a tan distinguida personalidad. Era la primera gira del Sumo Pontífice y el mundo estaba pendiente de tal hecho. Días antes, incontables casas y edificios fueron adornados con papeles amarillos y blancos, colores de la bandera vaticana, a manera de saludo y homenaje al visitante apostólico. El ambiente estaba listo para recibir al Obispo de Roma. En el corazón de todos los fieles palpitaba un sentimiento de bienaventuranza.

Finalmente, la fecha anhelada llegó el 26 de enero de 1979, cuando el avión DC-10, *Dante Alighieri*, que transportaba a Su Santidad, arribó al aeropuerto de la ciudad de México procedente de Santo Domingo, país que había visitado primero. Los ojos de millones de televidentes atestiguaron los momentos en que Juan Pablo II, sonriente, salía de la aeronave y, con gesto amigable, saludaba desde la escalinata moviendo de un lado a otro el brazo. Era un primer saludo cordial que apenas esbozaba lo que sería la intensa relación entre este representante de la Iglesia católica y el pueblo mexicano.

El pueblo mexicano se ha volcado a las calles a saludar al Sumo Pontífice siempre que éste ha visitado tierra azteca, sea en visita oficial o no.

Una vez que descendió por la escalinata, y apenas andados unos cuantos pasos del avión, Su Santidad se arrodilló y, apoyando las manos en el piso, se inclinó para besar el suelo en un gesto verdaderamente conmovedor. Nadie olvidaría esta imagen de humildad y cariño. "Este gesto de simpatía es querido por mi parte como una muestra de respeto por el mundo creado por Dios", explicó en otras ocasiones el Vicario de Cristo, al referirse a dicho acto que efectuaba en cada país al que llegaba de visita.

En el aeropuerto fue recibido por el presidente, José López Portillo, y su esposa. También lo aguardaba una comitiva eclesiástica encabezada por el cardenal Ernesto Corripio Ahumada. Fue un recibimiento en calidad de huésped distinguido a un mensajero de la paz y el amor mundial.

Inmediatamente después, Juan Pablo II abordó el camión Dina tipo 532, adaptado para la ocasión con los colores amarillo y blanco, el escudo del Vaticano en las portezuelas y sin toldo. Entonces no era necesaria tanta protección a la persona de Su Santidad. El vehículo descubierto ofrecía la oportunidad de que el Papa saludara directamente a los mexicanos en su recorrido por las calles, avenidas y carreteras cercanas a las ciudades visitadas: México, Puebla, Guadalajara, Oaxaca y Monterrey. Tal autobús fue llamado "papamóvil" por la inventiva popular y por los medios de comunicación.

A su salida del aeropuerto, el Papa se trasladó al Zócalo. En su recorrido, Juan Pablo II fue saludado por millones de fieles que ondeaban las banderas de México y el Vaticano. A su paso eran arrojados pétalos de rosa y papelitos multicolores. La gente se aglomeraba para verlo y cada espacio útil en ventanas y azoteas de viviendas, edificios públicos, puentes y aun postes y semáforos, se constituyeron en buenos lugares desde los cuales saludar al Papa Amigo.

Juan Pablo II iba a oficiar una misa en la Catedral Metropolitana. A su llegada a la Plaza de la Constitución el espectáculo era impresionante. Miles de fieles lo aguardaban desde la madrugada. En la catedral, la más antigua de América, el Papa ofició su primera misa en México. Un pueblo fervoroso escuchó sus palabras: pocos desde el interior; la mayoría desde el Zócalo. "De mi patria suele decirse: Polonia *semper fidelis.* Yo quiero poder decir también: *México semper fidelis!* ¡México, siempre fiel!", pro-

GIUSEPPE VERDI

A media tarde del 22 de enero de 1999, Juan Pablo II llegó a México en su cuarta visita. En la Basílica de Guadalupe, clausuraría los trabajos del Sínodo de los Obispos de América, motivo central de esta visita.

nunció el Papa en la homilía y su frase quedaría grabada significativamente en el corazón de los mexicanos.

A las cinco de la tarde la misa había terminado. El Sumo Pontífice fue transportado en su vehículo papal a la Delegación Apostólica. Unos momentos sirvieron para que el Papa repusiera fuerzas, pues por la noche cenaría con el presidente de México en la residencia oficial de Los Pinos. Cumplido el compromiso, regresó a la Delegación Apostólica para dormir.

Tratándose de México, no podían faltar las tradicionales "Mañanitas" que un coro de estudiantes entonó para despertar al Papa al día siguiente. Karol Wojtyla, entusiasta, se les uniría en los jardines para cantar una pieza religiosa.

En la Plaza de las Américas de la Villa de Guadalupe el número de fieles superó al de la multitud reunida en el Zócalo. Se calcula que había un millón de personas: capitalinos, provincianos y extranjeros, y danzantes indígenas que lo recibieron con bailes autóctonos. El Papa, emocionado, lloró en el papamóvil ante las muestras de entusiasmo y cariño de los feligreses, que incluyeron el saludo de miles de palomas soltadas al vuelo, globos multicolores y una constante lluvia de pétalos de flores.

En la misa, la multitud se convirtió en un impresionante coro de miles de voces que, al unísono, participaba en las diferentes fases de la ceremonia. Al terminar, Juan Pablo II, en un acto lleno de significado religioso, se postró ante la Virgen de Guadalupe y oró con un fervor que conmovió a quienes lo vieron en persona y a tra-

vés de la televisión. Ante la Virgen prometió consagrarle todos los momentos de su vida y sus esfuerzos para difundir la fe de Cristo. Este acto fue una prueba de lo que han dicho sus colaboradores más cercanos: las decisiones importantes las toma de rodillas.

En la jornada siguiente visitó la ciudad de Puebla para inaugurar los trabajos de la CELAM. Su desplazamiento a lo largo de los más de cien kiló-

El 24 de enero de 1999, Juan Pablo II fue aclamado por un millón de mexicanos en el Autódromo Hermanos Rodríguez.

metros que separan la Ciudad de México de la capital poblana lo hizo en el papamóvil. El vehículo descubierto permitió que Su Santidad estuviera en contacto con quienes lo saludaban: personas de pueblos y rancherías que lo vitorearon por haber venido a reconfortar a los más desprotegidos.

En el Seminario Palafoxiano fue recibido por los obispos de 22 naciones de Latinoamérica. Luego de oficiar misa, Juan Pablo II declaró inaugurada la Conferencia Episcopal. "De una sólida cristología tiene que venir la luz sobre tantos temas y cuestiones doctrinales y pastorales que se proponen ustedes examinar", dijo a los clérigos allí reunidos.

Fue en Cuilapan de Guerrero, a treinta kilómetros de la ciudad de Oaxaca, donde tuvo un encuentro con indios zapotecos, mixtecos, tehuanos y otros representantes de las etnias oaxaqueñas. Todos fueron escuchados por el Papa en un día tan soleado que lo obligó a usar un sombrero de palma. Danzantes, trajes regionales de mil colores, flores, incienso y, como fondo, la música tocada por una banda de alientos, fueron las muestras de afecto que recibió de la población.

La apretada agenda lo llevaría al día siguiente, martes 30, a los miles de estudiantes reunidos en el Instituto Miguel Ángel, de la ciudad de México. Allí, los niños y jóvenes lo recibieron cálidamente con una melodía que se transformaría en un himno de fraternidad: "Amigo", una canción del cantautor brasileño Roberto Carlos. "Al volver a sus casas [...] digan a todos que el Papa cuenta con los jóvenes. Digan que los jóvenes son el consuelo y la fuerza del Papa", confió a los estudiantes que estaban allí reunidos.

Ese mismo día visitó Guadalajara, en Jalisco, donde convivió con los habitantes de la colonia Santa Cecilia. Más tarde se reunió con miles de fieles en el Estadio Jalisco. En ese escenario deportivo, transformado en recinto religioso por la capacidad de convocatoria del Papa carismático, el toque inolvidable fue la música tocada por un mariachi monumental de mil ejecutantes.

La Basílica de Guadalupe sería visitada nuevamente por Su Santidad el miércoles 31, pues daría un mensaje a los estudiantes de diversas universidades católicas mexicanas. Después el Papa visitó el lienzo de la Asociación de Charros del Pedregal, donde accedió a ponerse un sombrero de charro, logrando con ello dar una imagen muy entrañable a la mayoría de los mexicanos.

Ese mismo día por la tarde la despedida de la ciudad de México desbordó emotividad. De nueva cuenta las multitudes hicieron acto de presencia. Música de mariachi, vivas, coros y lágrimas enmarcaron los últimos momentos de esa primera visita papal. Juan Pablo II se despidió de mano de varios fieles; cargó en brazos y besó a varios niños. Más vivas flotaron en el ambiente. Cientos de palomas fueron liberadas mientras el mariachi interpretaba "Las golondrinas", emotiva canción mexicana de despedida, que hizo llorar a muchos de los presentes.

Karol Wojtyla pasó al interior del DC-10 y se hizo el silencio. La aeronave se preparaba para tomar la pista de despegue mientras la gente agitaba las manos en señal de despedida. Nunca en el país un adiós había sido tan multitudinario y emotivo. Todos hubieran querido que Su Santidad se quedara en México, pero eso era imposible. Su misión apostólica reclamaba un intenso trabajo futuro.

Cuando el avión cruzaba los cielos de la capital mexicana, se le dio una última sorpresa al Sumo Pontífice. Millones de destellos se reflejaban hacia la aeronave papal, como si el suelo de la ciudad estuviera enjoyado. La gente había salido de sus casas con espejos en la mano y con ellos dirigieron los rayos del sol hacia el avión. La nave dio una última vuelta por los cielos de la ciudad para perderse en el horizonte, rumbo a Monterrey, donde el Papa convivió con los obreros de la región, en la última etapa de su itinerario. A ellos dio un mensaje de esperanza.

El avión papal volvió a elevarse a las alturas para que Karol Wojtyla continuara con su misión apostólica.

SEGUNDA VISITA, ONCE AÑOS DESPUÉS

Juan Pablo II vino a México por segunda vez el 6 de mayo de 1990. Once años habían pasado y los mexicanos recibieron a Su Santidad como quien recibe a un amigo entrañable que se ha ausentado por un largo tiempo. El Papa llegó en un Jumbo 747 y fue recibido por el presidente Carlos Salinas de Gortari y una comitiva religiosa encabezada por el cardenal Ernesto Corripio Ahumada. "Al poner pie de nuevo en esta tierra bendita de México [...] viene inevitablemente a mi memoria el recuerdo de mi primera visita a esta amada Nación", pronunció en su discurso de llegada. Una multitud de miles le dio la bienvenida en el aeropuerto, y millones más lo saludaron en las calles, como antaño.

Para esa fecha, el Papa Amigo ya había sufrido dos atentados contra su vida, uno de ellos muy grave al ser herido de bala. Por esa circunstancia, Juan Pablo II se transportó en un nuevo vehículo, un papamóvil blindado que permitía que la muchedumbre lo viera, pero a través de unos cristales a prueba de proyectiles.

En el convoy que incluía al papamóvil, Karol Wojtyla se dirigió a la Basílica de Guadalupe, que nuevamente lo recibió con el fervor de sus fieles visitantes. Allí llevó a cabo la beatificación de Juan Diego, el mensajero predilecto de la Virgen de Guadalupe; de Cristóbal, Juan y Antonio, tres niños mártires del estado de Tlaxcala, y del sacerdote José María de Yermo y Parres.

Esa tarde regresó a la residencia apostólica para dormir. La muchedumbre pidió que saliera a saludar por la ventana. El Papa accedió a saludarlos y bendecirlos, con una cálida sonrisa en el rostro.

En su segundo día de trabajo, el lunes 7 de mayo, Su Santidad visitó el Valle de Chalco, en el Estado de México, donde una impresionante multitud de dos millones de personas lo escuchó oficiar la Santa Misa en la explanada de Xico. "Hoy, en Chalco, Jesús es el Buen Pas-

tor de la grey cristiana, aquí reunida en torno al Sucesor de Pedro." El 8 de mayo llegó a Aguascalientes. Allí convivió con la población y con incontables maestros de México, a quienes dijo: "El mejor método de educación es el amor a vuestros alumnos, vuestra autoridad moral, los valores que encarnáis."

El carisma, la calidez y la bonhomía de Juan Pablo II han conquistado el corazón de los católicos en toda América Latina.

Posteriormente viajó al santuario de San Juan de los Lagos, en Jalisco. La misa que celebró estuvo dedicada a los jóvenes de la región y a la imagen de la Virgen allí venerada, traída en su misión evangelizadora por Fray Miguel de Bolonia para consuelo de los pobladores.

Al día siguiente el Papa visitó la ciudad de Durango, adonde hizo llegar el consuelo de Cristo a los presos del reclusorio local, mediante su alocución a los privados de libertad. La visita obedeció a una invitación avalada por cientos de cartas y más de dos mil firmas: Reconfortó a los reclusos diciéndoles que lejos de Cristo "no hay verdadera paz, ni serenidad, ni auténtica y definitiva liberación. Únicamente la gracia del Señor puede liberarnos de esa esclavitud radical que es el pecado". Y en su bondad apostólica pidió que abrieran las rejas para saludar personalmente a los presos, quienes nunca olvidarían tan noble gesto. Luego se reunió con empresarios, a quienes recordó que el conjunto de los bienes de la Creación

La Basílica de Guadalupe ha sido honrada por Su Santidad en varias ocasiones. En 2002, el Papa beatificó allí al indio Juan Diego.

está destinado a todos los hombres, no sólo a unos cuantos.

Chihuahua y Monterrey recibieron a Juan Pablo II el jueves 10 de mayo. En esta fecha, en que se festeja a las madres mexicanas, el mensaje del Papa en Chihuahua aludió a la Madre de Cristo, ya que "van juntos el amor a Él y la veneración y amor a su Madre Santísima". Ya en Monterrey, recordó su primera visita realizada once años atrás. Su saludo estuvo dirigido al pueblo trabajador, y también a las madres mexicanas: "¡Cómo no apreciar ese trabajo fundamental, trabajo maternal de la mujer, especialmente en este Día de las Madres!", reconoció emocionado.

El Papa, infatigable, voló al día siguiente hasta Tuxtla Gutiérrez, Chiapas, donde se reunió con representantes de diversos grupos indígenas, a los que llamó "mis muy amados hijos de esta hermosa región". La reunión fue un poco triste, ya que la víspera había fallecido en un accidente aéreo, junto con otros 22 peregrinos, el obispo de Tapachula, Luis Miguel Cantón Marín, mientras se dirigían a Tuxtla Gutiérrez para convivir con Su Santidad. El Papa oró por los recién fallecidos y pidió a los indígenas y a los refugiados centroamericanos vencer el desaliento en los momentos difíciles, ya que Dios "cuida amorosamente de todos sus hijos". Finalmente les dirigió un mensaje en los idiomas tzotzil y zoque.

Los mexicanos se pusieron tristes cuando llegó el día 13 de mayo. El Papa decía adiós a su "México, siempre fiel". Como en su anterior visita, miles de personas lo despidieron a lo largo de las calles que conducen hacia el aeropuerto internacional. Las lágrimas se asomaban en el rostro de algunos fieles, mientras en el aire flotaban los acordes de las canciones "Amigo" y "Las golondrinas", que ya eran conocidas por Su Santidad.

El canciller Fernando Solana, secretario de Relaciones Exteriores, fue el encargado de despedir oficialmente al papa viajero. Karol Wojtyla había visitado 10 estados y 12 ciudades mexicanas, recorriendo más de 17,000 kilómetros. Había llegado la hora de la despedida. "¡Dios bendiga siempre a México! ¡Dios bendiga el presente y el futuro de esta querida Nación! ¡Hasta siempre, México!", exclamó antes de abordar el avión que lo llevaría, en su misión pontificia, hacia las Antillas Holandesas.

TERCERA VISITA, UNA ESTANCIA BREVE

Mérida, en el estado de Yucatán, se engalanó al recibir a Juan Pablo II en su tercera visita a México, el 11 de agosto de 1993, procedente de Jamaica. Era una visita prometida para octubre de 1992, la cual se pospuso debido a que el Papa había sufrido una operación quirúrgica para extraerle un tumor benigno en el colon.

En la también llamada "Ciudad Blanca" visitó el centro religioso maya de Izamal, lugar donde dio su mensaje a la gente de 52 etnias indígenas procedentes de Bolivia, Brasil, Colombia, Guatemala, Ecuador, Haití, Nicaragua y Perú. Con este acto saludaba también a todos los pueblos indígenas del continente, en una especie de colofón que conmemoraba el Quinto Centenario de la Evangelización de América.

CUARTA VISITA, CON HONORES DE JEFE DE ESTADO

El 22 de enero de 1999, Su Santidad llegó por cuarta ocasión a México. El Boeing 747, *Giuseppe Verdi*, con el escudo del Vaticano, arribó a las 3:15 de la tarde. México tenía ya relaciones diplomáticas con el Vaticano. Éstas se habían iniciado poco después de su segunda visita, pero fue con su cuarto regreso cuando Juan Pablo II fue recibido por Norberto Cardenal Rivera y por el presidente Ernesto Zedillo con los honores de un Jefe de Estado.

En esta nueva visita fueron evidentes muchos cambios. El Papa lucía cansado. Su figura era la de un hombre encorvado y su mirada ya no reflejaba la viveza de anteriores ocasiones. No obstante estos signos de deterioro físico, Karol Wojtyla demostró una gran fortaleza para continuar con su misión apostólica. En ese sentido, el Papa siguió siendo un pastor infatigable.

Otro cambio se reflejó en las impresionantes medidas de seguridad para resguardar la integridad física del Vicario de Cristo. Un nuevo papamóvil, construido por la empresa Mercedes Benz, a prueba de balas y equipado con todas las comodidades para su ocupante, fue el vehículo en el cual hizo sus recorridos. No obstante, Juan Pablo II continuaba atrayendo el cariño y el entusiasmo de la gente, manifestados en el saludo multitudinario en calles y avenidas de la ciudad.

Al día siguiente visitó un lugar que ya le era familiar: la Basílica de Guadalupe, donde globos de colores, banderitas y flores expresaban el gozo del pueblo, su pueblo, por esta nueva visita. Una hermosa e impresionante alfombra de flores, elaborada por los pobladores de Huamantla, estado de Tlaxcala, adornó galanamente la plaza guadalupana. En la Basílica, Su Santidad clausuró los trabajos del Sínodo de los Obispos de América, motivo central de su visita al país, y declaró fiesta continental los festejos dados a la Virgen de Guadalupe, Emperatriz de América, que se celebran cada 12 de diciembre. Refiriéndose al pueblo que tanto cariño le había prodigado, el Papa reconoció: "Aún resuenan en mis oídos los saludos con que siempre me acoge. ¡México, siempre fiel! ¡Siempre presente!"

El domingo 24 de enero, en el Autódromo Hermanos Rodríguez alrededor de un millón de mexicanos lo aguardaban para recibir su mensaje apostólico. Muchas de esas personas habían esperado al Papa desde el día anterior, pasando la noche a la intemperie. El acto, calculado para 800,000 personas, superó con mucho esa cantidad. Al día siguiente, el Estadio Azteca, recinto futbolístico, se convirtió en un magno centro religioso. Incluso se logró incrementar su capacidad con la instalación de más asientos, llegando a albergar a poco más de 120,000 fieles que participaron en el llamado Encuentro de Cuatro Generaciones. Un templete central con varias escalinatas fue el escenario principal desde el cual se celebró la homilía, que contó además con la participación de Norberto Cardenal Rivera Carrera y numerosos miembros del clero.

QUINTA VISITA: "ME VOY, PERO NO ME VOY."

A pesar de los fuertes rumores de que cancelaría su quinta visita, el Papa peregrino regresó a México.

Los fieles católicos mexicanos lo recibieron jubilosos el martes 30 de julio de 2002, contentos de tener en casa a un viejo amigo. Su llegada al aeropuerto fue alrededor de las 19:30 horas y lo recibió el presidente Vicente Fox Quesada. También fue recibido por Norberto Cardenal Rivera, arzobispo de México.

A sus 82 años, Juan Pablo II era un viajero fatigado de recorrer el mundo en su misión apostólica, pero, aun así, como él mismo lo decía, sentía que su ministerio estaba "apoyado por la incesante oración del Pueblo de Dios, de muchas personas que no conozco, pero que están muy cerca de mi corazón, que ofrecen al Señor sus oraciones y sacrificios".

El miércoles siguiente llegó a la Basílica de Guadalupe, hermosa y multitudinaria, que en esa ocasión sería el marco para la canonización de Juan Diego Cuauhtlatoatzin, el indígena a quien la Virgen María de Guada-

lupe se le apareciera en el cerro del Tepeyac. La misa fue particularmente fervorosa. Miles de fieles llevaban la imagen del nuevo santo, elaborada en los más diversos materiales, para que fuera bendecida.

El jueves primero de agosto el Papa se trasladó desde la Nunciatura hasta la Basílica de Guadalupe. Una última jornada en el recinto mariano lo aguardaba para una misa donde fueron beatificados los indígenas Juan Bautista y Jacinto de los Ángeles, mártires de Cajonos, en Oaxaca, asesinados tumultuariamente en 1700 por causa de su fe cristiana. Los nuevos beatos, fruto de la primera evangelización entre los indios zapotecas, animaban a los indígenas de hoy "a apreciar sus culturas y sus lenguas y, sobre todo, su dignidad de hijos de Dios…". En la ceremonia, Juan Pablo II recibió a grupos indígenas de Oaxaca, quienes incluso le hicieron una "limpia" con hierbas e incienso, a la manera tradicional.

Juan Pablo II, el Papa Amigo, el Papa Peregrino infatigable, se despidió otra vez de México, desde el recinto

Durante la visita a México en 2002, la salud del Papa estaba visiblemente deteriorada, lo que no fue obstáculo para seguir siendo el Papa Viajero.

guadalupano, con estas palabras que emocionaron a todos los que lo oyeron: "Al disponerme a dejar esta tierra bendita quiero repetir lo que dice una canción popular en lengua española: 'Me voy, pero no me voy. Me voy, pero no me ausento, pues aunque me voy, de corazón me quedo.' México, México, México lindo. ¡Que Dios te bendiga!". ∎

Mensajero de la paz

SIN LUGAR A DUDAS EL PAPA JUAN PABLO II ha sido un viajero infatigable. Un mensajero de la paz que prácticamente recorrió el mundo en una sola misión apostólica que cubrió más de 120 países. Con su estilo innovador, este papa peregrino rompió todos los esquemas de sus antecesores al difundir la fe católica de manera directa y personal, y no sólo desde el Vaticano, en Roma. Juan Pablo II fue más allá: nunca en la historia de los sucesores de San Pedro un papa había viajado por tantos países como él. Incluso los expertos señalan que ha sido el personaje más visto y más reconocido a lo largo y ancho del planeta en toda la historia de la humanidad.

Si algo ha caracterizado a Su Santidad ha sido esa extraordinaria fuerza que se refleja en sus viajes personales a todos y cada uno de los países que requieren su presencia, donde una población católica fervorosa lo recibe con entusiasmo, acrecentando con este acercamiento su fe religiosa. "Id y predicad por todo el mundo", recomendó Jesucristo a sus discípulos para que difundieran sus enseñanzas. Su Santidad Juan Pablo II ha seguido fielmente este precepto y lo superó con creces. Ha sido un pastor que amorosamente cuida a sus millones de ovejas en el mundo.

América Latina no fue ajena a este contacto que el Papa brindó pródigamente a los fieles de la Iglesia de Cristo. Hay que considerar que esta región del mundo tiene una población predominantemente católica con alrededor de 450 millones de fieles. De este modo se constituye como el continente con mayor número de católicos. De ahí su importancia como bastión estratégico para la difusión y la permanencia de esta religión milenaria.

El primer país que visitó Juan Pablo II en América fue la República Dominicana, el 25 de enero de 1979. El hecho tuvo un significado muy importante: en este lugar fue donde se inició la evangelización católica del Nuevo Mundo. Los primeros misioneros llegaron a estas tierras y oficiaron misa en 1494, luego de haberse embarcado en el segundo viaje de Cristóbal Colón. Fue aquí donde se construyó el primer convento del hemisferio occidental.

En la República Dominicana, Su Santidad celebró la misa en la plaza principal de Santo Domingo. Una atenta multitud de más de 300,000 personas le escuchó decir la homilía.

La ruta de este inaugural viaje apostólico continuó por México, donde millones de fieles le dieron la bienvenida. Allí, en la Catedral Metropolitana, ofició la primera misa papal en la historia del país.

Esa primera gira incluyó también una visita a las Bahamas, el 1 de febrero, donde el pueblo quedó igualmente cautivado por la personalidad carismática del Papa.

En 1980 su acercamiento con América Latina quedó patente al visitar Brasil, el rico e imponente país sudamericano, al cual alentó en su recorrido de doce días, del 30 de junio al 12 de julio. En Sao Paulo, Karol Wojtyla dirigió su mensaje a los obreros, y en Río de Janeiro visitó la humilde favela del Vidigal. De hecho, Brasil y México fueron los países que el Papa ha visitado en mayor número de ocasiones, después de Polonia.

Dos años después, en 1982, llegó a Argentina y, de nueva cuenta, a Brasil, del 10 al 13 de junio. El país argentino vivía bajo el influjo de la Guerra de las Malvinas con Inglaterra y, en tal sentido, el mensaje papal señaló el absurdo e injusto fenómeno bélico. En Buenos Aires, Su Santidad pronunció la homilía en el Santuario de Luján. Y en Brasil, el pueblo carioca de Río de Janeiro volvió a acrecentar su fe con la visita papal.

Al año siguiente, del 2 al 10 de marzo, la región centroamericana se engalanó para recibir al Papa, después de su estancia en Portugal. Su agotadora gira cubrió Costa Rica, Nicaragua, Panamá, El Salvador, Guatemala, Honduras, Belice y Haití, países en los que refrendó su aliento a las comunidades indígenas.

La República Dominicana y Puerto Rico fueron visitados por Juan Pablo II del 10 al 13 de octubre de 1984. En esta ocasión volvió a repetir la ruta de Colón, que ya había experimentado en 1979, pues primero visitó España y posteriormente arribó a Santo Domingo, la República Dominicana. Ya en Puerto Rico, celebró la homilía en la Plaza de las Américas.

En 1985 otra región americana recibió la visita papal. Esta vez Su Santidad cubrió los países de Venezuela, Ecuador, Perú y Trinidad y Tabago, en los que estuvo del 26 de enero al 6 de febrero. En Venezuela celebró a la Virgen de Coromoto, y en Guayaquil, Ecuador, la multitudinaria homilía tuvo como testigo a Nuestra Señora de la Alborada.

Para 1986, del 1 al 8 de julio, Karol Wojtyla estuvo en Colombia, país que desde hace mucho sufre los estragos de la violencia por el control de la droga y las armas. Allí visitó las ciudades de Santa Fe de Bogotá, Medellín, Cartagena y Barranquilla.

Del 31 de marzo al 13 de abril de 1987, el Papa Viajero pisó el suelo de Uruguay, Chile y Argentina. En Santiago de Chile se dirigió a los jóvenes que colmaron el Estadio Nacional, y en Argentina dio su mensaje a los fieles de la ciudad de Mendoza y a los de Buenos Aires, que lo escucharon en el Estadio Luna Park.

En 1988 Juan Pablo II visitó Uruguay, Bolivia, Perú y Paraguay, en una gira de 12 días que fue del 7 al 19 de mayo. Su aliento de cristiandad llegó, entre otras, a las ciudades de La Paz y Cochabamba, en Bolivia; Lima, en

Perú, y Asunción, en el vecino Paraguay.

En 1990 Su Santidad estuvo en México y en las Antillas Holandesas, del 6 al 14 de mayo. En México, Aguascalientes, Durango y Tuxtla Gutiérrez, entre otras, se vieron halagadas con su presencia, y en las Antillas Holandesas el Papa alentó a la población de Willemstad.

El pueblo de Brasil volvió a experimentar el contacto con el Vicario de Cristo del 12 al 21 de octubre de 1991. Esta vez visitó lugares como Natal, Sao Luiz y Salvador. En Cuiabá, el Papa tuvo un encuentro con representantes de los 220,000 indígenas del país, en especial con los del Mato Grosso y el Amazonas.

La celebración del V Centenario de la Evangelización de América tuvo como escenario a la República Dominicana, que fue motivo de una visita pontificia del 9 al 14 de octubre de 1992. El Papa destacó la importancia de tal acontecimiento y celebró "el nacimiento de esta espléndida realidad que es la Iglesia en América".

En 1993, del 9 al 16 de agosto, la gira de Su Santidad por el mundo occidental comprendió los países de Jamaica, México y Estados Unidos. En Jamaica estuvo en la Catedral de Kingston, y en Estados Unidos visitó la ciudad de Denver, en Colorado, para presidir una Jornada Mundial de la Juventud.

Tres años después volvieron a estrecharse los contactos del Vaticano con América Latina, pues el Papa visitó tres países de Centroamérica y uno de América del Sur: Guatemala, Nicaragua, El Salvador y Venezuela, del 5 al 12 de febrero del año 1996.

En 1997 Juan Pablo II repitió su visita a Brasil, del 2 al 6 de octubre. El pueblo carioca volvió a experimentar el gozo de tener como huésped distinguido al papa peregrino, y lo aclamó por calles y avenidas por donde el Papa circulaba.

Cuba recibió la visita del Papa del 21 al 26 de enero de 1998. Su histórico viaje logró lo que unos años antes

En la mente de todos los latinoamericanos quedará para siempre el recuerdo de la figura del papa Juan Pablo II, que no se olvidó de su grey en estas tierras.

hubiera resultado inconcebible para todo el mundo: uno de los pocos países comunistas era visitado por el máximo representante de la Iglesia católica. Su Santidad estuvo en Santa Clara, Camagüey, Santiago de Cuba y La Habana.

En 1999, del 22 al 27 de enero, regresó a México y continuó su gira hacia los Estados Unidos.

Del 23 de julio al 1 de agosto de 2002, Juan Pablo II visitó Canadá, Guatemala y México, donde santificó al indígena Juan Diego, testigo principal de las apariciones de la Virgen de Guadalupe. ∎

285

El Vaticano es un Estado y el Papa es su cabeza; ello le permite participar en la política internacional. Su actividad se convierte en el testimonio de la verdad de la fe y de las verdades morales de la Iglesia.

CAPÍTULO DIECISIETE

Preservación de los mandamientos

Participar en la política e influir en el perfil de las relaciones internacionales no son los objetivos principales del Papado, sobre todo en la realidad posconciliar, cuando se subraya la dimensión espiritual de la Iglesia y su distanciamiento de la política. Sin embargo, no puede simplificarse este principio, aunque sea justo. Hay que tener en cuenta que la Iglesia católica, a diferencia de otros credos cristianos y otras religiones, tiene su "representación secular" en el Estado de la Ciudad del Vaticano y la Santa Sede. Estos dos conceptos, muy cercanos y utilizados con frecuencia como sinónimos, en realidad se refieren a organismos diferentes desde el punto de vista geográfico y jurídico.

De manera sencilla se puede decir que el Vaticano ocupa un lugar concreto en la Tierra, en el que se encuentra la Santa Sede, el sujeto del derecho internacional. Su nombre oficial es Estado de la Ciudad del Vaticano, y es el Estado más pequeño del mundo, pues apenas ocupa 45 hectáreas. Mantiene relaciones diplomáticas con otros Estados, pertenece a diferentes organizaciones internacionales y toma parte activa en la vida política mundial.

Así, el Papa no sólo es Cabeza de la Iglesia, sino también un jefe político, como cualquier otro jefe de Estado. Por ello se justifica plenamente hablar de las condiciones políticas de este Estado y de la participación de Juan Pablo II en el ámbito político, sobre todo porque el Santo Padre es una de las personas más influyentes y con mayor autoridad política y moral de nuestros tiempos.

La diplomacia más antigua del mundo

La diplomacia de la Santa Sede es una de las más antiguas y eficaces en el mundo, y es resultado de dos mil años de vida de la Iglesia, que durante todo ese tiempo ha participado en la vida internacional. Los diplomáticos del Vaticano, por el carácter particular de su misión, tienen que unir las características de los diplomáticos profesionales con las de miembros de la Iglesia. Todos los diplomáticos vaticanos, así como los demás empleados de las nunciaturas, incluidas las religiosas que ahí trabajan, son personas consagradas que están ligadas en forma especial a la Iglesia.

El embajador pontificio o nuncio apostólico es siempre un arzobispo. Participa en la vida religiosa del país en el cual ejerce su función; por ejemplo,

Edificio en el que se encuentra la Secretaría del Estado Vaticano.

toma parte en las reuniones de las conferencias episcopales de la región y en diversas ceremonias eclesiásticas y, si es necesario, ordena sacerdotes, consagra obispos, celebra misas y dirige la Iglesia local como administrador apostólico. Al mismo tiempo, es miembro del cuerpo diplomático y muchas veces decano, sobre todo en los países católicos. Otros miembros de la nunciatura participan, aunque en grado menor, en la vida de la Iglesia local.

Todos los diplomáticos vaticanos son egresados de la Pontificia Academia Eclesiástica, fundada en 1706, donde estudian distintas materias durante dos años: derecho canónico, historia universal, historia de la Iglesia, diplomacia, idiomas, etc. Más tarde llevan a cabo una práctica de dos años en diversas oficinas de la Curia, sobre todo en la Secretaría del Estado. A pesar de que los egresados de la academia son especialistas muy calificados (cinco de ellos han llegado a ser papas) y sólo se gradúan menos de veinte cada año, no dirigen una representación diplomática sino hasta después de muchos años de experiencia en puestos de secretarios y consejeros en diferentes países (en promedio unos tres o cuatro años en un país). Después de dicho periodo de prácticas, el papa nombra al diplomático nuncio apostólico en algún país, y al mismo tiempo lo eleva a la dignidad de arzobispo titular. A partir de ese momento, y si no ocurre algo inesperado, será nuncio por muchos años y se le cambiará de un país a otro cada determinado tiempo —en promedio cada cuatro o cinco años—, aunque a veces permanece hasta diez o más años en un solo lugar.

En favor de todos los hombres

Juan Pablo II ha hecho una gran contribución a la diplomacia vaticana al revivirla y elevar su prestigio. El nuevo papa demostró la importancia de las actividades de la Iglesia en el campo internacional al recibir al cuerpo diplomático acreditado ante la Santa Sede cuatro días después de su elección, es decir, antes de la inauguración oficial del pontificado. En el discurso a los embajadores, el 20 de octubre de 1978, Juan Pablo II presentó los principios y las expectativas de la Iglesia católica, y las propias, frente a la diplomacia en general y la vaticana en especial.

"La Iglesia siempre ha deseado participar en la vida de los pueblos y las naciones y contribuir a su desarrollo. La Iglesia siempre ha apreciado en forma especial la riqueza de la diversidad y la multiplicidad de

El encuentro de Juan Pablo II con el recientemente elegido presidente de Estados Unidos, George W. Bush, despertó la esperanza en los corazones tanto de cristianos como de no cristianos. (Castel Gandolfo, 23 de julio de 2001.)

sus culturas, sus historias y sus lenguas. En muchas ocasiones contribuyó a moldear culturas. La Iglesia consideró y sigue considerando que las relaciones internacionales deben basarse en el respeto a los derechos de cada nación." Al reflexionar acerca de las relaciones diplomáticas, dijo más adelante: "Eso no significa confundir las competencias ni tampoco, según mi opinión, la necesidad de aprobar uno u otro regímenes [...] eso significa únicamente el reconocimiento de los valores temporales positivos, el deseo de diálogo con los que legalmente cuidan el bien común de la sociedad, la comprensión de su papel casi siempre difícil, y el entendimiento y ayuda para que puedan realizar sus aspiraciones humanas. Todo ello se logra a veces mediante la intervención directa, pero ante todo gracias a la formación de las conciencias y la contribución a la justicia y la paz internacionales. Cuando realiza esta labor, la Santa Sede no pretende rebasar su papel pastoral. Pero, ¿es posible no de-

El papa Juan Pablo II antes de su intervención en la Asamblea General de la Organización de las Naciones Unidas. (2 de octubre de 1979.)

mostrar interés por el bien y el desarrollo de las naciones en este mundo si se está preocupado por cumplir las directrices de Cristo y preparar la salvación eterna de los hombres, lo que es la responsabilidad principal de la Iglesia?"

Al mismo tiempo, el Papa alertó acerca de la importancia de que la comunidad internacional tome en cuenta las necesidades religiosas del hombre y asegure que los creyentes gocen de libertad para expresar sus creencias y que la Iglesia pueda participar en la vida pública. Observó: "La Santa Sede actúa aquí también en interés de todas las

personas sin excepción, porque sabe que la libertad, el respeto a la vida y a la dignidad de las personas (que nunca pueden ser consideradas medios), la igualdad en su trato, la conciencia en el trabajo y la solidaridad encaminada al bien común, el espíritu de reconciliación y la apertura a los valores espirituales son condiciones fundamentales de la vida social armoniosa y del progreso, tanto de los ciudadanos como de su vida cultural."

Hoy, muchos años después de haber sido pronunciadas, estas palabras ya no impresionan tanto porque nos hemos acostumbrado, si no a todos, seguramente a la mayoría de los postulados presentados por el Papa en aquel entonces, al principio de su pontificado. En esencia, ya no existe la discriminación de los creyentes en la vida pública, la Iglesia tiene acceso a los medios de comunicación, y los derechos y la dignidad del hombre se defienden no sólo en el discurso, sino también en la vida real. Si existen problemas, en todo caso la culpa es de algunas personas concretas y no de los sistemas o regímenes existentes. Eso es especialmente cierto en la Europa poscomunista, en la cual todavía hace algunos años existían la censura, el sistema de partido único, la ideología dominante y muchas otras limitaciones a la libertad. Era necesario un perfecto conocimiento de las realidades sociopolíticas de este régimen, así como de imaginación, previsión y deseo político, para hablar acerca de los asuntos impopulares, y no sólo en el Este. En Occidente tampoco se deseaba incomodar a Moscú con recriminaciones frecuentes sobre la violación de los derechos humanos, tan importantes para cada miembro de la comunidad internacional.

EL VATICANO RECONCILIA A LOS ENEMIGOS

Es difícil, incluso en un artículo muy amplio, recopilar aunque sea una pequeña parte de las intervenciones del papa Juan Pablo II en el ámbito internacional, hechas a modo de discursos, cartas, sermones, participaciones durante los encuentros con políticos, entre otros. En todas ellas destaca la preocupación por el hombre, su dignidad y sus derechos, sobre todo el derecho a la vida desde la concepción hasta la muerte natural. La postura del Papa no está limitada por una interpretación religiosa particular o estrecha. En diversas ocasiones, Juan Pablo II ha intercedido por los derechos de todos los hombres, independientemente de su ideología o credo.

Sus viajes a incontables países han sido una ocasión especial para marcar la presencia de la Santa Sede, y personalmente la del Papa, en la vida pública y la política mundial. El Santo Padre se presenta en ellos como Cabeza de la Iglesia católica y como jefe del Estado vaticano. Y así se le ha recibido: en los aeropuertos le han dado la bienvenida las más altas autoridades estatales y los obispos de la Iglesia local. Juan

Pablo II también ha recibido a políticos extranjeros en su sede en el Vaticano, o en Castel Gandolfo si las visitas tienen lugar en la temporada de verano. Los gobiernos de diversos países han pedido a Juan Pablo II su ayuda para resolver algún conflicto.

Uno de los asuntos más comentados en este sentido fue la mediación del Vaticano —incluida la participación personal de Juan Pablo II— en el conflicto territorial entre Argentina y Chile, a mediados de los años ochenta. El problema radicaba en establecer el derecho de los dos países sobre la región del canal de Beagle, situado al sur del Estrecho de Magallanes, y sobre tres islas en aquella zona, junto con las aguas que las rodean. Esta querella surgió en 1881. En aquel entonces los dos Estados firmaron un acuerdo que fijaba la frontera común, pero poco después se hizo evidente que éste no resolvió los problemas ni terminó con las tensiones fronterizas. En varias ocasiones estos dos países firmaron diversos acuerdos y se dirigieron a los tribunales internacionales para solucionar el conflicto, pero nunca se pudo llegar a una conclusión satisfactoria para ambas partes. En 1972, el aumento en las tensiones entre Argentina y Chile amenazaba con el estallido de una guerra, y Paulo VI y el cardenal Antonio Samore retomaron la mediación en diciembre del mismo año. Al principio, tampoco esta mediación dio resultado, pero finalmente los ministros de asuntos exteriores de los dos países firmaron dos documentos en Montevideo el 8 de enero de 1979, en los cuales se comprometían a no utilizar la fuerza y solicitar oficialmente la intervención de la Santa Sede. Esta vez las mediaciones llegaron a término favorable y el 23 de enero de 1984 los cancilleres de los dos Estados firmaron una declaración conjunta sobre la paz y la amistad, que entró en vigor después del solemne intercambio de los documentos de ratificación, el 2 de mayo del año siguiente en el Vaticano.

Otro rasgo distintivo del pontificado de Juan Pablo II ha sido su participación en la defensa de la paz y de la vida humana. Es necesario volver a subrayar que no es el primer obispo de Roma que dedica buena atención a los asuntos internacionales. La historia del Papado nos proporciona ejemplos de los sucesores de San

Súplica por la bendición. (Damasco, 7 de mayo de 2001.)

Pedro que trabajaron en favor de la paz y la reconciliación entre las naciones. Sin entrar en detalles históricos, podemos recordar iniciativas como la *Treuga Dei*, o la Paz de Dios, que fue una medida establecida en la Edad Media, cuando los señores feudales sostenían una guerra prácticamente permanente. En aquellos tiempos, la Iglesia impuso la obligación de suspender las luchas entre soberanos cristianos en determinados días de la semana y en algunas temporadas del año litúrgico.

Otras iniciativas de la misma índole fueron las mediaciones papales entre los soberanos de los Estados europeos en los tiempos del Renacimiento y posteriores a éste. La Santa Sede, o más bien los Estados Pontificios, parecía ser el único árbitro y mediador de los soberanos católicos.

LA ORACIÓN QUE DETUVO GUERRAS

Además del mérito que tuvieron los logros de los anteriores obispos de Roma, hay que admitir que Juan Pablo II ha sabido ganar el más alto prestigio para su cargo en el mundo entero. Es conocida su postura firme y consecuente en el conflicto de Medio Oriente y su llamado para evitar la guerra en el golfo Pérsico y para terminar con los embargos a Iraq, Yugoslavia o Cuba.

Ante todo, el Papa defiende la vida humana desde el momento de la concepción hasta su fin natural. Aunque este último asunto pertenece más bien al ámbito moral, se relaciona con la política internacional, pues cada vez más estados legalizan o liberalizan la práctica del aborto, y últimamente también introducen leyes que permiten la eutanasia.

La Jornada Mundial de Oración por la Paz, que tuvo lugar en Asís el 27 de octubre de 1986, fue otra gran y original iniciativa de paz de Juan Pablo II. Éste es uno de los ejemplos de cómo el Santo Padre aborda el problema del diálogo y la cooperación entre las religiones. En cuanto a la dimensión política, en el encuentro internacional de oración participaron representantes de 27 iglesias y confesiones cristianas de todo el mundo, 47 delegaciones que representaban trece religiones no cristianas, y un grupo de más de 150 altos dignatarios católicos, invitados personalmente por el Papa.

La dimensión práctica de este acontecimiento fue lo más importante, pues al llamado del Santo Padre de unirse espiritualmente a su iniciativa respondieron muchos grupos militares, guerrilleros, insurgentes y ejércitos regulares que, durante todo el día o sólo por unas horas, suspendieron las actividades bélicas. Estas respuestas llegaron de Nicaragua, Chile, la India, Sri Lanka, Sudán y Angola, entre otros. También muchos jefes de Estado y de gobierno mandaron cartas y declaraciones de solidaridad y unión espiritual con los participantes en las oraciones, como fue el caso de Canadá, Filipinas, Francia, Líbano, la mayor parte de los países de América Latina y muchos más. No fue la primera vez que, gracias a la autoridad del Papa, dicha iniciativa encontrara una respuesta tan amplia en todo el mundo. Sin embargo, es una pena enorme que sólo por un día se haya logrado detener el ruido de las armas y llegar a la paz.

El primero de enero es el Día Mundial de la Paz y la Iglesia católica lo celebra desde 1968. Paulo VI propuso la idea en 1967, año en que estalló la guerra de los seis días entre Israel y sus vecinos árabes, la guerra en Vietnam llegó a su apogeo, Estados Unidos vivió otro "verano ardiente" lleno de enfrentamientos entre blancos y negros, y muchos otros conflictos mayores o menores surgieron en diversos puntos del planeta. Desde la perspectiva actual se sabe que aquel año no fue el más difícil del siglo XX, pero esto no puede ser un consuelo para los que están preocupados por el futuro de la familia humana.

Juan Pablo II ha retomado e impulsado la iniciativa de su antecesor. En los mensajes del Día de la Paz toca un amplio espectro de problemas y temas relacionados con sucesos actuales o con aniversarios que considera fundamentales para todo el mundo.

LOS DERECHOS DE LA NACIÓN
SON LOS DERECHOS DEL HOMBRE

Durante su pontificado, Juan Pablo II ha hablado en muchas ocasiones en foros de las organizaciones internacionales, como la ONU, la UNESCO, la OIT, la FAO, y otros. Todas las declaraciones hechas en ellos han sido acontecimientos muy importantes que han hecho posible que el Papa presente la postura de la Iglesia ca-

El Día Mundial de las Oraciones por la Paz en Asís se convirtió en un acontecimiento realmente inusitado. Representantes de todas las religiones oraron conjuntamente por la paz. (27 de octubre de 1986.)

tólica en las cuestiones esenciales del mundo.

El tema más importante de las declaraciones públicas ha sido la ya mencionada preocupación por la paz y la seguridad internacional, el llamado a la solidaridad humana y el énfasis en la dignidad de la persona. El Papa no se guía sólo por cuestiones religiosas o por ideologías. Le son cercanos tanto sus correligionarios como los cristianos de otras denominaciones, los no cristianos y los ateos. Por ello, en repetidas ocasiones ha condenado el embargo impuesto a Iraq por la ONU en agosto de 1990. Sin negar la necesidad de castigar al Estado agresor por su acción profundamente antihumanitaria y por arriesgar la paz del mundo, el Papa considera que el bloqueo ha afectado principalmente a los iraquíes y no a quien los gobierna.

El Papa también hizo lo posible por evitar la invasión a Iraq en marzo de 2003 por parte de fuerzas militares de Estados Unidos y Gran Bretaña, dado que

aún no se habían agotado las vías diplomáticas ni la presión política impuesta por el Consejo de Seguridad de la ONU contra Iraq. Esta invasión fue condenada por muchos otros países.

El papa Juan Pablo II tomó una postura similar en el asunto de las sanciones contra Yugoslavia por su proceder durante la guerra de los Balcanes, y más adelante en relación con los bombardeos de la Organización del Atlántico del Norte (OTAN) a este país, que tuvieron lugar del 24 de marzo al 3 de junio de 1999. Los bombardeos fueron la respuesta de la OTAN a la limpieza étnica llevada a cabo por Belgrado, primero en Bosnia-Herzegovina y más tarde en Kosovo, que provocaron la muerte o el desplazamiento de cientos de miles de habitantes de aquellas tierras.

El Papa no justificó de ninguna forma la política agresiva de las autoridades yugoslavas y en muchas ocasiones intercedió por la suerte de los refugiados y los indefensos habitantes de Bosnia y de Kosovo, los más expuestos a los ataques de los serbios, pero al mismo tiempo protestó contra las sanciones económicas y los bombardeos, ya que consideraba (como en el caso de Iraq) que sufrirían más los civiles, que no eran culpables de la situación existente.

El 2 de octubre de 1979, durante su primera visita a la sede de la ONU en Nueva York, Juan Pablo II pronunció un largo discurso, que fue recibido con entusiasmo por los presentes.

El Papa visitó por segunda vez Nueva York y la sede de la ONU 16 años después, el 5 de octubre de 1995. Entonces la situación del mundo era totalmente diferente: había caído el Muro de Berlín, terminado la Guerra Fría y dejado de existir los regímenes comunistas en Europa. Sin embargo, muchos problemas viejos seguían vigentes, y habían surgido otros nuevos en diversas partes del mundo. Surgieron también las cuestiones relacionadas con el progreso de la ciencia que amenaza el fundamento de la vida humana: la clonación, la eutanasia, la ampliación del plazo admitido para el aborto (después de tres meses de embarazo), etc. El Papa tocó estos y muchos otros problemas en el discurso que presentó allí.

Recordando las "revoluciones sin sangre, que tuvieron lugar en Europa Central y del Este en 1989", subrayó su carácter universal "que rebasó las fronteras de una determinada región geográfica". Estos acontecimientos demostraron que "la búsqueda de la libertad es una aspiración incontenible que tiene su

continúa en la pág. 296 ▶

Trajo la paz al mundo

"La guerra es obra del hombre. La guerra es el aniquilamiento de la humanidad. La guerra es la muerte."

Juan Pablo II, junto al monumento a la paz, en Hiroshima (1981).

TRES MESES DESPUÉS DE SU ELECCIÓN, EL 24 DE ENERO DE 1979, y a petición de los gobiernos de Argentina y Chile, el Papa aceptó mediar en un conflicto territorial. Fue el primer arbitraje internacional del Vaticano desde hacía cien años; el anterior, en 1885, durante el pontificado de León XIII, fue en el conflicto entre Alemania y España, por las Islas Carolinas. La mediación pontificia terminó con la firma del Tratado de Paz y Amistad el 29 de noviembre de 1984 en el Vaticano.

La idea de la paz es parte integral de la enseñanza papal en todos los rincones del mundo. En 1979, Juan Pablo II dijo durante su visita a Irlanda: "No crean en la fuerza, no apoyen la violencia, ése no es el camino del cristiano, ése no es el camino de la Iglesia católica. Crean en la paz, el perdón y el amor; porque ellos son de Cristo."

En los años ochenta, en la primera parte del pontificado de Juan Pablo II, la paz en Europa y en el mundo estaba fuertemente amenazada. Existía el gran peligro de una guerra nuclear, que parecía ser el resultado inevitable de la confrontación entre los mundos, divididos en el continente europeo por el Muro de Berlín. Y aunque "gracias a la acción de la Divina Providencia" se pudo evitar la guerra nuclear, por desgracia crecieron nuevos muros que dividen a las naciones. Así sucedió, entre otros, en Líbano, en los Balcanes, en la región del golfo Pérsico, en Ruanda, en Burundi y en Timor Oriental.

Desde los primeros días de su pontificado, la acción pacificadora del Papa se ha dirigido hacia Líbano, escenario de una terrible guerra civil. Además de las acciones diplomáticas y los llamados a la oración, Juan Pablo II convocó en 1995 a la asamblea especial del Sínodo de los Obispos dedicada a Líbano. Además, los días 10 y 11 de mayo de 1997 visitó dicho país en misión de paz.

¡LÍBRANOS DE LA PESTE, EL HAMBRE Y LA GUERRA!

Desde un principio, el Papa siguió con atención el trágico conflicto de la ex Yugoslavia y utilizó todos los medios a su alcance para terminar con esta guerra. Los años de 1992 y 1993 fueron de guerra en los Balcanes. Juan Pablo II advirtió: "¡No podemos mirar con indiferencia esta tragedia!" El domingo 23 de enero de 1994 fue proclamado como la Jor-

nada de Oración por el Don de la Paz en los Balcanes, y en esta intención se estableció un ayuno de dos días. En septiembre del mismo año, después de la cancelación de la peregrinación a los Balcanes, el Papa celebró en Castel Gandolfo la Santa Misa por la paz en esta región y señaló: "Padre Nuestro [...] yo, el Obispo de Roma, el primer Papa eslavo, me arrodillo frente a Ti y grito: ¡Líbranos de la peste, el hambre y la guerra! Sé que muchos se unen a mí en esta plegaria. No sólo aquí, en Sarajevo, en Bosnia y Herzegovina, sino también en toda Europa y fuera de sus fronteras."

La peregrinación pontificia a Sarajevo pudo efectuarse los días 12 y 13 de abril de 1997. Ahí el Papa dijo: "¡Nunca más guerra, nunca más odio e intolerancia! [...] Es lo que nos enseña el siglo y milenio que se aproxima a su fin. [...] Hay que sustituir la inhumana lógica de la opresión por la lógica constructiva de la paz. El anhelo de venganza tiene que dejar lugar a la fuerza liberadora del perdón, que se opone al fanatismo nacionalista que lleva a los conflictos étnicos."

Juan Pablo II volvió a defender la paz en los Balcanes en la primavera de 1999, durante el éxodo de cientos de miles de refugiados albaneses de Kosovo, así como durante la intervención militar de la OTAN. El Santo Padre aprovecha cualquier oportunidad para expresar en público su firme convencimiento de que "la cadena del odio y de la violencia únicamente puede romperse con la fuerza de la hermandad, el derecho y la justicia".

Semejante cadena de odio y violencia generó el genocidio de la población civil en Ruanda, decidió la suerte de millones de refugiados, la amenaza a la Iglesia y la muerte de muchos sacerdotes y hasta de tres obispos (entre ellos, el arzobispo de Kigali) frente a la indiferencia

Durante sus viajes y peregrinaciones, el papa Juan Pablo II se dirige por igual a grandes que a pequeños. (Croacia, del 2 al 4 de octubre de 1998.)

de la comunidad internacional. Al comenzar el Sínodo para África, Juan Pablo II protestó contra "las violaciones, las tragedias y las luchas fratricidas". Rogó: "Que callen el odio y las armas que han derramado ya tanta sangre en esta martirizada región. ¡En nombre de Dios, que callen las armas de inmediato! Ruanda y África necesitan paz."

En septiembre de 1999, Timor Oriental fue escenario de dramáticos acontecimientos cuando sus habitantes demandaron la independencia, y en varias ocasiones Juan Pablo II habló en su defensa.

Éstos son sólo algunos ejemplos. En ocasiones, el Papa ha intercedido por las víctimas de la guerra civil en Sudán, Chad y Perú. Expresó su solidaridad con las personas privadas de los derechos esenciales cuando visitó el campo de refugiados palestinos en Deheisheh, durante su peregrinación a Tierra Santa en el año 2000. Y en marzo de 2003, ante la inminente invasión de Iraq por parte de fuerzas estadounidenses y de Gran Bretaña para deponer al dictador Saddam Hussein, el Papa conminó a las naciones a que se agotaran primero las vías diplomáticas para que se hicieran cumplir los acuerdos del Consejo de Seguridad de la ONU en el sentido de que Iraq debía deshacerse de todas sus armas de destrucción masiva.

EL ACTO DE PENITENCIA

El 27 de octubre de 1986, el Santo Padre organizó la Jornada Mundial de Oración por la Paz en Asís. "Por primera vez en la historia nos hemos encontrado las Iglesias cristianas, las comunidades eclesiales y las religiones del mundo en este santo lugar dedicado a San Francisco, para dar testimonio ante el mundo, cada uno de nosotros de acuerdo con sus creencias, de que la paz tiene carácter trascendental. Al mismo tiempo, debo reconocer con humildad que los católicos no siempre hemos sido fieles a la convicción de nuestra fe. No siempre hemos 'hecho la paz' ."

En los pronunciamientos de la Jornada Mundial de Oración por la Paz, Juan Pablo II subrayó que, para él, el camino válido es el diálogo, el respeto a la libertad, la conciencia humana y la solidaridad con los pobres. La fuerza de la paz es la verdad, que nace en el corazón de cualquier persona, el valor que no conoce divisiones, y la fuente de la paz es la reconciliación con el Dios Creador y toda la Creación.

Durante sus peregrinaciones, el Papa no ha pasado por alto los lugares que fueron testigos del genocidio. Ha visitado los campos de concentración alemanes en Auschwitz, Majdanek y Mauthausen, así como Hiroshima y Nagasaki, en Japón.

El 7 de junio de 1979 en Auschwitz, el Papa pronunció las siguientes palabras: "Auschwitz es un lugar que no puede visitarse sólo como si fuera un museo. Durante las visitas, es necesario reflexionar con miedo en los límites del odio. Auschwitz es testimonio de la guerra. Es la guerra la que trae consigo este incontable aumento de odio, destrucción y crueldad. No se puede negar que también se manifiestan el valor humano, el heroísmo y el patriotismo, pero el resultado es negativo. Y es cada vez más negativo, pues la guerra se ha convertido en una contienda de la tecnología de la destrucción. Son igualmente responsables por la guerra los que la han provocado directamente y los que no hicieron todo lo que estaba en sus manos para detenerla."

TODOS SOMOS RESPONSABLES

El 10 de enero de 2000, Juan Pablo II dijo: "El hombre que les habla fue compañero de camino de varias generaciones del siglo pasado. Fue partícipe de las dolorosas experiencias de su propia nación y sobrevivió a los momentos más oscuros en la historia de Europa. Desde hace más de veintiún años es el Sucesor de San Pedro y se siente llamado a la paternidad universal, que abarca a todos los hombres de nuestros tiempos, sin excepción. Hoy […] quisiera compartir con cada persona el siguiente pensamiento: en el momento en que se han abierto las puertas del nuevo milenio, el Papa está convencido de que los hombres pueden finalmente aprender a sacar conclusiones del pasado. Sí, en nombre de Dios, les pido a todos que ahorren a la humanidad las siguientes guerras, que respeten la vida humana y las familias, que cierren las brechas entre ricos y pobres, y que comprendan que todos somos responsables por todos. Es lo que nos exige Dios y Él nunca nos pide algo que sea mayor que nuestras fuerzas. Él mismo nos está dando la fuerza para que podamos cumplir lo que espera de nosotros." ∎

cosa que los derechos del hombre, concebidos en este ámbito especial de la vida comunitaria". Aunque "la reflexión sobre el tema de esos derechos no es fácil, a causa de las dificultades para definir el concepto de 'la nación', que no se puede identificar *a priori* con el Estado, es indispensable hacerlo si deseamos evitar los errores del pasado y crear un orden justo en el mundo", dijo el Papa. Aclaró al mismo tiempo las diferencias entre "el nacionalismo irracional" y el patriotismo. Luego incitó a crear una civilización de amor y dio testimonio cristiano de la fe en Dios al agregar que el fundamento de su esperanza y confianza en el futuro es Jesucristo, Dios encarnado, "que entró en la historia de la humanidad".

CONTRA EL STATU QUO EN EUROPA

Ya se ha dicho y escrito mucho sobre la influencia del pontificado de Juan Pablo II en los acontecimientos de Europa Central y del Este, sobre todo en la caída del comunismo y la recuperación de la libertad de la Iglesia y otras comunidades religiosas en esta región. No tiene sentido repetir ideas poco originales, pero vale la pena recordar los hechos fundamentales y sucesos relacionados con aquel hecho.

Ante todo es necesario recordar la situación que imperaba en el momento en que el cardenal de Cracovia llegó al más alto puesto de la Iglesia. En aquel entonces, Europa estaba dividida en dos bloques de manera política, militar y social. En uno de ellos existía el llamado "mundo libre" con sus organizaciones: la OTAN, la Comunidad Económica Europea (predecesora de la actual Unión Europea) y otras más pequeñas que estaban bajo "el paraguas nuclear" de Estados Unidos, país que —aunque separado del Viejo Mundo por el Atlántico— tenía intereses políticos, militares y económicos en Europa. El ejército estadounidense, formado por varios millares de elementos, estaba acantonado en algunos países occidentales para resguardar el orden. A este bloque se enfrentaba "el mundo del colectivismo y el socialismo", supeditado —en un grado mucho mayor que lo que Estados Unidos era para el Occidente— al "Gran Hermano" llamado Unión de Repúblicas Socialistas Soviéticas. También este orden estaba resguardado por el ejército soviético, cuyas unidades habían sido colocadas en Europa Central y del Este.

Aunque casi todos se daban cuenta de lo absurdo de esta división artificial en un solo continente, el orden establecido por los acuerdos de Yalta en 1945 parecía inalterable e inviolable. También la Iglesia se acostumbró a esta realidad, tanto en los países de ambos lados de la frontera invisible como en el Vaticano. Es

viene de la ▶ pág. 293

origen en el reconocimiento de la dignidad y el valor de la persona humana, y tiene que traducirse en actividades para su bien". El Papa subrayó que "la aspiración a la libertad en la segunda mitad del siglo XX abarcó no sólo a los individuos, sino a naciones enteras". Al mismo tiempo indicó que la causa de la Segunda Guerra Mundial "fue la violación de los derechos de las naciones". También habló de cómo la Unión Soviética pisoteó los derechos de muchos países que estuvieron subordinados "al poder dominante sobre todo el bloque".

El 13 de septiembre del año 2000, el papa Juan Pablo II pidió clemencia por parte de Estados Unidos en favor de Derek Barnabel, un prisionero de origen italiano en la antesala de la muerte en Virginia, y cuya ejecución estaba programada para el día siguiente.

Mencionó que ya en el Concilio de Constanza, a principios del siglo XV, la delegación de la Academia de Cracovia, encabezada por Pablo Wlodkowiec, había defendido con gran valor "los derechos de determinadas naciones europeas a su existencia y autonomía". A finales de ese siglo, los sabios de la Universidad de Salamanca defendieron los mismos principios para los continentes que apenas habían sido descubiertos por Europa. Durante la Primera Guerra Mundial, el papa Benedicto XV también señaló que "las naciones no mueren", y llamó "a reflexionar con tranquilidad de conciencia en los derechos y justas demandas de las naciones".

Al reflexionar sobre la idea de la nación, la patria y la comunidad humana, el Santo Padre reclamó los derechos de las naciones, que —observó— "no son otra

difícil culpar a Juan XXIII o a Paulo VI de dicha situación, que trataron de normalizar las relaciones con los regímenes comunistas detrás de la Cortina de Hierro, pues lo más importante era que los creyentes pudieran vivir de la manera más normal posible en condiciones que no eran aptas ni favorables.

Siguiendo el mismo camino, en 1973 Paulo VI decidió nombrar obispos a tres candidatos miembros de la agrupación de sacerdotes Pacem in terris de Checoslovaquia, ligada al régimen, pues consideró que con ello las autoridades suavizarían su dura política frente a la Iglesia. Pero no sucedió así y la decisión papal fue interpretada en Praga más bien como confirmación de lo atinado de la política comunista. El Papa asumió con amargura esta humillación y nunca más llevó a cabo acciones conciliatorias. Esto, a su vez, provocó que hasta los tiempos de "la revolución de terciopelo", en el otoño del año 1989, es decir, casi quince años después, la Iglesia checoslovaca estuviera prácticamente privada de obispos (a finales de los años ochenta sólo había tres obispos para las trece diócesis en todo el país).

Así que no fue fácil para la Santa Sede llevar una política seria, responsable y de largo plazo en relación con los regímenes comunistas. Desde el principio, Juan Pablo II rechazó de manera decidida todo intento por buscar cesiones, pensando que si una parte cedía en algo, la otra también lo haría. Sin renunciar a los encuentros y las conversaciones con los políticos de diversos bloques y sistemas políticos, el nuevo Obispo de Roma no se conformó con obtener permisos transitorios de las autoridades locales para designar nuevos obispos, sino que desde el principio trató —en la medida de lo posible, de acuerdo con las condiciones imperantes en ese entonces— de arreglar el problema en su totalidad.

El primer gran acontecimiento histórico en este camino fue el viaje de Juan Pablo II a su patria en junio de 1979. Este hecho fue crucial y, visto desde cualquier perspectiva, demostró que era posible la presencia del Papa en un país gobernado por comunistas. Dicha visita influyó en los futuros acontecimientos y en los cambios que comenzaron a sucederse en Polonia después de que tuvo lugar la visita del Santo Padre, y que fueron predecesores de profundas transformaciones en todo el continente.

LA MITAD DE LOS CATÓLICOS DEL MUNDO

Si Europa, con su división en dos bloques enemigos y la Cortina de Hierro, constituyó durante muchas décadas un campo fértil para feroces luchas ideológicas de las cuales fue víctima la Iglesia católica, América Latina ocupó un lugar totalmente diferente en la estrategia papal. Aunque también aquí existía la influencia ideológica del marxismo y del comunismo, sobre todo en Cuba, el principal motivo de interés del Santo Padre en esta parte del mundo era el hecho de que en América Latina habitaba más de la mitad de los católicos del mundo, y esta cantidad se iba am-

El papa Juan Pablo II dirige unas palabras a ciudadanos de Czestochowa ancianos y minusválidos, en el exterior de la Catedral de la Sagrada Familia. (6 de junio de 1979.)

pliando a medida que aumentaba el número de habitantes de este continente.

El primer viaje del Papa al extranjero fue al continente americano, cuando visitó México y República Dominicana (en enero de 1979). En muchas ocasiones posteriores se ha dirigido a América, así que hoy (fuera de las tres Guyanas) no hay ningún país que no haya acogido por lo menos una vez al Obispo de Roma.

Uno de los primeros problemas con los que el Santo Padre se topó en este continente y al cual tuvo que hacerle frente fue el de la Teología de la Liberación. En aquel tiempo, esta ideología tenía su atractivo, aunque ya había pasado la cúspide de su popularidad. El Papa, en forma clara y decidida, se opuso a dicha forma de ejercer la enseñanza de Dios, considerando que era difícil siquiera llamar teología a un conjunto de opiniones en el que el centro estaba ocupado por el hombre y no por Dios. Se opuso también a la participación de los religiosos en política y, sobre todo, en los grupos guerrilleros que intentaban resolver las injusticias sociales a través de medios violentos. Al mismo tiempo, condenó de manera inequívoca las desigualdades e injusticias, subrayando que la Iglesia estaba del lado de los más pobres y necesitados.

Dicha postura le ganó al Pontífice, que era relativamente joven y recientemente elegido en su cargo, el rechazo de diversos grupos izquierdistas, que lo ta-

charon de conservador y enemigo del progreso social, e incluso empezaron a compararlo con el abierto y progresista Paulo VI. El futuro iba a demostrar cuán profundamente acertados eran aquellos puntos de vista supuestamente "retrógrados" de Juan Pablo II. Y no sólo en este ámbito…

"La tierra que (...) besaste se siente honrada con tu presencia", dijo Fidel Castro al dar la bienvenida al Santo Padre. Durante la visita papal, el mandatario cubano se quitó el uniforme y se vistió de civil. (21 de enero de 1998.)

Unos meses después de la elección al más alto cargo en la Iglesia, Juan Pablo II se enfrentó a otro serio reto. En julio de 1979, gobernaba en Nicaragua la familia Somoza, que duró en el poder más de cuarenta años y cuyo sistema era considerado una de las más viejas y al mismo tiempo más repugnantes dictaduras de América Central (y de toda América Latina). Dicha dictadura fue derrocada por el Frente Sandinista de Liberación Nacional, un movimiento guerrillero izquierdista, en el que desde el principio participaron también los sacerdotes. Cuando el Frente tomó el poder, cuatro puestos ministeriales del nuevo gobierno fueron otorgados a clérigos, lo cual iba en contra del derecho canónico. Por ello, la Santa Sede y las autoridades de la Sociedad de Jesús (porque algunos de los sacerdotes ministros eran jesuitas) exigieron que los cuatro renunciasen al gobierno bajo la amenaza de ser expulsados del clero. Desgraciadamente, estos clérigos no obedecieron las órdenes de las autoridades eclesiásticas, las cuales se vieron obligadas a suspender a los religiosos del estado sacerdotal.

En América Latina viven, como ya se mencionó, más de la mitad de los católicos de todo el mundo, por lo que los acontecimientos ocurridos en estas tierras tienen un enorme significado para toda la Iglesia. El continente está lleno de fuertes contrastes tanto en el ámbito social, político, cultural y económico como en la dimensión eclesial y espiritual. A pesar de la cantidad insuficiente de sacerdotes y religiosos para atender las necesidades de los fieles, el número de vocaciones aumenta significativamente desde hace muchos años. El seminario arquidiocesal de Guadalajara, que cuenta con más de mil estudiantes, es el seminario más grande del mundo. La gran afluencia de candidatos al sacerdocio es notoria también en Brasil, Argentina y muchos otros países de América Latina, además de serlo en México.

La importancia mundial de la Iglesia de América Latina se refleja en las designaciones cardenalicias. En febrero de 2001, el Santo Padre nominó al colegio cardenalicio a 44 nuevos sacerdotes, de los cuales la cuarta parte tiene apellidos latinos.

CAMBIOS DE LA POLÍTICA DEL VATICANO

En el transcurso del pontificado de Juan Pablo II casi se ha duplicado el número de Estados con los que la Santa Sede mantiene relaciones diplomáticas plenas; en 1978 eran 96 estados y, en la actualidad, esa cifra ha aumentado a 172. Adicionalmente, la Santa Sede mantiene relaciones diplomáticas con la Unión Europea y con la Orden de Malta, y relaciones "especiales" con la Federación Rusa y la Autonomía Palestina. Dicho crecimiento refleja la aparición de más de veinte nuevos países en los años noventa, como efecto de la desintegración de la URSS, Yugoslavia y Checoslovaquia (al mismo tiempo que desapareció del mapa la República Democrática Alemana). Pero, sobre todo, este fenómeno ha tenido su origen en la creciente importancia de la función de la Iglesia católica y de la Santa Sede en el mundo actual. Y ello, sin duda alguna, se debe a Juan Pablo II y su titánico trabajo, que comenzó desde el primer día de sus funciones.

Para hablar acerca de la incuestionable autoridad de la Santa Sede y personalmente de Juan Pablo II en el campo internacional, hay que destacar el hecho de que la presencia del Estado de la Ciudad del Vaticano en el mapa político del mundo tiene una dimensión cuantitativa, además de cualitativa. Tradicionalmente, el Vaticano mantenía relaciones con países europeos y ame-

ricanos, pero en el pontificado de Juan Pablo II las relaciones incluyen prácticamente todos los Estados del continente africano y asiático, entre los cuales predominan musulmanes. Esto es muy significativo si se toman en cuenta los estrechos lazos entre el Estado y el Islam, por lo que el establecimiento de las relaciones de la Santa Sede con dichos países ha significado vencer los prejuicios anticristianos en muchos de estos Estados. Por desgracia, las relaciones diplomáticas no siempre han servido para mejorar la situación de los católicos y otros creyentes en Cristo en aquellos países, pero éste es otro problema relacionado con la falta de principios de tolerancia religiosa en el Islam.

Vale la pena subrayar que el pontificado de Juan Pablo II ha sido el primero en contar con nunciaturas en todos los países europeos poscomunistas. El Vaticano mantiene relaciones diplomáticas con todos los países que han surgido de la desintegración de la URSS, Yugoslavia y Checoslovaquia. Y éste es un hecho muy importante porque entre estos Estados hay países con mayoría musulmana u ortodoxa, también recelosos del cristianismo en general y, sobre todo, de la Iglesia católica. Hay que agregar a esto la propaganda antirreligiosa, sobre todo anticatólica, del pasado. Sus efectos perduran hasta el día de hoy y se traducen, por

En el encuentro con los fieles de Bolivia —país en que predomina la pobreza—, el Papa decididamente condenó el sistema económico, básicamente dirigido a obtener utilidades, así como a la subordinación de la persona humana al capital. (Santa Cruz, 13 de mayo de 1988.)

ejemplo, en la limitación de las actividades de la Iglesia en los territorios de las ex repúblicas soviéticas de Asia Central, hoy exclusivamente musulmanas, así como en las críticas a la Santa Sede y al papa Juan Pablo II por tomar determinada postura en relación con asuntos específicos. Otro de los ejemplos es la reacción que tuvieron los medios y los sectores importantes de la opinión pública en la nueva Yugoslavia cuando la Santa Sede reconoció oficialmente a Croacia y a Eslovenia en enero de 1992. En aquel entonces aparecieron carteles en los que llamaban al Vaticano "el Estado satánico".

Independientemente de estas y otras reacciones oficiales o privadas de políticos, organizaciones sociales o ciudadanos particulares, no se puede negar que la creciente importancia de la función de la Santa Sede en el plano internacional ha sido en gran medida mérito de la autoridad y la presencia de Juan Pablo II, el primer papa polonés. ∎

CAPÍTULO DIECIOCHO

Rumbo a la reconciliación

Unitate! Unitate! —gritaba la multitud en Bucarest. "Unidad" es la palabra que al mismo tiempo era la expresión de los más profundos deseos de Juan Pablo II. Él aspiraba al ecumenismo de todos los creyentes en Cristo, y al acercamiento de las religiones que creen en un mismo Dios.

"RESULTA DIFÍCIL ENTENDER QUE LOS CRISTIANOS SIGAN DIVIDIDOS", DIJO JUAN PABLO II EN SU PRIMER MENSAJE *URBI ET ORBI*. "ESTA DIVISIÓN ESCANDALIZA A LOS DEMÁS. Nosotros queremos apoyar lo que ayude a superar los obstáculos y deseamos llegar por fin a una perfecta unidad gracias al esfuerzo común." Esta cita permite ver la altísima importancia que el recién elegido papa prestaba a la labor ecuménica.

Finalizadas las ceremonias en la Plaza de San Pedro, Juan Pablo II recibió en su biblioteca privada a las delegaciones de las Iglesias no católicas que habían asistido a la investidura. Allí habló nuevamente del compromiso ecuménico y de su disposición para colaborar con él. Y rápidamente puso manos a la obra.

Los deseos de unidad entre los cristianos son tan antiguos como sus divisiones. Se remontan a los primeros siglos de nuestra era. No obstante, el movimiento actual ecuménico nació en la primera mitad del siglo XIX entre los misioneros protestantes enviados a las tierras llamadas hoy del "Tercer Mundo". No fue casuali-

dad. La gran fragmentación interna de este sector de la cristiandad mermaba la eficacia de su labor. A menudo, en una aldea africana o asiática, trabajaban varios misioneros, que predicaban al mismo Dios y al mismo Evangelio. Pero cada uno lo hacía a su modo y entre ellos se trataban como enemigos.

Para recuperar la unidad, los misioneros formaron en 1846 la Alianza Evangélica, que unía a las confesiones protestantes pietistas. En los años siguientes comen-

Durante la ceremonia de bienvenida en el aeropuerto de Tel Aviv, los niños entregan al Santo Padre una vasija con tierra para que la bendiga. (21 de marzo de 2000.)

zaron a surgir organismos similares, que agrupaban a los evangélicos reformados, presbiterianos, congregacionistas, baptistas, metodistas, anglicanos y otros. También se fundaron organizaciones de protestantes de diferentes credos, de las cuales muchas aún persisten.

Otro acontecimiento importante fueron las conferencias misioneras mundiales. La primera, celebrada en 1910 en Edimburgo, sacudió la conciencia ecuménica de los cristianos. En ella se condenó cualquier forma de proselitismo o cualquier medida empleada para atraer a los fieles de otras Iglesias. La verdadera acción misionera, se dijo, consiste en proclamar la Palabra de Dios entre los no cristianos.

En 1948 se creó el Consejo Mundial de las Iglesias, que se convirtió muy pronto en el mayor organismo ecuménico no católico. En la actualidad, está conformado por más de 330 Iglesias de más de 120 países, que representan a unos 400 millones de personas.

LA IGLESIA CATÓLICA Y EL ECUMENISMO

Al principio, los papas y obispos no veían con buenos ojos el ecumenismo. Según ellos, la única forma de recuperar la unidad era el regreso a la Iglesia católica de los cristianos separados. Este criterio se reflejó en varios documentos pontificios, como la encíclica *Praeclara gratulationis*, publicada en 1893. El papa León XIII subrayó en ella los múltiples factores comunes o cercanos de los católicos y los ortodoxos. A los protestantes, en cambio, los invitó a volver al seno de la Iglesia católica. "Desde hace mucho tiempo", escribió, "los esperamos con la preocupación propia del amor fraterno, para que juntos sirvamos a Dios, unidos en un Evangelio, una fe, una esperanza y un perfecto amor."

El papa León XIII sentó de este modo las bases del concepto católico de la unidad. Quienes dirigieron la Iglesia desde su muerte hasta la Segunda Guerra Mundial no cambiaron gran cosa y hubo quienes evitaron el compromiso ecuménico. En la Conferencia Misionera de Edimburgo, por ejemplo, no participó ningún representante católico.

La Iglesia retrocedió con la encíclica *Mortalium animos*, publicada en 1928. En este documento, Pío XI prohibía a los católicos participar con personas de otros credos en los encuentros de oración y oficios destinados a lograr la unidad de los cristianos. "No hay otro camino para unificar a los cristianos que el regreso a la verdadera Iglesia de Cristo, de la que desafortunadamente se separaron", aseguró.

Hubo entonces algunas iniciativas no oficiales. Por ejemplo, el padre Paul Couturier retomó la idea de la Alianza Evangélica para crear la Semana de Oración por la Unidad de los Cristianos, que cada año, entre el 18 y el 25 de enero, une en oración común a millones de

Mohamed Jatami, el presidente de Irán, país de la revolución islámica, llegó al Vaticano con su turbante negro y su abai, el tradicional manto amplio y largo. (11 de marzo de 1999.)

Arzobispo Alfons Nossol

Aunque de forma diferente, creemos en el mismo Dios

Ningún papa ha apoyado el ecumenismo como Juan Pablo II. Gracias a él, los miembros de diferentes Iglesias se conocieron mejor y aprendieron a ver el ecumenismo como un asunto que incumbía a todos. Comprendieron que el diálogo consiste en buscar a Cristo como el "máximo común denominador".

Él exhortó a los cristianos a sanar los recuerdos, reconociendo que nuestros pecados causaron las dolorosas divisiones. "Sin valor, humildad y paciencia", dijo, "es imposible una auténtica actitud ecuménica. Sin todo ello es imposible dialogar."

cristianos de todo el mundo. A diferencia de los protestantes, que invitaban casi sólo a protestantes, el sacerdote católico francés invitó a todos los cristianos del mundo que desearan participar. Esta semana se sigue festejando, y desde 1967 la organizan conjuntamente el Consejo Mundial de las Iglesias y la Santa Sede.

LA OBRA DE JUAN XXIII

La apertura católica al ecumenismo surgió durante el Concilio Vaticano II. Juan XXIII lo anunció el 25 de enero de 1959, justo el último día de la Semana de Oración por la Unidad, que a la sazón celebraban por separado católicos y no católicos. El papa Roncalli invitó a la asamblea de obispos a "los fieles de las diferentes comunidades a acompañarnos en la búsqueda de la unidad".

Para prepararla, el Santo Padre constituyó varias comisiones. Entre ellas figuraba el Secretariado para la Unidad de los Cristianos, cuya tarea primordial consistía en invitar a los representantes de otras Iglesias y confesiones. Sin embargo, desde el comienzo se convirtió en el instrumento principal de la labor ecuménica de Juan XXIII.

Tan útil resultó la comisión, que sobrevivió al Concilio. Existe todavía con el nombre de Pontificio Consejo para la Promoción de la Unidad de los Cristianos y es el mayor organismo ecuménico católico y el principal interlocutor de las pláticas, conferencias y diversos encuentros con los cristianos de otros credos.

MÁS QUE LA TOLERANCIA

Desde el principio, el papa Juan Pablo II vio siempre al ecumenismo como una de las preocupaciones primordiales de su Pontificado. Aprovechó cuanta oportunidad se le presentaba para reunirse con los líderes y representantes de diversas Iglesias, dentro y fuera del Vaticano. A excepción de los dos primeros viajes, realizados uno a México y el otro a Polonia, todos los demás tuvieron una dimensión ecuménica en mayor o menor grado.

Durante la segunda visita a su patria, por ejemplo, tomó parte en la celebración de la Palabra de Dios en la iglesia luterana de la Santísima Trinidad, de Varsovia. "Si recordamos al mundo que se necesita tolerancia entre las Iglesias", dijo allí, "no quie-

La visita de la reina Isabel II, Cabeza de la Iglesia Anglicana, al Vaticano (1980).

re decir que baste la tolerancia. La tolerancia definitivamente no basta, pues a veces
se tolera hasta el mal buscando un bien mayor. Yo no quisiera que ustedes solamente
me toleraran. Y no quiero
tampoco simplemente tole-
rarlos a ustedes. ¿Acaso son
hermanos los que sólo se toleran? ¿Acaso pueden ser her-
manos en Cristo los que nada más se toleran? Todos
somos niños amados de Dios." Este discurso tuvo una
gran resonancia en el mundo.

También participó el papa Juan Pablo II en el oficio
en la Catedral de San Nicolás, iglesia ortodoxa de
Bialystok. En esa ocasión aseguró que la fe en Cristo
implica el deseo de unidad de la Iglesia. "Abramos las
puertas de nuestras mentes y corazones, de las Iglesias
y Comunidades. El Dios de nuestra fe, al que todos lla-
mamos Padre, es el Dios y el Padre de nuestro Jesucristo", gritó.

Ni de la celebración en la Iglesia luterana ni de ésta
había precedentes. Se podría considerar antecedente
la visita a la Basílica Patriarcal de Estambul, Turquía,
efectuada en 1979; pero se trató de una visita oficial

Junto al Coliseo, el Santo
Padre presidió la celebración
ecuménica, los Testigos de la
Fe del siglo XX. También se
reunió con los represen-
tantes de otras Iglesias y
comunidades eclesiales.
(Roma, 7 de mayo de 2000.)

a Dimitrios, patriarca ecuménico de Constantinopla y
cabeza honoraria del mundo ortodoxo.

La visita de 1980 a la República Federal de Alemania también tuvo una particular dimensión ecuménica, pues se llevó a cabo en el aniversario 450 de la proclamación de la Confesión de Augsburgo, principal documento luterano. Cerca de Colonia, el Sumo Pontífice afirmó: "Yo tenía un especial interés por estar ahora
entre nuestros hermanos evangélicos. Aquí, donde empezó la Reforma, quiero manifestar mi deseo de que
se dupliquen los esfuerzos para que se cumpla el deseo
del Señor: 'Que todos sean uno'."

"Debemos ser conscientes de lo que nos separa, no
para profundizar el abismo, sino para construir puentes sobre él. No podemos contentarnos con decir que
estamos divididos", agregó. "Sólo la completa unidad
nos permitirá unirnos a la Mesa del Señor en el mismo
espíritu y la misma fe." Citó varias veces a Lutero. Entre
otras cosas, trajo a colación la afirmación de que "la
fe en Cristo, por la que somos justificados, no es sólo
en Cristo o en la persona de Cristo, sino en todo lo que
Cristo es".

LA UNIDAD QUE CRISTO DESEABA

Nueve años después visitó Dinamarca, Finlandia, Islandia, Noruega y Suecia. Antes de la Reforma, las cinco

El difícil diálogo con los ortodoxos

LAS RELACIONES CON LA IGLESIA ORTODOXA no han progresado gran cosa, pese a los muchos encuentros y esfuerzos realizados. El diálogo teológico oficial comenzó en 1980. En las sesiones, que se realizaban cada dos años, se pudieron debatir varios temas de capital importancia, como el de los sacramentos, la sucesión apostólica y la Santísima Trinidad.

El asunto se complicó cuando la Iglesia rusa acusó a los católicos de practicar el proselitismo. A pesar de las múltiples propuestas de Juan Pablo II de reunirse con los dirigentes de la Iglesia rusa, éstos las rehusaban siempre pretextando que el encuentro debía prepararse con sumo cuidado.

Influyeron también en el estancamiento muchos siglos de prejuicios de buena parte de los ortodoxos hacia Occidente, originados por motivos religiosos y políticos. Y todo parece indicar que hacen falta años para superarlo.

En 1979, en Estambul, el patriarca Dimitrios y el papa Juan Pablo II anunciaron el comienzo del diálogo oficial entre católicos y ortodoxos y la creación de una comisión mixta para el diálogo teológico. No obstante, tuvieron que transcurrir veinte años para que el Sumo Pontífice se encontrara de nuevo con un patriarca ortodoxo y visitara por primera vez Rumania, un país ortodoxo en su mayoría.

Este viaje, efectuado en mayo de 1999, requirió años de esfuerzos del Vaticano y del gobierno rumano para que la Iglesia ortodoxa invitara al Papa. Se acostumbra que la Iglesia principal de un país dé su consentimiento cuando un papa lo visita (aunque como cabeza de la Iglesia católica visita principalmente a sus fieles, y como jefe de Estado atiende a una invitación de las autoridades nacionales). Por tanto, era casi imposible que Juan Paulo II viajara a Rumania sin que mediara una invitación de los ortodoxos rumanos. Y éstos se resistían a invitarlo, pues los ortodoxos en general no ven con buenos ojos a los "latinos". Influyeron también las tensas relaciones con la Iglesia greco–católica de Rumania. Mientras no se normalizaron, a los ortodoxos no les pasó por la cabeza invitar al Sumo Pontífice. Y las relaciones no se suavizaron hasta finales de 1998.

Durante su estadía en Bucarest, el patriarca Teoctist I, máxima autoridad de la Iglesia ortodoxa local, acompañó constantemente al Papa. Ambos participaron en la mayoría de los oficios y ceremonias litúrgicas cató-

naciones escandinavas eran católicas. Pero actualmente la mayoría de sus habitantes profesa la religión luterana. Es el "reino" del protestantismo reformado. Así pues, este viaje tuvo una especial dimensión.

Las cosas resultaron bastante más complicadas de lo que se esperaba. En sectores escandinavos —y hasta en países enteros— persisten ciertos prejuicios y resentimientos anticatólicos, antipapales, que se manifiestan a veces con violencia. En Dinamarca, el Santo Padre no pudo ni siquiera pronunciar el discurso programado para el oficio ecuménico. La inflexible postura de los anfitriones puso de manifiesto que no iba a ser fácil una reconciliación.

LOS PROBLEMAS CON LA ORTODOXIA

El papa Wojtyla prestó siempre una atención especial a los ortodoxos. Su religión es la más cercana al catolicismo, en lo doctrinal y lo histórico.

El mufti egipcio Tantawi y el papa Shenouda II después de la conferencia "Islam y el siglo XXI". Participaron en ella alrededor de cuarenta países árabes y musulmanes. (El Cairo, 1999.)

licas y ortodoxas. "Nadie va a olvidar esta visita", dijo entonces el papa Juan Pablo II. "Aquí se traspasó el umbral de la esperanza."

DOCUMENTOS, ENCUENTROS, AUDIENCIAS...

El compromiso del Papa se advirtió en innumerables documentos. El más representativo es la encíclica *Ut unum sint* (Que sean uno), de mayo de 1995. Se trata del primer documento pontificio de esta envergadura sobre el ecumenismo después del Concilio, y el primero dedicado por entero a la unidad.

El Santo Padre no soslayó ningún asunto, por delicado o controvertido que fuera. Habló lo mismo de la primacía del papa, rechazada en la forma actual por los no católicos, que de la distinta comprensión de la Eucaristía, que impide un acercamiento común a la Mesa del Señor (intercomunión). La encíclica constituye una verdadera enciclopedia del ecumenismo católico.

Semanas antes de su publicación, salió a la luz otro documento de gran envergadura: la carta apostólica *Orientale lumen*. En ella, el Papa elogió los valores que la cristiandad puede aprender del Oriente cristiano: el amor a las tradiciones, la vida monástica y la importancia de la liturgia y de la contemplación...

Resulta imposible dejar en el tintero los innumerables encuentros y audiencias con delegaciones y jerarcas de diversas Iglesias. También aquí Juan Pablo II tiene un récord. En rigor, esta práctica comenzó apenas en 1960, cuando el papa Juan XXIII recibió en la Santa Sede a Geoffrey Fisher, primado de la comunidad mundial anglicana y arzobispo de Canterbury. No obstante, se trató únicamente de una visita de cortesía. Los primeros contactos oficiales ocurrieron seis años después.

Esta situación permite darse cuenta del camino que ha recorrido la Iglesia católica en unos cuantos decenios. ∎

Al finalizar la Semana de las Oraciones de los Cristianos, en Roma, en la Basílica de San Pablo Extramuros, en la liturgia ecuménica de la Palabra participaron los representantes de 23 Iglesias y comunidades eclesiales. (25 de enero de 2001.)

El constante diálogo teológico

EL DIÁLOGO CON EL ANGLICANISMO ES EL MÁS ANTIGUO Y, por ende, el que se halla en estado más avanzado. Juan Pablo II se reunió en muchas ocasiones con los arzobispos de Canterbury, primados anglicanos de Inglaterra y líderes honorarios de la comunidad anglicana del mundo.

También discutió con los jerarcas de otros credos protestantes. No sorprende que no se hayan recogido muchos frutos, pues abundan las diferencias dogmáticas que dividen a estas Iglesias. Casi no hay un punto de vista común con los protestantes, que interpretan literalmente las Escrituras y no aceptan la menor desviación de la Biblia, ni siquiera cuando el contexto histórico, social y geográfico impone la interpretación simbólica. A esto obedecen problemas como el bautismo, el purgatorio, el culto mariano y el culto a las imágenes.

Los bautistas, pentecostales y adventistas, llamados protestantes libres, no reconocen otro bautismo que el que se realiza en la edad madura y por inmersión total en el agua.

No obstante tantas diferencias, el Papa logró adelantos notables. Merece mención especial la Declaración sobre la Doctrina de la Justificación, que en 1999 firmaron solemnemente la Santa Sede y la Federación Luterana Mundial. La justificación fue hasta hace poco uno de los puntos más conflictivos en el diálogo con los protestantes

Sin embargo, la firma de la declaración no significa que se haya conseguido la comunión. Es más bien un ensayo de un tratamiento nuevo, libre de prejuicios, de un tema muy delicado.

Lo que sucedió en Fátima

ORRÍA EL AÑO DE 1917. En una aldea portuguesa, la Virgen María se apareció a tres pastorcitos y les confió tres secretos. Los dos primeros los conoce todo el mundo. En cambio, el tercero... El cardenal Karol Wojtyla sabía que, a partir del 13 de mayo de 1917, la Madre de Dios se había aparecido en varias ocasiones a Jacinta, Francisco y Lucía. También sabía que les había transmitido ciertos mensajes, que la gente dio en llamar "misterios de Fátima". Lo que con seguridad ignoraba el día de su investidura era cuán ligado estaría esto con su persona.

La coincidencia del día y la hora del atentado con los de la primera aparición daba mucho que pensar. El papa Juan Pablo II solía ver en las coincidencias señales de la Providencia. Para él, el atentado y sus circunstancias fueron una indicación de que debía centrar su labor en los asuntos fundamentales.

Desde que, herido, invocó el nombre de María, tuvo la certeza de que no moriría. Y en cierta forma lo confirmó Alí Agca. El autor del atentado se aterró cuando se enteró de que el hombre de la sotana blanca había sobrevivido. "El Papa debió haber muerto", dijo. Él había apuntado con precisión y la bala era "mortífera". No quedaba duda de que una fuerza sobrenatural lo había salvado. El miedo de que la Señora de Fátima se vengaría de él se convirtió en una obsesión. Se lo contó a Juan Pablo II cuando éste lo visitó en prisión. Él le aseguró que María ama a todos y que no tenía nada que temer.

DOS MISTERIOS

Días después del atentado, el Santo Padre pidió del archivo vaticano el texto del tercer misterio, y le llevaron dos sobres a la clínica Gemelli. Uno contenía el manuscrito de la hermana Lucía; el otro, su traducción al italiano.

Los primeros dos misterios los conocía todo el mundo. Los había redactado Lucía dos Santos en 1928 a petición de su confesor. Los escritos fueron enviados al Vaticano. Más tarde, ella misma, convertida ya en monja carmelita, redactó varias veces sus "recuerdos", como los llama. El cuarto recuerdo, que publicó en 2000 la Congregación para la Doctrina de la Fe, data de 1941.

En el año del Gran Jubileo, el Papa beatificó en Fátima a los pastorcitos Jacinta y Francisco Marto. (13 de mayo de 2000.)

Estos misterios contienen la visión del infierno y el anuncio de una nueva guerra mundial, que comenzaría durante el pontificado de Pío XI, así como las persecuciones y sufrimientos de la Iglesia, ocasionados por la Rusia atea.

Sin embargo, los terribles acontecimientos podían evitarse, pues la Virgen ofreció una alternativa: o Rusia se convertía y se consagraba a su Inmaculado Corazón, o el sistema ateo se propagaría, estallarían nuevas guerras y se reiniciarían las persecuciones.

El segundo misterio anunciaba que el Santo Padre consagraría Rusia al Corazón de María, pero no precisaba la fecha. Pío XII consagró dos veces al mundo, y otras tantas, Paulo VI. Para acatar la solicitud de María, Juan Pablo II compuso durante su convalecencia una oración y mandó leerla en una basílica de Roma. Si bien no menciona en ella a Rusia, pidió que "el amor de la Madre abrace a los que más lo esperan".

El papa polonés pasó dos temporadas en la clínica, una más breve que la otra. En la primera leyó el texto del tercer misterio. En la segunda estudió toda la documentación recolectada en el Vaticano y cuanta investigación había sobre Fátima. Así pues, tras la segunda hospitalización conocía de sobra la responsabilidad que pesaba sobre sus hombros.

Cuando en agosto de 1981 se retiró a Castel Gandolfo, le entregaron una pequeña copia de la imagen de la Virgen de Fátima. La habían llevado a Roma unos peregrinos alemanes con la intención de regalársela el 13 de mayo. Por tanto, la imagen se encontraba en la Plaza de San Pedro en el momento del atentado. Juan Pablo II mandó colocarla en un templo polaco cercano a la frontera soviética.

EL ENCUENTRO CON LA HERMANA LUCÍA

En 1982, Juan Pablo II fue a Fátima a agradecer a la Virgen su protección y a consagrar otra vez al mundo. En el santuario, la hermana Lucía platicó con él y le entregó una carta que contenía la interpretación de la tercera parte del mensaje. "Es una revelación simbólica relacionada con cierta sección del mensaje, que podrá cumplirse si obedecemos las peticiones", escribió. "Si acatan mis peticiones", dijo María, "Rusia se convertirá y habrá paz. De lo contrario, transmitirá sus errores al mundo y habrá muchas guerras."

La primera solicitud —instituir un oficio religioso al Inmaculado Corazón de María— ya se había cumplido. Se celebra el primer sábado de cada mes. La segunda —consagrar a Rusia— ya se había realizado varias veces. Sin embargo, llegaban del convento carmelita señales de que no era exactamente lo que la Madre de Dios había pedido.

En los años sesenta, merced al Concilio, cambió la postura del Papa. En la constitución dogmática *Lumen gentium* se incluyó el principio de la colegialidad, cuerpo formado por todos los obispos del mundo "en conjunto con el de Roma y bajo su presidencia". No se sabe a ciencia cierta si a esta colegialidad se refería el mensaje de la Virgen de Fátima, pues la religiosa sostenía que la consagración debía efectuarla Juan Pablo II "con todos los obispos del mundo". Quizá por ello, el Sumo Pontífice consagró al mundo el 8 de diciembre de 1983 e invitó a los obispos a unirse a sus intenciones.

Al cabo de cuatro meses llevaron a la Virgen de Fátima al Vaticano y la colocaron frente a la Basílica de San Pedro. En un acto solemne, el Papa confió de nuevo a ella la hu-

"Europa Te necesita, porque desde el Oriente al Occidente no puede encontrar su verdadera identidad sin descubrir de nuevo sus comunes raíces cristianas": el Papa dijo estas palabras durante el Acto de Consagración de la Humanidad al Inmaculado Corazón de María.

manidad. Después lo hicieron los obispos del orbe entero, cada uno en su diócesis.

A fines de 1989, la carmelita notificó al Papa que el acto universal de 1984 sí era la respuesta correcta a la solicitud de la Virgen. En el curso de ese lustro sucedieron cosas grandes y admirables: se había venido abajo el sistema comunista en Europa Central, y la Unión Soviética comenzaba a desmoronarse.

¿SE HA CUMPLIDO LA PROFECÍA?

En el décimo aniversario del atentado, Juan Pablo II viajó a Fátima a dar gracias a la Virgen por salvarlo y liberar del comunismo a una parte del planeta. "Te agradecemos que con amor maternal lleves a la gente a la libertad", dijo frente al altar. Para entonces se habían retirado ya de Europa Central las bases militares soviéticas. Alemania se había reunificado y en Polonia, Checoslovaquia y Hungría se habían instaurado gobiernos democráticos.

A pesar de existir aún la Unión Soviética y de seguir los comunistas en el poder, el sistema ateo había perdido la pelea allí. En 1990 entró en vigor una ley que garantizaba la libertad religiosa y de expresión.

Pero el comunismo no se rendía. En agosto de 1991, precisamente en el aniversario de la cuarta aparición, se registró en Moscú un intento de regresar al viejo orden.

Los autores del golpe detuvieron a Mijail Gorbachov, el jefe de Estado, y lo confinaron bajo vigilancia en su residencia de Crimea para que no pudiera influir en la marcha de los acontecimientos.

Con el fin de controlar los centros del poder, tomaron la sede del Parlamento cuando los diputados y el presidente Boris Yeltsin se encontraban dentro, y los dejaron incomunicados.

En eso intervino la emisora belga Radio y Televisión Católica que se disponía a transmitir un programa desde Moscú. Los belgas escondieron un transmisor bajo un montón de verduras y se las ingeniaron para introducirlo en el edificio. Gracias a ellos, Yeltsin pudo convocar a la población para que rodeara el Parlamento y defendiera la democracia. Dado que se mantuvo la comunicación con el exterior, el golpe de Estado se vio frustrado. Mijail Gorbachov fue puesto en libertad y el Papa le envió un telegrama, expresando el deseo de que prosiguiera "la gran obra de la renovación moral" de la URSS.

No obstante, el tiempo de Gorbachov había terminado. Cuando se percató de que los altos dirigentes del partido habían colaborado con los

El 13 de octubre, al lugar de las apariciones llegaron miles de personas de Portugal, informaba el periódico *Seculo* del 15 de octubre de 1917.

golpistas, los separó de sus puestos y disolvió el Partido Comunista.

Se acercaba el tiempo de Yeltsin. Poco después, los presidentes de Rusia, Ucrania y Bielorrusia se reunieron en secreto y decidieron que la Unión Soviética dejaría de existir el mismo día en que Gorbachov renunciara a la presidencia. Esto sucedió el 25 de diciembre de 1991. Mientras la cristiandad festejaba el nacimiento del Hijo de Dios, la bandera roja fue arriada del Kremlin.

LA VIRGEN EN LOS HOGARES RUSOS

Dos meses y medio antes, se había llevado a cabo la primera peregrinación rusa a Fátima. En agradecimiento por el transmisor prestado en los días del golpe, Yeltsin autorizó a la emisora belga que transmitiera el acontecimiento en Rusia. Así, en un país en el cual hacía muy poco deportaban a la gente al *gulag* por tener la imagen de la Madre de Dios, millones de televidentes vieron a la Virgen de Fátima en sus pantallas. Más tarde repitieron el programa otros canales de televisión de varias naciones que habían formado parte de la Unión Soviética.

En el año 2000, el papa Juan Pablo II volvió a Fátima para beatificar a Jacinta y Francisco. Desde lo más profundo de su corazón agradeció a la Virgen el cumplimiento de la profecía.

Al obispo eslovaco Pavel Hnilica (que, fascinado por la profecía de Fátima y su relación con Rusia, se ha dedicado a estudiar el tema) no le cabe duda que la profecía del mensaje sobre el triunfo final del Inmaculado Corazón (el segundo misterio) se refiere al momento en que se unan la Iglesia Occidental y la Oriental. La unidad de los cristianos siempre ha sido uno de los principales objetivos del papa polonés, y el viaje a Rusia, uno de sus más ardientes deseos.

LA MISIÓN DE LA HERMANA LUCÍA

Hasta el 13 de mayo de 2000, apenas unos cuantos conocían el llamado "tercer misterio". Lo redactó la hermana Lucía en 1944 a instancias del obispo de Leiria–Fátima. La carmelita se resistía a transcribir sus visiones al papel, alegando que la profecía no se comprendería antes de 1960. Después de mucho insistir, el prelado la convenció de que nadie leería el documento antes de dicho año. En 1957, para mayor seguridad, lo llevaron al archivo del Santo Oficio, en el Vaticano. Pío XII no alcanzó a conocer su contenido, pues murió en 1958. Sus sucesores sí lo leyeron pero ninguno quiso revelarlo. En consecuencia, se propagaron por el mundo mil rumores.

EL SOBRE CERRADO

En agosto de 1959 le entregaron a Juan XXIII un sobre cerrado con el texto de la hermana Lucía. Al año siguiente el Papa rompió el sello y vio el documento. Como no sabía portugués, pidió que lo tradujera un prelado de la Secretaría del Estado. Después de leer la versión italiana, metió cada papel en un sobre, los cerró y ordenó archivarlos de nuevo. Un día en que su secretario, el padre Silvio Oddi, le preguntó sobre el asunto, el Sumo Pontífice le ordenó no volver a mencionarlo.

Paulo VI leyó el documento en 1965 y también decidió no descubrirlo. Aunque le impresionó profundamente, nunca habló de él en público. Al igual que sus antecesores, Juan Pablo II leyó el contenido de los dos sobres y los mandó archivar.

El primero en revelar algo fue el cardenal Joseph Ratzinger, prefecto de la Congregación para la Doctrina de la Fe. En rigor, sólo dijo lo que la hermana Lucía no había escrito. Y es que en 1996 desmintió oficialmente ciertos rumores de que el misterio de Fátima contenía una visión del fin del mundo, tan horrible que la Iglesia no se atrevía a difundirla. A continuación, sin duda con el consentimiento de Juan Pablo II, el Cardenal reconoció que no había llegado el tiempo adecuado para publicarlo.

EL SANTO PADRE ME ENCOMENDÓ...

El tiempo adecuado llegó con el Jubileo de 2000. En este año el Sumo Pontífice viajó a Fátima para beatificar a Jacinta y Francisco, dos de los pastorcitos que junto con Lucía tuvieron las revelaciones. Los medios divulgaron la noticia de que ahora sí se daría a conocer la profecía. Pero el Papa no tocó el tema durante la homilía.

Sin embargo, el cardenal Angelo Sodano, secretario del Estado, sí lo tocó una vez terminada la misa. "El Santo Padre me encomendó que les transmitiera una noticia", dijo a los reunidos. Luego habló de que el Papa había querido aprovechar la visita para agradecer a María su extraordinaria protección. "Esta protección parece estar ligada con la 'tercera parte' del secreto de Fátima", agregó.

EL PRONUNCIAMIENTO DEL CARDENAL ANGELO SODANO SOBRE EL TERCER MISTERIO

"Se trata de una visión profética comparable con la de la Sagrada Escritura, que no describe con sentido fotográfico los detalles de los sucesos futuros, sino que sintetiza sobre un mismo fondo hechos que se prolongan en el tiempo, en una sucesión y con una duración no precisadas. Por tanto, la clave de su lectura ha de ser simbólica.

"La visión tiene que ver particularmente con la lucha de los sistemas ateos contra la Iglesia y los cristianos, y describe el terrible sufrimiento de los testigos de la fe del

Juan Pablo II se reunió tres veces con la hermana Lucía, la única de los tres niños que platicaron con la Madre de Dios que todavía vive.

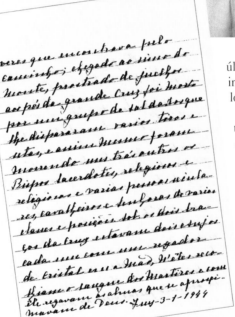

20

Tercer misterio de Fátima escrito por la hermana Lucía.

último siglo del segundo milenio. Es un interminable *via crucis* encabezado por los papas del siglo XX.

"Según las interpretaciones de los pastorcitos, el 'Obispo vestido de blanco' que ora por los fieles es el Papa. También es él quien, caminando con fatiga hacia la Cruz entre los cadáveres de los obispos, los sacerdotes, los religiosos y los laicos martirizados, cae a tierra como muerto, bajo los disparos de un arma de fuego.

"Después del atentado, a Su Santidad le quedó claro que 'una mano materna' había alterado la trayectoria de la bala y permitido al Papa agonizante 'detenerse' a las puertas de la muerte."

FRAGMENTO DE LA TERCERA PARTE DEL MISTERIO DE FÁTIMA

"Y vimos en una inmensa luz, que es Dios, algo semejante a como se ven las personas cuando pasan ante un espejo, a un obispo vestido de blanco. Hemos tenido el presentimiento de que era el Santo Padre. También vimos a otros obispos, sacerdotes y religiosos subir una montaña empinada, en cuya cima había una gran cruz de maderos toscos. El Santo Padre atravesó una gran ciudad medio en ruinas y, algo tembloroso, con paso vacilante, apesadumbrado, rezando por las almas de los cadáveres que encontraba por el camino, llegó a la cima; postrado a los pies de la gran cruz, fue asesinado por un grupo de soldados, que le dispararon con armas de fuego." ■

311

"Jesucristo es el centro del universo y de la historia", dijo Juan Pablo II. Y en otro momento agregó: "Para el tercer milenio, Dios ha preparado una gran primavera del cristianismo."

CAPÍTULO DIECINUEVE

Verdad sobre Dios y sobre el hombre

EL SANTO PADRE DECLARÓ QUE EL OBJETIVO DE SU PONTIFICADO ERA PREPARAR AL MUNDO PARA EL TERCER MILENIO. SEÑALÓ LO ESENCIAL DEL CRISTIANISMO, LO MÁS VALIOSO Y CERCANO AL EVANGELIO. En su actividad y enseñanzas se observan con frecuencia elementos derivados de los orígenes del cristianismo. Su idea de esta religión está profundamente arraigada en la fe de los primeros siglos. Todas las renovaciones efectuadas en la historia de la Iglesia han consistido en regresar a los orígenes, y el caso del papa Juan Pablo II no es la excepción de la regla.

LA ERA CRISTIANA

Llama la atención cómo veía Juan Pablo II la era cristiana. "Casi en todo el mundo", escribió, "el paso de los años se cuenta desde la llegada de Cristo al mundo."

Esta dimensión religiosa coincide con la que le dio Dionisio el Menor, monje romano que en el 525 propuso el calendario que se usa en la actualidad. "Hemos decidido", afirmó, "contar los años desde la encarnación de Nuestro Señor Jesucristo para señalar mejor el principio de nuestra esperanza y para que se vigorice más la fuente de renovación de la humanidad."

Desde entonces se registran todos los acontecimientos seguidos de la leyenda "después de Cristo" o "antes de Cristo". Incluso de manera espontánea. Cada vez que alguien fecha una carta, un documento o un cheque, recuerda consciente o inconscientemente la llegada del Salvador y crea la conciencia de que Cristo es el centro de la historia, en sentido cronológico y religioso.

LA CLAVE PARA COMPRENDER AL MUNDO

Cristo se encuentra en el núcleo de la doctrina de Juan Pablo II. Su pontificado comenzó con el famoso "Abran las puertas a Cristo". A él dedicó la primera encíclica, *Redemptor hominis*. Jesús, decía, es el meollo del dogma cristiano, y la vida cristiana consiste en imitarlo. El cristianismo es una constante invitación a encontrarse con Él.

Este "cristocentrismo" ha desempeñado un papel importantísimo en su papado, con dos grandes vertientes: primera, Cristo está eternamente vivo y presente en la his-

Las catacumbas de San Sebastián fueron creadas en temprana época de la cristiandad. En el siglo IV, durante el gobierno de Constantino el Grande, fue construida sobre ellas la Basílica.

toria; segunda, en Él radica la verdad sobre Dios y el hombre. Sin Él resulta imposible comprenderlos. El hecho de que Jesús haya muerto para redimir al hombre dignifica a éste y lo hace excepcional.

LA RELIGIÓN MÁS EXTENDIDA

La visión unitaria del cristianismo ha sido un rasgo excepcional de Juan Pablo II. Sus múltiples viajes le permiten conocer mejor los problemas universales, recortar distancias y acercar a los católicos de diversos rincones del mundo y a todos los cristianos.

Si bien la cristiandad se halla presente en los cinco continentes, se registran notorias diferencias regionales, resultado de su desarrollo histórico. La religión surgió en Palestina. De allí se expandió a todo el Imperio Romano. Desde la caída de Roma hasta los tiempos modernos, Europa fue el centro de la cristiandad. Curiosamente, hoy hay más cristianos fuera de Europa que dentro de ella.

En la actualidad, los cristianos representan una tercera parte de la humanidad (alrededor de 2,000 millones). El cristianismo es la religión monoteísta más extendida del mundo.

Existen tres grandes corrientes: los católicos, que suman cerca de mil millones; los ortodoxos, que suman unos 200 millones, y los protestantes, que suman más de 400 millones y que a su vez se dividen en tres credos básicos (anglicanos, luteranos y calvinistas).

Juan Pablo II logró fortalecer el ecumenismo, es decir, el movimiento en favor de la unificación de los cristianos. Él despertó la conciencia de los lazos que los unen. Se observa una dialéctica muy extraña en la historia de la Iglesia. En el primer milenio se unió y floreció. En el segundo, vivió momentos de grandeza, pero también escisiones fundamentales (los ortodoxos en el siglo XI, y los protestantes en el XVI). En el tercero, es seguro que se reunifique.

¿CUÁL ES LA FUNCIÓN DEL PAPA?

La figura del pontífice desempeña un papel de primer orden en la cristiandad. Juan Pablo II creó sin duda un modelo de papado. En rigor, no ideó una nueva forma de desempeñar la función. Más bien rescató los modelos de los primeros siglos y los trasladó a nuestros tiempos, enriqueciéndolos con los logros de hoy.

A Simón, Cristo le dio un nuevo nombre, que describe muy bien su misión. Le dijo: "Tú eres Pedro (es decir, piedra) y sobre esta piedra edificaré mi Iglesia."

El mosaico del siglo XIV que representa a Cristo fue elaborado de los fragmentos de las más bellas esculturas recogidas de todo Bizancio. Éste se encuentra en Estambul, en el antiguo templo bizantino de Santa Sofía, edificado en los años 532-537 por el emperador Justiniano.

El nuevo Adviento

LA PERSPECTIVA DEL TERCER MILENIO constituye una de las enseñanzas sustanciales del Papa. En la encíclica *Redemptor hominis*, publicada seis meses después de su elección, invitó al mundo a vivir como un "nuevo Adviento" —un periodo de espera— el tiempo que faltaba para su llegada. Fue la clave para comprender su pontificado. Tanto, que él mismo llamó a éste, "tiempo de Adviento".

Había que aprovechar el Jubileo para convertirse y renovar la vida cristiana. A la crisis de la civilización hay que contestar con la civilización del amor, basada en la paz, la solidaridad, la justicia y la libertad, aseguró un día.

Se debe aprovechar igualmente para buscar con honestidad, humildad y valentía la unidad con los cristianos de otros credos. "De no hacerlo", advirtió, "no seremos leales a la Palabra de Cristo."

Al escribir esto, quizás abrigaba la esperanza de que la cristiandad entrara reunificada al tercer milenio. El problema no resultó tan fácil. El Papa —quien ha celebrado decenas de encuentros y publicado innumerables documentos, declarando su voluntad de reconciliación— se topó a menudo con la incomprensión y la crítica, hasta de los mismos católicos.

De las siguientes palabras de *Redemptor hominis* se desprende que decidió conscientemente nadar contra corriente: "Algunos, viendo las dificultades y valorando de forma negativa los resultados de los esfuerzos ecuménicos ya iniciados, desearían abandonar el camino andado. Otros opinan que se daña la causa del Evangelio, se provocan más divisiones, se causa confusión en el entendimiento de los asuntos de la fe y la moral. A quienes quieran disuadir a la Iglesia de la búsqueda de la unidad, hay que repetirles: ¿Acaso podemos no hacerlo?"

No se trata de convertir al mundo ni de renunciar a la propia fe. "El ecumenismo", aclaró, "no significa que debemos borrar las fronteras de la verdad profesada por la Iglesia. Significa apertura, acercamiento, deseos de diálogo, búsqueda conjunta de la verdad en su total significado evangélico y cristiano."

Juan Pablo II viajó siguiendo un plan muy bien trazado. "Llegamos a las Iglesias de todos los continentes poniendo especial interés en las relaciones ecuménicas", explicó. El Papa procuró que sus viajes inspiraran, si no un examen de conciencia, sí una reflexión. Sus viajes dejaron siempre una huella en los países visitados y llevaron el sello de su testimonio.

El hermano Roger, fundador del movimiento Taizé, organiza encuentros en muchos países del mundo, que se efectúan con la aprobación de Juan Pablo II. (Stuttgart, 30 de diciembre de 1996.)

"roca". De ahí su primacía. Pedro dirigía la Iglesia en sustitución de Cristo, y sus sucesores la dirigen en sustitución suya. Ahora bien, él no se desempeñó como el administrador de una institución, sino como testigo. Pronunció sermones, fortaleció a las comunidades y fue pastor y apóstol.

Desde un principio Roma se encargó de mantener la concordia en las comunidades, de fortalecer la unidad. Las Iglesias gozaban de una notable autonomía. Especialmente los patriarcados (Alejandría, Antioquía, Jerusalén y Constantinopla) se distinguían por su independencia. Contaban con su propia legislación, su liturgia, sus tradiciones teológicas y espirituales. El papa, único patriarca de Occidente, intervenía exclusivamente en casos excepcionales. Por ejemplo, cuando se requería defender la ortodoxia de la fe, la fidelidad o la unidad. Recurrían a él como última instancia de apelación de las decisiones de otros patriarcados.

Siglos después vinieron las dos divisiones. Desde entonces, la falta de reconocimiento del máximo poder del papa es uno de los mayores obstáculos para la reunificación. Debemos admitir que la postura crítica de la Reforma no obedecía nada más a la oposición a la función de Pedro. Los pontífices habían incurrido en ciertos abusos, como un centralismo demasiado rígido y la intervención en el poder secular.

Juan Pablo II transformó la función del papa. Un elemento enteramente nuevo fueron las peregrinaciones por todo el mundo, destinadas a cimentar la Iglesia donde desarrolla su misión. El Santo Padre ha sido apóstol y pastor.

También aumentó el ascendiente de los Sínodos de Obispos y reforzó el poder colegial de los obispos. Gracias a él, la primacía pontificia está más de acuerdo con la antigua tradición.

Por último, se percató de que, aunque es obligación de un pontífice contribuir a la reunificación de las Iglesias, la figura del Obispo de Roma es también uno de

El Pontífice, pues, es un cimiento fuerte, símbolo de solidez y duración.

Pedro encabezaba a la comunidad de Jerusalén. Tuvo autoridad sobre ella. A todos los apóstoles les correspondió gobernar, pero sólo a él llamó Jesús

los mayores impedimentos para lograrla. Entonces propuso un nuevo concepto teológico de primacía en la encíclica *Ut unum sint* e invitó a los cristianos a reconsiderarla. Expresó su disposición a "buscar una forma de ejercicio de la primacía que, sin sacrificar

El reto de la Iglesia

LA "NUEVA EVANGELIZACIÓN" constituye uno de los principales lemas de Juan Pablo II. Hay, decía, grupos de cristianos —y hasta países enteros— que han perdido el sentido de la fe viva. Se han vuelto apáticos y viven sumergidos en rencillas. La Iglesia descuidó allí su dinamismo apostólico y no respondió a los retos del tiempo.

El Papa se percató de que urgía buscar nuevas formas y medios de predicar el Evangelio y mejorar la calidad de la fe. Movilizó, pues, a las fuerzas pastorales para que supieran convencer al mundo de que el mensaje de Cristo era atractivo y valioso.

Para la alarmante crisis de la cultura occidental no hay otra respuesta que la nueva evangelización, explicó. El gran error de nuestra civilización es su concepto del hombre. La sociedad ha perdido la dimensión humanista. Se cuestiona si el hombre es un ser trascendental, que rebasa la dimensión puramente terrenal.

En la encíclica *Evangelium vitae,* el Santo Padre demostró que el materialismo genera un menosprecio del valor de la vida humana y que ese menosprecio conduce a la aceptación del aborto y la eutanasia, entre otras cosas. Más de una vez usó el término "cultura de la muerte" para referirse a la civilización en que el hombre queda reducido a ciertos atributos externos, como la utilidad, la fuerza y la eficiencia.

A esta sociedad que ha perdido la fe en el progreso de la historia y la esperanza en el futuro, urge proclamarle la verdad sobre el sentido de la historia, que encontrará su plenitud en Cristo.

La nueva evangelización, puntualizó, debe comenzar con una conversión radical. "Es justo que la Iglesia acepte en forma más consciente el peso del pecado de sus hijos, recordando todas las situaciones del pasado en las cuales éstos se alejaron del Espíritu de Cristo, y en vez de dar testimonio de la vida inspirada con los valores de la fe y de presentar al mundo ejemplos con ideas y obras, fueron en realidad un 'antitestimonio' y motivo de escándalo", afirmó.

El proceso culminó con la liturgia de la confesión de los pecados de la Iglesia, que encabezó el Sumo Pontífice en marzo de 2000. Nunca había registrado la historia un acontecimiento similar. "Debemos confesar que, como cristianos, somos responsables del mal que acontece el día de hoy", dijo. Enumeró el ateísmo, la indiferencia religiosa, la secularización, el relativismo ético, la violación del derecho a la vida y el desinterés por la pobreza de numerosos países. El examen de conciencia incluyó, desde luego, la into-

lerancia religiosa, la violencia y otros pecados que en el pasado provocaron divisiones.

Según Juan Pablo II, la conversión es asimismo el principio de la reconstrucción de la unidad. La unión no ha de entenderse como una federación de grupos en pugna, que se alían movidos por intereses comunes puramente humanos. La unión perfecta se fragua sólo en el amor.

El encuentro en Gniezno, evocando el encuentro semejante del año 1000, se convirtió en una manifestación de la aspiración a la unidad de Europa (1997).

lo esencial, esté abierta a la nueva situación". Esta postura permite abrigar la esperanza de que la figura papal beneficie la unidad, en lugar de perjudicarla.

TESTIMONIO DE CRISTIANISMO

A Juan Pablo II no le cabe duda que en el siglo XXI resurgirán los valores espirituales. Será una época de profunda vida espiritual y de auténtica fe.

Su optimismo se deriva de su propia fe en la influencia de Dios sobre la suerte del mundo y las personas. Él ha dado mil pruebas de una fe extraordinaria. Imposible explicar su asombrosa actividad sin la oración. Su éxito apostólico obedece a que ha vivido lo que predica. Su pontificado entero ha sido un gran testimonio de auténtico cristianismo. "El testimonio de vuestra vida", afirmó, "de la vida auténtica y sin reserva entregada a Dios y a los hermanos, es indispensable para hacer presente a Cristo en el mundo y llegar con su Evangelio a los hombres de nuestros tiempos, que prefieren escuchar a los testigos que a los maestros, y son más sensibles a los ejemplos vivos que a las palabras." ∎

ÍNDICE ONOMÁSTICO

Los números que aparecen en **negritas** remiten a las ilustraciones.

A

Ablewicz, Jerzy 100
Adamski, Stanislaw 67
Ademar, Puy 144
Adriano I 141
Adriano VI 146
Adzubey, Alexis 202, 203
Al-Azhar 261
Alberico 142
Alberto, hermano 75, 76
Alejandro V 146
Alejandro VI 181
Alexis II 271
Alexis IV 144
Alí Agca, Mehmet 182, 212, 215, 216, 218, 219, 222, 223, **224,** 225
Alves, Rubén 253
Amicis, Leonardo De 190
Anakleto II 138
Andropov, Yuri 200, 207
Ángeles, Jacinto de los 283
Antonio, niño mártir 281
Antonov, Sergueï 224
Aristóteles 76
Arnulfo de Carintia 142
Atenágoras I **121**
Atila 141

B

Balamuth, Chaim 18
Ballestrero, Anastasio 184
Banas, María 22
Bardecki, Andrzej 81
Baronius, Barnio 142
Batory, Stefan 82
Baziak, Eugeniusz 64, 67, 70, 74, 75, 77, 78, 80, 95, 170
Beer, Regina 18, 23, 24, 25
Benedicto XIII 37, 146
Benedicto XIV 141
Benedicto XV 16, **16**, 17, 41, 296
Benelli, Giovanni 103, 124, 127, **127,** 132
Beran, Josef 203, 204, 205
Bierut, Boleslaw 66, 97
Blachnicki, Franciszek 62, **63**
Boccelli, Andrea 190
Boff, Leonardo 253
Boleslao I el Intrépido 90, 91
Bolonia, Miguel de 281
Bonifacio VI 138, 142
Bonino, José Míguez 253
Bono (Paul Hewson) 190, **190**
Borgomeo, Pascuale 273
Bortnowska, Halina 76
Brantegem, Vik Van 265
Brezhnev, Leonid 207, 272
Brígida, Santa 145
Brzezinski, Zbigniew 100, 200, **207**
Bubis, Ignatz 266
Bucholz, Jaroslaw 238
Bujak, Adam 231
Bukowski, Stanislaw 43
Bush, George W. **289**

Buzala, Kazimierz 59
Buzzonetti, Renato 214

C

Calixto I 140
Cantón Marín, Luis Miguel 282
Carter, Jimmy (James) 100, 200
Casaroli, Agostino 91, 109, 192, 200, 202, **203,** 206, **208,** 222, 224
Castrillón Hoyos, Darío 162
Castro, Fidel **298**
Catalina de Siena, Santa 145
Celik, Oral 224
Cerulario 143
Chernienko, Constantín 207
Chmiel, Jurek 119
Chmielowski, Alberto vea Alberto, hermano
Chrapek, Jan 185
Cibin, Camillo 225, 264
Cicognani, Amleto 91
Cieplak, Jan 105
Cirilo 270
Clemente I 138
Clemente V 145, 228
Clemente VII 146
Clemente VIII 230
Clemente IX 138
Clinton, Hillary 244
Clodoveo 563
Comblin, Joseph 253
Confalonieri 134
Congar, Yves 118
Constancio 165
Constantino 163, 314
Copérnico, Nicolás 175
Corripio Ahumada, Ernesto 278, 281
Cossa, Baltasar vea Juan XXIII
Couturier, Paul 302
Cristóbal, niño mártir 281
Crucitti, Francesco 214, **215,** 216, 221, 223
Cuauhtlatoatzin, Juan Diego 283
Cullot y Valera, Lorenzo 233
Cyrankiewicz, Józef 80, 81, 82

D

Damasiewicz, Zygmunt 21
Danielou, Jean 118
Darwin, Charles 174
Debowska, Cristina 38
Debowska, Irena 38
Dell'Acqua, Angelo 206
Deskur, Andrzej Maria 79, 91, 119, 124, 126, 127, **131,** 221, 222, 224
Dimitrios 218
Dionicio el Menor 314
Dylan, Bob (Robert Allen Zimmerman) 190, **190**
Dziwisz, Stanislaw 60, 95, 100, 104, 157, 158, 160, 189, **212,** 214, 216

E

Enrique IV 144
Esperanza de Jesús, madre (María José Palma) **232,** 233

Estanislao, San 90, 91, 92, **94,** 95, 105, 272
Esteban II 141
Esteban IV 142
Eugenio IV 37
Eusebio, San 138

F

Falecki, Borek 85
Faustina, hermana (Kowalska, Maria Helena) 100, **230,** 232, 233
Felici, Pericle 104, 131, 134
Felipe IV 145
Félix V 140
Fierro, Enio 233
Figlewicz, Kazimierz 21, **21,** 22, 23, 30, 32, 34, 36, 44
Filek, Eugeniusz **24**
Fischer-Wollpert, Rudolf 143, 149
Fisher, Geoffrey 307
Florek, Józefa 43, 44
Foehl 35
Formoso I 141
Forys, Kazimierz 21, 23
Fox Quesada, Vicente 283
Francisco de Asís, San 145
Francisco Fernando 14
Francisco José 14, 17, 18
Francisco, pastorcito 308, 310
Frank, Hans 32, 34, 40
Frassati de Gawronski, Lucina 22
Frossard, André 132, 221
Fürstenberg, Maximiliano de 130

G

Galilei, Galileo 174
Garrigou-Lagrange, Reginald 52
Gawronski, Jas 242
Geldof, Bob 190
Gierek, Edward 110, 128, 203, 272
Glemp, Jozef 223
Goldberg, Leopold 19
Golubiew, Antoni 103
Gomulka, Wladyslaw 66, 108, 109, 204, 272
Gönch, Árpád 271
Góra, Jan 191
Gorbachov, Mijail 205, 207, **208,** 209, 274, 310
Gorbachov, Raisa 209
Graciano 140
Gregorio I 141
Gregorio VI 165
Gregorio VII 143, 144
Gregorio IX 145
Gregorio XI 145, 155, 165
Gregorio XIII 37, 147
Gregorio XVI 147
Groblicki, Julian 78, 95
Gromyko, Andrei 200, 202, 207, 208
Gruda Stanislaw, Andrzej, seudónimo de Karol Wojtyla 72
Grygiel, Stanislaw 221
Gudel, Angelo 264, 265
Guerra, Luciano 231
Guillermo II 15
Gysi, Klaus 205

H

Häffner, Joseph 104
Harvey, James Michael 160, 189
Havel, Vaclav 200, **271**
Helena 140, 164
Hitler, Adolfo 25, 34, 41, 148, 243, 244
Hlond, August 22, 34, 48, 66
Hnilica, Pavel 310
Holuj, Tadeusz 29
Honecker, Erik 205
Hozjusz, Stanislaw 138
Humberto II 154
Huppertow, Anna 18
Hus, Jan 271
Hussein, Saddam 295
Husserl, Edmund 55

I

Ingarden, Roman 55
Inocencio II 138, 230
Inocencio III 144, 145
Inocencio XI 138
Ipekci, Abdim 215, 219,
Ireneo 138
Isabel II **304**

J

Jablonski, Henryk 128
Jacinta, pastorcita 308, 310
Jagiellonka, Ana 82
Janna, Vittoria 186
Jaroszewicz, Piotr 128
Jarre, Jean Michel 190
Jaruzelski, Wojciech 208
Jasien, Piotr, seudónimo de Karol Wojtyla 72
Jasienica, Pawel (Leon Lech Beynar) 103
Jatami, Mohamed **303**
Jawien, Andrzej, seudónimo de Karol Wojtyla 72, 73
Jopi, Franciszek 74
Jruschov, Nikita 116, 149, 202
Juan XI 142
Juan XII 143
Juan XIII 143
Juan XXIII 52, 75, 77, 78, 80, 89, 115, 116, **117,** 118, 120, 121, 134, 138, 146, 148, 149, 170, 180, 181, 200, 202, 203, 204, 228, 231, 233, 249, 278, 297, 304, 307, 310,
Juan (Jan) III Sobieski 82, 267
Juan de la Cruz, San (Yepes y Álvarez, Juan de) 52, 59, 64, 72, 80
Juan Diego 281, 287
Juan Nepomuceno, San 207
Juan Pablo I 104, 126, 127, **127,** 130, 131, 155, 181, 230, 233, 278
Juan, niño mártir 281
Julio II 165

K

Kaczmarek, Czeslaw 67, 98
Kaczorowska, Anna 29

CRÉDITOS

Redactores de la obra original:
Wieslawa Lewandowska
Zbigniew Zbikowski
Ks. Prof. Waldemar Chrostowski

Fotos:
4-5 LSM International, 6-7 Janusz Rosikon, 10-11 Stanislaw Markowski, 12-13 ARCHIVO DOKUMENTACJI MECHANICZNEJ, 14 Museo Dom Rodzinny Juan Pablo II /repr. Artur Pawlowski/Reporter, 14 Museo Dom Rodzinny Juan Pablo II /repr. Artur Pawlowski /REPORTER, 15 Artur Pawlowski/ REPORTER, 15 Artur Pawlowski/ REPORTER, 15 LSM International, 16 Hulton Getty, 17 Artur Pawlowski/ REPORTER, 18 Artur Pawlowski/ REPORTER, 18 Artur Pawlowski/ REPORTER, 19 Archivo ks. Adama Bonieckiego, 19 SIPA PRESS, 20 Artur Pawlowski/ REPORTER, 21 Archivo ks. Adama Bonieckiego, 21 Archivo ks. Adama Bonieckiego, 22 ARCHIVO DOKUMENTACJI MECHANICZNEJ, 23 Museo Dom Rodzinny J. P. II/repr. Artur Pawlowski/ REPORTER, 23 Museo Dom Rodzinny J. P. II/repr. Artur Pawlowski/ REPORTER, 24 Museo Dom Rodzinny J. P. II/repr. Artur Pawlowski/ REPORTER, 24 Museo Dom Rodzinny J. P. II/repr. Artur Pawlowski/ REPORTER, 25 Museo Dom Rodzinny J. P. II/repr. Artur Pawlowski/ REPORTER, 25 Archivo ks. Adama Bonieckiego, 25 Archivo ks. Adama Bonieckiego, 26-27 ARCHIVO DOKUMENTACJI MECHANICZNEJ, 28 Pawel Bielec, 29 J. Grelowski/PAI EXPO, 29 Archivo ks. Adama Bonieckiego, 29 Archivo ks. Adama Bonieckiego, 30 Janusz Rosikon, 30 Archivo ks. Adama Bonieckiego, 30 Pawel Bielec, 31 Museo Dom Rodzinny J. P. II/repr. Artur Pawlowski/ REPORTER, 31 Archivo ks. Adama Bonieckiego, 32 Adam Bujak, 32 ARCHIVO DOKUMENTACJI MECHANICZNEJ, 35 Tadeusz Kwiatkowski, 35 Adam Bujak, 35 Archivo ks. Michala Szafarskiego, 36 Archivo ks. Adama Bonieckiego, 36 Museo Archidiecezjalne de Cracovia, 37 Janusz Rosikon, 38 Tadeusz Kwiatkowski, 39 Tadeusz Kwiatkowski, 39 Janusz Rosikon, 40 Adam Bujak, 40 Adam Bujak, 41 ARCHIVO DOKUMENTACJI MECHANICZNEJ, 42 Chris Niedenthal, 43 LASKI/DIFFUSION/LSM International, 43 Archivo Universidad Jaguelloniana de Cracovia, 44 Archivo Universidad Jaguelloniana de Cracovia, 44 Archivo Universidad Jaguelloniana de Cracovia, 45 Janusz Rosikon, 46-47 SIPA PRESS, 48 LSM International, 48 Archivo ks. Adama Bonieckiego, 49 Stanislaw Markowski, 51 Archivo ks. Adama Bonieckiego, 51 Archivo ks. Adama Bonieckiego, 52 Grzegorz Galazka, 53 PAI EXPO, 54 SYGMA FREE, 57 Janusz Rosikon, 59 LSM International, 59 Marek Strzalkowski/FORUM, 61 Janusz Rosikon, 61 Piotr Zycienski, 62 il. Malgorzata Awientezak, 62-63 Chris Niedenthal, 63 Archivo Ruchu Swiatlo – Zycie, 64 Piotr Zycienski, 64 Archivo ks. Adama Bonieckiego, 64 Museo Arquidiócesis de Cracovia, 66 Adam Bujak, 66 Archivo ks. Adama Bonieckiego, 67 Adam Bujak, 67 PAI EXPO, 68-69 ARCHIVO DOKUMENTACJI MECHANICZNEJ, 70 Janusz Rosikon, 70 Archivo ks. Adama Bonieckiego, 71 Museo Arquidiócesis de Cracovia, 72 Museo Arquidiócesis de Cracovia, 72 Museo Arquidiócesis de Cracovia, 72 Museo Arquidiócesis de Cracovia, 73 Artur Pawlowski/ REPORTER, 74 Stanislaw Markowski, 74 Stanislaw Markowski, 75 Archivo ks. Adama Bonieckiego, 77 Collection Laski/LSM International, 78 Adam Bujak, 78 Stanislaw Markowski, 79 Adam Bujak, 79 Archivo ks. Adama Bonieckiego, 80 ARCHIVO DOKUMENTACJI MECHANICZNEJ, 80 Janusz Rosikon, 81 KUL, 82 PAI EXPO, 83 Archivo ks. Adama Bonieckiego, 83 Archivo/fot. Janusz Rosikon/, 85 Adam Bujak, 85 Archivo/repr. Krzysztof Mickus/, 86-87 Collection Laski/Sipa Press, 88 LSM International, 89 KUL, 90 Michal Rozek, 90 LSM International, 91 KUL, 92 LSM International, 93 LSM International, 93 M. Sochor/PAI EXPO, 94 LSM International, 96 Piotr Zycienski, 95 Adam Bujak, 95 Archivo/fot. Janusz Rosikon/, 96 ARCHIVO DOKUMENTACJI MECHANICZNEJ, 96 Stanislaw Wdowinski/CAF, 97 ARCHIVO DOKUMENTACJI MECHANICZNEJ, 97 Archivo, 98 ARCHIVO DOKUMENTACJI MECHANICZNEJ, 98-99 ARCHIVO DOKUMENTACJI MECHANICZNEJ, 99 LSM International, 100 Associated Press, 100 J. Grelowski/PAI EXPO, 101 LSM International, 102 LSM International, 102 Archivo/fot. Janusz Rosikon/, 103 LSM International, 104 Ryszard Rzepecki, 105 Piotr Zycienski, 106 LSM International, 106 LSM International, 107 LSM International, 107 LSM International, 108 Instituto Prymasowski im. Cardenal Stefan Wyszynski, 109 Instituto Prymasowski im. Cardenal Stefan Wyszynski, 109 Chris Niedenthal, 110 A. Witusz/CAF, 111 Chris Niedenthal, 111 Chris Niedenthal, 112-113 Grzegorz Galazka, 114 Associated Press, 115 LSM International, 116 Archivo /dzieki uprzejmowsci wydawnictwa Znak/, 117 Associated Press, 117 LSM International, 118 Piotr Zycienski, 118 Piotr Zycienski, 118 Piotr Zycienski, 119 Piotr Zycienski, 120 LSM International, 121 LSM International, 121 Janusz Rosikon, 122-123 Associated Press, 124 Chris Niedenthal, 125 LSM International, 126 LSM International, 126 LSM International, 127 LSM International SYGMA FREE, 127 LSM International SYGMA FREE, 127 Clasos Press/GAMMA, 128 Stanislaw Markowski, 128 Archivo, 128 Archivo, 128 Archivo, 128 Archivo, 128 Archivo, 129 Archivo, 129 Archivo, 129 Chris Niedenthal, 130 Ryszard Rzepecki, 130 LSM International, 131 Sipa Press, 132 Ryszard Rzepecki, 132-133 Associated Press, 133 Archivo, 133 Archivo, 134 LSM International, 135 Ryszard Rzepecki, 135 Ryszard Rzepecki, 136-137 Grzegorz Galazka, 138 Janusz Rosikon, 139 PHOTO STOCK, 140 LSM International, 140 LSM International, 141 LSM International, 142 Hulton Getty, 143 Hulton Getty, 143 Hulton Getty, 144 LSM International, 144 LSM International, 145 LSM International, 146 LSM International, 146 ARCHIVO DOKUMENTACJI MECHANICZNEJ, 147 LSM International, 148 LSM International, 148 LSM International, 149 Sipa Press, 150-151 Grzegorz Galazka, 152 Grzegorz Galazka, 153 Grzegorz Galazka, 154 Dzieki uprzejmosci Daimler Chrysler Automotive Polska Sp. Z. o. o, 154 Dzieki uprzejmosci Daimler Chrysler Automotive Polska Sp. Z. o. o, 154 Dzieki uprzejmosci Daimler Chrysler Automotive Polska Sp. Z. o, 154 Dzieki uprzejmosci Daimler Chrysler Automotive Polska Sp. Z. o. o, 155 Grzegorz Galazka, 155 Associated Press, 155 LSM International, 156 Sipa Press, 156 Grzegorz Galazka, 157 AFP, 158 Grzegorz Galazka, 159 Grzegorz Galazka, 160 Sipa Press, 160 Grzegorz Galazka, 161 Grzegorz Galazka, 162 Grzegorz Galazka, 163 Grzegorz Galazka, 164 Janusz Rosikon, 165 Grzegorz Galazka, 166 Grzegorz Galazka, 166 Grzegorz Galazka, 167 LSM International, 168-169 SYGMA/GERMAN ROMERO/CUARTOSCURO/FREE, 170 SYGMA FREE, 171 LSM International, 172 Grzegorz Galazka, 172 CLASOS PRESS/GAMMA, 174 Sipa Press, 174 Grzegorz Galazka, 175 Hulton Getty, 176 SYGMA FREE, 176 Ryszard Rzepecki, 178 Grzegorz Galazka, 178 SYGMA FREE, 179 Archivo/fot. Janusz Rosikon, 181 Grzegorz Galazka, 182 Grzegorz Galazka, 182-183 Piotr Wójcik/Agencia Gazeta, 183 Archivo, 183 Archivo, 184 Associated Press, 185 LSM International, 186 SYGMA FREE, 187 Ryszard Rzepecki, 189 Grzegorz Galazka, 189 Associated Press, 190 SIPA PRESS, 190 SIPA PRESS, 191 Associated Press, 192 Owen Franken/LSM International/FREE, 193 Sipa Press, 194 Grzegorz Galazka, 195 Richard Cummins/LSM International/FREE, 196 LSM International, 196 LSM International, 197 Grzegorz Galazka, 197 LSM International, 197 LSM International, 198-199 Janusz Rosikon, 200 LSM International, 201 Associated Press, 202 LSM International, 202 LSM International, 203 Associated Press, 205 LSM International/Forum, 206 LSM International/Forum, 207 Associated Press, 208 SIPA PRESS, 208 Sipa Press, 209 SYGMA FREE, 210-211 Associated Press, 212 LSM International, 212 LSM International, 213 PPCM/LSM International, 214 LSM International, 215 LSM International SYGMA FREE, 216 SYGMA FREE, 217 SYGMA FREE, 217 SYGMA FREE, 218 Stanislaw Markowski, 218 Chris Niedenthal, 220 Associated Press, 222 Associated Press, 223 LSM International/Forum, 223 SIPA PRESS, 224 Associated Press, 224 Archivo, 226-227 Maciej Belina Brzozowski, 228 Archivo, 229 Janusz Rosikon, 230 LSM International, 231 Grzegorz Galazka, 232 Collevalenza, 232 Collevalenza, 233 Collevalenza, 233 Collevalenza, 234-235 Sipa Press, 236 Archivo /fot.Janusz Rosikon/, 236 Archivo /fot.Janusz Rosikon/, 239 Janusz Rosikon, 239 Piotr Zycienski, 240 Galazka/Sipa Press, 242-243 AFP, 244 LSM International/Forum, 245 LSM International, 246-247 LSM International, 248 AFP, 249 AFP, 250 SIPA PRESS, 250-251 il. Malgorzata Awientezak, 252 AFP, 252 LSM International/Free, 254 AFP, 254 AFP, 255 AFP, 256 LSM International, 257 Clasos Press/GAMMA, 258 Ryszard Rzepecki, 259 SYGMA FREE, 260 Grzegorz Galazka, 261 Grzegorz Galazka, 262 SYGMA FREE, 263 AFP, 264 Sipa Press, 265 Grzegorz Galazka, 266 Sipa Press, 267 LSM International, 268 AFP, 269 SIPA PRESS, 270 Ryszard Rzepecki, 271 SYGMA FREE, 273 AFP, 274 Grzegorz Galazka, 275 SYGMA FREE, 276-277 Rubén López/Eikon, 278 Cuartoscuro/Pedro Valtierra, 279 Sebastián Sosa/Eikon, 280 Eloy Valtierra/Eikon, 281 Eloy Valtierra/Eikon, 282 Eloy Valtierra/Eikon, 283 Eloy Valtierra/Eikon, 285 Sebastián Sosa/Eikon, 286-287 SYGMA FREE, 288 Grzegorz Galazka, 289 LSM International/Forum, 290 LSM International, 291 LSM International, 292-293 CLASOS PRESS/GAMMA, 294-295 SIPA PRESS, 296 LSM International, 297 LSM International, 298 AFP, 299 AFP, 300-301 LSM International, 302 Grzegorz Galazka, 303 Grzegorz Galazka, 304 SIPA PRESS, 305 Grzegorz Galazka, 306 Janusz Rosikon, 306 AFP, 307 LSM International, 308 LSM International/Forum, 309 AFP, 310 Reader's Digest Portugal, 310 Reader's Digest Portugal, 311 CLASOS PRESS/GAMMA, 311 Grzegorz Galazka, 312-313 Grzegorz Galazka, 314 LSM International/Free, 315 LSM International, 316 LSM International/Forum, 317 Piotr Zycienski,

Retrato de la portada: CLASOS PRESS/GAMMA.

Los editores han hecho los mayores esfuerzos para ponerse en contacto con los poseedores de los derechos de reproducción de cada fotografía. En algunos casos ha sido imposible logarlo, por lo cual ofrecemos disculpas.